集装箱港口绩效指数

中英双语

THE CONTAINER PORT PERFORMANCE INDEX 2020

[美] 世界银行（World Bank Group）
[英] 埃信华迈（IHS Markit） 编著

贸易便利化分专业技术委员会
中华人民共和国深圳海关 编译

中国海关出版社有限公司
·北 京·

图书在版编目（CIP）数据

集装箱港口绩效指数：汉英对照／美国世界银行（World Bank Group），英国埃信华迈（IHS Markit）编著；贸易便利化分专业技术委员会，中华人民共和国深圳海关编译．—北京：中国海关出版社有限公司，2022.8

ISBN 978-7-5175-0594-5

Ⅰ．①集… Ⅱ．①美… ②英… ③贸… ④中… Ⅲ．①集装箱码头-港口经济-经济绩效-指数-世界-汉、英 Ⅳ．①F551

中国版本图书馆 CIP 数据核字（2022）第 147557 号

集装箱港口绩效指数

JIZHUANGXIANG GANGKOU JIXIAO ZHISHU

作　　者：［美］世界银行（World Bank Group）　［英］埃信华迈（IHS Markit）
译　　者：贸易便利化分专业技术委员会　中华人民共和国深圳海关
责任编辑：刘白雪
出版发行：中国海关出版社有限公司
社　　址：北京市朝阳区东四环南路甲 1 号　　邮政编码：100023
网　　址：www. hgcbs. com. cn
编 辑 部：01065194242-7521（电话）
发 行 部：01065194221/4227/4238/4246（电话）
社办书店：01065195616（电话）
https：//weidian. com/？userid=319526934
印　　刷：北京鑫益晖印刷有限公司　　经　　销：新华书店
开　　本：710mm×1000mm　1/16
印　　张：15　　字　　数：302 千字
版　　次：2022 年 8 月第 1 版
印　　次：2022 年 8 月第 1 次印刷
书　　号：ISBN 978-7-5175-0594-5
定　　价：75.00 元

编译组

顾　问： 邢　巍　蔡　毅

主　编： 包先雨　龙自立

副主编： 陈　新　程立勋　郑文丽　段　晖

成　员： 李　珺　史亚千　黄孙杰　李　萱

陈春晖　方凯彬　柯培超　严　璐

李维晶　何俐娟　蔡伊娜　吴绍精

郭　云　王　歆

译者序

海上运输是全球货物贸易的主要运输方式之一，承载着全球超过80%的货物贸易量，而港口是海上运输中的重要节点，连接着全球市场。新型冠状病毒肺炎的大流行给国际海运市场带来了前所未有的挑战，世界多地出现了港口集装箱拥堵的情况。如何提高海上运输的抗风险能力，提升国际贸易的供应链流通效率，已成为当下亟须解决的问题。

为了让各国（地区）了解自身港口在抗风险能力与集装箱供应链方面的优势与差距，世界银行和埃信华迈（IHS Markit，现与标普全球合并）将各个港口的综合业绩进行量化，形成全球首版《集装箱港口绩效指数》（CPPI）。根据该指数，我国的多个港口在全球排名中均靠前，并在此次疫情中展现出强大的韧性，持续高效运转，为世界各地输送了多种物资，在全球经济贸易一体化中发挥了重要作用。这一切都与我国海关所做出的努力息息相关。

随着新发展格局的逐步构建，我国港口作为国内国际双循环的重要交汇枢纽，为疫情防控和国际贸易安全与便利提供了重要保障。基于此背景，我们对首版CPPI进行翻译，以通俗易懂的表述阐明当前国际各港口在抗风险能力与集装箱供应链方面的优势与面临的挑战，并且希望通过此书为我国海关下一步发展提供一些思路与建议，从而进一步打造高质量和高效率的集装箱港口，确保国际贸易业务的连续性，提升港口作为全球物流系统中关键节点的弹性。

在翻译过程中，我们结合海关业务实际情况，做了以下几个方面的修订。一是对原书中的前后重复内容、疏漏和错误之处做了删除或更正。例如，原文中表E.1及相关解释与表4.1及相关解释完全重复，我们删除了表4.1及相关解释，并在原表4.1及相关解释处标注说明。二是对原文中同一含义的不同表述进行了归一化处理。例如，原文中使用了多种方式表述CPPI 2020，为了阅读方便，我们将所有CPPI 2020的相关表述统一翻译为“首版CPPI”。三是在保证原书语义准确与语言风格的基础上，我们结合中文的语言表达方式和中国读者的阅读习惯进行了一些优化处理。

本书在翻译过程中很幸运地得到了许多人的帮助。首先，特别感谢海关总署科学技术委员会贸易便利化分专业技术委员会对于译者的支持，针对一些术语提供了非常专业的建议。其次，感谢中国海关出版社编辑的精心组稿、认真审阅和细心修改，时常在第一时间提供协助。最后，还需感谢深圳海关蓝俊凯、贵阳海关段晖，为本书提出了许多修正意见。

虽然竭力追求精准还原原文，但限于译者水平，疏漏之处在所难免，我们诚挚欢迎读者朋友提出修改意见，你们的意见是我们进步的动力。

编译组

2022年7月

目录

Contents

致 谢

《集装箱港口绩效指数》(以下简称CPPI)由世界银行副行长单位基础设施部全球交通运输实践局与埃信华迈咨询公司海事与贸易部联合编写。其中,世界银行团队专家有Richard Martin Humphreys(基础设施部全球交通运输实践局交通连接和区域一体化全球负责人兼首席交通经济学家)、Ninan Oommen Biju(东亚太区交通运输局高级港口和海运专家)、Hua Tan(东亚太区交通运输局高级交通运输专家)和Yijie Fei(中亚及中国—蒙古国地区交通运输局顾问),以及技术指导Binyam Reja(世界银行基础设施部全球交通运输实践局副局长任斌)。

埃信华迈团队专家由Turloch Mooney(港口分析副

Acknowledgments

This technical report was prepared by a joint team from the Transport Global Practice of the Infrastructure Vice-Presidency at the World Bank and the Maritime & Trade division of the consulting firm IHS Markit. The World Bank team was led by Richard Martin Humphreys (Global Lead for Transport Connectivity and Regional Integration and Lead Transport Economist, ITRGK), Ninan Oommen Biju (Senior Port and Maritime Transport Specialist, IEAT1), Hua Tan (Senior Transport Specialist, IEAT2), and Yijie Fei (Consultant, IEAT2), under the guidance of Binyam Reja (Acting Global Practice Director Transport, ITRGK)

The IHS Markit team was led by Turloch Mooney (Associate Director, Port Analytics) and Andy

总监）和Andy Lane（货柜运输国际咨询公司合伙人）领导，Michelle Wong（研究分析师）和Jim Grausso（数据转换总监）进行技术支持，并由Stuart Strachan（海事与贸易部高级副总裁）和Peter Tirschwell（海事与贸易部副总裁）作为业务指导。

该联合团队还要特别感谢下列人士给予的意见：

Jan Hoffmann（日内瓦联合国贸易和发展会议技术和物流司贸易物流处处长）、Paul E. Kent（丰碑经济集团港口和物流高级副总裁兼常务董事）、Jean-Francois Arvis（世界银行贸易和区域一体化局高级交通经济学家）、Juan Samos Tie（世界银行下属国际金融公司基础建设及自然资源部交通运输局首席行业专家）、Mauricio Posada Baraya（世界银行下属国际金融公司基础建设及自然资源部交通运输局高级行业专家）。

Lane (Partner, CTI Consultancy), with the support of Michelle Wong (Research Analyst) and Jim Grausso (Director, Data Transformation), under the guidance of Stuart Strachan (Senior Vice President, Maritime & Trade) and Peter Tirschwell (Vice President, Maritime & Trade).

The joint team would also like to extend particular thanks to the following for their comments:

Jan Hoffmann (Chief, Trade Logistics Branch, Division on Technology and Logistics, United Nations Conference on Trade and Development, Geneva), Paul E. Kent (Senior Vice President and Managing Director, Ports and Logistics, Monument Economics Group), Jean-Francois Arvis (Senior Transport Economist, ETIRI, World Bank), Juan Samos Tie (Principal Industry Specialist, CNGTR, International Finance Corporation), and Mauricio Posada Baraya (Senior Industry Specialist, CNGTR, International Finance Corporation).

缩略语

Abbreviations and Acronyms

缩略语	英文	中文
AIS	automatic identification system	自动识别系统
BIMCO	Baltic and international Maritime Council	波罗的海国际海运协会
CFS	container freight station	集装箱货运站
CI	crane intensity	起重机使用强度
COVID-19	Coronavirus disease 2019	新型冠状病毒肺炎
CPPI 2020	Container Port Performance Index 2020	首版《集装箱港口绩效指数》
DBI	Doing Business Index	营商环境指数
FA	factor analysis	因子分析
GCMPH	gross crane moves per port hour	港口每小时起重机总搬运量
GCI	Global Competitiveness Index	全球竞争力指数
IAPH	International Association of Ports and Harbors	国际港口协会
ICD	Inland container depot	内陆集装箱堆场
IMO	International Maritime Organization	国际海事组织
JIT	just-in-time	准时制生产
JOC	Journal of Commerce	商业杂志
LDC	least developed country	最不发达国家
LLDC	landlocked developing country	内陆发展中国家
LPI	Logistics Performance Index	物流绩效指数
SIDS	small island developing states	小岛屿发展中国家
TEU	twenty-foot equivalent unit	20 英尺标准集装箱
UNCTAD	United Nations Conference on Trade and Development	联合国贸易和发展会议

术语表 Glossary

完全系泊：船舶在泊位完全固定，所有系泊线都系紧。

ALL FAST: The point when the ship is fully secured at berth, and all mooring lines are fast.

到达时间：由自动识别系统（AIS）记录的到达实际港界（因此不包括在锚地等候时间）与船舶完全系泊之间的总时间。

ARRIVAL: The total elapsed time between the automatic identification system (AIS) recorded arrival at the actual port limit (so excludes waiting time at anchorage) and the vessel all lines fast at the berth.

停泊装卸规模：每次有效停泊时船舶集装箱的搬运次数（卸货数 + 装载数 = 调度移箱数）。

CALL SIZE: Number of container moves per call (discharge + Load = Ordered Restows).

货物作业：从开始搬运第一个集装箱到最后一个集装箱完成搬运这段时间内所有作业的统称。

CARGO OPERATIONS: Total elapsed time between first and last container move.

起重机使用强度：在船舶停泊装卸时使用起重机的强度。计算方法为起重机累计使用时长除以货物作业时长。

CRANE INTENSITY: The quantity of cranes deployed to a ship's berth call. Calculated as total accumulated gross crane hours divided by operating (first to last move) hours.

因子分析：因子分析是一种统计方法，针对称为因子的潜在未观察变量的数量来描述观察到的相关变量之间的变异性。

FACTOR ANALYSIS (FA): Factor analysis is a statistical method used to describe variability among observed, correlated variables in terms of a potentially lower number of unobserved variables called factors.

完成时间：从最后一个集装箱装载完成到所有系泊线完全解开的总时间。

FINISH: Total elapsed time between last container move and all lines released.

总起重机工时：每次有效停泊时部署的所有起重机的总工作时间，没有任何扣除。包括故障、恶劣天气、因船舶原因造成的延误、货物解绑/捆绑、龙门架安装、吊杆下降/上升、舱盖和齿轮箱操作以及所有因航站楼原因造成的延误（包括用餐、休息时间）。

GROSS CRANE HOURS: Aggregated total working time for all cranes deployed to a vessel call without any deductions. Time includes breakdowns, inclement weather, vessel inspired delays, un/lashing, gantry, boom down/up plus hatch cover and gear-box handling and all terminal inspired delays including meal-breaks.

总起重机生产率：停泊装卸规模或总搬运量除以总起重机工作时间。

GROSS CRANE PRODUCTIVITY (GCMPH): Call size or total moves divided by total gross crane hours.

枢纽港：深海干线集装箱船

HUB PORT: A “hub port” is defined as a port which

停靠的港口，是其辐射范围内的小型港口或支线港口的转运点。通常，超过35%的总吞吐量是枢纽港至支线港之间的集装箱转驳运输。

is called at by deep-sea mainline container ships and serves as a transhipment point for smaller outlying, or feeder, ports within its geographical region. Typically, more than 35 percent of its total throughput would be hub and spoke transhipment container activity.

搬运量：集装箱的总搬运量。包括卸货+调度移箱+装载。不包括调转箱门方向、变速箱等作业。不适用于非标准集装箱。

MOVES: Total container moves. Discharge + ordered restowage moves + load. Excluding hatch covers, gear-boxes, etc. Not adjusted to consider out of gauge containers.

每台起重机的搬运量：每次有效停泊的总搬运量除以起重机使用强度。

MOVES PER CRANE: Total moves for a call divided by the crane intensity.

其他泊位时间：包括船舶在泊位上“开始阶段”（从完全系泊到首次装卸作业开始之间的阶段）和“结束阶段”（从末次装卸作业结束到全部系泊线释放之间的阶段）的作业时间。

OTHER BERTH HOURS: Activities between all fast and first lift (“start”) plus the time taken to depart from the berth (all lines released) after the last container lift (“finish”).

作业时间：从第一个集装箱被吊起到最后一个集装箱完

OPERATING HOURS: The time required for container operations between the first and last

成起吊所需的时间。

container lifts.

其他港口时间+"到达时间"：在锚地闲置/等待的时间加上从进入港界到完全系泊所需的时间。

OTHER PORT HOURS + "ARRIVAL": The combination of idle/waiting time at anchorage plus the time required to steam-in from the port limits and until all fast alongside the berth.

港口停靠：一次有效停靠是指集装箱船停靠某一集装箱港口/码头时，至少进行一次集装箱的卸货或者装载作业。

PORT CALL: A call to a container port/terminal by a container vessel where at least one container was discharged or loaded.

港口时间：船舶在港口停留的小时数，即从到达港界到从泊位起航所需的时间。

PORT HOURS: The number of hours a ship spends at/in port, from arrival at the port limits to sailing from the berth.

船舶尺寸：一般以标称容量20英尺标准集装箱为计量单位，简称TEUs。

SHIP SIZE: Nominal capacity in twenty-foot equivalent units, or TEUs.

开始时间：从完全系泊到开始搬运第一个集装箱之间的时间。

START: The time elapsed from berthing (all lines fast) to first container move.

入船时间：从入港到完全系泊所需的时间。

STEAM-IN TIME: The time required to steam-in from the port limits and until all fast alongside the berth.

20英尺标准集装箱：集装箱吞吐量、集装箱装卸量和集装箱码头实际容量的标准单位。一个20英尺标准集装箱等于1 TEU，一个40英尺集装箱等于2 TEU。对集装箱的高度差异不作数据调整。无论集装箱大小（10英尺、15英尺、20英尺、30英尺、40英尺或45英尺），每一个集装箱装船或卸船，都被记录为一次有效搬运。

TWENTY-FOOT EQUIVALENT UNIT (TEU): A standard metric for container throughput, the number of moves loaded and discharged from the vessel, and the physical capacity of a container terminal. A 20-foot container is equal to 1 TEU, and a 40-foot container is equal to 2 TEUs. There is no adjustment for container height. Regardless of container size (10 feet, 15 feet, 20 feet, 30 feet, 40 feet, or 45 feet), each is recorded as one move when being loaded or discharged from the vessel.

船舶容量：一般以标称容量20英尺标准集装箱为计量单位，简称TEUs。

VESSEL CAPACITY: Nominal capacity in twenty-foot equivalent units, or TEUs.

等待时间：船舶进入锚泊区至驶离锚泊区所经过的总时间（进入锚泊区必须将航速降至0.5节并持续至少15分钟方可进行锚泊）。

WAITING TIME: Total elapsed time from when vessel enters anchorage zone to when vessel departs anchorage zone (vessel speed must have dropped below 0.5 knots for at least 15 minutes within the zone).

前 言

新型冠状病毒肺炎的大流行凸显了港口及其相关物流链在全球经济中发挥的关键作用，也凸显了确保业务连续性和提高海上门户抗风险能力的必要性。港口作为全球物流体系的重要节点，维系着供应链流动、经济运行和人员就业。各类公共部门和私营利益相关方在港口的交互作业，将保障一系列推动国家经济生活的重要医疗产品、粮农产品、能源产品以及其他重要的货物和服务的供应和流通。这些交互作业包括物理交互，如货物装卸操作、船舶相关服务以及进出口环节的海陆模式转换。

海上运输承载着全球超过80%的商品贸易量，港口的任何障碍或摩擦，都将对

Foreword

The COVID-19 pandemic has underlined the critical role that ports, and their associated logistical chains, play in the global economy. It has also highlighted the need to ensure business continuity and improve the resilience of maritime gateways, as ports act as crucial nodes in the global logistics system, keeping supply chains moving, economies functioning, and people employed. A great variety of public and private stakeholders interact in a port to maintain the flows of vital medical and food supplies, critical agricultural products, energy streams, and other goods and services essential to facilitate the economic life of a country. These interactions comprise physical interactions, such as cargo handling operations, vessel-related services, and transfers to and from land-based modes for imports and exports.

Maritime transport carries more than 80 percent of global merchandise trade by volume, and any impediment or friction at the port will

各自的内陆地区和人口产生巨大的影响。在短期内，这可能表现为必需品短缺和价格上涨，正如我们在新型冠状病毒肺炎疫情初期看到的那样。但从中长期来看，港口效率低下将导致经济增长放缓、就业减少、进出口企业成本上升。尽管港口在全球价值链中处于中心地位，但阻碍港口绩效提升的问题在于缺乏一种可靠的、一致的和可比的基准来比较不同港口的运营绩效。现代港口都在采集数据进行运营情况评估，但受制于各类数据之间采集质量、一致性、可用性、定义范围、机构采集能力和数据共享意愿等因素，难以形成一套统一的跨港口、跨时段均适用且可比较的绩效评估标准。

have tangible repercussions for their respective hinterlands and populations. In the short term, this is likely to take the form of shortages of essential goods and higher prices, as we saw early in the pandemic. But over the medium to longer term, an inefficient port will result in slower economic growth, lower employment, and higher costs for importers and exporters. Despite the centrality of the port to global value chains, one of the major challenges to stimulating improvement has been the lack of a reliable, consistent, and comparable basis on which to compare operational performance across different ports. While modern ports collect data for performance purposes, the quality, consistency, and availability of data, the definitions employed, and the capacity and willingness of the organizations to collect and transmit data to a collating body, have all precluded the development of a comparable measure (or measures) to assess performance across ports, and time.

而今天，新技术的引入、数字化程度的提高以及行业利益方面共同致力于全系统

However, the introduction of new technologies, increased digitization, and the willingness on the part of industry interests

改进的意愿，首次为稳健可靠地衡量和比较集装箱港口的绩效提供了基础和条件。世界银行全球交通运输实践局与埃信华迈合作编写了首版CPPI，旨在为全球经济的关键利益相关者提供一个参考标准，包括各国（地区）政府、港口当局和经营者、开发机构、超国家组织、各种海事利益相关者，以及贸易、物流和供应链服务领域的其他公共和私营利益相关者。作为参考标准，CPPI旨在为各个港口提供发现差距和改进的机会，并希望促进关键利益相关者之间的对话，推动港口的集装箱管理绩效不断提升。

to work collectively toward systemwide improvements now provides the capacity and the opportunity to measure and compare container port performance in a robust and reliable manner for the first time. This technical report, which presents the inaugural edition of the Container Port Performance Index (CPPI 2020), has been produced by the Transport Global Practice of the World Bank, in collaboration with IHS Markit. The CPPI is intended to serve as a reference point for key stakeholders in the global economy, including national governments, port authorities and operators, development agencies, supranational organizations, various maritime interests, and other public and private stakeholders in trade, logistics, and supply chain services. As that reference point, the CPPI is intended to identify gaps and opportunities for improvement and hopefully stimulate a dialogue among key stakeholders and move this essential agenda forward.

执行概要

Executive Summary

海运是最经济、最节能和最可靠的长距离运输方式之一。

The maritime sector offers the most economical, energy efficient, and reliable mode of transportation over long distances.

1. 海运是全球化贸易和制造业供应链的支柱，全球五分之四以上的商品贸易（按量计算）通过海运完成。海运是最经济、最节能和最可靠的长途运输方式之一。集装箱运输占比很大，其总货运量占35%，贸易总量占60%以上，而且还在不断增长。集装箱化的发展使商品生产及加工的地点和方式发生了巨大变化，这一发展演变过程至今尚未停止。因此，集装箱港口是全球供应链的关键节点，也是许多新兴经济体发展战略的中心。在许多情况下，发展高效运作的高质量集装箱港口基础设施是构建成功的出口导向型发展战略的先决条件。它可以促进对生产和物流体系的投资，推动制造业和物流业的

1. *Maritime transport is the backbone of globalized trade and the manufacturing supply chain, with more than four-fifths of global merchandise trade (by volume) carried by sea.* The maritime sector offers the most economical, energy efficient, and reliable mode of transportation over long distances. A significant and growing portion of that volume, accounting for approximately 35 percent of total volumes and over 60 percent of commercial value, are carried by containers. The growth of containerization has led to vast changes in where and how goods are manufactured and processed, an evolving process that has not yet stopped. Container ports, accordingly, are critical nodes in global supply chains and central to the growth strategies of many emerging economies. In many cases, the development of high-quality container port infrastructure, operated efficiently, has been a prerequisite to successful, export-led growth strategies. It can facilitate investment in production and distribution systems, supporting the expansion of manufacturing and logistics, creating employment, and raising income levels.

发展，创造就业机会，并提高收入水平。

遗憾的是，港口和码头，特别是集装箱港口和码头，往往是造成运输延误、供应链中断、成本增加和竞争力下降的根源。

Unfortunately, ports and terminals, particularly for containers, can often be sources of shipment delays, supply chain disruption, additional costs, and reduced competitiveness.

2. 因此，海港绩效是决定一个国家跨境贸易成本的关键因素之一。但遗憾的是，港口和码头，特别是集装箱港口和码头，往往是造成运输延误、供应链中断、成本增加和竞争力下降的根源。绩效差的港口特点为空间利用不足、运营效率差、海上和陆上通道运输能力受限、监管能力不足、公共机构之间协调不力等，导致其物流缺乏可预见性和可靠性。绩效差的影响将传至港口腹地

2. *Accordingly, how a maritime port performs is a crucial element in the cost of international trade for a country.* Unfortunately, ports and terminals, particularly for containers, can often be sources of shipment delays, supply chain disruption, additional costs, and reduced competitiveness. Poorly performing ports are characterized by limitations in spatial and operating efficiency, limitations in maritime and landside access, inadequate oversight, and poor coordination between the public agencies involved, resulting in a lack of predictability and reliability. Poor performance can also have an impact far beyond the hinterland of a port: Container shipping services are operated on fixed schedules with vessel turnaround at

地区。集装箱运输服务是按固定时间表运作的，船舶在每个停靠港要在指定的停留时间内按照计划好的航线进行周转。航线上任一停靠港口的运作不佳都可能会影响整个航线计划。其结果往往是，港口不但未促进贸易，反而增加了进出口成本，降低了东道国及其腹地的竞争力，抑制了经济增长，阻碍了减贫进程。这些影响对内陆发展中国家和小岛屿发展中国家尤其显著。

each of the ports of call on the route planned within the allocated time for port stay. Poor performance at one port on the route could disrupt the entire schedule. The result far too often is that instead of facilitating trade, the port increases the cost of imports and exports, reduces the competitiveness of its host country and its hinterland, and inhibits economic growth and poverty reduction. These impacts can be particularly pronounced for landlocked developing countries (LLDCs) and the small island developing states (SIDS).

新技术的引入、数字化程度的提高以及行业利益者的意愿，首次为稳健可靠地评估和比较集装箱港口的绩效提供了机会。

The introduction of new technologies, increased digitization, and the willingness of industry interests has now provided the opportunity to measure and compare container port performance in a robust and reliable manner for the first time.

3. 尽管港口在全球价值链中处于中心地位，但阻碍

3. Despite the centrality of the port to global value chains, one of the major challenges

港口绩效提升的问题在于缺乏一种可靠的、一致的和可比的基准来比较不同港口的运营绩效。现代各个港口都在采集数据进行运营情况评估，但受制于各类数据之间采集质量、一致性、可用性、定义范围、机构采集能力和数据共享意愿等因素，难以形成一套统一的跨港口、跨时段均适用且可比较的绩效评估标准。而今天，新技术的引入、数字化程度的提高以及行业利益者共同致力于全系统改进的意愿，首次为稳健可靠地评估和比较集装箱港口的绩效提供了基础和条件。本书所阐述的首版CPPI就是由世界银行与埃信华迈合作编写的。

to stimulating improvement has been the lack of a reliable, consistent, and comparable basis on which to compare operational performance across different ports. While modern ports collect data for performance purposes, the quality, consistency, and availability of data, the definitions employed, and the capacity and willingness of the organizations to collect and transmit data to a collating body have all precluded the development of a comparable measure (or measures) to assess performance across ports, and time. The introduction of new technologies, increased digitization, and the willingness of industry interests to work collectively toward systemwide improvements has now provided the opportunity to measure and compare container port performance in a robust and reliable manner for the first time. This technical paper, which presents the inaugural edition of the Container Port Performance Index (CPPI 2020), has been produced by the World Bank's Transport Global Practice, in collaboration with IHS Markit.

联合团队打算在随后的年度报告版本中，不断优化计算方法，反馈各

The joint team intends that the methodology, scope, and data, will be enhanced in subsequent annual iterations,

方关注，拓展参评港口范围，提升数据质量。

reflecting refinement, stakeholder feedback, and improvements in data scope and quality.

4. CPPI旨在发现差距和改进的机会，最终使从航运公司到国家政府再到消费者的所有利益相关者受益。CPPI旨在为全球经济的关键利益相关者提供一个参考标准，利益相关者包括各国（地区）政府、港口当局和经营者、开发机构、超国家组织、各种海事利益相关者，以及贸易、物流和供应链服务领域的其他公共和私营利益相关者。编制本报告的联合团队打算在随后的年度报告版本中不断优化计算方法，反馈各方关注，拓展参评港口范围，提升数据质量。

4. *The CPPI is intended to identify gaps and opportunities for improvement that will ultimately benefit all stakeholders—from shipping lines to national governments to consumers.* The CPPI is intended to serve as a reference point for key stakeholders in the global economy, including national governments, port authorities and operators, development agencies, supranational organizations, various maritime interests, and other public and private stakeholders in trade, logistics, and supply chain services. The joint team intends that the methodology, scope, and data, will be enhanced in subsequent annual iterations, reflecting refinement, stakeholder feedback, and improvements in data scope and quality.

5. CPPI是根据港口总时间编写的，具体方式将在后续章节中进行说明。首版CPPI利用的数据截至2020年的前6

5. *The CPPI 2020 has been developed based on total port time in the manner explained in subsequent chapters.* This first iteration of CPPI utilizes data up to the end of the first six months of 2020 (June 30)

个月（6月30日），包括在之前12个月的任意连续6个月期间内至少有10次有效停靠的港口。CCPI基于两种不同的方法论构建：一是体现专家学识和判断的实用方法论，术语叫作行政方法；二是采用因子分析（FA）的统计方法。采用两种方法有助于确保集装箱港口绩效排名尽可能反映实际港口绩效，同时在统计意义上也保持稳健。这两种方法在之后的报告作了解释，更多细节见附录B。

and includes ports that had, within a six-month period in the prior twelve months, a minimum of 10 valid port calls. The CCPI 2020 was constructed based on two different methodological approaches, or what have been termed the administrative approach: a pragmatic methodology reflecting expert knowledge and judgment, and the statistical approach, using factor analysis (FA). The rationale of using two approaches was to help ensure the rankings of container port performance reflected as closely as possible actual port performance, while also being statistically robust. The two approaches are explained later in the report, with further details provided in appendix B.

6. 在本章中[①]**，表格E.1展示了用两种方法编写的CPPI。**表格左边的排名和分数使用的是统计方法，右边的排名和分数使用的是行政方法。使用行政方法得出的绩效值的具体评价方法详见第3章，该方法基于港口的综合业绩，采用对船舶有效

6. *In chapter 4, table E.1 presents the CPPI 2020 using the two methodological approaches.* The ranking and score in the left-hand columns result from the use of the statistical approach and the ranking and score in the right-hand columns result from the administrative approach. The index points used to construct the ranking in the administrative approach reflect the approach outlined in chapter 3 of the report, which is an aggregate of the performance of the port, weighted relative to the average, across call and vessel size. Accordingly, the score can be negative,

① 译者注：英文原文为“Chapter 4”，实为本章“执行概要”。

停靠和停靠船舶尺寸等数据加权平均的算法。因此，如果一个港口的停靠规模和船舶尺寸类别低于平均水平，特别是如果它们在其他类别中没有抵消的正分数，则得分可能为负。CPPI在今后的版本中将更详细地探讨决定排名的关键因素。

where a port compares poorly to the average in one call size and vessel size category, particularly if they do not have an offsetting positive score(s) in other cell(s). Further iterations of the CPPI will explore the determinants of the ranking in more detail.

最终的总分是标准化的，“负”分表示绩效高于平均水平。

The resulting total scores are standardized, with a “negative” score indicating a better than average performance.

7. 统计方法使用因子分析法，还可以得到一个统计数据（总分），等同于5种相同船舶尺寸中每一种的指数加权平均值的总和。每个船舶尺寸指数计算的根据是在港口的过期时间和一些影响绩效但不可见的未知因素，或潜在变量（该方法的详细解释见附录B）。最终总

7. *The use of FA also results in a statistic (a total score), that equals the sum of a weighted average of indices for each of the same five vessel sizes.* The indices for each vessel size are estimated based on the time expired in the port, and a number of unknown factors, or latent variables (see appendix B for a more detailed explanation of the approach), which impact on performance, but cannot be seen. The resulting total scores are standardized, with a “negative” score indicating a better than average performance. Overall,

分是标准化的，“负”分表示绩效高于平均水平。总的来说，两种方法得出的排名高度一致，不过也有一些例外。所有港口中只有不到18%的港口（61个）在两项排名中相差3个名次或3个名次以内。大约40%的港口（137个）在各自的排名中相差不超过10个名次，而80%的港口（282个）在两个指数中排名相差在10%以内。

there is a broad consistency between the rankings that result from the two approaches, with some exceptions. Just under 18 percent of all ports (61 ports) are ranked within three places or less from themselves in the two rankings. Approximately 40 percent (137 ports) are ranked with ten places or less of themselves in the respective rankings, while 80 percent (282 ports) fall within 10 percent of their respective rankings in the two indices.

排名前50的港口主要是东亚的港口。

The top 50 ranked ports are dominated by ports in East Asia.

8. 在CPPI中排名最高的集装箱港口是日本的横滨港，其次是沙特阿拉伯的阿卜杜拉国王港。无论采用何种方法，这两个港口都处于相同的两个排名。排名前50的港口主要在东亚，还有一些中东和北非地区的港口，如沙特阿拉伯的

8. *The top ranked container ports in the CPPI 2020 are Yokohama port (Japan), in first place, followed by King Abdullah port (Saudi Arabia) in second place.* These two ports occupy the same two positions irrespective of the methodology. The top 50 ranked ports are dominated by ports in East Asia, with ports in the Middle East and North Africa region, such as King Abdullah port, Salalah in Oman (ranked

阿卜杜拉国王港、阿曼的塞拉莱港（统计方法和行政方法得出的排名分别为第6位和第9位）、阿联酋的哈利法港（排名分别为第26位和第22位）、摩洛哥的丹吉尔地中海港（排名分别为第27位和第15位）为值得注意的例外。阿尔赫西拉斯港是欧洲排名最高的港口（排名分别为第10位和第32位），其次是奥胡斯港（排名分别为第44位和第43位）。斯里兰卡的科伦坡港是南亚排名最高的港口（排名分别为第17位和第33位）。墨西哥的拉萨罗卡德纳斯港是拉丁美洲排名最高的港口（排名分别为第25位和第23位），加拿大的哈利法克斯港是北美排名最高的港口（排名分别为第39位和第25位）。撒哈拉以南非洲地区的港口均未进入全球集装箱港口50强；吉布提的吉布提港排名最高（排名分别为第61位和第93位）。

6th and 9th respectively), Khalifa port in Abu Dhabi (ranked 26th and 22nd respectively), and Tanger Med (ranked at 27th and 15th respectively) as the notable exceptions. Algeciras is the highest ranked port in Europe (ranked 10th and 32nd respectively), followed by Aarhus (ranked 44th and 43rd respectively). Colombo is the top-ranked port in South Asia (ranked 17th and 33rd respectively). Lazaro Cardenas the highest ranked port in Latin America (ranked 25th and 23rd respectively), with Halifax the highest ranked port in North America (ranked 39th and 25th respectively). No ports in Sub-Saharan Africa (SSA) rank in the global top 50 container ports; Djibouti port ranks the highest (61st and 93rd respectively)

表 E.1 首版 CPPI：集装箱港口全球排名表

统计方法			行政方法		
港口名称	排名	总分	港口名称	排名	绩效指数
横滨港（日本）	1	−5.995	横滨港（日本）	1	130
阿卜杜拉国王港（沙特阿拉伯）	2	−5.684	阿卜杜拉国王港（沙特阿拉伯）	2	114
赤湾港（中国）	3	−5.202	青岛港（中国）	3	102
广州港（中国）	4	−5.162	高雄港（中国台湾）	4	99
高雄港（中国台湾）	5	−4.669	蛇口港（中国）	5	94
塞拉莱港（阿曼）	6	−4.531	广州港（中国）	6	92
香港港（中国香港）	7	−4.276	香港港（中国香港）	7	89
青岛港（中国）	8	−3.860	舟山港（中国）	8	88
蛇口港（中国）	9	−3.726	塞拉莱港（阿曼）	9	87
阿尔赫西拉斯港（西班牙）	10	−3.597	洋山港（中国）	10	87
贝鲁特港（黎巴嫩）	11	−3.378	丹戎帕拉帕斯港（马来西亚）	11	86
清水港（日本）	12	−3.361	新加坡港（新加坡）	12	83
丹戎帕拉帕斯港（马来西亚）	13	−3.342	宁波港（中国）	13	83
巴生港（马来西亚）	14	−3.334	巴生港（马来西亚）	14	78
新加坡港（新加坡）	15	−3.279	丹吉尔港（摩洛哥）	15	76
名古屋港（日本）	16	−3.251	台北港（中国台湾）	16	75
科伦坡港（斯里兰卡）	17	−3.209	盐田港（中国）	17	73
锡尼什港（葡萄牙）	18	−3.183	盖梅港（越南）	18	68
神户港（日本）	19	−3.127	大连港（中国）	19	66
舟山港（中国）	20	−2.963	天津港（中国）	20	64
朱拜勒港（沙特阿拉伯）	21	−2.898	福州港（中国）	21	61
丽水港（韩国）	22	−2.831	哈利法港（阿联酋）	22	60

表E.1 续1

统计方法			行政方法		
港口名称	排名	总分	港口名称	排名	绩效指数
福州港（中国）	23	-2.829	拉萨罗卡德纳斯港（墨西哥）	23	60
宁波港（中国）	24	-2.805	清水港（日本）	24	59
拉萨罗卡德纳斯港（墨西哥）	25	-2.798	哈利法克斯港（加拿大）	25	59
哈利法港（阿联酋）	26	-2.795	厦门港（中国）	26	58
丹吉尔港（摩洛哥）	27	-2.769	赤湾港（中国）	27	58
洋山港（中国）	28	-2.733	锡尼什港（葡萄牙）	28	56
盐田港（中国）	29	-2.724	妈湾港（中国）	29	56
台北港（中国台湾）	30	-2.681	阿瓜杜尔塞港（哥伦比亚）	30	56
大铲湾港一期（中国）	31	-2.588	连云港港（中国）	31	54
妈湾港（中国）	32	-2.557	阿尔赫西拉斯港（西班牙）	32	53
大连港（中国）	33	-2.506	科伦坡港（斯里兰卡）	33	53
仁川港（韩国）	34	-2.422	卡塔赫纳港（哥伦比亚）	34	52
东京港（日本）	35	-2.418	大铲湾港一期（中国）	35	52
哈马德港（卡塔尔）	36	-2.411	釜山港（韩国）	36	51
连云港港（中国）	37	-2.375	仁川港（韩国）	37	51
皮帕瓦沃港（印度）	38	-2.371	哈马德港（卡塔尔）	38	51
哈利法克斯港（加拿大）	39	-2.365	皮帕瓦沃港（印度）	39	48
考塞多港（多米尼加）	40	-2.355	丽水港（韩国）	40	48
不莱梅哈芬港（德国）	41	-2.265	亚喀巴港（约旦）	41	47
卡塔赫纳港（哥伦比亚）	42	-2.185	吉达港（沙特阿拉伯）	42	46
萨尔瓦多港（巴西）	43	-2.051	奥胡斯（丹麦）	43	43
奥胡斯港（丹麦）	44	-2.036	蒙德拉港（印度）	44	43

表E.1　续2

统计方法			行政方法		
港口名称	排名	总分	港口名称	排名	绩效指数
阿瓜杜尔塞港（哥伦比亚）	45	-2.035	马格达拉港（印度）	45	42
蔡兰港（越南）	46	-1.991	巴塞罗那港（西班牙）	46	42
海防港（越南）	47	-1.953	里奥格兰德港（巴西）	47	42
马格达拉港（印度）	48	-1.943	名古屋港（日本）	48	41
盖梅港（越南）	49	-1.932	上海港（中国）	49	41
蒙德拉港（印度）	50	-1.902	神户港（日本）	50	39
盖母利克港（土耳其）	51	-1.892	林查班港（泰国）	51	39
釜山港（韩国）	52	-1.887	威廉港（德国）	52	39
吉达港（沙特阿拉伯）	53	-1.862	查尔斯顿港（美国）	53	38
蒂利斯基里西港（土耳其）	54	-1.842	东京港（日本）	54	38
林查班港（泰国）	55	-1.807	萨尔瓦多港（巴西）	55	35
加瓦拉尔·尼赫鲁港（印度）	56	-1.786	卡亚俄港（秘鲁）	56	34
阿姆巴利港（土耳其）	57	-1.783	朱拜勒港（沙特阿拉伯）	57	33
赛德港（埃及）	58	-1.652	亚勒姆贾港（土耳其）	58	33
培森港（巴西）	59	-1.647	杰贝阿里港（阿联酋）	59	33
亚喀巴港（约旦）	60	-1.594	海防港（越南）	60	33
吉布提港（吉布提）	61	-1.590	阿姆巴利港（土耳其）	61	32
厦门港（中国）	62	-1.541	贝鲁特港（黎巴嫩）	62	32
上海港（中国）	63	-1.532	加瓦拉尔·尼赫鲁港（印度）	63	31
丹戎普瑞克港（印度尼西亚）	64	-1.521	基隆港（中国台湾）	64	31
基隆港（中国台湾）	65	-1.509	安特卫普港（比利时）	65	31

表E.1　续3

统计方法			行政方法		
港口名称	排名	总分	港口名称	排名	绩效指数
的黎波里港（黎巴嫩）	66	-1.497	丹戎普瑞克港（印度尼西亚）	66	31
大阪港（日本）	67	-1.440	威尔明顿港（美国）	67	30
亚勒姆贾港（土耳其）	68	-1.393	考塞多港（多米尼加）	68	30
伊塔波阿港（巴西）	69	-1.376	苏哈尔港（阿曼）	69	29
桑托斯港（巴西）	70	-1.376	赛德港（埃及）	70	29
苏哈尔港（阿曼）	71	-1.375	布埃纳文图拉港（哥伦比亚）	71	29
布埃纳文图拉港（哥伦比亚）	72	-1.353	桑托斯港（巴西）	72	28
塞佩提巴港（巴西）	73	-1.338	波士顿港（美国）	73	27
里奥格兰德港（巴西）	74	-1.332	蔡兰港（越南）	74	27
卡拉奇港（巴基斯坦）	75	-1.292	蒂利斯基里西港（土耳其）	75	27
巴塞罗那港（西班牙）	76	-1.224	的黎波里港（黎巴嫩）	76	27
波索尔哈港（厄瓜多尔）	77	-1.192	大阪港（日本）	77	27
奥斯陆港（挪威）	78	-1.192	巴尔博亚港（巴拿马）	78	27
归仁港（越南）	79	-1.163	盖母利克港（土耳其）	79	26
凯莱港（越南）	80	-1.149	卡拉奇港（巴基斯坦）	80	26
苏阿普港（巴西）	81	-1.129	四日港（日本）	81	26
伦敦港（英国）	82	-1.117	科隆港（巴拿马）	82	25
费城港（美国）	83	-1.080	梅尔辛港（土耳其）	83	25
岘港（越南）	84	-1.053	塞佩提巴港（巴西）	84	24
弗吉尼亚港（美国）	85	-1.044	不莱梅哈芬港（德国）	85	24
安特卫普港（比利时）	86	-1.011	培森港（巴西）	86	23
泽布吕赫港（比利时）	87	-0.988	费城港（美国）	87	23

表 E.1　续 4

统计方法			行政方法		
港口名称	排名	总分	港口名称	排名	绩效指数
圣克鲁斯 – 德特内里费港（西班牙）	88	−0.970	伊塔波阿港（巴西）	88	23
纽约 & 新泽西港（美国）	89	−0.969	比雷埃夫斯港（希腊）	89	23
格丁尼亚港（波兰）	90	−0.942	鹿特丹港（荷兰）	90	22
汕头港（中国）	91	−0.935	奥斯陆港（挪威）	91	20
那霸港（日本）	92	−0.883	达曼港（沙特阿拉伯）	92	20
比雷埃夫斯港（希腊）	93	−0.859	吉布提港（吉布提）	93	19
利蒙港（哥斯达黎加）	94	−0.858	派塔港（秘鲁）	94	19
查尔斯顿港（美国）	95	−0.820	圣克鲁斯 – 德特内里费港（西班牙）	95	19
白海港（土耳其）	96	−0.820	萨凡纳港（美国）	96	18
台中港（中国台湾）	97	−0.814	韦拉克鲁斯港(墨西哥）	97	18
蔚山港（韩国）	98	−0.811	阿尔塔米拉港(墨西哥）	98	17
博多港（日本）	99	−0.758	杰克逊维尔港（美国）	99	17
科隆港（巴拿马）	100	−0.752	陶朗加港（新西兰）	100	17
莫比尔港（美国）	101	−0.745	马尔萨什洛克港（马耳他）	101	16
达曼港（沙特阿拉伯）	102	−0.737	瓦尔帕莱索港（智利）	102	16
巴里奥斯港(危地马拉）	103	−0.731	格丁尼亚港（波兰）	103	16
努美阿港（新喀里多尼亚）	104	−0.721	归仁港（越南）	104	16
派塔港（秘鲁）	105	−0.705	伊塔雅伊港（巴西）	105	16
马尔萨什洛克港（马耳他）	106	−0.698	利蒙港（哥斯达黎加）	106	16
四日港（日本）	107	−0.692	巴拉那瓜港（巴西）	107	16
马拉加港（西班牙）	108	−0.690	柔佛港（马来西亚）	108	15
御前崎港（日本）	109	−0.680	凯莱港（越南）	109	15

表 E.1　续 5

统计方法			行政方法		
港口名称	排名	总分	港口名称	排名	绩效指数
柔佛港（马来西亚）	110	-0.669	弗吉尼亚港（美国）	110	15
门司港（日本）	111	-0.663	那霸港（日本）	111	15
八打雁港（菲律宾）	112	-0.663	法兰西堡港（法属马提尼克）	112	15
波士顿港（美国）	113	-0.631	皮特尔角城港（法属瓜德罗普）	113	14
巴尔博亚港（巴拿马）	114	-0.625	迈阿密港（美国）	114	14
暹罗海港（泰国）	115	-0.613	岘港（越南）	115	13
鹿特丹港（荷兰）	116	-0.611	博多港（日本）	116	12
布尔加斯港（保加利亚）	117	-0.611	汕头港（中国）	117	12
敦刻尔克港（法国）	118	-0.611	奥克兰港（新西兰）	118	12
威廉港（德国）	119	-0.598	巴尔的摩港（美国）	119	12
圣玛尔塔港（哥伦比亚）	120	-0.589	达喀尔港（塞内加尔）	120	12
塔拉戈纳港（西班牙）	121	-0.588	御前崎港（日本）	121	11
卡加延德奥罗港（菲律宾）	122	-0.582	巴里奥斯港（危地马拉）	122	11
奥克兰港（新西兰）	123	-0.562	门司港（日本）	123	11
诺尔雪平港（瑞典）	124	-0.553	努美阿港（新喀里多尼亚）	124	11
法兰西堡港（法属马提尼克）	125	-0.543	恩塞纳达港（墨西哥）	125	11
古斯塔维亚港（圣巴泰勒米岛）	126	-0.528	波索尔哈港（厄瓜多尔）	126	10
钦州港（中国）	127	-0.523	纽约 & 新泽西港（美国）	127	10
腓特烈西亚港（丹麦）	128	-0.493	卡加延德奥罗港（菲律宾）	128	10
哥本哈根港（丹麦）	129	-0.471	马拉加港（西班牙）	129	10
杜蒂戈林港（印度）	130	-0.469	苏阿普港（巴西）	130	10

表E.1 续6

统计方法			行政方法		
港口名称	排名	总分	港口名称	排名	绩效指数
科尔特斯港（洪都拉斯）	131	-0.468	格但斯克港（波兰）	131	10
布隆卡港（俄罗斯）	132	-0.454	莫比尔港（美国）	132	10
垄丹绒艾玛斯港（印度尼西亚）	133	-0.433	布尔加斯港（保加利亚）	133	9
千叶港（日本）	134	-0.418	塔拉戈纳港（西班牙）	134	9
志不志港（日本）	135	-0.382	诺尔雪平港（瑞典）	135	9
恩塞纳达港（墨西哥）	136	-0.378	暹罗海港（泰国）	136	9
胡志明港（越南）	137	-0.375	圣玛尔塔港(哥伦比亚）	137	9
巴尔的摩港（美国）	138	-0.368	腓特烈西亚港（丹麦）	138	9
槟城港（马来西亚）	139	-0.367	杜蒂戈林港（印度）	139	8
哈利法·本·萨勒曼港（巴林）	140	-0.356	宿务港（菲律宾）	140	8
玻利瓦尔港(厄瓜多尔）	141	-0.347	惠灵顿港（新西兰）	141	8
焦亚陶罗港（意大利）	142	-0.344	哥本哈根港（丹麦）	142	8
达沃港（菲律宾）	143	-0.341	垄丹绒艾玛斯港（印度尼西亚）	143	8
卡斯特利翁港(西班牙）	144	-0.339	八打雁港（菲律宾）	144	8
阿尔塔米拉港(墨西哥）	145	-0.324	曼萨尼约港(墨西哥）	145	8
海纳港（多米尼加）	146	-0.322	台中港（中国台湾）	146	8
皮特尔角城港（法属瓜德罗普）	147	-0.319	埃弗格雷斯港（美国）	147	8
圣胡安港（波多黎各）	148	-0.303	钦州港（中国）	148	8
舒艾巴港（科威特）	149	-0.301	科尔特斯港（洪都拉斯）	149	7
那不勒斯港（意大利）	150	-0.280	千叶港（日本）	150	7
宿务港（菲律宾）	151	-0.275	胡志明港（越南）	151	7
自由港（巴哈马）	152	-0.271	布隆卡港（俄罗斯）	152	7

表E.1 续7

统计方法			行政方法		
港口名称	排名	总分	港口名称	排名	绩效指数
丹戎佩拉港（印度尼西亚）	153	−0.269	海法港（以色列）	153	6
夸特扎尔港（危地马拉）	154	−0.269	白海港（土耳其）	154	6
威尔明顿港（美国）	155	−0.237	玻利瓦尔港（厄瓜多尔）	155	6
维哥港（西班牙）	156	−0.233	达沃港（菲律宾）	156	6
帕皮提港（法属波利尼西亚）	157	−0.227	卡斯特利翁港（西班牙）	157	6
韦拉克鲁斯港（墨西哥）	158	−0.219	科罗内尔港（智利）	158	6
圣安东尼奥港（智利）	159	−0.218	维哥港（西班牙）	159	5
舒韦赫港（科威特）	160	−0.216	海纳港（多米尼加）	160	5
杰克逊维尔港（美国）	161	−0.215	古斯塔维亚港（圣巴泰勒米岛）	161	5
卡尔德拉港（哥斯达黎加）	162	−0.206	哈利法·本·萨勒曼港（巴林）	162	5
贝尔贝港（澳大利亚）	163	−0.205	贝尔贝港（澳大利亚）	163	5
赫尔辛堡港（瑞典）	164	−0.196	圣胡安港（波多黎各）	164	5
利萨斯角港（特立尼达和多巴哥）	165	−0.182	卡尔德拉港（哥斯达黎加）	165	4
博鲁森港（土耳其）	166	−0.163	志不志港（日本）	166	4
加里宁格勒港（俄罗斯）	167	−0.159	帕皮提港（法属波利尼西亚）	167	4
卡塔赫纳港（西班牙）	168	−0.153	萨勒诺港（意大利）	168	3
巴兰基利亚港（哥伦比亚）	169	−0.137	巴兰基利亚港（哥伦比亚）	169	3
克里斯托巴尔（巴拿马）	170	−0.135	尤日内港（乌克兰）	170	3
拉塔基亚港（叙利亚）	171	−0.135	赫尔辛堡港（瑞典）	171	3
巴勒莫港（意大利）	172	−0.125	丹戎佩拉港（印度尼西亚）	172	3

表E.1　续8

统计方法			行政方法		
港口名称	排名	总分	港口名称	排名	绩效指数
拿骚港（巴哈马）	173	−0.109	圣安东尼奥港（智利）	173	3
萨勒诺港（意大利）	174	−0.080	夸特扎尔港(危地马拉）	174	2
奇维塔韦基亚港（意大利）	175	−0.072	蔚山港（韩国）	175	2
惠灵顿港（新西兰）	176	−0.049	拉文纳港（意大利）	176	2
达喀尔港（塞内加尔）	177	−0.031	利萨斯角港（特立尼达和多巴哥）	177	2
伊拉克利翁港（希腊）	178	−0.030	利马索尔港(塞浦路斯）	178	1
拉文纳港（意大利）	179	−0.025	卡塔赫纳港（西班牙）	179	1
卡塔尼亚港（意大利）	180	−0.021	伦敦港（英国）	180	1
拉尔维克港（挪威）	181	−0.015	奇维塔韦基亚港（意大利）	181	1
自由港（美国）	182	−0.008	巴勒莫港（意大利）	182	1
维拉多康德港（巴西）	183	0	安科纳港（意大利）	183	0
维多利亚港（巴西）	183	0	拉尔维克港（挪威）	184	0
大分港（日本）	185	0.004	伊拉克利翁港（希腊）	185	0
克里斯蒂安桑港(挪威）	186	0.008	利特尔顿港（新西兰）	186	0
希洪港（西班牙）	187	0.013	拉塔基亚港（叙利亚）	187	0
利特尔顿港（新西兰）	188	0.034	大分港（日本）	188	0
敖德萨港（乌克兰）	189	0.046	拿骚港（巴哈马）	189	0
都拉斯港(阿尔巴尼亚）	190	0.057	卡塔尼亚港（意大利）	190	0
马瑞尔港（古巴）	191	0.057	汉堡港（德国）	191	0
利马索尔港（塞浦路斯）	192	0.063	菲利普斯堡港（荷属圣马丁）	192	0
安科纳港（意大利）	193	0.067	自由港（美国）	193	0
菲利普斯堡港（荷属圣马丁）	194	0.09	克里斯蒂安桑港（挪威）	194	−1

表 E.1　续 9

统计方法			行政方法		
港口名称	排名	总分	港口名称	排名	绩效指数
塔林穆格港(爱沙尼亚)	195	0.092	博鲁森港(土耳其)	195	-1
瓦尔纳港(保加利亚)	196	0.094	希洪港(西班牙)	196	-1
勿拉湾港(印度尼西亚)	197	0.104	马瑞尔港(古巴)	197	-1
尤日内港(乌克兰)	198	0.105	塔林穆格港(爱沙尼亚)	198	-1
里约热内卢港(巴西)	199	0.126	舒韦赫港(科威特)	199	-1
迈阿密港(美国)	200	0.149	坦帕港(美国)	200	-1
巴里港(意大利)	201	0.167	圣托马斯德卡斯蒂利亚港(危地马拉)	201	-2
符拉迪沃斯托克港(俄罗斯)	202	0.182	勿拉湾港(印度尼西亚)	202	-2
圣托马斯德卡斯蒂利亚港(危地马拉)	203	0.185	巴里港(意大利)	203	-2
东方港(俄罗斯)	204	0.192	苫小牧港(日本)	204	-2
苫小牧港(日本)	205	0.194	马塔迪港[刚果(金)]	205	-2
雷克索斯港(葡萄牙)	206	0.201	纳尔逊港(新西兰)	206	-2
阿里卡港(智利)	207	0.211	那不勒斯港(意大利)	207	-2
埃弗格雷斯港(美国)	208	0.213	劳马港(芬兰)	208	-3
马塔迪港[刚果(金)]	209	0.238	波季港(格鲁吉亚)	209	-3
纳尔逊港(新西兰)	210	0.24	雷克索斯港(葡萄牙)	210	-3
圣约翰港(加拿大)	211	0.241	莫尔兹比港(巴布亚新几内亚)	211	-4
的里雅斯特港(意大利)	212	0.241	焦亚陶罗港(意大利)	212	-4
耶夫勒港(瑞典)	213	0.242	瓦尔纳港(保加利亚)	213	-4
梅尔辛港(土耳其)	214	0.275	耶夫勒港(瑞典)	214	-4
波季港(格鲁吉亚)	215	0.278	新芒格洛尔港(印度)	215	-4
提兹港(英国)	216	0.303	弗里敦港(塞拉利昂)	216	-5

表E.1 续10

统计方法			行政方法		
港口名称	排名	总分	港口名称	排名	绩效指数
莫尔兹比港（巴布亚新几内亚）	217	0.307	阿比让港（科特迪瓦）	217	-5
天津港（中国）	218	0.31	维多利亚港（巴西）	218	-5
陶朗加港（新西兰）	219	0.333	图阿马西纳港（马达加斯加）	219	-5
弗里敦港（塞拉利昂）	220	0.35	加里宁格勒港（俄罗斯）	220	-5
圣文森特港（智利）	221	0.361	亚历山大港（埃及）	221	-5
瓦尔帕莱索港（智利）	222	0.365	格兰杰默斯港（英国）	222	-6
柏培拉港（索马里）	223	0.368	里加港（拉脱维亚）	223	-6
毕尔巴鄂港（西班牙）	224	0.384	自由港（巴哈马）	224	-6
海法港（以色列）	225	0.384	泽布吕赫港（比利时）	225	-6
坦帕港（美国）	226	0.411	圣文森特港（智利）	226	-7
图阿马西纳港（马达加斯加）	227	0.433	槟城港（马来西亚）	227	-7
阿比让港（科特迪瓦）	228	0.439	舒艾巴港（科威特）	228	-7
劳马港（芬兰）	229	0.439	潘姜港（印度尼西亚）	229	-7
切尔诺莫斯克港（乌克兰）	230	0.449	科佩尔港（斯洛文尼亚）	230	-7
卡亚俄港（秘鲁）	231	0.45	都拉斯港（阿尔巴尼亚）	231	-7
新芒格洛尔港（印度）	232	0.451	关岛阿普拉港（美国）	232	-7
乌姆盖斯尔港（伊拉克）	233	0.452	科托努港（贝宁）	233	-8
亚历山大港（埃及）	234	0.482	布里斯班港（澳大利亚）	234	-8
里加港（拉脱维亚）	235	0.482	塔科拉迪港（加纳）	235	-8
西雅图港（美国）	236	0.487	普罗格雷索港（墨西哥）	236	-8
温哥华港（加拿大）	237	0.499	新奥尔良港（美国）	237	-9
科纳克里港（几内亚）	238	0.505	提兹港（英国）	238	-9

表E.1 续11

统计方法			行政方法		
港口名称	排名	总分	港口名称	排名	绩效指数
亚历山大新港（埃及）	239	0.509	布拉夫港（新西兰）	239	-9
纳皮尔港（新西兰）	240	0.513	符拉迪沃斯托克港（俄罗斯）	240	-9
拉斯佩齐亚港(意大利）	241	0.548	维拉多康德港（巴西）	241	-9
科特卡港（芬兰）	242	0.558	休斯顿港（美国）	242	-9
格兰杰默斯港（英国）	243	0.56	毕尔巴鄂港（西班牙）	243	-10
科托努港（贝宁）	244	0.562	科特卡港（芬兰）	244	-10
奥文多港（加蓬）	245	0.563	柏培拉港（索马里）	245	-10
布里斯班港（澳大利亚）	246	0.569	南特圣纳泽尔港（法国）	246	-10
潘姜港（印度尼西亚）	247	0.573	阿里卡港（智利）	247	-11
关岛阿普拉港（美国）	248	0.61	西班牙港（特立尼达和多巴哥）	248	-11
阿卡胡特拉港（萨尔瓦多）	249	0.64	阿卡胡特拉港（萨尔瓦多）	249	-11
达米埃塔港（埃及）	250	0.65	科纳克里港（几内亚）	250	-11
利沃诺港（意大利）	251	0.658	圣约翰港（加拿大）	251	-12
巴拉那瓜港（巴西）	252	0.659	都柏林港（爱尔兰）	252	-12
康斯坦萨港(罗马尼亚）	253	0.66	斯德哥尔摩港（瑞典）	253	-13
塔科拉迪港（加纳）	254	0.683	马拉博港（赤道几内亚）	254	-14
南特圣纳泽尔港(法国）	255	0.693	东方港（俄罗斯）	255	-14
利尔奎港（智利）	256	0.708	亚历山大新港（埃及）	256	-14
布拉夫港（新西兰）	257	0.731	克里斯托巴尔(巴拿马）	257	-14
勒阿弗尔港（法国）	258	0.746	圣彼得堡港（俄罗斯）	258	-14
普罗格雷索港（墨西哥）	259	0.75	曼谷港（泰国）	259	-15
西班牙港（特立尼达和多巴哥）	260	0.775	摩加迪沙港（索马里）	260	-15

表E.1 续12

统计方法			行政方法		
港口名称	排名	总分	港口名称	排名	绩效指数
特马港（加纳）	261	0.782	纳皮尔港（新西兰）	261	-15
都柏林港（爱尔兰）	262	0.839	利尔奎港（智利）	262	-15
马拉博港(赤道几内亚）	263	0.859	西雅图港（美国）	263	-16
怀尼米港（美国）	264	0.862	的里雅斯特港(意大利）	264	-16
新奥尔良港（美国）	265	0.865	敖德萨港（乌克兰）	265	-17
休斯顿港（美国）	266	0.878	克莱佩达港（立陶宛）	266	-17
斯德哥尔摩港（瑞典）	267	0.915	阿加迪尔港（摩洛哥）	267	-17
贝拉港（莫桑比克）	268	0.919	卡萨布兰卡港(摩洛哥）	268	-17
玛瑙斯港（巴西）	269	0.967	伊兹密尔港（土耳其）	269	-18
奥尼港（尼日利亚）	270	0.994	玛瑙斯港（巴西）	270	-18
曼谷港（泰国）	271	1.024	奥文多港（加蓬）	271	-18
伊斯肯德伦港(土耳其）	272	1.024	伊斯肯德伦港(土耳其）	272	-18
蒙得维的亚港(乌拉圭）	273	1.033	怀尼米港（美国）	273	-19
威尼斯港（意大利）	274	1.042	切尔诺莫斯克港（乌克兰）	274	-19
曼萨尼约港（墨西哥）	275	1.07	巴统港（格鲁吉亚）	275	-19
阿加迪尔港（摩洛哥）	276	1.122	马尼拉港（菲律宾）	276	-19
伊兹密尔港（土耳其）	277	1.136	布里斯托港（英国）	277	-19
桑托斯将军港（菲律宾）	278	1.148	莱城港（巴布亚新几内亚）	278	-19
萨凡纳港（美国）	279	1.158	里耶卡港（克罗地亚）	279	-20
汉堡港（德国）	280	1.176	萨姆松港（土耳其）	280	-20
摩加迪沙港（索马里）	281	1.194	贝拉港（莫桑比克）	281	-21
科罗内尔港（智利）	282	1.203	桑托斯将军港（菲律宾）	282	-21
巴伦西亚港（西班牙）	283	1.211	蒙特利尔港（加拿大）	283	-22

表E.1 续13

统计方法			行政方法		
港口名称	排名	总分	港口名称	排名	绩效指数
塞萨洛尼基港（希腊）	284	1.229	塞萨洛尼基港（希腊）	284	-22
蒙特利尔港（加拿大）	285	1.231	康斯坦萨港（罗马尼亚）	285	-22
金斯顿港（牙买加）	286	1.283	金斯顿港（牙买加）	286	-23
莱城港（巴布亚新几内亚）	287	1.314	克里比深水港（喀麦隆）	287	-24
洛美港（多哥）	288	1.332	奥塔戈港（新西兰）	288	-24
梅希约内斯港（智利）	289	1.381	拉斯佩齐亚港（意大利）	289	-24
南安普顿港（英国）	290	1.404	利沃诺港（意大利）	290	-24
卡萨布兰卡港（摩洛哥）	291	1.442	奥尼港（尼日利亚）	291	-25
维多利亚港（塞舌尔）	292	1.457	努瓦克肖特港（毛里塔尼亚）	292	-25
苏赫奈泉港（埃及）	293	1.459	圣佩德罗港（科特迪瓦）	293	-27
布里斯托港（英国）	294	1.462	乌姆盖斯尔港（伊拉克）	294	-27
努瓦克肖特港（毛里塔尼亚）	295	1.475	威尼斯港（意大利）	295	-27
穆哈马德宾卡西姆港（巴基斯坦）	296	1.499	拉瓜伊拉港（委内瑞拉）	296	-28
萨姆松港（土耳其）	297	1.502	达米埃塔港（埃及）	297	-28
杜阿拉港（喀麦隆）	298	1.51	吉大港（孟加拉国）	298	-28
马普托港（莫桑比克）	299	1.533	维多利亚港（塞舌尔）	299	-28
新罗西斯克港（俄罗斯）	300	1.626	勒阿弗尔港（法国）	300	-30
克莱佩达港（立陶宛）	301	1.635	新罗西斯克港（俄罗斯）	301	-30
墨尔本港（澳大利亚）	302	1.676	杜阿拉港（喀麦隆）	302	-31
克里比深水港（喀麦隆）	303	1.701	温哥华港（加拿大）	303	-31
圣彼得堡港（俄罗斯）	304	1.719	蒂马鲁港（新西兰）	304	-32
拉瓜伊拉港（委内瑞拉）	305	1.737	敦刻尔克港（法国）	305	-33
吉大港（孟加拉国）	306	1.809	马普托港（莫桑比克）	306	-33

表 E.1　续 14

统计方法			行政方法		
港口名称	排名	总分	港口名称	排名	绩效指数
鲸湾港（纳米比亚）	307	1.819	卡贝略港（委内瑞拉）	307	-34
伊塔雅伊港（巴西）	308	1.828	巴伦西亚港（西班牙）	308	-34
卡贝略港（委内瑞拉）	309	1.829	里约热内卢港（巴西）	309	-35
萨沃纳港（意大利）	310	1.897	布宜诺斯艾利斯港（阿根廷）	310	-37
格但斯克港（波兰）	311	1.944	梅希约内斯港（智利）	311	-38
里耶卡港（克罗地亚）	312	1.974	特马港（加纳）	312	-40
弗利克斯托港（英国）	313	2.006	墨尔本港（澳大利亚）	313	-40
奥塔戈港（新西兰）	314	2.023	萨沃纳港（意大利）	314	-40
阿尔及尔港（阿尔及利亚）	315	2.076	阿什杜德港（以色列）	315	-42
巴统港（格鲁吉亚）	316	2.175	穆哈马德宾卡西姆港（巴基斯坦）	316	-42
蒂马鲁港（新西兰）	317	2.225	南安普顿港（英国）	317	-45
科佩尔港（斯洛文尼亚）	318	2.237	阿尔及尔港（阿尔及利亚）	318	-49
圣佩德罗港（科特迪瓦）	319	2.267	弗里曼特尔港（澳大利亚）	319	-49
布宜诺斯艾利斯港（阿根廷）	320	2.391	伊基克港（智利）	320	-54
热那亚港（意大利）	321	2.42	苏赫奈泉港（埃及）	321	-55
马尼拉港（菲律宾）	322	2.445	弗利克斯托港（英国）	322	-55
杰贝阿里港（阿联酋）	323	2.482	鲁珀特王子港（加拿大）	323	-56
达累斯萨拉姆港（坦桑尼亚）	324	2.561	达累斯萨拉姆港（坦桑尼亚）	324	-58
荷兰港（美国）	325	2.591	荷兰港（美国）	325	-60
弗里曼特尔港（澳大利亚）	326	2.716	内姆鲁特湾港（土耳其）	326	-61

表E.1 续15

统计方法			行政方法		
港口名称	排名	总分	港口名称	排名	绩效指数
阿什杜德港（以色列）	327	2.797	植物学湾港（澳大利亚）	327	-63
洛杉矶港（美国）	328	2.899	蒙得维的亚港（乌拉圭）	328	-65
内姆鲁特湾港（土耳其）	329	2.97	塔科马港（美国）	329	-66
鲁珀特王子港（加拿大）	330	2.979	贝贾亚港（阿尔及利亚）	330	-72
蒙巴萨港（肯尼亚）	331	3.14	热那亚港（意大利）	331	-74
奥克兰港（美国）	332	3.163	洛美港（多哥）	332	-77
长滩港（美国）	333	3.175	阿德莱德港（澳大利亚）	333	-78
留尼汪港（法国）	334	3.302	奥克兰港（美国）	334	-79
塔科马港（美国）	335	3.628	蒙巴萨港（肯尼亚）	335	-79
瓜亚基尔港（厄瓜多尔）	336	3.647	鲸湾港（纳米比亚）	336	-80
植物学湾港（澳大利亚）	337	3.907	洛杉矶港（美国）	337	-82
贝贾亚港（阿尔及利亚）	338	4.054	瓜亚基尔港（厄瓜多尔）	338	-84
阿德莱德港（澳大利亚）	339	4.546	哥德堡港（瑞典）	339	-87
拉各斯港（尼日利亚）	340	4.646	留尼汪港（法国）	340	-89
哥德堡港（瑞典）	341	4.653	长滩港（美国）	341	-96
伊基克港（智利）	342	4.766	拉各斯港（尼日利亚）	342	-114
廷坎岛港（尼日利亚）	343	4.789	罗安达港（安哥拉）	343	-115
路易港（毛里求斯）	344	5.501	廷坎岛港（尼日利亚）	344	-118
马赛港（法国）	345	5.696	黑角港［刚果（布）］	345	-128
黑角港［刚果（布）］	346	5.832	路易港（毛里求斯）	346	-175
开普敦港（南非）	347	6.528	开普敦港（南非）	347	-177
伊丽莎白港（南非）	348	7.659	伊丽莎白港（南非）	348	-183

表E.1　续16

统计方法			行政方法		
港口名称	排名	总分	港口名称	排名	绩效指数
德班港（南非）	349	8.082	库哈港（南非）	349	-190
罗安达港（安哥拉）	350	8.383	马赛港（法国）	350	-238
库哈港（南非）	351	8.401	德班港（南非）	351	-255

Table E.1　The CPPI 2020: Global Ranking of Container Ports

Statistical approach			Administrative approach		
Port name	Rank	Total score	Port name	Rank	Index points
YOKOHAMA	1	-5.995	YOKOHAMA	1	130
KING ABDULLAH PORT	2	-5.684	KING ABDULLAH PORT	2	114
CHIWAN	3	-5.202	QINGDAO	3	102
GUANGZHOU	4	-5.162	KAOHSIUNG, TAIWAN, CHINA	4	99
KAOHSIUNG, TAIWAN, CHINA	5	-4.669	SHEKOU	5	94
SALALAH	6	-4.531	GUANGZHOU	6	92
HONG KONG, HONG KONG SAR, CHINA	7	-4.276	HONG KONG, HONG KONG SAR, CHINA	7	89
QINGDAO	8	-3.860	ZHOUSHAN	8	88
SHEKOU	9	-3.726	SALALAH	9	87
ALGECIRAS	10	-3.597	YANGSHAN	10	87
BEIRUT	11	-3.378	TANJUNG PELEPAS	11	86
SHIMIZU	12	-3.361	SINGAPORE	12	83
TANJUNG PELEPAS	13	-3.342	NINGBO	13	83
PORT KLANG	14	-3.334	PORT KLANG	14	78
SINGAPORE	15	-3.279	TANGER MEDITERRANEAN	15	76

continued

Statistical approach			Administrative approach		
Port name	Rank	Total score	Port name	Rank	Index points
NAGOYA	16	−3.251	TAIPEI, TAIWAN, CHINA	16	75
COLOMBO	17	−3.209	YANTIAN	17	73
SINES	18	−3.183	CAI MEP	18	68
KOBE	19	−3.127	DALIAN	19	66
ZHOUSHAN	20	−2.963	TIANJIN	20	64
JUBAIL	21	−2.898	FUZHOU	21	61
YEOSU	22	−2.831	KHALIFA PORT	22	60
FUZHOU	23	−2.829	LAZARO CARDENAS	23	60
NINGBO	24	−2.805	SHIMIZU	24	59
LAZARO CARDENAS	25	−2.798	HALIFAX	25	59
KHALIFA PORT	26	−2.795	XIAMEN	26	58
TANGER MEDITERRANEAN	27	−2.769	CHIWAN	27	58
YANGSHAN	28	−2.733	SINES	28	56
YANTIAN	29	−2.724	MAWAN	29	56
TAIPEI, TAIWAN, CHINA	30	−2.681	AGUADULCE (COLOMBIA)	30	56
DA CHAN BAY TERMINAL ONE	31	−2.588	LIANYUNGANG	31	54
MAWAN	32	−2.557	ALGECIRAS	32	53
DALIAN	33	−2.506	COLOMBO	33	53
INCHEON	34	−2.422	CARTAGENA (COLOMBIA)	34	52
TOKYO	35	−2.418	DA CHAN BAY TERMINAL ONE	35	52
HAMAD PORT	36	−2.411	BUSAN	36	51

continued

Statistical approach			Administrative approach		
Port name	Rank	Total score	Port name	Rank	Index points
LIANYUNGANG	37	−2.375	INCHEON	37	51
PIPAVAV	38	−2.371	HAMAD PORT	38	51
HALIFAX	39	−2.365	PIPAVAV	39	48
CAUCEDO	40	−2.355	YEOSU	40	48
BREMERHAVEN	41	−2.265	AQABA	41	47
CARTAGENA (COLOMBIA)	42	−2.185	JEDDAH	42	46
SALVADOR	43	−2.051	AARHUS	43	43
AARHUS	44	−2.036	MUNDRA	44	43
AGUADULCE (COLOMBIA)	45	−2.035	MAGDALLA	45	42
CAI LAN	46	−1.991	BARCELONA	46	42
HAIPHONG	47	−1.953	RIO GRANDE (BRAZIL)	47	42
MAGDALLA	48	−1.943	NAGOYA	48	41
CAI MEP	49	−1.932	SHANGHAI	49	41
MUNDRA	50	−1.902	KOBE	50	39
GEMLIK	51	1.892	LAEM CHABANG	51	39
BUSAN	52	−1.887	WILHELMSHAVEN	52	39
JEDDAH	53	−1.862	CHARLESTON	53	38
DILISKELESI	54	−1.842	TOKYO	54	38
LAEM CHABANG	55	−1.807	SALVADOR	55	35
JAWAHARLAL NEHRU PORT	56	−1.786	CALLAO	56	34
AMBARLI	57	−1.783	JUBAIL	57	33
PORT SAID	58	−1.652	YARIMCA	58	33
PECEM	59	−1.647	JEBEL ALI	59	33

continued

Statistical approach			Administrative approach		
Port name	Rank	Total score	Port name	Rank	Index points
AQABA	60	−1.594	HAIPHONG	60	33
DJIBOUTI	61	−1.590	AMBARLI	61	32
XIAMEN	62	−1.541	BEIRUT	62	32
SHANGHAI	63	−1.532	JAWAHARLAL NEHRU PORT	63	31
TANJUNG PRIOK	64	−1.521	KEELUNG, TAIWAN, CHINA	64	31
KEELUNG, TAIWAN, CHINA	65	−1.509	ANTWERP	65	31
TRIPOLI (LEBANON)	66	−1.497	TANJUNG PRIOK	66	31
OSAKA	67	−1.440	WILMINGTON (NORTH CAROLINA, USA)	67	30
YARIMCA	68	−1.393	CAUCEDO	68	30
ITAPOA	69	−1.376	SOHAR	69	29
SANTOS	70	−1.376	PORT SAID	70	29
SOHAR	71	−1.375	BUENAVENTURA	71	29
BUENAVENTURA	72	−1.353	SANTOS	72	28
SEPETIBA	73	−1.338	BOSTON (USA)	73	27
RIO GRANDE (BRAZIL)	74	−1.332	CAI LAN	74	27
KARACHI	75	−1.292	DILISKELESI	75	27
BARCELONA	76	−1.224	TRIPOLI (LEBANON)	76	27
POSORJA	77	−1.192	OSAKA	77	27
OSLO	78	−1.192	BALBOA	78	27
QUY NHON	79	−1.163	GEMLIK	79	26
CAT LAI	80	−1.149	KARACHI	80	26
SUAPE	81	−1.129	YOKKAICHI	81	26

continued

Statistical approach			Administrative approach		
Port name	Rank	Total score	Port name	Rank	Index points
LONDON	82	−1.117	COLON	82	25
PHILADELPHIA	83	−1.080	MERSIN	83	25
DANANG	84	−1.053	SEPETIBA	84	24
PORT OF VIRGINIA	85	−1.044	BREMERHAVEN	85	24
ANTWERP	86	−1.011	PECEM	86	23
ZEEBRUGGE	87	−0.988	PHILADELPHIA	87	23
SANTA CRUZ DE TENERIFE	88	−0.970	ITAPOA	88	23
NEW YORK & NEW JERSEY	89	−0.969	PIRAEUS	89	23
GDYNIA	90	−0.942	ROTTERDAM	90	22
SHANTOU	91	−0.935	OSLO	91	20
NAHA	92	−0.883	DAMMAM	92	20
PIRAEUS	93	−0.859	DJIBOUTI	93	19
PUERTO LIMON	94	−0.858	PAITA	94	19
CHARLESTON	95	−0.820	SANTA CRUZ DE TENERIFE	95	19
PORT AKDENIZ	96	−0.820	SAVANNAH	96	18
TAICHUNG, TAIWAN, CHINA	97	−0.814	VERACRUZ	97	18
ULSAN	98	−0.811	ALTAMIRA	98	17
HAKATA	99	−0.758	JACKSONVILLE	99	17
COLON	100	−0.752	TAURANGA	100	17
MOBILE	101	−0.745	MARSAXLOKK	101	16
DAMMAM	102	−0.737	VALPARAISO	102	16
PUERTO BARRIOS	103	−0.731	GDYNIA	103	16
NOUMEA	104	−0.721	QUY NHON	104	16

continued

Statistical approach			Administrative approach		
Port name	Rank	Total score	Port name	Rank	Index points
PAITA	105	-0.705	ITAJAI	105	16
MARSAXLOKK	106	-0.698	PUERTO LIMON	106	16
YOKKAICHI	107	-0.692	PARANAGUA	107	16
MALAGA	108	-0.690	JOHOR	108	15
OMAEZAKI	109	-0.680	CAT LAI	109	15
JOHOR	110	-0.669	PORT OF VIRGINIA	110	15
MOJI	111	-0.663	NAHA	111	15
BATANGAS	112	-0.663	FORT-DE-FRANCE	112	15
BOSTON (USA)	113	-0.631	POINTE-A-PITRE	113	14
BALBOA	114	-0.625	MIAMI	114	14
SIAM SEAPORT	115	-0.613	DANANG	115	13
ROTTERDAM	116	-0.611	HAKATA	116	12
BURGAS	117	-0.611	SHANTOU	117	12
DUNKIRK	118	-0.611	AUCKLAND	118	12
WILHELMSHAVEN	119	-0.598	BALTIMORE (USA)	119	12
SANTA MARTA	120	-0.589	DAKAR	120	12
TARRAGONA	121	-0.588	OMAEZAKI	121	11
CAGAYAN DE ORO	122	-0.582	PUERTO BARRIOS	122	11
AUCKLAND	123	-0.562	MOJI	123	11
NORRKOPING	124	-0.553	NOUMEA	124	11
FORT-DE-FRANCE	125	-0.543	ENSENADA	125	11
GUSTAVIA	126	-0.528	POSORJA	126	10
QINZHOU	127	-0.523	NEW YORK & NEW JERSEY	127	10
FREDERICIA	128	-0.493	CAGAYAN DE ORO	128	10

continued

Statistical approach			Administrative approach		
Port name	Rank	Total score	Port name	Rank	Index points
COPENHAGEN	129	-0.471	MALAGA	129	10
TUTICORIN	130	-0.469	SUAPE	130	10
PUERTO CORTES	131	-0.468	GDANSK	131	10
PORT BRONKA	132	-0.454	MOBILE	132	10
TANJUNG EMAS	133	-0.433	BURGAS	133	9
CHIBA	134	-0.418	TARRAGONA	134	9
SHIBUSHI	135	-0.382	NORRKOPING	135	9
ENSENADA	136	-0.378	SIAM SEAPORT	136	9
SAIGON	137	-0.375	SANTA MARTA	137	9
BALTIMORE (USA)	138	-0.368	FREDERICIA	138	9
PENANG	139	-0.367	TUTICORIN	139	8
KHALIFA BIN SALMAN	140	-0.356	CEBU	140	8
PUERTO BOLIVAR (ECUADOR)	141	-0.347	WELLINGTON	141	8
GIOIA TAURO	142	-0.344	COPENHAGEN	142	8
DAVAO	143	-0.341	TANJUNG EMAS	143	8
CASTELLON	144	-0.339	BATANGAS	144	8
ALTAMIRA	145	-0.324	MANZANILLO (MEXICO)	145	8
RIO HAINA	146	-0.322	TAICHUNG, TAIWAN, CHINA	146	8
POINTE-A-PITRE	147	-0.319	PORT EVERGLADES	147	8
SAN JUAN	148	-0.303	QINZHOU	148	8
SHUAIBA	149	-0.301	PUERTO CORTES	149	7
NAPLES	150	-0.280	CHIBA	150	7

continued

Statistical approach			Administrative approach		
Port name	Rank	Total score	Port name	Rank	Index points
CEBU	151	−0.275	SAIGON	151	7
FREEPORT (BAHAMAS)	152	−0.271	PORT BRONKA	152	7
TANJUNG PERAK	153	−0.269	HAIFA	153	6
PUERTO QUETZAL	154	−0.269	PORT AKDENIZ	154	6
WILMINGTON (NORTH CAROLINA, USA)	155	−0.237	PUERTO BOLIVAR (ECUADOR)	155	6
VIGO	156	−0.233	DAVAO	156	6
PAPEETE	157	−0.227	CASTELLON	157	6
VERACRUZ	158	−0.219	CORONEL	158	6
SAN ANTONIO	159	−0.218	VIGO	159	5
SHUWAIKH	160	−0.216	RIO HAINA	160	5
JACKSONVILLE	161	−0.215	GUSTAVIA	161	5
CALDERA (COSTA RICA)	162	−0.206	KHALIFA BIN SALMAN	162	5
BELL BAY	163	−0.205	BELL BAY	163	5
HELSINGBORG	164	−0.196	SAN JUAN	164	5
POINT LISAS PORTS	165	−0.182	CALDERA (COSTA RICA)	165	4
BORUSAN	166	−0.163	SHIBUSHI	166	4
KALININGRAD	167	−0.159	PAPEETE	167	4
CARTAGENA (SPAIN)	168	−0.153	SALERNO	168	3
BARRANQUILLA	169	−0.137	BARRANQUILLA	169	3
CRISTOBAL	170	−0.135	YUZHNY	170	3
LATAKIA	171	−0.135	HELSINGBORG	171	3
PALERMO	172	−0.125	TANJUNG PERAK	172	3

continued

Statistical approach			Administrative approach		
Port name	Rank	Total score	Port name	Rank	Index points
NASSAU	173	−0.109	SAN ANTONIO	173	3
SALERNO	174	−0.080	PUERTO QUETZAL	174	2
CIVITAVECCHIA	175	−0.072	ULSAN	175	2
WELLINGTON	176	−0.049	RAVENNA	176	2
DAKAR	177	−0.031	POINT LISAS PORTS	177	2
HERAKLION	178	−0.030	LIMASSOL	178	1
RAVENNA	179	−0.025	CARTAGENA (SPAIN)	179	1
CATANIA	180	−0.021	LONDON	180	1
LARVIK	181	−0.015	CIVITAVECCHIA	181	1
PORT FREEPORT	182	−0.008	PALERMO	182	1
VILA DO CONDE	183	0.000	ANCONA	183	0
VITORIA	183	0.000	LARVIK	184	0
OITA	185	0.004	HERAKLION	185	0
KRISTIANSAND	186	0.008	LYTTELTON	186	0
GIJON	187	0.013	LATAKIA	187	0
LYTTELTON	188	0.034	OITA	188	0
ODESSA	189	0.046	NASSAU	189	0
DURRES	190	0.057	CATANIA	190	0
MARIEL	191	0.057	HAMBURG	191	0
LIMASSOL	192	0.063	PHILIPSBURG	192	0
ANCONA	193	0.067	PORT FREEPORT	193	0
PHILIPSBURG	194	0.090	KRISTIANSAND	194	−1
MUUGA—PORT OF TALLINN	195	0.092	BORUSAN	195	−1
VARNA	196	0.094	GIJON	196	−1

continued

Statistical approach			Administrative approach		
Port name	Rank	Total score	Port name	Rank	Index points
BELAWAN	197	0.104	MARIEL	197	−1
YUZHNY	198	0.105	MUUGA—PORT OF TALLINN	198	−1
RIO DE JANEIRO	199	0.126	SHUWAIKH	199	−1
MIAMI	200	0.149	TAMPA	200	−1
BARI	201	0.167	SANTO TOMAS DE CASTILLA	201	−2
VLADIVOSTOK	202	0.182	BELAWAN	202	−2
SANTO TOMAS DE CASTILLA	203	0.185	BARI	203	−2
VOSTOCHNY	204	0.192	TOMAKOMAI	204	−2
TOMAKOMAI	205	0.194	MATADI	205	−2
LEIXOES	206	0.201	NELSON	206	−2
ARICA	207	0.211	NAPLES	207	−2
PORT EVERGLADES	208	0.213	RAUMA	208	−3
MATADI	209	0.238	POTI	209	−3
NELSON	210	0.240	LEIXOES	210	−3
SAINT JOHN	211	0.241	PORT MORESBY	211	−4
TRIESTE	212	0.241	GIOIA TAURO	212	−4
GAVLE	213	0.242	VARNA	213	−4
MERSIN	214	0.275	GAVLE	214	−4
POTI	215	0.278	NEW MANGALORE	215	−4
TEESPORT	216	0.303	FREETOWN	216	−5
PORT MORESBY	217	0.307	ABIDJAN	217	−5
TIANJIN	218	0.310	VITORIA	218	−5
TAURANGA	219	0.333	TOAMASINA	219	−5

continued

Statistical approach			Administrative approach		
Port name	Rank	Total score	Port name	Rank	Index points
FREETOWN	220	0.350	KALININGRAD	220	−5
SAN VICENTE	221	0.361	ALEXANDRIA (EGYPT)	221	−5
VALPARAISO	222	0.365	GRANGEMOUTH	222	−6
BERBERA	223	0.368	RIGA	223	−6
BILBAO	224	0.384	FREEPORT (BAHAMAS)	224	−6
HAIFA	225	0.384	ZEEBRUGGE	225	−6
TAMPA	226	0.411	SAN VICENTE	226	−7
TOAMASINA	227	0.433	PENANG	227	−7
ABIDJAN	228	0.439	SHUAIBA	228	−7
RAUMA	229	0.439	PANJANG	229	−7
CHORNOMORSK	230	0.449	KOPER	230	−7
CALLAO	231	0.450	DURRES	231	−7
NEW MANGALORE	232	0.451	APRA HARBOR	232	−7
UMM QASR	233	0.452	COTONOU	233	−8
ALEXANDRIA (EGYPT)	234	0.482	BRISBANE	234	−8
RIGA	235	0.482	TAKORADI	235	−8
SEATTLE	236	0.487	PUERTO PROGRESO	236	−8
VANCOUVER (CANADA)	237	0.499	NEW ORLEANS	237	−9
CONAKRY	238	0.505	TEESPORT	238	−9
EL DEKHEILA	239	0.509	BLUFF	239	−9
NAPIER	240	0.513	VLADIVOSTOK	240	−9
LA SPEZIA	241	0.548	VILA DO CONDE	241	−9
KOTKA	242	0.558	HOUSTON	242	−9

continued

Statistical approach			Administrative approach		
Port name	Rank	Total score	Port name	Rank	Index points
GRANGEMOUTH	243	0.560	BILBAO	243	−10
COTONOU	244	0.562	KOTKA	244	−10
OWENDO	245	0.563	BERBERA	245	−10
BRISBANE	246	0.569	NANTES-ST NAZAIRE	246	−10
PANJANG	247	0.573	ARICA	247	−11
APRA HARBOR	248	0.610	PORT OF SPAIN	248	−11
ACAJUTLA	249	0.640	ACAJUTLA	249	−11
DAMIETTA	250	0.650	CONAKRY	250	−11
LIVORNO	251	0.658	SAINT JOHN	251	−12
PARANAGUA	252	0.659	DUBLIN	252	−12
CONSTANTZA	253	0.660	STOCKHOLM	253	−13
TAKORADI	254	0.683	MALABO	254	−14
NANTES-ST NAZAIRE	255	0.693	VOSTOCHNY	255	−14
LIRQUEN	256	0.708	EL DEKHEILA	256	−14
BLUFF	257	0.731	CRISTOBAL	257	−14
LE HAVRE	258	0.746	ST PETERSBURG	258	−14
PUERTO PROGRESO	259	0.750	BANGKOK	259	−15
PORT OF SPAIN	260	0.775	MOGADISCIO	260	−15
TEMA	261	0.782	NAPIER	261	−15
DUBLIN	262	0.839	LIRQUEN	262	−15
MALABO	263	0.859	SEATTLE	263	−16
HUENEME	264	0.862	TRIESTE	264	−16
NEW ORLEANS	265	0.865	ODESSA	265	−17

continued

Statistical approach			Administrative approach		
Port name	Rank	Total score	Port name	Rank	Index points
HOUSTON	266	0.878	KLAIPEDA	266	−17
STOCKHOLM	267	0.915	AGADIR	267	−17
BEIRA	268	0.919	CASABLANCA	268	−17
MANAUS	269	0.967	IZMIR	269	−18
ONNE	270	0.994	MANAUS	270	−18
BANGKOK	271	1.024	OWENDO	271	−18
ISKENDERUN	272	1.024	ISKENDERUN	272	−18
MONTEVIDEO	273	1.033	HUENEME	273	−19
VENICE	274	1.042	CHORNOMORSK	274	−19
MANZANILLO (MEXICO)	275	1.070	BATUMI	275	−19
AGADIR	276	1.122	MANILA	276	−19
IZMIR	277	1.136	BRISTOL	277	−19
GENERAL SANTOS	278	1.148	LAE	278	−19
SAVANNAH	279	1.158	RIJEKA	279	−20
HAMBURG	280	1.176	SAMSUN	280	−20
MOGADISCIO	281	1.194	BEIRA	281	−21
CORONEL	282	1.203	GENERAL SANTOS	282	−21
VALENCIA	283	1.211	MONTREAL	283	−22
THESSALONIKI	284	1.229	THESSALONIKI	284	−22
MONTREAL	285	1.231	CONSTANTZA	285	−22
KINGSTON (JAMAICA)	286	1.283	KINGSTON (JAMAICA)	286	−23
LAE	287	1.314	KRIBI DEEP SEA PORT	287	−24
LOME	288	1.332	OTAGO HARBOUR	288	−24

continued

Statistical approach			Administrative approach		
Port name	Rank	Total score	Port name	Rank	Index points
MEJILLONES	289	1.381	LA SPEZIA	289	−24
SOUTHAMPTON	290	1.404	LIVORNO	290	−24
CASABLANCA	291	1.442	ONNE	291	−25
PORT VICTORIA	292	1.457	NOUAKCHOTT	292	−25
SOKHNA	293	1.459	SAN PEDRO (COTE D'IVOIRE)	293	−27
BRISTOL	294	1.462	UMM QASR	294	−27
NOUAKCHOTT	295	1.475	VENICE	295	−27
MUHAMMAD BIN QASIM	296	1.499	LA GUAIRA	296	−28
SAMSUN	297	1.502	DAMIETTA	297	−28
DOUALA	298	1.510	CHATTOGRAM	298	−28
MAPUTO	299	1.533	PORT VICTORIA	299	−28
NOVOROSSIYSK	300	1.626	LE HAVRE	300	−30
KLAIPEDA	301	1.635	NOVOROSSIYSK	301	−30
MELBOURNE	302	1.676	DOUALA	302	−31
KRIBI DEEP SEA PORT	303	1.701	VANCOUVER (CANADA)	303	−31
ST PETERSBURG	304	1.719	TIMARU	304	−32
LA GUAIRA	305	1.737	DUNKIRK	305	−33
CHATTOGRAM	306	1.809	MAPUTO	306	−33
WALVIS BAY	307	1.819	PUERTO CABELLO	307	−34
ITAJAI	308	1.828	VALENCIA	308	−34
PUERTO CABELLO	309	1.829	RIO DE JANEIRO	309	−35
SAVONA-VADO	310	1.897	BUENOS AIRES	310	−37
GDANSK	311	1.944	MEJILLONES	311	−38

continued

Statistical approach			Administrative approach		
Port name	Rank	Total score	Port name	Rank	Index points
RIJEKA	312	1.974	TEMA	312	-40
FELIXSTOWE	313	2.006	MELBOURNE	313	-40
OTAGO HARBOUR	314	2.023	SAVONA-VADO	314	-40
ALGIERS	315	2.076	ASHDOD	315	-42
BATUMI	316	2.175	MUHAMMAD BIN QASIM	316	-42
TIMARU	317	2.225	SOUTHAMPTON	317	-45
KOPER	318	2.237	ALGIERS	318	-49
SAN PEDRO (COTE D'IVOIRE)	319	2.267	FREMANTLE	319	-49
BUENOS AIRES	320	2.391	IQUIQUE	320	-54
GENOA	321	2.420	SOKHNA	321	-55
MANILA	322	2.445	FELIXSTOWE	322	-55
JEBEL ALI	323	2.482	PRINCE RUPERT	323	-56
DAR ES SALAAM	324	2.561	DAR ES SALAAM	324	-58
DUTCH HARBOR	325	2.591	DUTCH HARBOR	325	-60
FREMANTLE	326	2.716	NEMRUT BAY	326	-61
ASHDOD	327	2.797	PORT BOTANY	327	-63
LOS ANGELES	328	2.899	MONTEVIDEO	328	-65
NEMRUT BAY	329	2.970	TACOMA	329	-66
PRINCE RUPERT	330	2.979	BEJAIA	330	-72
MOMBASA	331	3.140	GENOA	331	-74
OAKLAND	332	3.163	LOME	332	-77
LONG BEACH	333	3.175	ADELAIDE	333	-78
PORT REUNION	334	3.302	OAKLAND	334	-79
TACOMA	335	3.628	MOMBASA	335	-79

continued

Statistical approach			Administrative approach		
Port name	Rank	Total score	Port name	Rank	Index points
GUAYAQUIL	336	3.647	WALVIS BAY	336	-80
PORT BOTANY	337	3.907	LOS ANGELES	337	-82
BEJAIA	338	4.054	GUAYAQUIL	338	-84
ADELAIDE	339	4.546	GOTHENBURG	339	-87
LAGOS (NIGERIA)	340	4.646	PORT REUNION	340	-89
GOTHENBURG	341	4.653	LONG BEACH	341	-96
IQUIQUE	342	4.766	LAGOS (NIGERIA)	342	-114
TIN CAN ISLAND	343	4.789	LUANDA	343	-115
PORT LOUIS	344	5.501	TIN CAN ISLAND	344	-118
MARSEILLE	345	5.696	POINTE-NOIRE	345	-128
POINTE-NOIRE	346	5.832	PORT LOUIS	346	-175
CAPE TOWN	347	6.528	CAPE TOWN	347	-177
PORT ELIZABETH	348	7.659	PORT ELIZABETH	348	-183
DURBAN	349	8.082	NGQURA	349	-190
LUANDA	350	8.383	MARSEILLE	350	-238
NGQURA	351	8.401	DURBAN	351	-255

总体目标仍然是发现潜在的改进空间，最终使所有公共和私人利益相关者受益。

The overall objective remains the identification of potential improvement to ultimately benefit all public and private stakeholders.

9. 尽管排名显示了两种方法得出的结果高度一致，

9. While the rankings demonstrate a broad consistency resulting from the two approaches,

但也存在一些例外。差异最显著的三个港口是杰贝阿里港（统计和行政方法排名分别为第323位和第59位）、伊塔雅伊港（分别排名第308位和第105位）、天津港（分别排名第218位和第20位）。其中天津港是排名差异最大的港口之一。首版CPPI采用的方法是明确研究方法和假设，让数据说话，而并非说明每一个差异的原因。在后续的版本中，我们将进一步改进这两种方法，以减少差异，进一步增强它们各自的互补性，并提升CPPI的严谨性。

some exceptions exist. Three of the most notable discrepancies are Jebel Ali (323rd and 59th in the statistical and administrative approach respectively), Itajai (308th and 105th respectively), and Tianjin, one of the highest ranked ports affected (218th and 20th respectively). The approach taken in the CPPI 2020 has been not to try and explain every discrepancy, but rather to make the methodology and assumptions explicit and let the data speak. In future editions, further refinement of both approaches will hopefully reduce discrepancies, and further enhance their respective complementarity, and the rigor of the CPPI.

10. 展望未来，CPPI力图在后续版本中不断优化方法，反馈各方关注，拓展参评港口范围，提升数据质量。世界银行和埃信华迈团队将继续完善方法和范围，尽可能增加港口数量、扩大数据规模。下一个版本将更具有

10. *Looking to the future, the intention is that the CPPI will evolve and be enhanced in subsequent editions, reflecting refinement, stakeholder feedback, and improvement in data scope and quality.* The WBG/ IHS Markit team will continue to refine the methodologies, the scope, where possible increasing the number of ports, and the data. The next iteration, CPPI 2021, will be comparable, facilitating the

可比性，会按船舶或停靠规模进行分类，引入集装箱港口绩效的整体和潜在发展趋势；还将探讨和解释这两种方法之间的差异，同时进一步了解评价集装箱港口绩效的关键因素或影响因素。总体目标仍然是发现潜在的改进空间，最终使所有公共和私人利益相关者受益，包括港口、航运公司、政府、航线代理机构、企业和消费者。

introduction of trends in container port performance, both overall and potentially by disaggregation by ship or call size. The CPPI 2021 will also seek to investigate and explain divergences between the two approaches, while also gaining a further understanding of key determinants or influences on container port performance. The overall objective remains the identification of potential improvement to ultimately benefit all public and private stakeholders including ports, shipping lines, governments, line agencies, businesses, and consumers.

1. 导论

Introduction

11. 海运是全球化贸易和制造业供应链的支柱，全球五分之四以上的商品贸易（按量计算）通过海运进行。海运是最经济、最节能和最可靠的长距离运输方式之一，从1970年到2018年贸易量以年均3%的速度增长。2019年，海上贸易量仅增长0.5%，全年总额仅略高于110亿吨（联合国贸易与发展会议2020年数据）。占总贸易量约35%、货值超过60%的集装箱贸易增长了2%，比2018年同期的5.1%有所下降。总体而言，海运和集装箱贸易反映了世界国内生产总值（GDP）增长率放缓至2.5%，比2018年的3.1%下降了0.6%。持续的贸易紧张局势和政策的高度不确定性阻碍了全球经济产出和商品贸易的增长，进而阻碍了海上贸易发展。

11. *Maritime transport is the backbone of globalized trade and the manufacturing supply chain, with more than four-fifths of global merchandise trade (by volume) carried by sea.* The maritime sector offers the most economical and reliable mode of transportation over long distances, with volumes carried increasing at an annual average of 3 percent; over the period from 1970 to 2018. In 2019, maritime trade volumes expanded by only 0.5 percent, reaching a total of just over 11 billion tons for the year (UNCTAD 2020). Container trade, which accounts for approximately 35 percent of total volume and for more than 60 percent by value, grew by 2 percent, down from 5.1 percent in 2018. Overall, both maritime and container trade reflect a slowdown in world gross domestic product (GDP) to 2.5 percent, 0.6 percent lower than the 3.1 percent GDP in 2018. Lingering trade tensions and high policy uncertainty undermined growth in global economic output and merchandise trade, and by extension, maritime trade.

集装箱港口已成为全球供应链的关键节点，是许多新兴经济体发展和战略的中心。

Container ports have become critical nodes in global supply chains and are central to the growth stories and strategies of many emerging economies.

12. 自海上贸易出现以来，海港一直是经济和社会发展的中心。这句话几千年来直至今天都是真理。自1958年马尔科姆·麦克莱恩发明集装箱运输以来（Levinson, 2006），集装箱化的发展使商品生产地点和生产方式发生了巨大变化，这是一个持续塑造行业的动态过程。因此，集装箱港口已成为全球供应链的关键节点，是许多新兴经济体发展和战略的中心。在许多情况下，发展高效运作的高质量港口基础设施是出口导向型增长战略成功的先决条件。如果港口基础设施建设得好，就一定能促进对生产和分销系统的投资，支持制造业和物流业的发展，同时创造就业机会并提高收入水平。

12. *Since the dawn of maritime trade, maritime ports have been central to economic and social development.* This statement is as true today as it has been for thousands of years. The growth of containerization, since Malcom McLean's innovation in 1958 (Levinson 2006), has led to vast changes in where and how goods are manufactured, a dynamic process that has continued shaping the industry. Container ports, as a result, have become critical nodes in global supply chains and are central to the growth stories and strategies of many emerging economies. In many cases, the development of high-quality port infrastructure, operated efficiently, has served as a prerequisite to successful, often export-led, growth strategies. Done well, port infrastructure provides the necessary confidence to facilitate investment in production and distribution systems, supporting the expansion of manufacturing and logistics, while creating employment and raising income levels.

低效的港口会阻碍贸易增长。

Poorly performing ports constrain trade growth.

13. 更具体地说，海港的运行效果是决定一个国家贸易成本的关键因素。低效的港口会阻碍贸易增长，这对内陆发展中国家和小岛屿发展中国家的影响尤其显著。港口和通往内陆的基础设施（无论是内河航道、铁路还是公路）构成了连接全球市场的关键环节，需要高效运行。能否高效的运行取决于许多因素，包括港口本身的效率、吃水深度是否足够、码头和码头设施的可用性、与公路和铁路服务的连接质量、服务竞争力，以及涉及集装箱清关的公共机构运作程序的有效性。以上任何影响运行的因素低效运行或设置非关税壁垒都会导致成本上升、竞争力下降和贸易减少（Kathuria, 2018）。

13. *More specifically, how a maritime port performs is a crucial element in determining a country's trade costs.* Poorly performing ports constrain trade growth, an impact particularly pronounced for landlocked developing countries (LLDCs) and the small island developing states (SIDS). The port, together with the access infrastructure (whether inland waterway, rail, or road) to the hinterland constitutes a crucial link to the global marketplace and needs to operate efficiently. Efficient performance encompasses a myriad of factors, including the efficiency of the port itself, the availability of sufficient draught, quay, and dock facilities, the quality of the connections to road and rail services, the competitiveness of those services, and the efficacy of the procedures employed by the public agencies involved in container clearance. Inefficiencies or non-tariff barriers in any of these actors will result in higher costs, reduced competitiveness, and lower trade (Kathuria 2018).

14. 更具体地说，港口基础设施的效率也被认为是港口整体竞争力和国际贸易成本的关键因素。Sanchez等人（2003）确定了港口效率和国际贸易成本之间的关系。Clark等人（2004）发现，减少一个国家的贸易低效率，尤其是运输成本，从第25百分位降低到第75百分位，导致双边贸易量增加了约25%。Wilmsmeier等人（2006）证实了港口绩效对国际贸易成本的影响，发现港口效率加倍对贸易成本的影响与港口间物理距离减半对贸易成本的影响基本一致。Hoffmann等人（2020）分析了班轮航运双边连通性对南非贸易流的短期和长期影响，发现GDP、直通航线的数量和竞争水平对贸易流有显著的正向影响。

14. *More specifically, the efficiency of port infrastructure has also been identified as a key contributor to overall port competitiveness and international trade costs.* Sanchez et al. (2003) identified a link between port efficiency and the cost of international trade. Clark et al. (2004) found a reduction in a country's trade inefficiencies, specifically transport costs, from the 25th to 75th percentile, resulted in an increase in bilateral trade of around 25 percent. Wilmsmeier et al. (2006) confirmed the impact of port performance on international trade costs, finding that doubling port efficiency in a pair of ports had the same impact on trade costs as would halving the physical distance between the ports. Hoffmann et al. (2020) analyzed the short- and long-run impacts of the liner shipping bilateral connectivity on South Africa's trade flows, and showed that GDP, the number of common direct connections, and the level of competition have a positive and significant effect on trade flows.

港口不但没有促进贸易，反而增加了进出口成本，降低了竞争力，抑制了经济增长，阻碍了减贫进程。

Far too often instead of facilitating trade, the port increases the cost of imports and exports, reduces competitiveness, and inhibits economic growth and poverty reduction.

15. **遗憾的是，港口和码头，特别是集装箱港口和码头，往往是运输延误、供应链中断、成本增加和竞争力下降的主要根源。**绩效差的港口的特点是空间利用不足、运营效率差、海上和陆上通道运输能力受限、监管能力不足、公共机构之间协调不力，导致其物流缺乏可预测性和可靠性。其结果往往是，港口不但没有促进贸易，反而增加了进出口成本，降低了竞争力，抑制了经济增长，阻碍了减贫进程。这对国家和地区经济造成严重的影响（见世界银行，2013），并推动了多方努力以提高绩效，加强竞争力。

15. *Unfortunately, ports and terminals, particularly for containers, can often be the main sources of shipment delays, supply chain disruption, additional costs, and reduced competitiveness.* Poorly performing ports are characterized by limitations in spatial and operating efficiency, limitations in maritime and landside access, inadequate oversight, and poor coordination between the public agencies involved, resulting in a lack of predictability and reliability. The result far too often is that instead of facilitating trade, the port increases the cost of imports and exports, reduces competitiveness, and inhibits economic growth and poverty reduction. The effect on national and regional economies can be severe (see World Bank 2013) and has driven numerous efforts to improve performance to strengthen competitiveness.

港口效率和船舶在所有预定停靠港的港口周转时间是经营者的重要课题。

Port efficiency and port turnaround time at all ports of call are important subjects for operators.

16. 港口绩效对于基于固定班轮服务表（即固定周转时间）来运营班轮服务的集装箱航运公司来说，也是应该考虑的关键因素之一。船舶在运行航线上任何一个预定停靠港产生的延误必须在到达下一个停靠港之前弥补回来，以避免对服务作业的效率造成不利影响。因此，港口效率和船舶在所有预定停靠港的港口周转时间是经营者需要研究的重要课题。此外，在竞争环境中，监控港口绩效已成为一项越来越重要的任务。

16. *Port performance is also a key consideration for container shipping lines that operate liner services on fixed schedules, based on fixed port turnaround times.* Delays at any of the scheduled ports of call along the route served by the vessel would have to be resolved before the vessel arrives at the next port of call, in order to avoid an adverse impact on the efficiency of service operations. As such, port efficiency and port turnaround time on a vessel's scheduled voyage at all ports of call are important subjects for operators. In addition, monitoring port performance has become an increasingly important undertaking in the competitive landscape.

17. 提升港口绩效的主要挑战在于缺乏可靠的绩效评估方式来对不同港口进行比较。“你不能管理你无法评

17. *One of the major challenges to realize improvement has been the lack of reliable measures to compare operational performance across different ports.* The old management idiom: "You cannot

估的东西。”这句古老的管理格言印证了海运行业管理和监督方面面临的挑战。虽然现代港口都是以绩效为目的而收集数据的，但数据处理的结果很难用于在相似环境下对不同港口或竞争对手进行比较。管理人员可能知道港口绩效在逐年提高，但他们可能不知晓其港口绩效是否能与概况相似的先进港口的标准相持平。毫不意外，全球港口行业长期以来都在尝试确定和实施一套比较指标来评估港口或码头的绩效，第2章会对相关文献进行简要回顾。但是，几乎所有评估办法都会面临一个问题，即数据的质量、一致性和可用性，指标定义的标准性，以及评估组织收集数据的能力和将数据传输给核对机构的意愿。

manage what you cannot measure,” reflects the historical challenge of both managing and overseeing the maritime transport sector. While modern ports collect data for performancc purposes, it is difficult to compare the outcomes with competitors or with ports in similar circumstances. Managers might know performance is improving year on year, but they might not know whether performance is up to the standards of leading ports with similar profiles. Not surprisingly, the sector has amassed a long history of attempts to identify and implement a comparative set of indicators to measure port or terminal performance; a brief review of the related literature is provided in chapter 2. However, one of the general challenges of nearly all these approaches has been the quality, consistency, and availability of data, the standardization of definitions employed, and the capacity and willingness of the relevant organizations to collect and transmit the data to a collating body.

新技术、数字化程度的提高以及行业利益相关者改进海运系统绩效的共识，首次为稳健可靠地评估和比较集装箱港口的绩效提供了能力和机会。

New technologies, increased digitalization, and industry stakeholder willingness to work collectively toward systemwide improvements now, for the first time, provides the capacity and opportunity to measure and compare container port performance in a robust and reliable manner.

18. **在稍高一点的层面上，若干综合指标将用于对比海运门户发展的质量和绩效水平。**关于跨境贸易的世界银行物流绩效指数（LPI）（Arvis et al.，2018）与营商环境指数（DBI）（世界银行，2020），以及世界经济论坛的全球竞争力指数（GCI）4.0等文件都报告了港口服务和通关流程的效率情况。此外，每一份文件都提出了一国沿海地区效率低下对国际贸易竞争力的影响程度。但受制于这些指标自身定义及其所反映情况的局限性，意味着它们最多只能提供比较绩效的评价，而无法在单个港口的层面上提供改善港

18. *At a slightly higher level, several aggregate indicators provide an indication of the comparative quality and performance of maritime gateways.* The World Bank Logistics Performance Index, or LPI (Arvis et al. 2018), and Doing Business Index, or DBI (World Bank 2020), on trading across borders, and the World Economic Forum's Global Competitiveness Index (GCI) 4.0 all report on the perceived efficiency of seaport services and border clearance processes. In addition, each indicates the extent to which inefficiencies at a nation's sea borders can impact international trade competitiveness. But the aggregate nature of the indicators, and the fact they are perception based, means they offer at best an indication of comparative performance with little to guide spatial or operating performance improvements at the level of the individual port. The Liner Shipping Connectivity Index (LSCI) published by the United

口空间布局或运营业绩的意见。联合国贸易和发展会议（UNCTAD，以下简称“联合国贸发会议”）发布的班轮运输连通性指数（LSCI）提供了一个用于评估港口在班轮航运网络中地位的指标。虽然港口的地位一定程度上由港口的绩效决定，但LSCI并未直接评估它，而是与CPPI的评估范围类似，仅评估了集装箱港口。

Nations Conference on Trade and Development (UNCTAD) provides an indicator or a port's position within the liner shipping network. While a port's position is in part determined by the port's performance, the LSCI does not directly measure it. Similar in scope to the CPPI, the LSCI is also limited to container ports.

19. **数字化提供了一种稳健、可靠的方式来评估和比较集装箱港口绩效。**新技术、数字化程度的提高以及行业利益相关者改进海运系统绩效的共识，首次为稳健可靠地评估和比较集装箱港口的绩效提供了能力和机会。编制CPPI的数据源于埃信华迈的港口绩效项目。[①]该项目

19. *Digitalization offers an opportunity to measure and compare container port performance in a robust and reliable manner.* New technologies, increased digitalization, and industry stakeholder willingness to work collectively toward systemwide improvements now, for the first time, provides the capacity and opportunity to measure and compare container port performance in a robust and reliable manner. The data used to compile the CPPI 2020 are gathered from the IHS Markit Port Performance Program.[①] The Port

① 更多关于港口绩效项目的信息，详见https: // ihs markit. com / products /port-performance. html.

① For more information on the Port Performance Program, see: https: // ihsmarkit. com / products / port-performance. html.

于2009年启动，目标是提高集装箱港口运营效率，并支持优化港口停靠的方案。该项目包括10家世界上最大的班轮运输公司，它们总共运营着全球76%的船队运力。数据的性质、来源和范围将在第3章中讨论。

Performance Program was started in 2009 with the goal of driving efficiency improvements in container port operations and supporting programs to optimize port calls. The program includes 10 of the world's largest liner shipping companies, which collectively operate 76 percent of global fleet capacity. The nature, source, and scope of the data are discussed in chapter 3.

与集装箱港口绩效关联最大的是客户体验及其处理客户资产的速度和效率。

Container port performance is most relevant from the perspective of customer experience and the speed and efficiency with which customer assets are handled.

20. CPPI的基本原理是利用现有的经验数据创建一个客观的评估标准，以比较各个集装箱港口在不同时间的港口绩效。与集装箱港口绩效关联最大的是客户体验及其处理客户资产的速度和效率。首版CPPI重点关注港口绩效，以反映港口主要客户——船舶运营商的经验。

20. *The rationale behind the CPPI was to use available empirical data to create an objective measure to compare container port performance across ports, and eventually over time.* Container port performance is most relevant from the perspective of customer experience and the speed and efficiency with which customer assets are handled. In this inaugural edition of the CPPI, the focus is purely on quayside performance to be reflective of the experience of a ship operator, the port's main customer. The

港口接收和货船周转的运作效率是承运人考虑是否停靠港口的重中之重。前述两种方法的运用及其使用理由将在第3章集中说明，更多详情见附录B。有关首版CPPI的结果见第4章，详细表格见附录A。

operational efficiency with which ports receive and turn around container ships is of critical importance to the carrier's decision to call a port in view of other options. The two methodologies employed, and the justification for their use, are presented in summary in chapter 3, with further detail provided in appendix B. The results in terms of the CPPI 2020 are presented in chapter 4, with detailed tables provided in appendix A.

21. **编制CPPI是为了提供绩效评估和改善的建议，最终使所有公共和私人利益相关者受益。**CPPI旨在为全球经济的关键利益相关者提供一个参考标准，利益相关者包括各国（地区）政府、港口当局和经营者、开发机构、超国家组织、各种海事利益相关者，以及贸易、物流和供应链服务领域的其他公共和私营利益相关者。编制本报告的联合团队打算在随后的年度报告中，不断优化评估方法、范围和数据，展示修订效果、利益相关者的反馈及改进后的数据范围和数据质量。

21. *The CPPI has been developed to contribute to the identification of opportunities for improvement that will ultimately benefit all public and private stakeholders.* The CPPI is intended to serve as a reference point for key stakeholders in the global economy including national governments, port authorities and operators, development agencies, supra-national organizations, various maritime interests, and other public and private stakeholders engaged in trade, logistics and supply chain services. The intention of the joint team is that the methodology, scope, and data, will be enhanced in subsequent annual iterations, reflecting refinement, stakeholder feedback, and data scope and quality improvements.

2. 港口绩效的评估方法

The Measurement of Port Performance

2.1 引言

22. 第1章强调了采用一种可靠的比较方法来评估不同港口绩效的重要性。毫不意外，业内对构建一套比较指标来评估港口或码头绩效的尝试可以追溯到几十年前。本章简要回顾了这些文献，当然并非旨在详尽无遗，而是旨在阐明文献中确定的主要方法，并对每种方法的优缺点进行评论。本章文献综述的结构基于以下简要分类：第一类，经营和财务业绩评估；第二类，经济效益；第三类，主要依赖港口外部数据源的评估。这三个类别将在本章的后续内容中讨论。

2.1 Introduction

22. *Chapter 1 underlined the importance of a reliable comparative measure to assess performance across different ports.* Perhaps not surprisingly, the attempts to identify a comparative set of indicators to measure port or terminal performance stretch back several decades. This chapter offers a brief review of that literature, and it is certainly not intended to be exhaustive. Rather, the intention is to illustrate the broad approaches identified in the literature and comment on the merits and demerits of each. The review has been structured around a simple typology: firstly, measures of operational and financial performance; secondly, measures of economic efficiency; and thirdly, measures that rely, predominately, on data from sources exogenous to the port. These three categories are discussed in subsequent sections of this chapter.

2.2 经营或财务业绩评估

2.2 Measures of Operational or Financial Performance

20世纪70年代初，港

Some of the initial attempts to define and

口绩效指标的研究开始引入相关定义和一致性指标。

introduce consistent port performance indicators occurred in the early 1970s.

23. **20世纪70年代初，港口绩效指标的研究开始引入相关定义和一致性指标。**这一时期，联合国贸发会议秘书处应正式要求编写了一份港口统计手册（联合国贸发会议，1971），旨在为各国（地区）和港口提供更好的统计程序。其后出版的关于泊位吞吐量文件（联合国贸发会议，1974），专门用一章内容对港口业绩指标进行了论述，但当时不太强调集装箱业务。20世纪70年代后期，联合国贸发会议提议缔约方应采用和遵循特定的港口绩效指标（联合国贸发会议，1987）。该提议的目的很明确：为了能够改善港口绩效，各国（地区）首先需要评估绩效，而不是传统的成本核算。没有明确的业绩指

23. *Some of the initial attempts to define and introduce consistent port performance indicators occurred in the early 1970s.* In the early 1970s the Secretariat of the United Nations Conference on Trade and Development (UNCTAD), in response to a formal request, prepared a manual on port statistics (UNCTAD 1971), with the objective of providing guidance on better statistical processes for countries and ports. A subsequent publication, on berth throughput (UNCTAD 1974), included a chapter on port performance indicators, but at that time placed less emphasis on containers per se. In the late 1970s, UNCTAD proposed that signatory countries should adopt and follow certain port performance indicators (UNCTAD 1987). The proposal's aim was straightforward: to be able to improve performance, countries first needed to measure performance, beyond the traditional cost accounting measures. Without accurate performance indicators, countries also found it difficult to identify operational constraints, define operational performance measures, and plan port development and enhancement needs.

标，各国（地区）就难以确定港口运营的限制因素，无法制定经营绩效评估标准，也不好规划港口发展和改进需求。

24. 评价港口绩效的规定性和建议性指标主要与港口或码头的经营或财务状况相关。在前一种情况下，评估经营状况通常就是评估吞吐量——每台起重机的集装箱搬运量、每小时集装箱搬运量、泊位利用率、港口员工总数（除以集装箱总数）。在后一种情况下，财务评估是向作业成本法的转变，逐步了解船舶和货物收入、服务收入、劳动力成本和不同泊位（用行话说就是泊位组）所需的投资。表2.1归纳了联合国贸发会议于1976年提出的各项指标。其建议按月计算服务于某一货级的每个泊位组的费用。

24. *The indicators identified and proposed were predominantly related to the operational or financial performance of a port or terminal.* In the former case, they were based, generally, on measures of throughput volumes—container movements per crane, container movements per hour, berth utilization, the (total) number of employees in the port (divided by the total number of containers). In the latter case, the financial measures were a move toward activity based costing, to instill an understanding of the vessel and cargo revenues, service revenues, labor costs, and required investment for different berths (or berth groups in the vernacular). Table 2.1 summarizes the indicators proposed by UNCTAD in 1976. These were proposed to be calculated monthly for each berth group servicing a cargo class.

表 2.1 绩效指标汇总

财务指标	经营指标
吨位工作	抵达日期
每吨货物泊位占用收入	等待时间
每吨货物的货物处理收入	服务时间
劳动力支出	周转时间
每吨货物的资本贡献率	每船吨位
每吨货物分摊额	靠泊船舶工作时间占比
费用总计	每班每艘船分配到的工作班组数量
—	船舶在港口时每小时装运货物的数量
—	每个工作班组装运货物的数量
—	工作班组闲置时间的占比

资料来源：联合国贸发会议，1976年。

Table 2.1 Summary of Performance Indicators

Financial indicators	Operational indicators
Tonnage worked	Arrival date
Berth occupancy revenue per ton of cargo	Waiting time
Cargo handling revenue per ton of cargo	Service time
Labor expenditure	Turnaround time
Capital expenditure per ton of cargo	Tonnage per ship
Contribution per ton of cargo	Fraction of time berthed ships worked
Total contribution	Number of gangs employed per ship per shift
—	Tons per ship-hour in port
—	Tons per gang hours
—	Fraction of time gangs idle

Source: UNCTAD 1976.

25.1987年，**联合国贸发会议出版了《港口统计和业绩指标统一系统手册》。**该手册是为东非和非洲南部以及西非和中非的港口管理协会编写的，编写时间为世界银行于1986年4月在加纳举办的一次讨论会之后。2018年，东非和非洲南部港口管理协会向撒哈拉以南非洲运输项目提出了相似的要求，这表明在引入一套一致和可比的指标方面取得了进展。

25. *In 1987, UNCTAD published the Manual on a Uniform System of Port Statistics and Performance Indicators.* Produced for the Port Management Associations of East and Southern Africa as well as West and Central Africa, the manual followed a seminar organized by the World Bank in Ghana in April 1986. The Port Management Association of East and Southern Africa made a similar request to the Sub-Saharan Africa Transport Program in 2018, which provides an indication of the progress in introducing a consistent and comparable set of indicators.

26.1987年，**联合国贸发会议同国际港口协会合作，编写了一本评估港口绩效和生产力的专著。**第6号专著是由一个外部团体编写的（De Monie, 1987, 2–11），这一团体特别关注这个历史悠久的主题，及与其相关的大量的研究、报告和会议。德·莫尼（De Monie）还指出，总的来说，编写结果让大多数团队感到不满意，甚

26. *That same year, UNCTAD partnered with the International Association of Ports and Harbors (IAPH) to produce a monograph on measuring port performance and productivity.* Monograph No. 6 was prepared by an external party (De Monie 1987, 2–11), who noted the long history and the large number of studies, reports, and conferences on the topic. De Monie also noted the outcome, generally, had left the majority of parties dissatisfied, if not downright frustrated. The reasons for such an outcome were summarized as the following: firstly, the sheer number of different parameters involved; secondly, the lack

至非常失望。导致该情况的原因如下：第一，所涉及的参数不同；第二，统一收集整理的数据缺乏可靠性、准确性且非最新数据；第三，区域因素对收集的数据影响深刻；第四，不同团队在数据解释上存在分歧。

of reliable, accurate, up-to-date data, collected and collated in a consistent manner; thirdly, the profound influence of local factors on the data collected; and finally, the divergence in data interpretation by different parties.

27. 2004年，联合国贸发会议制定了班轮运输连通性指数（LSCI）。LSCI最初是在国家层面上产生的，从2018年以后，也在港口层面与管理开发服务和多式联运咨询公司（MDS Transmodal）进行合作。[①]LSCI指数由集装箱船部署的数据生成，包含六个部分：（1）每周有效停靠次数；（2）竞争承运人的

27. *In 2004, UNCTAD developed the Liner Shipping Connectivity Index (LSCI).* The LSCI was initially generated on the country level, and since 2018 has also been developed on the port level in collaboration with MDS Transmodal.[①] The index is generated from data on container ship deployment with six components: (i) The number of weekly calls; (ii) the number of competing carriers; (iii) the number of services; (iv) the size of the largest ship that calls in port; (v) the total deployed container carrying capacity, and (vi) the number of other ports connected

① 联合国贸发会议提供国家级和港口级LSCI数据，以及双边（国家间的）LSCI在线数据：http:// stats. unctad. org/maritime/。而MDS Transmodal提供前100个港口的LSCI数据：https://wwww. portsci. com。

① UNCTAD offers country- and port-level LSCI data, along with bilateral (country-to-country) LSCI data online: http://stats. unctad. org/maritime/, while MDS Transmodal offers LSCI for the top 100 ports: https://www. portlsci. com.

数量；（3）服务的数量；（4）停靠港口的最大船舶的大小；（5）总部署的集装箱运载能力；（6）开通直航的港口数量。LSCI虽然不直接评估港口绩效，但已被证明与绩效和低贸易成本高度正相关。

through direct services. While not directly measuring performance, the LSCI has been shown to be highly correlated with performance and low trade costs.

主要理念是将港口绩效方面的行业观点和学术观点结合起来，以便在港口管理者之间分享最佳实践。

The main idea was to bring industry and academic perspectives together in terms of port performance in order to share best practices among port managers.

28. 最近，联合国贸发会议提出了一份港口绩效排名，作为其“贸易培训港口管理项目”的一部分。[①] 其主要理念是将港口绩效方面的行业观点和学术观点结合起

28. More recently, UNCTAD proposed a port performance scorecard as part of their "TrainForTrade Port Management Program."[①] The main idea was to bring industry and academic perspectives together in terms of port performance in order to share best practices among port managers,

① 有关联合国贸发会议“贸易培训港口管理项目”的更多信息，请参阅https://tft. unctad. org/port-management/。

① See https://tft. unctad. org/port-management/ for more information on UNCTAD's TrainForTrade's Port Management Program.

来，以便在港口管理者之间，特别是发展中国家的管理者之间分享最佳实践。虽然学术研究的重点将在下一节中讨论，但De Monie（1987）在其研究中总结的许多挑战在今天仍然适用。人们也可以假设，航运公司和港口之间竞争的加剧已经造成公共和私人利益相关者之间在信息共享方面更加谨慎且缺乏信任。基于网络的港口改革工具包（世界银行，2008）包括了带有“港口时间核算”系统概念的绩效指标，这些指标与早前的联合国贸发会议第6号专著（De Monie，1987）的研究相类似，但与之相比更详细。Kent等人（2014）使用了类似的方法来评估中美洲的港口绩效。但是，由欧盟支持并于2017年8月结束的PORTOPIA（港口指标分析港口观察站）计划表明这种方法所面临的挑战仍在继续。

particularly from developing countries. While the focus and emphasis in the academic research will be discussed in the next section, many of the challenges summarized in De Monie (1987) remain relevant today. One could also posit that the intensification of competition between the shipping lines, and the ports themselves, has led to greater caution and less trust in respect of information sharing between public and private stakeholders. The web-based Port *Reform Toolkit* (World Bank 2008) included addressed performance indicators with the notion of a “port time accounting” system, similar but more detailed, to the early work in UNCTAD’s *Monograph No. 6* (De Monie 1987). Kent et al. (2014) utilized a similar approach to measure port performance in Central America. But the PORTOPIA (PORTs Observatory for Ports Indicator Analysis) initiative, supported by the European Union and which ended in August 2017, illustrates the ongoing challenge of this type of approach.

29. 自2018年以来，联合国贸发会议还与海洋交通组织合作，基于自动识别系统（AIS）数据，发布了船舶在港口停留的中位数时间。①研究报告内容涵盖集装箱船以及干散货船和液体散货船在内的所有主要航运市场，但仅限国家层面。数据显示，从全球来看，集装箱船在港口的平均时间仅相当于干散货船在港口时间的三分之一；然而，各国（地区）之间的绩效确实存在巨大差异。

*29. Since 2018, UNCTAD has also published median time ships spend in port, based on automatic identification system (AIS) data, in collaboration with MarineTraffic.*① While the reporting is done only on the country level, the information is provided not only for container ships, but for all major shipping markets, including dry and liquid bulk ships. Globally, the data show the time spent in port by container ships, on average, equals only one-third of that spent by dry bulk carriers; however, large differences between countries' performances do exist.

2.3 经济效益评估

2.3 Measures of Efficiency

关于港口行业效率的文献是在Farrell (1957)提出"技术效率"的概念大约30年

The literature on efficiency in the port industry emerged about three decades after Farrell (1957) proposed the concept of "technical efficiency.

① 探索海事交通在线实时航运地图：https: //marinetraffic. com.

① Explore the MarineTraffic live shipping map online: https: //marinetraffic. com.

后才出现的。

30. 关于港口行业效率的文献是在技术效率概念首次提出后大约30年才出现的。在Farrell（1957）提出“技术效率”的概念大约30年后，关于港口行业效率的文献才开始出现。Farrell的方法是通过测量观察到的产量和理论潜在产量之间的差异来估算港口的效率，而理论潜在产量是由样本中表现“较佳”的港口实践决定的。效率的量化与边界评估相关联，而边界评价取决于采用何种效率衡量标准。

30. *The literature on efficiency in the port industry emerged about three decades after the construct of technical efficiency was first proposed.* The literature on efficiency in the port industry emerged about three decades after Farrell (1957) proposed the concept of “technical efficiency.” Farrell’s construct estimates the efficiency of a port calculated by measuring the difference between observed production and theoretical potential production, the latter defined by the practices of the “better” performing ports in a sample. The quantification of efficiency is linked to the estimation of a frontier that represents a standard against which efficiency is measured.

31. 目前已有两种方法来评估技术效率边际：线性规划技术，主要是（1）数据包络分析法（DEA）；（2）计量经济学（随机）方法。每种方法都有优缺点，都能反映所研究的特定案例。Cullinane等人（2006）的研

31. *Two approaches have been developed to estimate the technical efficiency frontier:* linear programming techniques, mainly (i) data envelopment analysis (DEA); and (ii) econometric (stochastic) approaches. Each of the approaches has advantages and disadvantages, and the choice reflects the particular case under study. From a methodological point of view, Cullinane et al. (2006), shows the

究表明，就方法论而言，这两种方法获得的结果都是合理相关的。

results obtained using the two approaches are reasonably correlated.

32. 自20世纪90年代以来，对港口效率的研究开始大量涌现。这一时期的第一个研究是对英国和西班牙港口的技术效率进行的评估。自2000年以来，研究的地理范围已经扩展到南亚、拉丁美洲、东部和南部非洲以及其他地区。很多研究都支持一个共识：提高港口效率可以降低运输成本（见Herrera Dappe et al.，2017；Nordås，Piermartini，2009；Trujillo et al.，2013）。框2.1概述了世界银行的最新研究成果（2018）。

32. *Since the 1990s, a proliferation of research on the efficiency of ports has emerged.* The first research, in the 1990s, estimated technical efficiency of ports in the United Kingdom and Spain. Since 2000, the geographical scope of the studies has been extended to South Asia, Latin America, and Eastern and Southern Africa, along with others. Much of the research supports the unsurprising premise that increased efficiency reduces transport costs (see Herrera Dappe et al. 2017; Nordås and Piermartini 2009; and Trujillo et al. 2013). Box 2.1 summarizes one recent study conducted by the World Bank (2018).

33. 然而，对一些研究结果的解读应保持谨慎。尽管统计学和计量经济学方法看起来很复杂，但这些研究与以往的研究一样都面临许

33. *Some of the results, however, should be interpreted with a note of caution.* Despite the apparent sophistication of the statistical and econometric approaches, the studies share many of the same challenges as previous attempts. These

多相同的问题。这些问题包括可被统计数据的定义及其统计可靠性的差异（其中需要解决的问题包括：集装箱处理场地是否包括港区以外或邻近的集装箱堆场？是否包括处理集装箱溢满的一般货物泊位？），不同港口和码头之间可用数据的时间一致性，公共部门允许集装箱储存时长的规定，以及码头运营商和港口当局之间在信任度和透明度方面的类似限制。

include differences in the definition and reliability of the input statistics (among the questions to address: Does the container handling space include, or exclude container depots outside or adjacent to the port area? Does it include the general cargo berths where overspill containers are handled?), temporal consistency in the data available from different ports and terminals, public sector mandates to allow more or less storage time, and similar limitations in trust and transparency between terminal operators and port authorities.

框 2.1　东部和南部非洲的港口发展和竞争：前景与挑战

本研究采用随机前沿生产函数来评估港口效率。前沿生产表示给定的投入组合所能产生的最大产出量。港口的效率是通过测量观察到的产量和理论潜在产量之间的差异来计算的，理论潜在产量的依据是类似港口样本中表现“较佳”的港口的实

Box. 2.1　Port Development and Competition in Eastern and Southern Africa: Prospects and Challenges

The current study measures port efficiency using a stochastic frontier production function. The production frontier shows the maximum output quantity that can be obtained with a given combination of inputs. The efficiency of a port is calculated by measuring the difference between observed production and theoretical potential production, the latter based on the practices of the “better” performing ports in the sample of similar

框 2.1　续 1

践。使用类似港口的匹配样本的逻辑是，较大的港口将达到东部和南部非洲（ESA）港口所无法达到的技术效率水平。

研究分析考虑了三个主要输入变量：港口所有集装箱泊位和多用途泊位的长度之和；港口的集装箱码头总面积；起重机（龙门吊）的综合能力，包括船-岸（STS）门式起重机和港口搬运起重能力超过15吨的能力。此外，还定义了几个环境变量，以确保其他关键的背景因素在分析中得到反映。其中包括一个虚拟变量（如果至少有一个私营码头）、一个虚拟变量（如果港口有铁路通道）和一个连通性指数。① 分析采用时间趋势来反映技术变化的影响。

① 关于2018年研究中使用的连通性指数（LSCI）的最新版本，请参阅《2020年海运回顾》（联合国贸发会议，2020）。

ports. The logic of using a matched sample of similar ports is that the larger ports will reach levels of technical efficiency that are unattainable by ports of the scale of the Eastern and Southern Africa (ESA) ports.

The analysis considered three main input variables: the sum of the length of all container and multipurpose berths in the port, the total container terminal area of the port, and the combined capacity of the cranes, including ship-to-shore (STS) gantry cranes, and any mobile lifting capacity in the port with a capacity over 15 tons. In addition, several environmental variables were defined to ensure other key contextual factors were reflected in the analysis. These included a dummy variable if there is at least one privately operated terminal, a dummy variable if the port has railway access, and a connectivity index. ① A time trend was included to reflect the effect of technological change.

① See the Review of Maritime Transport 2020 (UNCTAD 2020) to learn more about the latest iteration of the connectivity index (LSCI) used in this 2018 study.

框 2.1　续 2

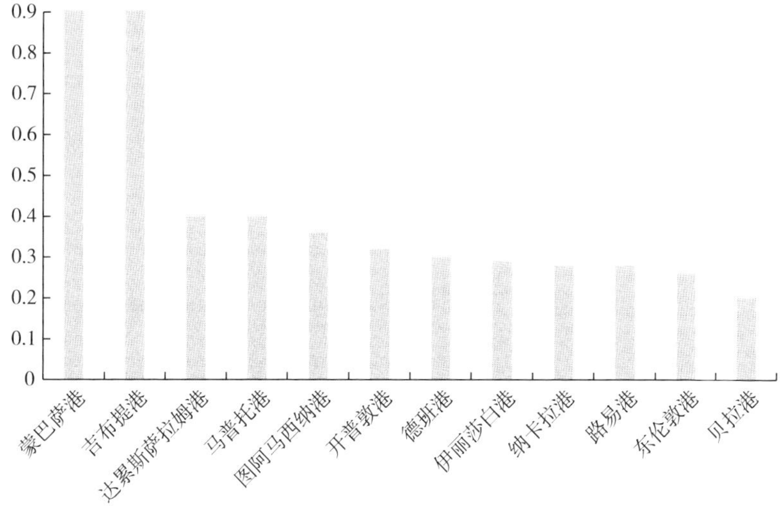

图 B2.1.1 东部和南部非洲港口的平均技术效率（2008 年—2017 年）

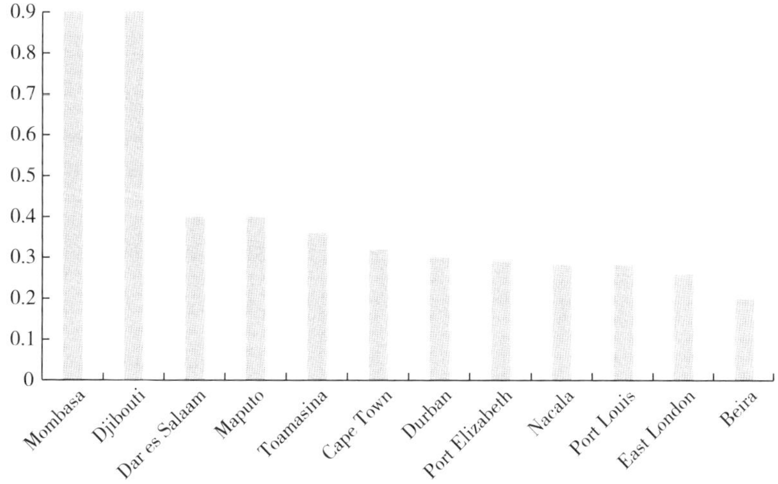

Figure B2.1.1 Average Technical Efficiency among ESA Ports, 2008–17

框2.1 续3

根据这一数据，蒙巴萨港是东部和南部非洲中技术效率最高的港口，在全球集装箱港口样本中排名第43位。达累斯萨拉姆港和德班港分列第64位和第70位。分析显示出推动港口集装箱码头作业效率提高的主要因素有：（1）至少存在一个专业码头运营商；（2）存在与该港口连接的铁路；（3）存在转运交通；（4）LSCI数值较高；（5）泊位作业时间缩短。

Globally, the port of Mombasa, based on this data, is the most technically efficient port in the ESA, and ranks as the 43rd most efficient container port in the global sample. Dar es Salaam and Durban follow at 64th and 70th positions respectively. The analysis also reveals the main factors found to drive higher efficiency in container terminal operations in the port are: (i) the presence of at least one specialist terminal operator; (ii) the existence of a rail connection to the port; (iii) the existence of transhipment traffic; (iv) a higher score on the LSCI; and (v) reduced time at berth.

资料来源：世界银行，2018年。

Source: World Bank 2018.

34. **即使数据具有可比性、可靠性和完整性，背景不同，其解释也会不同。**在压力测试下的港口或码头在比较方面可能是一个范例，因为压力促使空间利用得到改善，操作实践也得到改进。相比之下，压力较小的港口

34. *Even if the data are comparable, reliable, and complete, interpretations will differ within each context.* As in one example, a port or terminal under stress might appear an exemplar in terms of the comparison, as the pressure forces an improvement in the utilization of space, and improvement in operational practices. By contrast, a port under less stress might not face the same pressures, and in

可能不会面临同样的压力，并且在某些情况下鼓励停留时间延长以实现收益最大化。这种情况很明显有细微差别，关键信息是，在没有仔细考虑特定环境中的其他指标的情况下，不应该单独考虑前述的各种指标。

some cases encourage higher dwell time for revenue maximization. The picture is obviously nuanced, and the key message is that the various metrics should not be considered alone without carefully considering other indicators within a given context.

2.4 应用外部数据的评估

2.4 Measures Using Data from Exogenous Sources

2009年是集装箱运输史上损失最惨重的年份之一。

The year 2009 was one of the worst in terms of losses in the history of container shipping.

35.《商业杂志》（*The Journal of Commerce*，*JOC*）的港口生产力指数和2020年集装箱港口绩效指数（CPPI）。2009年是集装箱运输史上损失最惨重的年份之一。2008年雷曼兄弟公司（Lehman Brothers）倒闭

35. *The Journal of Commerce (JOC) Port Productivity Index and the journey to the Container Port Performance Index (CPPI) 2020.* The year 2009 was one of the worst in terms of losses in the history of container shipping. The financial crisis triggered by the 2008 Lehman Brothers collapse resulted in accumulated losses among container lines reached US$20 billion as they dealt with a sharp drop in

引发的金融危机，由于集装箱航线在全球的需求急剧下降、运费率降低、燃油价抬高的情况下，行业累计亏损达200亿美元。对于迫切需要削减成本的行业来说，这是关系到生死存亡的时刻。

global demand, low freight rates and high fuel prices. It was an existential moment for an industry that badly needed to cut costs.

36.2009年3月，在《商业杂志》组织的集装箱航运会议上，**一家大型航运公司的首席执行官（CEO）提出了班轮航运公司提交港口停靠时间戳数据来进行绩效基准测评的方法。**其基本原理包括，通过收集港口停靠时间戳数据来支持提升港口停靠效率的建议，从而使船舶更快地驶离港口，满足航运靠港计划，或降低到下一个港口的航速（航速降低有助于减少油耗和降低整体燃料成本）。提高效率的同时也潜在减少了排放，尽管当时的脱碳倡议对该行业来说不像今天这么紧迫。

36. *In March 2009, at a JOC-organized container shipping conference, a chief executive officer (CEO) of a major shipping line presented the idea of liner shipping companies submitting port call timestamp data for the purpose of performance benchmarking.* The rationale included the idea that aggregated port call timestamp data could support initiatives to improve port call efficiency, resulting in vessels being moved out of port more quickly, allowing them to meet their schedules or slow steam to the next port. Slow steaming would result in reduced fuel use and lower overall fuel costs. The improved efficiency also held the potential to reduce emissions, although decarbonization initiatives did not have the same level of urgency for the industry at that time as they do today.

运营商愿意共享数据，并致力于开发和应用基准测试，以寻找改善港口停靠流程的机会。

The carriers willingly shared data and were keen to develop and apply the benchmarking to seek out opportunities for improving port call processes.

37. 对于《商业杂志》来说，开发一个有助于提高集装箱港口停靠效率的项目的前景激发了人们的兴趣，从而启动了《商业杂志》港口生产力项目，这是CPPI的前身。一开始，《商业杂志》港口生产力项目完全专注于泊位生产率——集装箱搬运数除以泊位时间（无论是总量还是净量）。早些年，五家大型运营商每月向该项目提供数据。运营商愿意共享数据，并致力于开发和应用基准测试，以寻找改善港口停靠流程的机会。2012年，该项目已产生足够的吸引力，正式向集装箱运营商俱乐部（Box Club）——正式名称为集装箱船运营商国际理事会（International Council

37. For JOC, the prospect of developing a project that could help drive improvement in container port call efficiency sparked interest and led to the launch of the JOC Port Productivity Project, a precursor of the CPPI. In the beginning, the JOC project focused entirely on berth productivity—the number of container moves divided by hours at berth (whether gross or net). In the early years, five major carriers provided data monthly to the initiative. The carriers willingly shared data and were keen to develop and apply the benchmarking to seek out opportunities for improving port call processes. In 2012 the project had generated enough traction to warrant a presentation to the Box Club—formally known as the International Council of Containership Operators—at its annual meeting of liner shipping CEOs in New York. The Box Club update spawned more interest and support among major carriers resulting in new members providing data on a regular basis.

of Containship Operators) ——在纽约举行的班轮航运首席执行官年度会议上作了推介。Box Club更新的信息引发了更多主要运营商的兴趣和支持，新会员开始定期向该项目提供数据。

38. 从技术角度来看，在IHS咨询公司收购或开始负责管理数项数据库资源之后，CPPI的发展发生了重大变化。2008年和2009年，IHS公司完全收购了世界一流的船舶特征数据库公司——前劳埃德船级社。2014年，IHS公司收购了出版《商业杂志》的JOC集团。此外，IHS数据团队还负责管理国际海事组织（IMO）对全球船队吨位评估的咨询费用方案。基于卫星和地面基站数据，IHS还拥有并运营一项可提供船舶实时和历史运动轨迹的AIS优质服务。

38. *From a technical point of view, a step change in the advancement of the CPPI came after IHS Inc.* acquired or became responsible for managing several data-rich assets. Over 2008 and 2009, IHS fully acquired the former Lloyd's Register of Ships, one of the world's premier vessel characteristics datasets. In 2014, IHS Inc. acquired the JOC Group, which publishes the Journal of Commerce. In addition, the IHS data team manages the International Maritime Organization (IMO) vessel numbering scheme as well as the global fleet tonnage assessment for IMO fees. IHS also owns and operates a premium AIS service with both satellite and terrestrial coverage offering both live and historical ship movements data.

39. CPPI的发展关键在于将运营商停靠数据映射到AIS船只历史运行数据。这样能够跟踪和验证每一次单独的船舶有效停靠，从而使CPPI质量控制达到一个新的水平。港口和码头的细致AIS测绘和地理划分，以及在进港和港口内高保真地跟踪船舶的能力，也为创建基于外源性来源的生产率指标提供了基础。与此同时，通过与运营商的定期对话，该项目在定义和术语的标准化方面取得了重大进展。2016年，IHS公司与行业领先的金融行业数据和信息供应商Markit合并，组成了埃信华迈，进一步优化了港口绩效数据的收集、管理和质量控制流程。

39. *The mapping of carrier call data to AIS historical vessel movements data provided a key in the development of CPPI,* allowing for a new level of quality control due to the capacity to track and verify each individual call. Detailed AIS mapping and geofencing of port and terminal zones as well as the capacity to track vessels with high fidelity on approach and within ports also facilitated the creation of productivity metrics based on an exogenous source. At the same time, through more regular dialogue with the carriers, the program made significant progress in standardizing definitions and terms. The 2016 merger of IHS Inc. with leading financial industry data and information provider Markit—to form IHS Markit—led to further improvement of the collection, management, and quality control processes associated with the port performance data.

40. 在2019年秋季，埃信华迈在上海向Box Club再次展示了港口绩效项

40. *In autumn 2019 the IHS Markit Port*

目[①]**的成果。**该项目被列入Box Club议程的原因之一是在当年早些时候，国际海事组织已经明确指出港口停靠优化的潜能将有助于实现行业脱碳目标。通过分析上述AIS船只历史运行数据，可以发现集装箱港口停靠流程的差距，发现相应的改进机会，支持并推动行业实行准时制生产模式，并在与之相关的减少燃料消耗和减少排放等方面发挥积极作用。

Performance Program[①]*was presented again to the Box Club, this time in Shanghai.* One of the reasons the program was added to the Box Club agenda because earlier that year the IMO had identified the potential of port call optimization to contribute toward meeting industry decarbonization targets. The dataset supports identification of gaps and opportunities for improvement in container port call processes and can play a role in supporting initiatives aimed at moving the industry toward just-in-time (JIT) vessel arrivals and the associated benefits of that in terms of reduced fuel consumption and reduced emissions.

目前，港口绩效项目每年负责超过18万次港口停靠和2.4亿次集装箱运输。

Currently, the Port Performance Program accounts for more than 180,000 port calls and 240 million container moves per year.

41. 在2019年Box

41. *After the 2019 Box Club meeting, the*

---

① 有关港口绩效项目的更多信息，请参见：https://ihsmarkit.com/products/port-performance.html。

① For more information on the Port Performance Program, see: https://ihsmarkit.com/products/port-performance.html.

Club会后，支持港口绩效项目的运营商迅速上升到10家，累计运力超过全球集装箱船队总运力的76%。目前，港口绩效项目每年负责超过18万次港口停靠和2.4亿次集装箱运输。项目数据库覆盖500多个集装箱港口的1000多个作业区。基于这些可观的大数据，以及过去十年间的高质量数据收集、核查、管理和分配的技术积累，使我们第一次能够对全球范围内的沿海集装箱港口和码头绩效进行可信、客观的评估和比较。

number of carriers supporting the program quickly rose to 10, which combined control over 76 percent of the global container fleet capacity. Currently, the Port Performance Program accounts for more than 180,000 port calls and 240 million container moves per year. The performance dataset covers more than 1,000 terminals in over 500 container ports. This critical mass, combined with the high-quality data collection, verification, management and distribution put in place over the past decade has created a valuable resource that for the first time allows us to credibly and objectively measure and compare ocean-side container port and terminal performance on global scale.

42. 埃信华迈和世界银行利用上述数据资源合作开发和出版了CPPI。关于构建CPPI的数据、逻辑和评价方法的详细介绍将在第3章中予以汇总，而第4章主要介绍首版CPPI的研究成果。

42. *IHS Markit and the World Bank are drawing on this resource to partner in the development and publication of the CPPI.* A more detailed discussion of the data behind the construction of the CPPI, the logic, and different approaches employed, are summarized in chapter 3, while chapter 4 presents the results of the inaugural CPPI 2020.

3. 数据采集与处理方法

The Approach and Methodology

3.1 引言

43. **集装箱（班轮）航运服务是高度结构化的周期服务。**这些服务通常设置每周出发频率、固定的停靠顺序、靠泊窗口的标准例行日期和特定时间。一旦服务确定好或作了调整，通常会在好几个月甚至几年的时间里保持不变。靠泊窗口是与码头和港口运营商预先商定的，通常是基于略高于集装箱装卸载的预期平均数量，理想情况下，每个航段的港口之间应包含适度的缓冲量。

3.1 Introduction

43. *Container (liner) shipping services are generally highly structured, service rotations.* These services are typically set up with weekly departure frequencies, fixed sequence of port calls, and standard pro forma day-and time-specific berthing windows. Once a service has been defined or adjusted, it will usually remain intact for many months, or even years. The berthing windows are pre-agreed with the terminal and port operators, usually based on a slightly higher than expected average quantity of container exchange moves, and ideally with modest buffers included in the sea legs between ports.

制定一个计划周密、执行良好的计划表，可以实现更好的航线可靠性和可预期性。

With a well-planned and well-executed pro forma schedule, higher levels of reliability and predictability can be achieved.

44. **高度结构化的服务模式的明显优势包括：**

44. *The clear advantages of a highly structured service model include: (i) shippers can make long-*

（1）托运人的航线安排可以满足长期供应链需求；（2）港口和码头可以安排和平衡相关资源以满足预期需求。例行工作计划表只要计划周密、执行良好，就会更具可靠性和可预测性。这是效率的供应链规划和运行实践的优势，因为集装箱船在海上用时均衡的情况下，在港口的时间一般占航线周转总时间的15%~20%，正如之前报告中指出的，缩短港口时间可以让船舶运营商在停靠港口之间降低船舶速度，从而节约燃料，减少排放，并降低海运中的成本。

term supply decisions, and (ii) ports and terminals can schedule and balance their resources to meet expected demand. With a well-planned and well-executed pro forma schedule, higher levels of reliability and predictability can be achieved, which is advantageous for more effective supply chain operations and planning as containerships will spend around 15 to 20 percent of their total full rotation time in ports, with the balance being spent at sea. As noted previously in the report, reduced port time can allow ship operators to reduce vessel speed between port calls, thereby conserving fuel, reducing emissions, and lowering costs in the process.

在极端情况下，船舶延误到港会给港口和码头的泊位可用性造成极大压力，特别是那些泊位利用率高的港口和码头。

In extreme cases, ships that fall many hours behind their pro forma schedule will start to arrive at ports outside of their agreed windows, causing berth availability challenges for ports and terminals, particularly those with high berth utilization rates.

45. **相反，一旦在港口或锚地的停靠时间超过预期，船舶将需要提高航行速度来维持航线排班计划，由此导致燃料消耗、成本和碳排放增加。**在极端情况下，船舶延误到港会给港口和码头的泊位可用性造成极大压力，特别是那些泊位利用率高的港口和码头，进而可能导致装运延迟和供应链中断。延误后的恢复措施包括大幅提高航行速度，增加燃料消耗、排放和成本，或在标准轮换中跳过一个或多个港口。不过，这将打乱供应链，并产生额外的应急成本。

45. *Conversely, for every unplanned additional hour in port or at anchorage, the ships will need to increase speed to maintain the schedule, resulting in increased fuel consumption, increased costs, and increased emissions.* In extreme cases, ships that fall many hours behind their pro forma schedule will start to arrive at ports outside of their agreed windows, causing berth availability challenges for ports and terminals, particularly those with high berth utilization rates. This in turn can cause delays to shipments and disruption to supply chains. A service recovery can involve significantly higher sailing speeds, increasing fuel consumption, emissions and costs, or the omission of a port or ports from the standard rotation, disrupting supply chains and often resulting in additional contingency costs.

46. **因为时效对各个参与方来说都很宝贵，所以根据船舶需要在港口花费的总时间来评估港口绩效是符合逻辑的。**CPPI是基于港口总时间进行评估的，详见后续

46. *Because time is valuable for stakeholders, a logical step is to measure port performance based upon the total amount of time ships are required to spend in port.* To facilitate this measurement, the Container Port Performance Index (CPPI) 2020 has been developed based on total port time as explained

部分。首版CPPI使用截至2020年6月30日的数据。同样地，下一个版本（2021年CPPI）将使用截至2021年6月30日的数据。首版CPPI采用了行政方法和统计方法两种方法，以确保集装箱港口绩效排名尽可能反映港口的实际绩效，并保持统计上的可靠性。本章将讨论这些方法，并在附录B中进一步详细介绍统计方法。结果将在第4章中展示。

in subsequent report sections. This first CPPI iteration utilizes data through June 30, 2020. Similarly, the next version (CPPI 2021) will utilize data through June 30, 2021. The construction of the CPPI 2020 has employed two different approaches, an administrative approach and a statistical approach, to ensure the resulting ranking of container port performance reflects as closely as possible actual port performance, while also being statistically robust. The approaches are discussed in this chapter, with further detail on the statistical methodology provided in appendix B. The results are presented in chapter 4.

3.2 港口停靠的解析

3.2 The Anatomy of a Port Call

47. **每个集装箱港口停靠可以分为六个不同的步骤。图3.1说明了这些单独的步骤。**港口总时数被定义为船舶到达港口（港口界限、引航站或锚地）到船舶完成货物装卸作业后离开泊位所经过的总时间。从船舶离泊到

47. *Every container port call can be broken down into six distinct steps. Figure 3.1 illustrates these individual steps.* The term total port hours is defined as the total elapsed time between when a ship reaches a port (either port limits, pilot station, or anchorage zone) to when it departs from the berth after completing its cargo exchange. The time expended from berth departure (all lines up) to the

离港之间的时间被剔除，因为船舶与出发延误有关的绩效损失基本是在停靠时发生的。如（1）引航员或拖轮工作效率；（2）系泊组的准备情况；（3）航道情况和水深；（4）船舶准备情况。因此，上述原因造成的额外时间将在船舶离泊时予以剔除。

departure from the port limits is deliberately excluded. The justification for the exclusion is any performance loss that pertains to departure delays, such as (i) pilot or tug availability; (ii) readiness of the mooring gang; (iii) channel access and water depths; and (iv) ship readiness, will be incurred while the ship is still alongside. Additional time resulting from these causes will therefore be captured when the clock stops at berth departure.

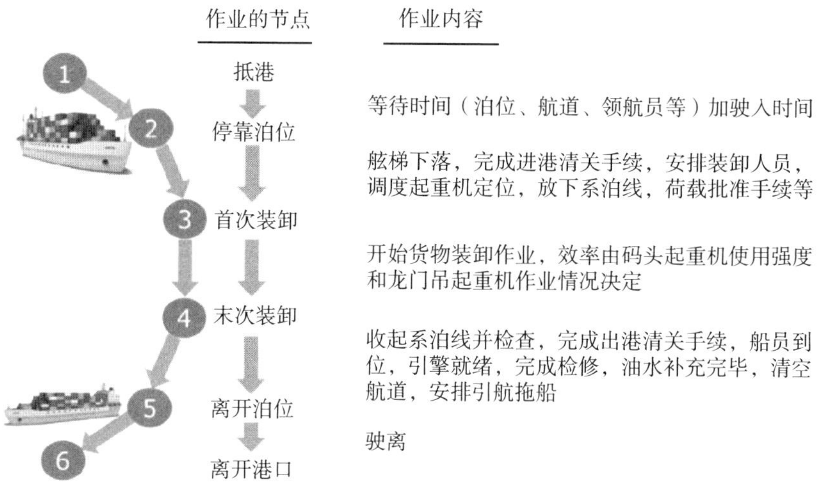

图 3.1 港口停靠的解析

来源：埃信华迈海事与贸易部。

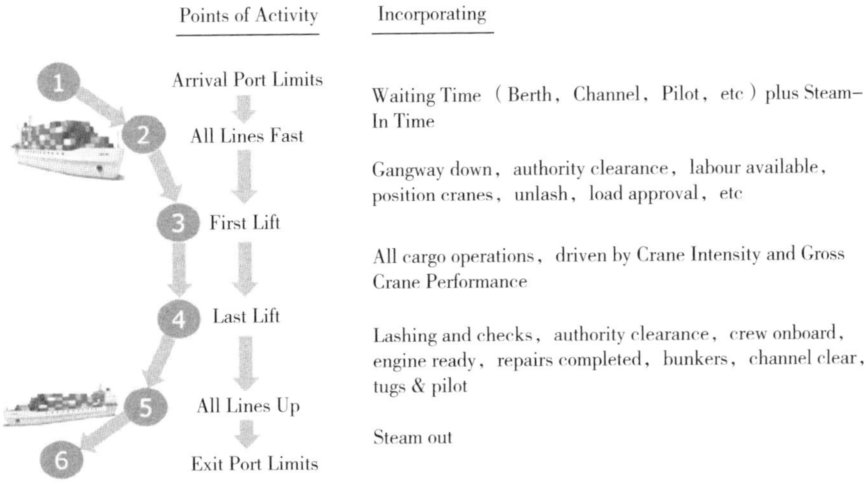

Figure 3.1 The Anatomy of a Port Call

Source: Figure graphic provided by IHS Markit, Marine & Trade division

船舶离开泊位后在港口停留的时间可能延长。它们可能会由于加油、维修或在安全区域等待等原因而停留在港口范围内。

Ships may spend additional time in a port after the departure from a berth. They might dwell within a port's limits for bunkering, repairs, or simply waiting in safe areas.

48. **船舶离开泊位后在港口停留的时间可能延长；但是，与这些额外活动相关的时间被排除在CPPI之外。**如果不能在预定的最早到达时间到达，船舶可能会由于

48. *Ships may spend additional time in a port after the departure from a berth; however, the time associated with these additional activities is excluded from the CPPI.* Ships might dwell within a port's limits for reasons that include bunkering, repairs, or simply waiting in safe areas if unable to berth on

加油、维修或在安全区域等待等原因而停留在港口范围内。除了加油外，其他作业并不与货物作业同时进行，这些额外的港口时间产生原因并不一定反映港口效率低下或绩效不佳，因此不属于CPPI范围。

earliest arrival at the next port. Except for bunkering not being performed simultaneously with cargo operations, these causes of additional port time do not necessarily reflect inefficiency or poor performance of the port and are thus excluded from the CPPI.

49. 相反，船舶有时可能不会在货物完成作业后立即起航，比如未做好航前准备、官方手续未完结，或因维修或加油而停留。除了因官方手续造成的延误以外，导致港口时间增加的其他原因都不能反映港口绩效低下。但是，可用的数据粒度不足，无法从本质上看出延误的根本原因。港口绩效项目推断，因与港口绩效无关的原因造成货物作业完成后船舶空转的比例是相对合理的，因此继续纳入该因素不会使CPPI结果产生显著差异。

49. *Conversely, ships occasionally might not sail immediately upon completion of cargo operations because they are not operationally ready, have not been released by local authorities, or remain alongside to complete repair works or bukering.* With the exception of authority clearance delays, none of the other causes of additional port time are reflective of port inefficiency per se. However, the available data are insufficiently granular to see root causes of delays by their nature. The Port Performance Program presumes the percentage of ships idling alongside after completion of cargo operations for reasons unrelated to port performance is modest, and thus continued inclusion will have no significant effect on the CPPI results.

等待时间的定义是抵达港口范围（包括外锚地）到完全系泊之间所耗费的时间，一般被认为是纯粹浪费掉的时间。

Waiting time, defined as the period between arrival port limits, which includes the anchorage zone, and all lines fast is generally regarded as pure waste.

50. 港口停靠的其他四个部分按类型可为两个不同的时间组别。第一组包括抵港到停靠泊位之间所耗费的时间（图3.1中的步骤1到2），第二组包括停靠泊位到离开泊位之间所耗费的时间（图3.1中的步骤2到步骤5，通常也称为泊位时间或泊位时）。如此分组的原因如下：步骤2和步骤5之间总是会消耗时间，而步骤1和步骤2之间的大部分时间（不包括实际航行时间）是可以减少到零的等待时间。

50. *The other four components of the port call can logically be grouped into two distinct blocks of time.* The first comprises elapsed time between arrival port limits and all lines fast (steps 1 to 2 in figure 3.1); the second comprises time elapsed between all lines fast and all lines up (steps 2 to 5, also commonly referred to as on-berth time or berth hours). The logic behind this division contends there will always be time consumed between steps 2 and 5, while the bulk of time between steps 1 and 2—excluding actual sailing time—is waiting time that could be reduced to zero.

51. 港口绩效评估中的等待时间问题。等待时间的定义是抵港（包括外锚

51. *The issue of waiting time in the measurement of port performance.* Waiting time, defined as the period between arrival port limits, which includes

地）到停靠泊位之间所耗费的时间，一般被认为是纯粹浪费掉的时间。因此，在编写CPPI时就可能对等待时间施加了负面评价。此类负面评价指标，可能会被视为一种规范性的评估导向，这与编制CPPI的首要原则相冲突，因此本书不采用这些指标。

the anchorage zone, and all lines fast is generally regarded as pure waste. As such, in the construction of the CPPI, one possibility was to apply a penalty to waiting time. The decision was taken not to, as the introduction of a penalty of this type could be seen as a normative judgment, which would be inconsistent with the program's overarching objective of producing an objective quantitative index.

52. 在一份相关报告中，CPPI编写组讨论了是否对最小船型的等待时间申请“折减”。导致这个问题产生的原因是低于1500 TEU（20英尺标准集装箱）的标准船舶在枢纽港[①]等待的时间明显多于所有其他尺寸的船型（见图3.2和表3.1显示的“到

52. *On a related note, the CPPI team deliberated in whether to apply a "discount" to waiting time for the smallest segment of ships.* This question arose because ships with less than 1,500 twenty-foot equivalent units (TEUs) of nominal capacity spend notably more time waiting at hub ports[①] than all other ship size segments (see figure 3.2 and table 3.1, which display "arrival" times; however, this disparity is not present at all hub ports). The disparity could

① “枢纽港”指的是由深海干线集装箱船停靠的港口，在其地理区域内作为较小的外围港口或支线港口的转运点。一般来说，轮辐式转运集装箱活动是至少35%的总吞吐量。在较大的枢纽港，转运量为60%到80%的吞吐量。

① A "hub port" is defined as a port called at by deep-sea mainline container ships and serves as a transhipment point for smaller outlying, or feeder, ports within its geographical region. Typically, at least 35 percent of its total throughput would be hub and spoke transhipment container activity. In larger hub ports anywhere from 60 to 80 percent of throughput will be transhipment.

达”时间；然而，这种差异并不存在于所有的枢纽港）。导致这种差异的原因有：一是较大尺寸的船舶通常享有较高的优先靠泊权限；二是支线船舶通常有在港内等待货物分拨调拨的惯例，这样可以满足支线船舶的满载需求。这两种情况都与港口绩效无关。

exist because larger ships generally enjoy a higher priority for berthing. It could also be partly explained due to the practice of feeder ships waiting for cargo to become available, close to where they expect that demand to materialize. Neither circumstance is linked to port performance.

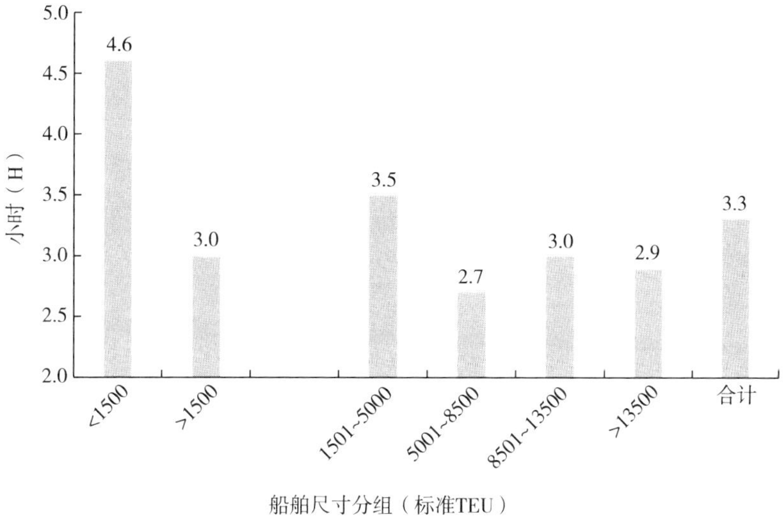

图 3.2　每个船舶尺寸在枢纽港的平均到达时间

数据来源：本书基于首版CPPI数据的原创计算。

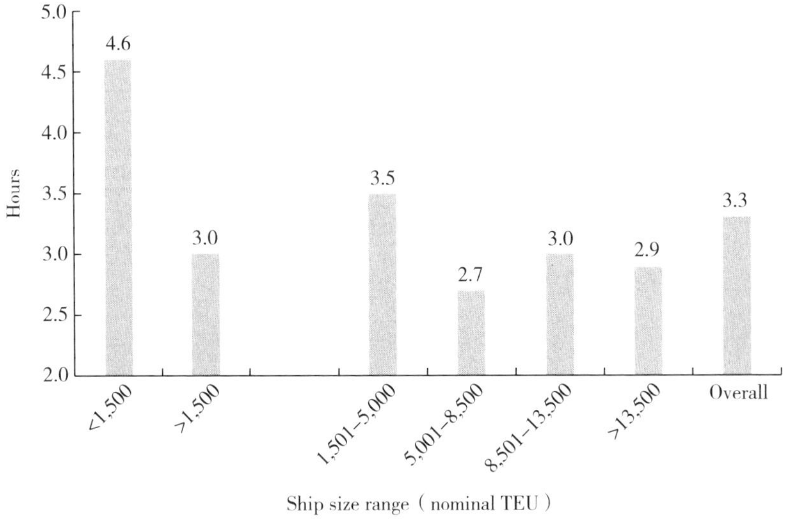

Figure 3.2 Average Arrival Times at Hub Ports per Ship Size Range

Source: Original calculations for this publication, based on CPPI 2020 data.

表 3.1 到达枢纽港口的时间差异

港口	小于 1500 TEU 船舶尺寸的时效（小时）	大于 1500 TEU 船舶尺寸的时效（小时）
卡塔赫纳港（哥伦比亚）	9.1	2.2
亚历山大港（埃及）	10.4	3.8
吉达港（沙特阿拉伯）	9.5	3
巴伦西亚港（西班牙）	9.7	3.2
达米埃塔港（埃及）	9.7	4.7
曼萨尼约港（墨西哥）	8.8	4.2
鹿特丹港（荷兰）	8.3	4.4
汉堡港（德国）	7.8	4.1
比雷埃夫斯港（希腊）	6.2	3.2
巴尔博亚港（巴拿马）	5.2	2.5
不莱梅哈芬港（德国）	5.4	3.2

表3.1 续表

港口	小于 1500 TEU 船舶尺寸的时效（小时）	大于 1500 TEU 船舶尺寸的时效（小时）
路易港（毛里求斯）	4.8	2.7

数据来源：本书基于首版CPPI数据的原创计算。
备注：TEU为20英尺标准集装箱。

Table 3.1 Disparity in Arrival Times at Hub Ports

Port	Ship size less than 1,500 TEU (hours)	Ship size greater than 1,500 TEU (hours)
Cartagena (Colombia)	9.1	2.2
Alexandria (Egypt)	10.4	3.8
Jeddah	9.5	3
Valencia	9.7	3.2
Damietta	9.7	4.7
Manzanillo (Mexico)	8.8	4.2
Rotterdam	8.3	4.4
Hamburg	7.8	4.1
Piraeus	6.2	3.2
Balboa	5.2	2.5
Bremerhaven	5.4	3.2
Port Louis	4.8	2.7

Source: Original calculations for this publication, based on CPPI 2020 data.
Note: TEU = twenty-foot equivalent unit.

53. 由于绩效数据并未指明等待时间是自愿的还是被迫的，因此在上述情形下，

53. Because the performance data do not indicate whether waiting time is voluntary or forced, finding a suitable level at which to discount waiting

设置折减等待时间的标准是很困难的。小于1500 TEU船型的港口停靠时间仅占CPPI总停靠时间的10%，这使得小于1500 TEU船型和其他船型之间的等待时间差异对CPPI的总体影响最小。这也适用于与客观量化指标不一致的标准适用问题。

time in this scenario can be challenging. Port calls of ships less than 1,500 TEU capacity comprise just 10 percent of total calls in the CPPI, making a minimal impact to the overall CPPI of the disparity in waiting times between ships with less than 1,500 TEU of nominal capacity and other segments. The same applies with respect to this issue being a normative judgment inconsistent with an objective quantitative index.

3.3 CPPI的支撑数据

3.3 The Data Underpinning the CPPI

从2009年开始，港口绩效项目便旨在推动集装箱港口运营效率的提高，并支持优化港口停靠。

Started in 2009, the port performance program goal is to drive efficiency improvements in container port operations and support programs to optimize port calls.

54. **编写CPPI使用的数据源于埃信华迈的港口绩效项目数据库。**从2009年开始，港口绩效项目便旨在推动集装箱港口运营效率的提高，并支持优化港口停靠。

54. *The data used to compile the CPPI are taken from the IHS Markit port performance program database.* Started in 2009, the port performance program goal is to drive efficiency improvements in container port operations and support programs to optimize port calls. The program currently comprises

该项目目前已有10家世界上较大的班轮运输公司共同参与，它们总共运营着全球76%的船队运力。该项目覆盖了137个国家（地区）的502个港口和1014个码头以及3860艘船舶的数据。每年该数据库都会新增超过18万次港口停靠作业的数据。

10 of the world's largest liner shipping companies, which collectively operate 76 percent of global fleet capacity. This unique and highly comprehensive dataset covers 502 ports and 1,014 terminals in 137 countries, with calls by 3,860 individual vessels. On an annual basis, the database comprises more than 180,000 port calls.

55. 因为数据源是由较大的集装箱船运营商提供的，所以绩效结果略微偏向较大尺寸的集装箱船型。然而，许多项目参与方有专门从事区域贸易或支线运输服务的姊妹公司或子公司，或者直接运营此类服务。因此，CPPI的数据库中也包括这些服务的停靠数据。

55. *Because the source data are provided by the larger container ship operators, performance results are slightly skewed toward the larger container ship size classes.* However, many program participants have sister or subsidiary companies that specialize in intraregional or feeder services or they might operate such services under their main brands. Thus, call data from these services are included in the dataset and, by extension, the CPPI.

港口停靠数据由各个航运公司成员提供，且要经过彻底的检查和验证。

The port call data provided by member shipping lines, undergo a thorough checking and validation process.

56. 2015年和2016年，各参与方就各种评估标准的定义达成了一致，确保可以将一致的实证数据进行比较。航运公司会员每月向埃信华迈提供港口停靠数据。这些数据需要经过彻底的检查和验证，包括删除通常由于数据输入错误而产生的超出定义明确的数据质量界限的记录。数据根据埃信华迈的地理数据集进行验证，以确保位置名称和船只的完全匹配。接收到的数据与专有的历史自动识别系统（AIS）港口时间戳相匹配，用于验证和创建额外的绩效指标。

56. *In 2015 and 2016, participating members agreed on standard metric definitions.* This agreement ensured comparisons could be drawn from consistent empirical data. Member shipping lines provide the port call data to IHS Markit on a monthly basis. The data undergo a thorough checking and validation process, including removal of records falling outside well-defined data quality boundaries that usually exist as a result of data input errors. The data are validated against IHS Markit's geodatasets to ensure full harmonization of location names and vessel. The received data are matched with proprietary historical AIS (automatic identification system) port timestamps for validation, and creation of additional performance metrics.

57. AIS数据匹配过程包括获取航运公司会员提供的泊位到达日期和时间，以及回溯AIS历史数据。目的是确定到达目的港的港口或锚地的最早日期和时间。历史数据回溯的期限截至到达泊位前的144小时（6天）。

57. *The AIS matching process involves taking the berth arrival date and time provided by the member shipping lines and searching back through the historical AIS data.* The objective is to determine the earliest arrival date and time for a port or anchorage zone mapped to the destination port. The search backwards stops at berth arrival minus 144 hours (six days). Searching beyond the 144-hour boundary is

超过144小时的数据是无用的，因为这样数据就会包括前几周的港口到达日期和港口停靠时间。这些数据主要包括每周运行的支线船或一次航行被中断或取消的主线船，或停靠港口前正在修理的船。

not feasible as it would likely result in capturing port arrival dates and times for port calls from previous weeks. These data would consist mainly of feeder ships running on weekly frequencies or mainline ships where a sailing was blanked or voided, or ships being in repair yards immediately prior to a port call.

58. AIS匹配过程的成功率均在90%左右。10%的匹配失败率通常与陆基地面接收器的定位缺失有关。接收器更依赖于卫星跟踪数据，因此在繁忙的港口地区，卫星跟踪方法不太可靠。分析港口级数据，发现了一些AIS时间戳匹配率较低的港口（见表3.2）。没有有效的港口到达日期和时间，就不能计算港口时数。另外75个港口[①]也有累计1043次的港口停靠，但这些港口没有出

58. *The success rate of the AIS matching process ranks consistently around 90 percent.* The failed match quantity of 10 percent normally relates to locations with a shortage of land-based terrestrial receivers, which requires higher dependence on satellite tracking—a less reliable tracking method in busy port areas. A review of the port-level data indicates those ports where AIS timestamp match ratios are low (see table 3.2). Port hours cannot be calculated without a valid port arrival date and time. These included port calls at a further 75 ports,[①] amounting to a collective 1,043 port calls, though these ports do not feature in the CPPI 2020 iteration.

① 首版CPPI中由于靠港数量不足而去除的港口列表在附录A末尾的表A.3中展示。

① The list of ports omitted from the CPPI 2020 due to insufficient calls is provided in table A.3 at the end of appendix A.

现在首版CPPI排名中。

表 3.2 AIS 数据匹配度较差的港口

港口名称	匹配度 (%)	港口名称	匹配度 (%)
阿尔及尔港（阿尔及利亚）	37	拉塔基亚港（叙利亚）	30
阿利坎特港（西班牙）	20	马格达拉港（印度）	15
亚喀巴港（约旦）	35	穆哈马德宾卡西姆港（巴基斯坦）	20
巴尔港（黑山）	9	蒙德拉港（印度）	30
金奈港（印度）	10	拿骚港（巴哈马）	22
茱莱港（越南）	30	皮帕瓦沃港（印度）	18
科林托港（尼加拉瓜）	29	普罗切港（克罗地亚）	0
达米埃塔港（埃及）	39	普拉楚阿普港（泰国）	0
法兰西堡港(法属马提尼克）	35	玻利瓦尔港（哥伦比亚）	0
弗里敦港（塞拉利昂）	19	青岛港（中国）	12
印诺尔港（印度）	3	雷达斯港（突尼斯）	7
卡图帕里港（印度）	7	圣卡洛斯港（菲律宾）	0
克里比深水港（喀麦隆）	30	苏比克湾港（菲律宾）	13
克里什纳帕特南港（印度）	5	—	

数据来源：本书基于首版CPPI数据的原创计算。

Table 3.2 Ports with Low Levels of Matched AIS Data

Port name	Matched (percent)	Port name	Matched (percent)
Algiers	37	Latakia	30
Alicante	20	Magdalla	15
Aqaba	35	Muhammad Bin Qasim	20

continued

Port name	Matched (percent)	Port name	Matched (percent)
Bar	9	Mundra	30
Chennai	10	Nassau	22
Chu Lai	30	Pipavav	18
Corinto	29	Ploce	0
Damietta	39	Prachuap Port	0
Fort-De-France	35	Puerto Bolivar (Colombia)	0
Freetown	19	Qingdao	12
Kamarajar	3	Rades	7
Kattupalli	7	San Carlos (Philippines)	0
Kribi Deep Sea Port	30	Subic Bay	13
Krishnapatnam	5	—	

Source: Original calculations for this publication, based on CPPI 2020 data.

3.4 CPPI 的构架

59. 有资格被纳入CPPI的港口，必须在任意连续6个月期间内至少注册有10次有效停靠的港口。在埃信华迈港口停靠数据库中的502个港口，有351个港口（765个码头和2877艘独立船舶）被纳入了首版CPPI。在此

3.4 The Construction of the CPPI

59. *For a port to qualify for inclusion in the CPPI it must have registered at least ten valid port calls where port hours can be calculated within each six-month period.* Out of the 502 ports where IHS Markit receives port call information, a total of 351 ports (765 terminals and 2,877 individual vessels) are included in the CPPI 2020. Over this time period, 67,798 distinct port calls were recorded in the data,

期间，数据记录了67798次不同的港口停靠，占全球集装箱船停靠总次数的50%以上。CPPI的后续版本将纳入更多在AIS覆盖存在重大难度的小型港口。

representing more than 50% percent of the world's total container ship port calls. Future iterations of the CPPI will look to include data for additional, often smaller, ports that have significant issues with AIS coverage.

60. **CPPI是基于每次有效停靠中各项港口作业时间指标进行评估的。**然而，造成船只靠港规模差异显著的因素有：（1）装卸工作量的多少；（2）船舶尺寸的大小。停靠规模是通过设置10个划定范围的停靠规模组和5个不同尺寸的船型组进行分析的，这样分组可以是基于用于不同贸易方式和运输类型的船舶尺寸情况（如图3.3所示）。

60. *The CPPI is based on the overarching metric of port hours per ship call.* However, to account for significant differences in ship calls determined by: (i) greater or lesser workloads; and (ii) smaller or larger capacity ships, calls are analyzed in ten narrow call size groups and five ship size groups that generally reflect the types of ships deployed on specific trades and services (figure 3.3).

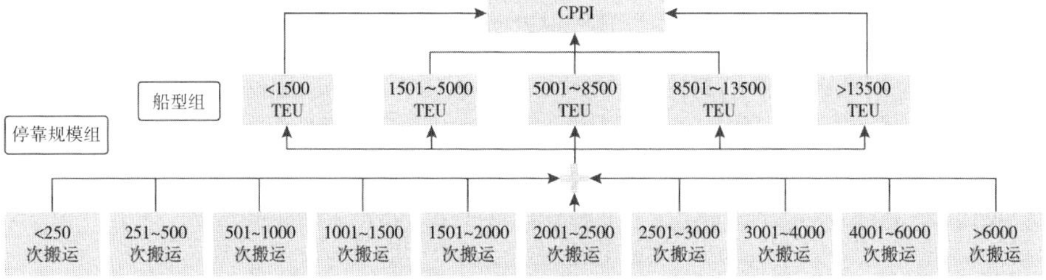

图3.3 CPPI结构

数据来源：本书基于首版CPPI数据的原创计算。
备注：TEU为20英尺标准集装箱。

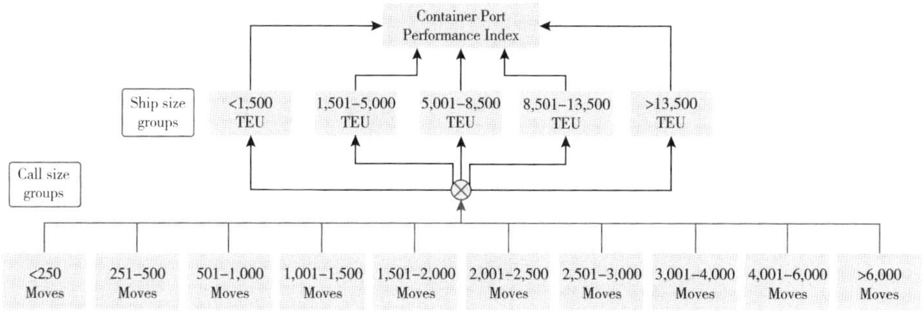

Figure 3.3 The Structure of the CPPI

Source: Original calculations for this publication, based on CPPI 2020 data.
Note: TEU = twenty-foot equivalent unit.

61. 集装箱装卸作业的平均时间一般占港口总时间的75%左右。如图3.4所示，装卸作业用时比例随着船型的增大而增加，并且随停靠规模的增加而增加。船只到达或启程及完成作业流程所花费的时间不受停靠规模的影响，而是受制于船舶尺寸。大型船舶的系泊作业通常需要更长的时间，不过这些在某种程度上被大型船舶享有的略高优先权和资源分配权抵消掉。

61. *An average of approximately 75 percent of total port time is consumed by container handling operations.* As figure 3.4 shows, the ratio of time spent on handling operations increases as ship size increases, and is driven by larger call sizes. Call size does not affect the amount of time spent on arrival, or start and finish processes. Rather, these processes are influenced by ship size. Mooring operations and lashing completion generally take longer on larger ships, although this delay is somewhat offset by larger ships potentially enjoying a slightly higher priority and assignment of resources.

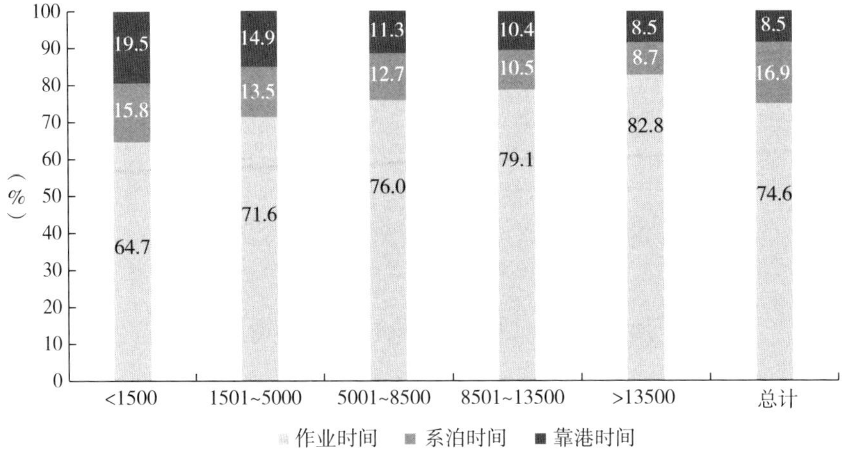

图 3.4 进港时间分布图（按港口停泊步骤分类）[①]

数据来源：本书基于首版CPPI数据的原创计算。
备注：TEU为20英尺标准集装箱。

---

① 图3.4采用的定义：

- 系泊时间=完全系泊和第一次起吊（“开始”）之间的作业加上最后一次集装箱起吊（“结束”）后离开泊位（所有系泊线都已解绑）的时间。
- 靠港时间（“到达时间”）=在锚地的闲置/等待时间加上从港口界线驶入到完全系泊所需的时间。
- 作业时间=集装箱从第一次起吊到最后一次起吊所需的时间。

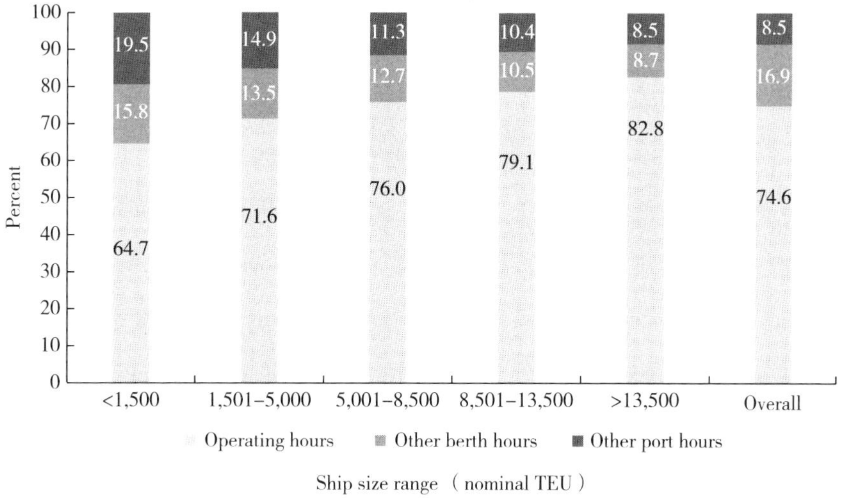

Figure 3.4 In–Port Time per Port Stay Step or Process[①]

Source: Original calculations for this publication, based on CPPI 2020 data.
Note: TEU = twenty-foot equivalent unit.

---

① Definitions employed in figure 3.4:

- Other berth hours = Activities between all–fast and first lift ("start") plus the time taken to depart from the berth (all lines released) after the last container lift ("finish").
- Other port hours ("arrival") = The combination of idle/waiting time at anchorage plus the time required to steam-in from the port limits and until all fast alongside the berth.
- Operating hours = The time required for container operations between the first and last container lifts.

62. **使用对数趋势线可以观察到停靠规模和起重机使用强度之间的相关性接近60%**。如图3.5所示，停靠规模较小时起重机使用强度增加迅速，当停靠规模单次达到4000到6000次搬运后，达到峰值并趋于平缓。一般最大起重机使用强度约为每艘船9台，有趣的是，当停靠规模超过11000次搬运后，起重机使用强度总是低于6.0。这是全球性的基本规律，停靠规模超过11000次搬运的港口大多集中在北美西海岸；那里的港口有多个码头，而每个码头的起重机数量（起重机密度）有限，且额外部署起重机通常被认为成本过高。除了起重机密度之外，起重机的操作距离也是影响因素之一。工作区域过度集中在船舶的某一部位时，也会对货物配载计划图中其他的一些约束要求造成影响。

62. *A correlation of close to 60 percent is observed between call size and crane intensity using a logarithmic trend line.* As figure 3.5 illustrates, crane intensity increases rapidly through smaller call sizes and starts to peak and flatten when call sizes reach 4,000 to 6,000 moves per call. With a maximum observed crane intensity of around nine cranes per ship, it is interesting to note that for calls exceeding 11,000 moves, crane intensity is always below 6.0. This consistent result reflects a global representation; most of the call sizes in excess of 11,000 moves occur on North America’s west coast where ports have multiple terminals, each with a limited quantity of cranes (crane density), and where the deployment of additional cranes is generally considered to be cost prohibitive. Above and beyond crane density lie factors relating to how close together adjacent cranes can operate. Additional constraints from the stowage plan can also have an impact if an excessively intense area of work is concentrated in one part of the ship.

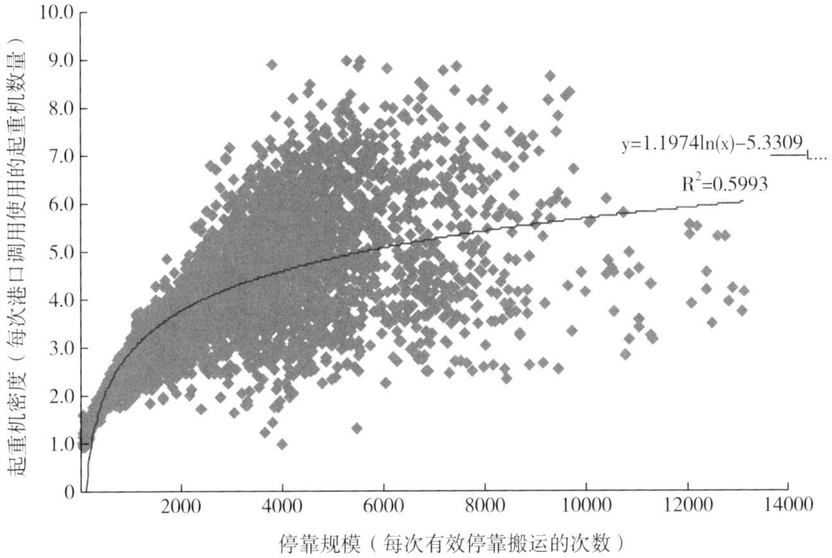

图 3.5 停靠规模和起重机使用强度[①] 之间的回归分析图

数据来源：本书基于首版CPPI数据的原创计算。

① 起重机使用强度的计算方法是累积的总起重机小时数除以作业小时数。

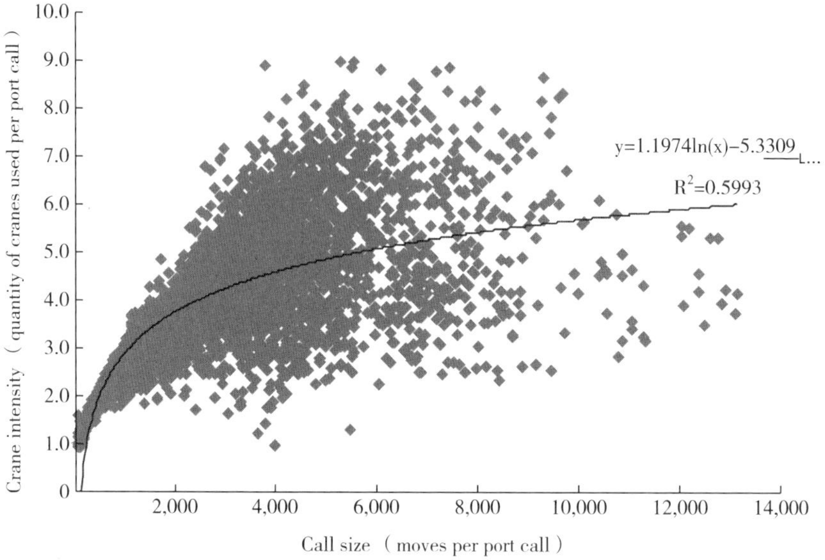

Figure 3.5 Regression Analysis: Crane Intensity[①] versus Call Size

Source: Original calculations for this publication, based on CPPI 2020 data.

63. 平均停靠规模随船舶尺寸的增加而增加，但并不与船舶尺寸成正比（见图3.6）。这一结果在一定程度上受到班轮运输网络的部署趋势和动态，以及特定港口的容量的影响。例如，一艘被部署在亚洲到北欧贸易航线上容量为20000 TEU的船，

63. *Average call size increases as ship size increases, but not proportionately with ship size (see figure 3.6).* This result is partially influenced by the deployment trends and dynamics of the liner shipping networks, and the capacity and volume of a particular port. For example, a ship of 20,000 TEU capacity will likely be deployed on the Asia–North Europe trade lane and make more than 12 port calls per rotation. On the other hand, a ship of 14,000 TEU

① Crane intensity is calculated by total accumulated gross crane hours divided by operating hours.

每轮可能会停靠超过12个港口；而另一艘部署在跨太平洋航线上容量为14000 TEU的船每轮停靠的港口可能只有8个。如果各轮航运停靠的港口数量相等，在满足以下条件的情况下，停靠规模和船舶尺寸的关系将呈现成比例的趋势：（1）港口有处理大型船只的设备；（2）有能力装卸足够的集装箱，以满足大型船只的靠港需求。

deployed on the transpacific route would likely serve just eight ports in a full rotation. If all rotations had an equal quantity of port calls, then call size and ship size would trend proportionately, assuming that (i) a port can physically handle vessels of an increased size; and (ii) availability of sufficient containers to be loaded and unloaded to justify a stop by a larger-scale vessel.

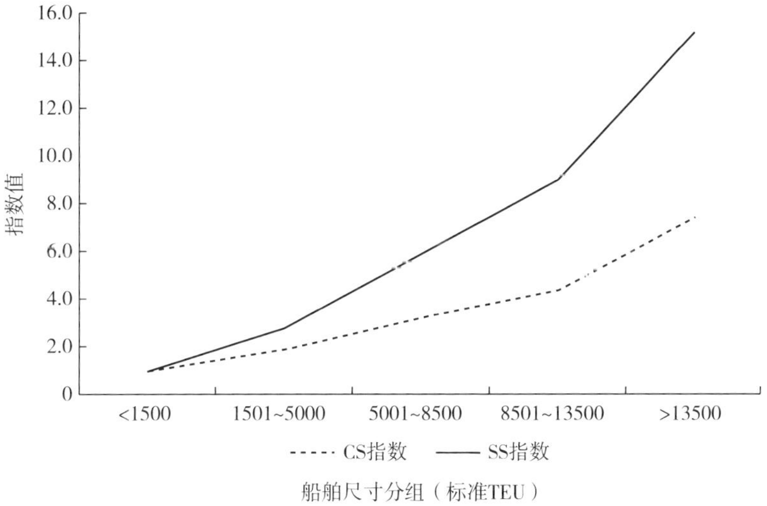

图 3.6　全球船舶尺寸指数与停靠规模指数的关系图

数据来源：本书基于首版CPPI数据的原创计算。

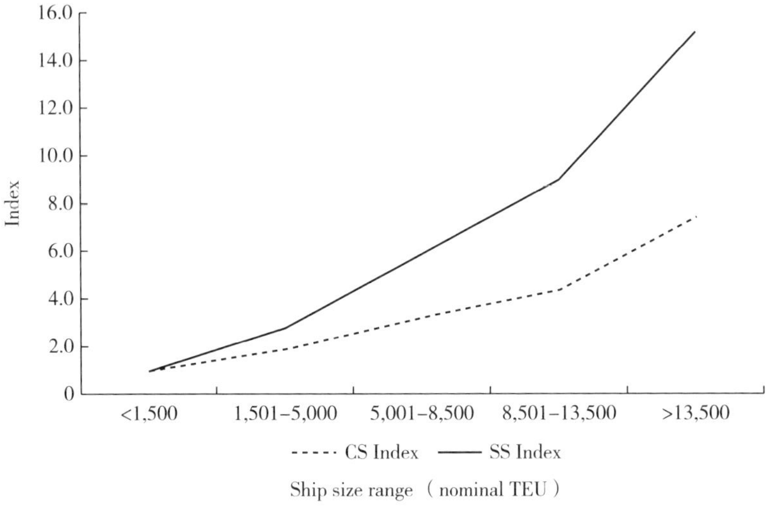

Figure 3.6 Relationship between Global Ship Size Index and Call Size Index

Source: Original calculations for this publication, based on CPPI 2020 data.

64. 图3.7按船舶尺寸分组展示了起重机总生产率（GCMPH），表现了所有港口的全球平均水平。按船舶尺寸分组，容量为5001至8500 TEU及以上的三组船上起重机总的平均生产率差异较小。另两个较小船舶尺寸组的起重机总平均生产率较低，但1500 TEU以下和13500 TEU以上的船舶尺寸组之间的差异最大为14%。

64. *The gross crane productivity (or GCMPH) by ship size group displayed in figure 3.7 represents a global average across all ports.* The average gross crane productivity performance for ship size groups demonstrates a limited variation in ships with capacities of 5,001 to 8,500 TEU and larger. Average gross crane productivity is lower for the two smaller ship size groups, albeit by a maximum of around 14 percent between the groups comprising ships under 1,500 TEU and above 13,500 TEU. A different result might have been expected because height and out-trolley distances are greater on larger ships. However,

这个结果可能出乎意料，因为大型船舶的高度和船舶至泊位的距离都更大。但是，更长的距离所需要的额外轮转时间可能会从龙门吊作业效率和泊位作业效率中得到补偿。

the additional cycle time necessitated by the greater distances is likely compensated for by a larger quantity of moves per bay and more moves per hatch-cover move and gantry position.

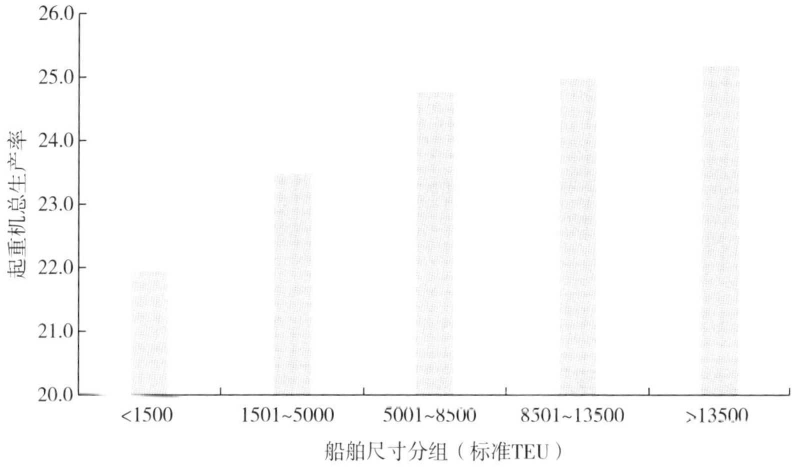

图 3.7　起重机总生产率或每小时起重机总搬运量

数据来源：本书基于首版CPPI数据的原创计算。

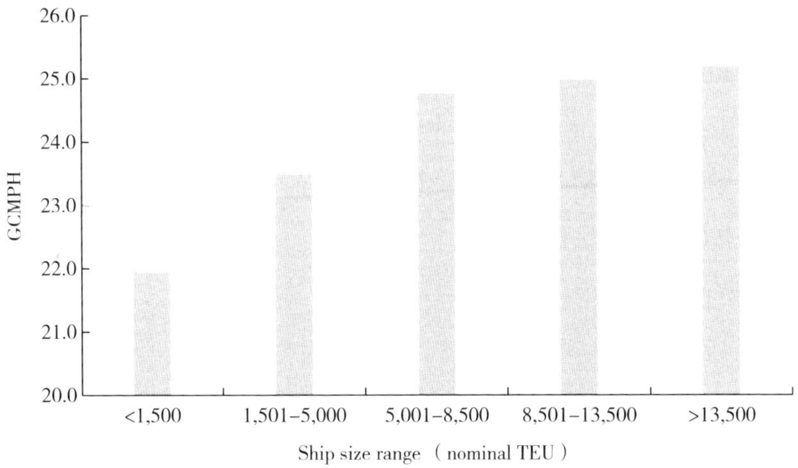

Figure 3.7 Gross Crane Productivity or Gross Crane Moves per Hour (GCMPH)

Source: Original calculations for this publication, based on CPPI 2020 data.

65. 较小的船舶在港口也更容易受到平舱和倾斜的影响，并且通常会部署较差的集装箱捆索系统。这将进一步解释为什么容量为5000 TEU及以下的船舶的停靠效率较低。通过对起重机使用强度和起重机生产率的分析表明，起重机使用强度对作业时间的影响很大，影响程度可达港口总时间的75%。因此，以上证据显示为了使

65. *Smaller ships also tend to suffer more from trim and list in port and generally deploy poorer lashing systems.* This would further account for the slightly lower call size performance observed in ships with capacities of 5,000 TEU and under. Analysis of crane intensity and crane productivity shows that crane intensity has a major impact on operating time, and by extension 75 percent of total port time. The evidence shows, therefore, that in order for the CPPI to be realistic, both ship and call size segments should be reflected in the index construction.

CPPI更加切合实际，其指标的构建应同时反映船舶尺寸和停靠规模的细分组别。

66. 在比较港口绩效时，最重要的是关注并说明这种影响的程度。可以通过两种方式实现：对停靠规模赋加权重，或者将停靠规模组别细分至足以抵消停靠规模和起重机使用强度的影响。经过大量测试后，发现前者在广泛应用于港口和船舶尺寸时可能产生一些不稳定的结果，因此开发团队认为选择后者作为CPPI的方法更可靠。

66. *When comparing port performance and efficiency, taking note of and accounting for the extent of this impact is essential.* This can be done in two ways: by applying a weighting by call size, or by examining performance within call size groups narrow enough to effectively neutralize the influence of call size and crane intensity. After extensively testing both methods, findings indicate the former can generate some volatile results when applied across a broad range of ports and ship sizes, and therefore the index development team chose the latter as being the more reliable for the CPPI methodology.

67. 当停靠规模不断增大时，起重机使用强度呈递增趋势。如图3.8所示，当单次停靠规模超过6000次搬运后，这一趋势会达到峰值并趋于平缓，也就是说不会对起重机使用强度产生重大影响。

67. *A progressive increase trend in crane intensity emerges as the data move through the call size groups.* As shown in figure 3.8, this trend peaks and flattens once CPPI data pass the 6,000 moves per call range, leading to the presumption that crane intensity does not have a major influence when call size exceeds 6,000 moves per call.

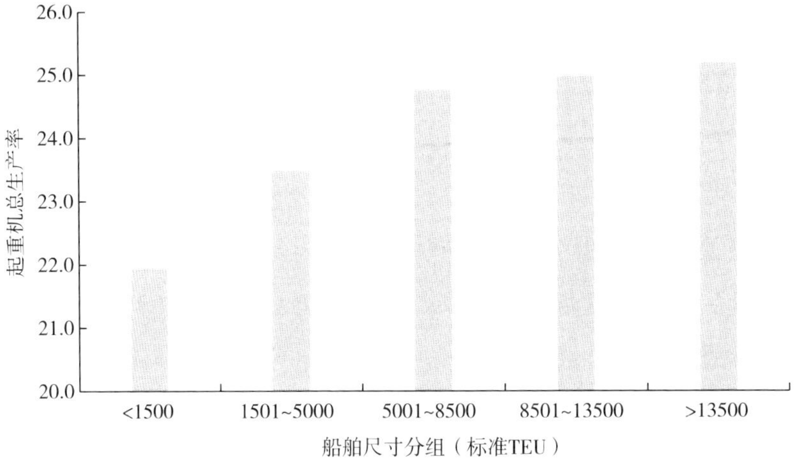

图 3.8 起重机平均密度与停靠规模关系图

数据来源：本书基于首版CPPI数据的原创计算。

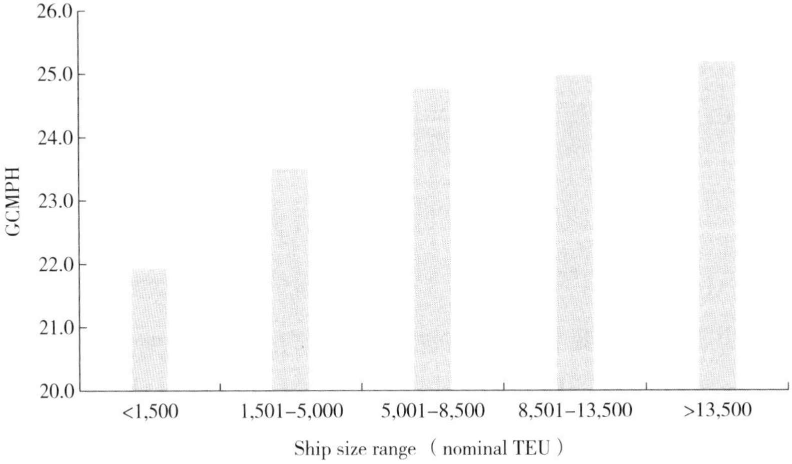

Figure 3.8 Average Crane Intensity per Defined Call Size Range

Source: Original calculations for this publication, based on CPPI 2020 data.

68. 为了评估所有351座达标港口的每个停靠规模分组内的差异性，CPPI考虑了停靠规模分组内所有港口之间的停靠规模中间值，创建的中间值上下的公差范围为10%（见表3.3）。在1001~1500到3001~4000（含）五个停靠规模分组中，大多数港口的平均停靠规模在这个公差范围内。当单次停靠规模超过4000次搬运，停靠规模对起重机使用强度的影响就小得多，因为可部署的起重机数量受可用或已部署的起重机总数及配载分段的限制。停靠规模最小的三个分组中平均停靠规模公差范围内的港口数量不如1001~1500到3001~4000五个分组中平均停靠规模公差范围内的港口数量多。然而，对于那些平均停靠规模超过公差范围的港口，可以通过增加起重机使用强度以匹配更高的停靠规模，因此该CPPI结果表明这些港口的评估是公正的。

68. In order to assess the sensitivity within each call size group across all 351 qualifying ports, the CPPI considers the median call size between all ports within a call size group, with a tolerance range of 10 percent above and below the median created (see table 3.3). In the five call size groups, from 1,001–1,500 to 3,001–4,000 inclusive, most ports have an average call size well within this tolerance range. When one goes beyond the threshold of 4,000 moves per call, call size has much less of an impact on crane intensity, since the number of deployable cranes is limited by the overall number of available or deployed cranes and stowage splits. The quantity of ports with an average call size within the tolerance range in the three smallest call size groups is not as high as the quantity in the five call size groups from 1,001–1,500 to 3,001–4,000. However, for those ports with an average call size above the tolerance range, it would be possible to increase crane intensity to match the higher call sizes, and therefore the CPPI results indicate these ports are not being penalized unfairly.

表 3.3　停靠规模敏感度

停靠规模敏感度	停靠规模分组（搬运量分组）									
	<250	251~500	501~1000	1001~1500	1501~2000	2001~2500	2501~3000	3001~4000	4001~6000	>6000
平均数	180	378	730	1231	1730	2232	2734	3435	4721	7712
中位数	189	379	728	1216	1714	2226	2728	3405	4668	7174
低频段	171	341	655	1095	1543	2003	2455	3064	4201	6457
高频段	208	417	801	1338	1886	2448	3000	3745	5135	7892
港口总量	270	324	318	260	218	173	135	116	81	41
范围内的港口数	141	230	226	239	212	173	135	111	64	25
范围内港口占比	52.2%	71.0%	71.1%	91.9%	97.2%	100.0%	100.0%	95.7%	79.0%	61.0%

数据来源：本书基于首版CPPI数据的原创计算。

Table 3.3　Call Size Sensitivity

Call size sensitivity	Call Size group (number of moves)									
	<250	251 - 500	501 - 1,000	1,001 - 1,500	1,501 - 2,000	2,001 - 2,500	2,501 - 3,000	3,001 - 4,000	4,001-6,000	>6,000
Average	180	378	730	1,231	1,730	2,232	2,734	3,435	4,721	7,712
Median	189	379	728	1,216	1,714	2,226	2,728	3,405	4,668	7,174
Range low	171	341	655	1,095	1,543	2,003	2,455	3,064	4,201	6,457
Range high	208	417	801	1,338	1,886	2,448	3,000	3,745	5,135	7,892
Total ports	270	324	318	260	218	173	135	116	81	41
Within range	141	230	226	239	212	173	135	111	64	25
Percentage in range	52.2%	71.0%	71.1%	91.9%	97.2%	100.0%	100.0%	95.7%	79.0%	61.0%

Source: Original calculations for this publication, based on CPPI 2020 data.

69. 在处理数据时，要谨记现实考量合理设置停靠规模的分组数量。合理的停靠规模分组确保不会过度削弱数据效果，因此，CPPI没有设置单次停靠规模低于1000次集装箱搬运的分组。在研究了多个组合后，CPPI团队发现，基于上述10个分组的效率对比关联性和客观性较好，同时还能抵消停靠规模和起重机使用强度的影响。

69. *A practical consideration to keep in mind when looking at the data is the need to keep to a workable number of call size groups.* A workable number of call size groups ensures the data are not overly diluted; therefore, the CPPI does not include additional call size groups for below 1,000 moves per call. After examining multiple options, the CPPI team found an efficiency comparison based on these ten defined call size groups to be both objective and relevant, while also neutralizing the influence of call size and crane intensity.

CPPI的目标之一是通过比较来强调绩效的差距，从而发现节省燃料和减少排放的机会。因此，评估时应考虑到船舶越大消耗越多的事实，从而为节省燃料和减少排放提供更多可能性。

One objective of the CPPI is to highlight — through comparison — the performance gaps, which in turn reveal opportunities to save fuel and reduce emissions.

70. 此外，船舶尺寸分组的应用相对不如停靠规模分组重要，特别是当停靠规模数据已被分成十个停靠规模分组的情况下。然而，CPPI的目标之一是通过比较来强调绩效的差距，从而发现节省燃料和减少排放的机会。因此，评估时应考虑到船舶越大消耗越多的事实，从而为节省燃料和减少排放提供更多可能性。

70. *In addition, the application of ship size groups is less important than call size groups, particularly once the call data is already split into ten call size groups.* However, one objective of the CPPI is to highlight— through comparison—the performance gaps, which in turn reveal opportunities to save fuel and reduce emissions. The analysis should therefore account for the fact that larger ships consume more fuel, and thus present a greater potential opportunity to save fuel and reduce emissions.

71. 因此，CPPI评估方法将不同尺寸的船舶分成5组进行评估。由于船舶越大消耗越多，出于不过度削弱数据效果的考虑，将船型分为5个组是最佳选择（见表3.4）。规定每一组都是将相似类型的集装箱船合为一组，并尽可能地将它们的贸易航线合为一组。该分组基于标准TEU容量，但根据总登记吨位或总长度分类也同样有效。

71. *For this reason, the CPPI methodology includes five different ship size groups.* Five is considered the optimum number of ship size groups to account for larger ships using more fuel without overly diluting the data (see table 3.4). Each group is defined by clustering similar classes of container ships together and, to the greatest extent possible, the trade lanes where they would generally be deployed. The typology is based on nominal TEU capacity, but it would be equally effective to categorize based on gross registered tonnage or length overall.

表 3.4 船舶尺寸分组

船舶尺寸（TEU）	表述
小于 1500 TEU	这一组船的规模最小，几乎都是支线船，它们经常连接小的外围港口和区域枢纽港口。一些区域内的贸易服务也会使用该尺寸范围的船只。
1500~5000 TEU	这一组属于典型巴拿马型船舶，用于区域内贸易。它们包括亚洲内部贸易和往返非洲、拉丁美洲和大洋洲的南北贸易以及跨大西洋贸易服务。
5000~8500 TEU	这一规模的船舶主要部署在南北贸易航线上。船只的级联和港口能力的提高，使它们开始成为非洲和拉丁美洲贸易以及大洋洲贸易的通用船型，在跨大西洋和亚洲—中东贸易方面也有一些业务。
8500~13500 TEU	这些新巴拿马型船只主要用于东西贸易，特别是跨太平洋，既可以到达北美西海岸，也可以通过巴拿马运河或苏伊士运河到达北美东海岸。它们还出现在亚洲—中东贸易中，也有些轮转到亚洲—地中海航线。
大于 13500 TEU	这些超大型集装箱船（ULCS）主要部署在亚欧（服务于北欧和地中海）和亚洲—美国贸易，特别是停靠在北美西海岸港口的跨太平洋航线。

数据来源：世界银行数据库。
备注：TEU为20英尺标准集装箱。

Table 3.4 Ship Size Groups

Nominal TEU capacity range	Description
Less than 1,500 TEU	Comprising the smallest sizes of ships, this group is almost exclusively feeder vessels, which often connect small outlying ports with regional hub ports. Some in-traregional services will also have ships in this size range.
1,500 to 5,000 TEU	A vast quantity of these classic Panamax ships is deployed on intraregional trades. They are found on Intra-Asian trades and north–south trades to and from Africa, Latin America, and Oceania, as well as on transatlantic services.
5,000 to 8,500 TEU	Vessels within this size group are mainly deployed on the north-south trade-lanes. Vessel cascading and improving port capabilities has allowed them to start emerging as stock vessels for Africa and Latin America trades as well as Oceania, with some presence on transatlantic and Asia - Middle East trades as well.
8,500 to 13,500 TEU	These Neo-Panamax vessels are largely deployed on east-west trades, particu-larly transpacific, both to North America's west coast as well as via either the Panama or Suez canals to North America's east coast. They also feature on Asia-Middle East trades, with some deployed on Asia-Mediterranean rotations.

continued

Nominal TEU capacity range	Description
Greater than 13,500 TEU	These ultra-large container ships (ULCS) are mainly deployed on Asia-Europe (serving both northern Europe and the Mediterranean) and the Asia-USA trades, especially on transpacific services calling at North America's west coast ports.

Source: World Bank analysis.
Note: TEU = twenty-foot equivalent unit.

72. 数据库中约43%的调用是由1500至5000 TEU之间的船舶贡献的。其他两种中型船也占据了一定的比重。正如预期的那样，CPPI中最大和最小船舶尺寸组停靠规模的数据量相对较少，但仍有足够的数据量，可以满足在其范围内做出有代表性的基准测试。

72. *Some 43 percent of all calls in the database were made by ships with capacity of between 1,500 and 5,000 TEU.* The other two midrange ship size bands are also well represented. As expected, the CPPI shows a lower concentration of calls in the smallest and largest ship size bands. Nevertheless, the database holds a sufficiently high quantity of data to produce representative benchmarking in the smallest and largest ship size bands.

73. 在潜在的50个（5×10）船舶尺寸和停靠规模分组中，有7个分组不足以作有意义的分析（如表3.5中灰色部分），因此，这些分组被CPPI删除了。在船舶尺寸分组中其他一些停靠规模分组的数据有限，然

73. *Of the potential 50 (5×10) ship and call size categories, seven of the categories have insufficient data for meaningful analysis (as indicated by the gray cells in table 3.5); therefore, these categories have been omitted from the CPPI.* Some of the other call size bands within ship size ranges contain limited data; however, the data are considered sufficient for inclusion and analysis. Data for each ship size group

而，这些数据被认为足以用于收录和分析。从完整的数据库中提取每个船舶尺寸分组的数据，然后将其分解为每个港口每个停靠规模分组消耗的平均小时数。港口总小时数分为到达小时数（定义为从到达港界到完全系泊所消耗的时间）和泊位小时数（定义为从完全系泊到所有系泊线解开所消耗的时间）。由于每个达标港口有43种潜在的船舶尺寸分组和停靠规模分组，因此在没有实际数据存在的情况下自然会出现许多组合。

are extracted from the full dataset, and then broken down into average hours consumed within each call size group at each port. Total port hours are broken down into arrival hours—defined as elapsed time from arrival port limits to all lines fast—and berth hours—defined as elapsed time from all lines fast to all lines released. With 43 potential ship and call size combinations per qualifying port, many combinations will naturally occur where no actual data exists.

表 3.5　停靠规模和船舶尺寸组合情况：调用总量百分比

船舶尺寸分组（TEU）	停靠规模分组（搬运数量）									
	<250	251~500	501~1000	1001~1500	1501~2000	2001~2500	2501~3000	3001~4000	4001~6000	> 6000
1) <1500	27.00%	39.60%	28.50%	4.90%	0.10%	0.00%	0.00%	0.00%	0.00%	0.00%
2) 1501~5000	9.80%	24.80%	36.10%	17.10%	7.70%	2.70%	1.00%	0.70%	0.20%	0.00%
3) 5001~8500	2.60%	9.70%	27.40%	23.20%	15.60%	9.50%	5.20%	4.50%	1.90%	0.30%
4) 8501~13500	1.30%	6.70%	19.10%	18.20%	16.30%	11.90%	9.00%	10.00%	5.20%	2.10%
5) >13500	0.20%	1.30%	5.50%	7.90%	10.50%	11.60%	11.20%	22.10%	22.40%	7.50%

数据来源：本书基于首版CPPI数据的原创计算。

Table 3.5 Call Size and Ship Size Combinations: Percentage of Calls

Ship size group (TEU)	Call Size group (number of moves)									
	<250	251-500	501-1,000	1,001-1,500	1,501-2,000	2,001-2,500	2,501-3,000	3,001-4,000	4,001-6,000	> 6,000
1) <1500	27.00%	39.60%	28.50%	4.90%	0.10%	0.00%	0.00%	0.00%	0.00%	0.00%
2) 1,501~5,000	9.80%	24.80%	36.10%	17.10%	7.70%	2.70%	1.00%	0.70%	0.20%	0.00%
3) 5,001~8,500	2.60%	9.70%	27.40%	23.20%	15.60%	9.50%	5.20%	4.50%	1.90%	0.30%
4) 8,501~13,500	1.30%	6.70%	19.10%	18.20%	16.30%	11.90%	9.00%	10.00%	5.20%	2.10%
5) >13,500	0.20%	1.30%	5.50%	7.90%	10.50%	11.60%	11.20%	22.10%	22.40%	7.50%

Source: Original calculations for this publication, based on CPPI 2020 data.

74. **在准备编写CPPI及其后续版本时的目标是尽可能准确地反映实际港口绩效，同时在统计上保持稳定。**对于大型港口而言（比如年均作业量前100位的港口），CPPI能够处理43个船舶尺寸分组和停靠规模分组中每个组别的大量真实实验数据。然而，对于较小的港口，许多分组类别中几乎没有数据，特别是那些停靠总量只有几百次的港口。如果忽视这些无数据的分组，绩效评估就会采用数量不同的分组方式，

74. *In preparing the CPPI and its subsequent rankings, the objective has been to reflect as closely as possible actual port performance, while also remaining statistically robust.* With respect to the largest ports— the top 100 ports by annual move count—the CPPI has been able to work with ample, real empirical data present in each of the 43 distinct ship size and call size categories. However, for smaller ports many categories have been populated with little to no data, particularly those with only a few hundred calls in total. If these unpopulated categories are ignored, the performance appraisal would be undertaken on different quantities of categories, which is likely to unduly disadvantage smaller ports that might well be quite efficient despite

这很可能给较小的港口造成不利的影响，因为尽管它们的规模和吞吐量不大，但其效率可能相当高。

their modest size and throughput.

估算缺失值：行政方法

Imputing missing values: The administrative approach

75. CPPI用两种不同的方法，即行政方法和统计方法来解决这一不应有的障碍。前一种方法是当某个港口在特定船型范围内登记取值点时，根据可用的数据为无数据组赋值。

75. *The CPPI addresses this undeserved handicap with two different approaches: An administrative approach and a statistical approach.* In the case of the former, the approach involved assigning values to empty categories based upon data available when a port has registered a data point within a specific ship size range.

76. 对于每个船舶尺寸分组来说，要选择数据表示量最大的停靠规模组（见表3.6）。理想情况下，这个停靠规模组要用平均值，因为分组中最低值和最高值具有一定的独特性。如果调用量基准组中没有实际数据可用

76. *For each ship size group, the call size group that has the largest quantity of data representation is selected (see table 3.6).* Ideally, this is a midrange call size group because the lowest and highest demonstrate some uniqueness. In cases where no actual data are available for the base call size group, the next highest group is examined to find an actual dataset. If none is found, then the approach involves

时，则用下一个高值分组中的实际数据替代。如果还是没有找到，则用下一个低值分组的实际数据替代。最后，每个港口的停靠规模基准组都要有一个数值。

looking at the immediately lower call size band. At the end of this exercise, every port has a value present for the base call size group.

表 3.6 港口数量（对应船舶尺寸分组）

船舶尺寸分组 (TEU 容量)	港口数量	基础停靠规模（装卸次数）
<1500	219	251~500
1500~5000	331	501~1000
5000~8500	213	1001~1500
8500~13500	162	1501~2000
>13500	99	2001~2500

数据来源：本书基于首版CPPI数据的原创计算。

Table 3.6 Quantity of Ports Included per Ship Size Group

Ship size range (nominal TEU)	Number of ports included	Base call size (number of moves)
Less than 1,500	219	251 - 500
1,500 - 5,000	331	501 - 1,000
5,000 - 8,500	213	1,001 - 1,500
8,500 - 13,500	162	1,501 - 2,000
More than 13,500	99	2,001 - 2,500

Source: Original calculations for this publication, based on CPPI 2020 data.

77. 从停靠规模基准组开始，向左搬运到数值最低的组，向右搬运到数值最高的组，在没有值的组中，根据给定的相邻停靠规模分组值（实际数据或估算值）按比例确定值。其原理是，如果在一个停靠规模分组中，一个港口的每次到达和泊位时间比平均时间高或低，很可能在相邻的停靠规模分组中也会出现这种情况。因此到达时间和泊位时间要分别估算。

77. *From the base call size group, moving left toward the lowest group and right toward the highest group, in groups where no value exists, a value is determined on a pro-rate basis given the adjacent call size group value (actual data or imputed).* The rationale is that if within one call size group a port had either higher or lower hours for each arrival and berth hours than the average, it is most probable that would be the case in the adjacent call size group. The arrival and berth hours are imputed individually of each other.

78. 表3.7是填补缺失值示例。在这种情况下，港口A的停靠规模基准组数据高于停靠规模分组的平均值，A港口在501至1000和1501至2000两个停靠规模分组中的比对情况也是如此。而港口B的情况正好相反，它的停靠规模基准组数据低于停靠规模分组的平均值。

78. *Table 3.7 contains an illustrative example.* In this case, Port A had a higher quantity of hours in the base call size group than the group average. The index assumes that would also have been the case had the port registered actual calls in the 501 to 1,000 and 1,501 to 2,000 call size groups. The opposite is true for Port B, which achieved a lower quantity of hours in the base call size group.

表 3.7 估算缺失值的示例[1]

港口	停靠规模分组（小时数）		
	501~1000 搬运量	1001~1500 搬运量	1501~2000 搬运量
港口 A	10.8	12	14.4
港口 B	7.2	8	9.6
分组内平均值	9.0	10	12.0
因子系数	0.9	基础值	1.2

数据来源：基于首版CPPI数据库原始计算。

Table 3.7 An Example of Imputing Missing Values[1]

Port	Call size group (hours)		
	501 - 1,000 moves	1,001 - 1,500 moves	1,501 - 2,000 moves
Port A	10.8	12	14.4
Port B	7.2	8	9.6
Group average	9.0	10	12.0
Factor multiplier	0.9	Base	1.2

Source: Original calculations for this publication, based on CPPI 2020 data.

① 绿色突出显示（译者注：本书用灰底表示）的单元格数据是通过将基准单元格数据乘以由全组平均值确定的因子乘数计算出来的。

① The numbers in the green highlighted cells have been imputed by multiplying the base cells by the factor multiplier determined by the overall group average.

79. 这种方法的固有风险是，一个分组内绩效水平的好坏会影响到所有停靠规模分组的评估。这种方法还假定了一个港口能够无限制将起重机部署到更大的停靠规模分组中，但不是所有情况下都可能这样。另一方面，该方法不合逻辑之处在于其盲目地假设一个港口在一个停靠规模组中的表现低于平均水平，但在没有记录任何实际靠港的其他停靠规模组中的表现会莫名好于平均水平。

79. *The inherent risk with this approach is that poor or good performance within just one group will cascade across all call size groups.* It also assumes a port's ability to add cranes to larger call size groups, which might not be true in all cases. On the other hand, it would be illogical to blindly assume any port would simply achieve the average of the entire group or, possibly worse, to assume that a port performing below average in one call size group would miraculously perform much better than average in others where it did not record any actual calls.

估算缺失值：统计方法

Imputing missing values: The statistical approach

80. 一种稍微复杂一点的方法是使用似然方法来估算那些缺失值。对于目前的数据集，可以利用最大期望（EM）算法为每个缺失值提供最大似然估计值。这种方

80. *A slightly more sophisticated approach is using a likelihood-based method to impute those missing values.* In respect of the current dataset, the expectation-maximization (EM) algorithm can be utilized to provide a maximum likelihood estimator for each missing value. This approach relies on two

法基于两个关键假设：第一个假设是缺失值是随机的，也就是说，缺失值不是由某些样本选择偏差引起的；第二个假设是所有考虑的变量都呈正态分布。在数据集范围内，这两个假设被认为是现实的假设。然后最大期望算法计算出已知观测数据正态分布的均值和方差的最大似然估计值。知道了生成缺失数据的分布后，就可以从中取样来估算缺失值。多次重复“采样”，可以消除异常值，负数要设置为零（因为泊位时间永远不可能是负数）。[①]

critical assumptions: The first assumption is that the missing values are random, that is, not due to some bias in the sample selection; and the second assumption is that all variables under consideration are normally distributed. Within the context of the dataset, these are considered realistic assumptions. EM then computes the maximum likelihood estimator for the mean and variance of the normal distribution given the observed data. Knowing the distribution that generates the missing data, one can then sample from it to impute the missing values. The “sampling” is repeated a number of times to remove the risk of outliers, and negative numbers are set to zero (as berth time can never be negative).[①]

构建指数：行政方法

Constructing the index: The administrative approach

81. 将到达时间和泊位时间合计为港口总时间。此

81. *Aggregating arrival and berth hours into total port hours.* Previously, the report indicated

① 附录B详细介绍了生成稳定数据集的精确方法。

① The precise approach to producing a robust dataset is detailed in appendix B.

前，该报告指出，可以对等待时间进行处罚，因其可以被视为纯粹的浪费。但是，如前所述，这将是一种规范性判断。因此，在首版CPPI中，到达时间和泊位时间加权为1.0，并将这两个时间段相加构成港口总时数。

a case could be made for penalizing waiting time, which can be regarded as pure waste. However, as expressed earlier this would be a normative judgment. Accordingly, in the CPPI 2020, both arrival and berth hours are weighted as 1.0 and the two time segments are summed to form total port hours.

停靠规模较大的组所用的平均港口时间自然高于停靠规模较小的组。这会放大整个组中受试港口的时间与平均港口时间之间的差异。

Average port hours are naturally higher in the larger than smaller call size groups. This can magnify the difference in hours between a subject port and the average port hours of the overall group.

82. 评估港口时间的绩效。停靠规模较大的组所用的平均港口时间自然高于停靠规模较小的组。这将放大整个组受试港口的时间与平均港口时间之间的差异。因此，评估一个港口的平均时间和组内的平均时间之间的

82. *Appraising port hours performance.* Average port hours are naturally higher in the larger than smaller call size groups. This can magnify the difference in hours between a subject port and the average port hours of the overall group. Thus, appraising on the difference between a port's average hours and average hours of the group may skew the scoring unduly toward the larger call size calls.

差异时，停靠规模较大的分组评分可能过分偏高。因为停靠规模较大的分组内调用次数比停靠规模较小的分组内调用次数要少得多，这也需要在编写CPPI时反映出来，以保持最大的客观性。

Because larger call size group have far fewer calls than smaller call size groups, this also needs to be reflected in the construction of the CPPI to retain maximum objectivity.

83. **单独应用于每个停靠规模分组的方法是，将港口的平均港口时间与组内的平均港口时间以百分比或比例的形式进行比较。**该比较的结果是通过整个港口组内的每个停靠规模分组（每个船舶尺寸分组内）的港口停靠比例进行加权（本章前面的表3.3提供了占比情况）。[①]表3.8展示了该方法用于船舶尺寸组（5001~8500 TEU）和停靠规模基准组（1001~1500次搬运）的具体应用。

83. *The method applied to each call size group individually is that the port's average port hours is compared with the group average as a percentage or rather a ratio.* The result of that comparison is weighted by the ratio of port calls in each call size group (within each ship size group) for the entire group of ports (table 3.3, earlier in the chapter, provided the ratios).[①] Table 3.8 illustrates how the method is applied to one ship size group (5,001 to 8,500 TEU) and one base call size group (1,001 to 1,500 moves).

---

① 实际计算公式为：(组平均港口小时数/示例港口小时数)×停靠规模分组权重。

① The actual equation is: (Group Average Port Hours / Example Port Hours) × Call Size Group Weight.

表 3.8 港口时间绩效评估

港口	港口时间	得分	停靠规模组权重	结果指数
示例港口	19.72	1.152	0.232	0.2672
分组内平均值	22.71			

数据来源：本书基于首版CPPI数据的原创计算。

Table 3.8 Port Hours Performance Appraisal

Port	Port hours	Score	Call size group weight	Result
Example port	19.72	1.152	0.232	0.2672
Group average	22.71			

Source: Original calculations for this publication, based on CPPI 2020 data.

84. 在这个说明示例中，受试港口时间较整个组的平均时间少15.2%（前者为19.72小时，后者为22.71小时）。其结果（比例）得分是1.152。由于在5001~8500 TEU船舶尺寸分组中，有23.2%的港口停靠发生在1001~1500次搬运的停靠规模组中，因此1.152分乘以0.232得出总分数0.2672分。在我们的表格中，会再乘以100以便得到一个更容易阅

84. *In this illustrative example, the subject port used 15.2 percent fewer hours than the average of the entire group (19.72 hours versus 22.71 percent).* The result is a (ratio) score of 1.152. Since 23.2 percent of all port calls in the 5,001–8,500 TEU ship size group were in the call size group of 1,001–1,500 moves, the 1.152 score is multiplied by ratio 0.232 for an overall result of 0.2672 "points." Within our tables, we have then multiplied this by 100 to achieve an easier to read number (26.72). The better the performance versus the average of the group, the higher (or lower – negative) the overall result will be.

读的数字（26.72）。相对于平均水平，绩效越好，整体得分结果就会越高（若得分越低，则整体结果越差）。

85. 汇总每个船舶尺寸分组中的分数和排名情况。将十个停靠规模分组中各组内每个港口获得的结果加在一起，可以计算出所有船舶尺寸组的得分（在两个较小的船舶尺寸组中分别为五个和八个组，并不是十个组）。根据这些得分，在每个船舶尺寸组中进行分级，然后在最终的CPPI排名中对其进行评估。

85. *Aggregation to a score and rank per ship size group.* The "result" achieved per port within each of the ten call size groups are then added together to calculate a score within the overall ship size group (it is five and eight groups rather than ten groups in the case of the two smaller ship size groups, respectively). Based upon these scores a subranking is performed within each ship size group that can then be reviewed in the final CPPI rankings.

86. 但是，这种估算方法可能会不公正地评估一些仅在几个停靠规模组内记录数据的港口。例如，如果上述这种港口所在的几个停靠规模组的绩效恰好都低于船舶尺寸分组中的所有港口的平均绩效，那分摊到总的停

86. *However, the imputation method might unfairly appraise some ports that recorded data only within a few call size groups.* If, for example, the performance in a few call size groups was worse than the average for all ports within the ship size group, this would be prorated to all call size groups. This requires a judgment, as the alternative of ignoring call size groups without actual data, effectively resulting

靠规模组中就会影响总的绩效得分和排名。这需要一个判断，因为忽略没有实际数据的停靠规模分组（实际上这些分组得分为零）并不一定会产生更好的结果。在后一种情况下，停靠规模多样性有限的港口不会在每一个停靠规模分组中获得正数分，而停靠规模种类多样的港口很可能会得到正数分。

in a zero score for those groups, would not necessarily result in a better outcome. In the latter case, ports with limited call size diversity would not be credited with positive scores in each and every call size group, which ports with a greater diversity of call sizes are likely to achieve.

汇总所有船舶尺寸分组

Aggregating all ship size groups

87. **港口如何处理特定船舶尺寸组内的船舶是必须要考虑的部分。**在本章前面，表3.6列出各船舶尺寸分组中的港口数量。不进行数据修正的原因是很多较小的港口没有能力处理一些尺寸较大的船舶，因此在实际上不可能的情况下，会得到正数（或负数）的结果。只有在试

87. *No allowance was made for ports that did not handle ships within specific ship size groups during the period under consideration.* Earlier in the chapter, table 3.6 presented the quantity of ports being included per ship size group. Allowance was not given primarily because many of the smaller ports are not capable of handling some of the larger ship sizes and so would in effect be awarded positive (or negative) results for scenarios that are physically impossible. The omission of scores within some ship size groups

图比较主要干线港口和那些小得多的港口的绩效时，去掉一些船舶尺寸分组内的分数才会成为一个问题。但是，这种比较既不客观也没有价值。

would only be an issue if attempting to compare the performance of major mainline ports with those of far smaller ports; however, this comparison is neither objective nor valuable.

88. **这一因素对大小相似的港口之间的比较没有显著影响。**用行政方法将各船舶尺寸分组中的得分汇总到整个CPPI中，便得到指数因子（见表3.9），以通过不同尺寸的船舶之间的相对油耗来辨别大型船舶绩效优于小型船舶的重要性。每个船舶尺寸组都要选择一个典型的中等船型作为示例。基于这类船舶的预期部署，该指数因子使用典型的服务速度值，并考虑在港口多花（或少花）一个小时可能对燃油消耗产生的影响，确定并加权了一系列航段。

88. *This factor does not contribute significantly to the comparison between similarly sized ports.* In aggregating the scores from the various ship size groups into the overall CPPI in the administrative approach, a factor was built, in the form of an index (see table 3.9), to differentiate the importance and significance of better performance on larger ships over smaller ones, based on the relative fuel consumption between different ship sizes. For each ship size group, a typical midrange example ship was selected. Based upon the expected deployment of such ships, the index defines and weights a range of sea legs, using a typical proforma service speed, and considering the impact on fuel consumption that one hour longer (or shorter) in port would be likely to yield.

表 3.9 确定燃料消耗指数的预设情况

船舶尺寸分组（TEU）	预计部署船型	航线	权重（%）	指数值
<1500 TEU	区域内支线船	新加坡港（新加坡）—泗水港（印度尼西亚）	25	0.46
		鹿特丹港（荷兰）—都柏林港（爱尔兰）	25	
		金斯顿港（牙买加）—太子港（海地）	25	
		釜山港（韩国）—青岛港（中国）	25	
1500~5000 TEU	非洲、拉丁美洲、大洋洲、跨大西洋之间的区域内船型	上海港（中国）—马尼拉港（菲律宾）	30	1.00
		鹿特丹港（荷兰）—热那亚港（意大利）	30	
		阿尔赫西拉斯港（西班牙）—特马港（加纳）	10	
		查尔斯顿港（美国）—桑托斯港（巴西）	10	
		厦门港（中国）—布里斯班港（澳大利亚）	10	
		弗利克斯托港（英国）—纽约港（美国）	10	
5000~8500 TEU	非洲、拉丁美洲、大洋洲、跨大西洋、亚洲—中东	香港港（中国香港）—特马港（加纳）	20	1.54
		查尔斯顿港（美国）—桑托斯港（巴西）	20	
		厦门港（中国）—布里斯班港（澳大利亚）	20	
		弗利克斯托港（英国）—纽约港（美国）	20	
		上海港（中国）—迪拜港（阿联酋）	20	
8500~13500 TEU	跨太平洋、亚洲—中东、亚洲—地中海	釜山港（韩国）—查尔斯顿港（美国）（经巴拿马）	25	1.97
		香港港（中国香港）—洛杉矶港（美国）	25	
		上海港（中国）—迪拜港（阿联酋）	25	
		新加坡港（新加坡）—比雷埃夫斯港（希腊）	25	
>13500 TEU	亚洲—地中海、亚洲—北欧、跨太平洋	新加坡港（新加坡）—比雷埃夫斯港（希腊）	40	2.57
		新加坡港（新加坡）—鹿特丹港（荷兰）	40	
		香港港（中国香港）—洛杉矶港（美国）	20	

数据来源：本书基于首版CPPI数据的原创计算。

Table 3.9 Assumptions to Determine a Fuel Consumption Index

Nominal TEU capacity range	Expected deployment	Sea leg	Weight (percent)	Index value
Less than 1,500 TEU	Feeders Intraregional	Singapore - Surabaya Rotterdam - Dublin Kingston - Port-Au-Prince Busan - Qingdao	25 25 25 25	0.46
1,500 to 5,000 TEU	Intraregional Africa Latin America Oceania Transatlantic	Shanghai - Manila Rotterdam - Genoa Algeciras - Tema Charleston - Santos Xiamen - Brisbane Felixstowe - New York	30 30 10 10 10 10	1.00
5,000 to 8,500 TEU	Africa Latin America Oceania Transatlantic Asia - Middle East	Hong Kong port - Tema Charleston - Santos Xiamen - Brisbane Felixstowe - New York Shanghai - Dubai	20 20 20 20 20	1.54
8,500 to 13,500 TEU	Transpacific Asia - Middle East Asia - Mediterranean	Busan - Charleston (via Panama) Hong Kong port - Los Angeles Shanghai - Dubai Singapore - Piraeus	25 25 25 25	1.97

continued

Nominal TEU capacity range	Expected deployment	Sea leg	Weight (percent)	Index value
Greater than 13,500 TEU	Asia - Mediterranean	Singapore - Piraeus	40	2.57
	Asia - North Europe	Singapore - Rotterdam	40	
	Transpacific	Hong Kong port - Los Angeles	20	

Source: Original calculations for this publication, based on CPPI 2020 data.

89. **CPPI首先关注的问题是微延迟，并认为这种延迟会在远洋长途航段中而不是在沿海港口上得到弥补，因为后者的成本更高。**通过模拟，如果指数值上下轻微调整不超过10%，则整体排名不会受到影响。如果数值调整到较大尺寸船舶分组的指数低于较小尺寸船舶分组的话，那么整体排名结果可能会彻底改变。使用行政方法获得最终的CPPI分数和排名的方法是，将每个船舶分组内的累计结果乘以每个船舶分组的指标值，然后相加求和，最后根据所有船舶分组的最终总和按降序排序。第4章和附录

89. *The CPPI focuses primarily on micro-delays and assumes these would be recovered on long-haul ocean legs, rather than between coastal ports, which would be more costly.* Through simulation, if the index values are tweaked up or down by up to 10 percent, the overall ranking is unaffected. If values are adjusted so that larger ship size groups have lower indices than smaller ones, the overall ranking results can change radically. To achieve a final CPPI score and ranking in the administrative approach, accumulated results within each ship size group are multiplied by the index values per ship size group and then summed. The ranking is then based in descending order on final summed totals across all ship size groups. The resulting index for main and secondary ports using the administrative approach is presented in chapter 4 as well as appendix A (table A.2).

A（表A.2）列出了使用行政方法计算主要和次要港口得出的结果指数。

构建 CPPI: 统计方法

90. 构建集装箱港口绩效指数的另一种方法是使用因子分析等统计方法。因子分析的优势是能够检验一个大数据集，并确定一系列可测变量对一个看不见的潜在变量的影响（例如，就效率而言），后者不能用一个变量直接来衡量。相反，该影响可以通过一系列可见和可测变量的关系来观察，每个变量都包含着港口的“效率”信息。潜在变量——效率，与每个可测变量及其误差项有关。然后因子分析确定每个可测变量相对于港口效率的相对权重，以及一些由误差项捕获的不确定度。

Constructing the CPPI: The Statistical approach

90. *An alternative approach to constructing an index of container port performance is to use a statistical technique such as factor analysis.* The advantage of factor analysis (FA) is its ability to examine a large dataset and ascertain the impact of a series of measured variables on an unseen latent variable (for example, in this case of efficiency), which cannot be measured directly with a single variable. Instead, the impact is seen through relationships with a series of visible and measurable variables, each of which contains information about the “efficiency” of the port. The latent variable, efficiency, is a function of each of the measured variables and an error term for each. FA then determines the relative weight attached to each of the measured variables, vis-à-vis the efficiency of the port, together with some uncertainty, which is captured by the error term.

91. 在单个港口的层面上，可测变量包括在不同的类别下（如不同的停靠规模和泊位 / 港口到泊位）不同阶段所花费的平均时间。这些变量的实际值是由少量未观察到的因子决定的，如基础设施的可用性和质量、港口的布局、员工的专业知识、航道和泊位的可用吃水深度等。困难在于无法观察这些潜在因子，也无法观察它们是如何影响可测变量并最终影响潜在变量的。一个简单的例子可以说明这一点：假设有三个港口，每个港口有四种不同类别的时间成本，如表 3.10 所示。

91. *At the level of the individual port, the measured variables include the average time expended for the different stages, under various categories, such as different call size bands and berth/port-to-berth.* The actual values of these variables are determined by a small number of unobserved factors, such as the availability and quality of the infrastructure, the layout of the port, the expertise of the employees, the available depth in the channel and at the berth, and so on. The challenge lies in the inability to observe these latent factors and how they contribute to the impact on the measured variable, and ultimately on the latent variable. A simple example may be illustrative: Imagine three ports, each with four different types of time cost, as shown in table 3.10

表 3.10 潜在因子的简要展示

港口	成本 1	成本 2	成本 3	成本 4
A	1	2	3	4
B	2	4	6	8
C	3	6	9	12

数据来源：本书基于首版CPPI数据的原创计算。

Table 3.10 Simple Illustration of Latent Factors

Port	Cost 1	Cost 2	Cost 3	Cost 4
A	1	2	3	4
B	2	4	6	8
C	3	6	9	12

Source: Original calculations for this publication, based on CPPI 2020 data.

92. **如表3.10所示，成本2、成本3和成本4都是成本1的倍数。**虽然每个港口有4个变量，但是仅一个变量就足以对这三个港口的效率进行排序（A>B>C）。当然，这个例子代表了一种极端情况，但是如果这些变量关联到一个程度不那么极端的例子，那么这个想法可以被推广了。在这种情况下，用成本1到成本4的线性组合计算因子。但是，如果成本1到成本4完全相互独立，那么这种方法就没用了。幸运的是，CPPI数据集并不是这种情况。因此，对于每个港口，我们可以计算出其所有

92. *As observed in table 3.10, costs 2, 3, and 4 are simply multiples of cost 1.* Although each port has four variables, one variable alone is enough to rank the efficiency of these three ports (A > B > C). Of course, this example represents an extreme case, but the idea can be generalized if these variables are correlated to a less extreme extent. In that case, the factors are computed as a linear combination of costs 1 through 4. However, if costs 1 through 4 are completely independent of each other, this method makes no sense. Fortunately, this is not the case for the CPPI dataset. Thus, for each port, we can compute its score on all factors and then combine those scores together to reach a final efficiency score.

因子的得分，然后将这些分数相加，从而得出最终的效率得分。

93. 注意统计方法中使用到的因子分析法，其计算的得分结果并非针对每个停靠规模分组的情况。相反，整个数据集（包括较小港口在内）均用于获取潜在因子。这与行政方法形成了鲜明的对比。统计方法将各种停靠规模分组与时间相关的所有因素都作为因子，纯粹从统计角度出发，这样更有效。然而，这种方法的一个缺点是，因子分析没有考虑到某些观察结果可能更可靠，因为它们基于更多的港口停靠。这意味着某些港口的结果（可能还有排名）会失真并出现大的异常值。

93. *Note that in the statistical approach using FA, the scores are not calculated for each call size range.* On the contrary, the whole dataset, including the smaller ports, is used simultaneously to obtain latent factors. This sharply contrasts with the administrative approach. The statistical approach factors in all the correlations among hours for various call size bands which is—purely from a statistical perspective— more efficient. However, one downside of this approach is that FA does not consider some observations might be more reliable than others as they are based on more calls. This implies the results, and potentially the ranking, for some of the ports could be distorted in the presence of large outliers

94. 两种方法都各有特点，并且，这两种不同的方法之间相辅相成。其互补性

94. *Neither methodology is better than the other; rather, the two different approaches complement each other.* This complementarity encouraged the

支持CPPI团队在决定首版CPPI的制定方向时同时采用两个方法。这一决定将有助于确保集装箱港口绩效的排名结果尽可能反映真实的港口绩效，同时也具有统计稳定性。第4章从这两种方法的角度呈现首版CPPI情况，并解释了可能存在的差异。

CPPI team, while deciding on the direction to take in the inaugural edition of the index, to use both approaches—a decision that would help ensure the resulting rankings of container port performance reflect as closely as possible actual port performance, while also being statistically robust. Chapter 4 presents the CPPI 2020 from both approaches, explaining divergences, where possible.

4. 首版 CPPI

The Container Port Performance Index 2020

4.1 引言

95. **首版CPPI是基于前几章所阐述的港口总时间而编写的。**如前所述，使用两种方法的基本原理是确保排名尽可能反映真实的港口绩效，同时在统计上保持稳定。首版文件的数据截至2020年6月30日，用排名反映过去12个月的绩效，同时提出一个合格指标以反映新型冠状病毒肺炎疫情对该年度前6个月港口绩效的影响。下一版CPPI（CPPI 2021）将对排名的年度同比变化进行一些对比分析。

96. **本章讨论了两种不同的方法得出的集装箱港口绩效排名结果。**4.2节讨论了这两种方法，并给出了集装箱港口绩效最佳的排名情况。附录A按字母顺序分别列出了各方法得出的所有港口的完整排名。表A.1为基于行

4.1 Introduction

95. *The CPPI 2020 has been developed based on total port time in the manner explained in the previous sections.* The rationale of using two methodologies, as explained earlier, is to ensure that rankings reflect as closely as possible actual port performance, while also being statistically robust. This first inaugural edition utilizes data through June 30, 2020, and while the ranking reflects the performance over the previous twelve months, a qualifier is raised to reflect the impact of the COVID-19 pandemic on port performance in the first six months of the year. The next edition of the CPPI (CPPI 2021) will offer some comparative analysis of the year-on-year changes in the ranking.

96. *This chapter discusses the resulting rankings of container port performance, based on the two different approaches.* Section 4.2 discusses the two approaches, along with the rankings for the best performing container ports. Appendix A includes the full ranking of all ports by each approach separately and presented alphabetically. Table A.1 shares the CPPI 2020 data based on the administrative approach,

政方法的首版CPPI数据，表A.2为基于统计方法的首版CPPI数据。4.3节为报告总结，介绍了CPPI一些进一步工作方向和未来版本的发展计划。新版本的部分内容将阐释如何理解并消除两种方法之间的差异。

while table A.2 presents the data based on the statistical approach. To conclude the report, section 4.3 presents some areas of further work and planned developments for future iterations of the CPPI. Understanding and eliminating divergences between the two methodologies will be part of that agenda.

4.2 首版 CPPI

4.2 The CPPI 2020

（原文段落97~100及表4.1均为有关首版CPPI的表述，详见段落6~9及表E.1，此处不再赘述。）

4.3 结论和下一步工作

4.3. Conclusions and Next Steps

101. **CPPI的基本原理是使用可用的实验数据来创建一个客观的评估标准，然后比较各个港口不同时间的集装箱港口绩效。**其目的是，以一种可比的方式，确定差距和改进的机会，最终使航运公司、国家政府，以及消

101. *The rationale behind the CPPI focuses on using the available empirical data to create an objective measure to then compare container port performance across ports, and eventually over time.* The intention is to, in a comparable manner, identify gaps and opportunities for improvement that will ultimately benefit all stakeholders, from shipping lines to national governments to consumers. The

费者等所有利益相关者受益。CPPI旨在为全球经济中的利益相关者提供一个关键的参考标准，利益相关者包括各国政府、港口当局和运营商、开发机构、超国家组织、各种海事利益相关者，以及贸易、物流和供应链服务领域的其他公共和私营利益相关者。

CPPI is intended to serve as a key reference point for stakeholders in the global economy, including national governments, port authorities and operators, development agencies, supranational organizations, various maritime interests, and other public and private stakeholders in trade, logistics, and supply chain services.

（原文段落102为首版CPPI的下一步工作，详见段落10，此处不再赘述。）

附录 A：首版 CPPI

Appendix A: The CPPI 2020

表 A.1 首版 CPPI：行政方法[①]

			权重	0.46		1.00		1.54		1.97		2.57
			<1500 TEU		1501~5000 TEU		5001~8500 TEU		8501~13500 TEU		>13500 TEU	
港口名称	排名	总分	排名	得分	排名	得分	排名	得分	排名	得分	排名	得分
奥胡斯（丹麦）	43	43.45	17	7.1	28	10		—		—	18	11.7
阿比让港（科特迪瓦）	217	-4.67[①]		—	222	-1.8	149	-1.9		—		—
阿卡胡特拉港（萨尔瓦多）	249	-11.08		—	287	-11.1		—		—		—
阿德莱德港（澳大利亚）	333	-78.35		—	242	-3.6	205	-22.4	150	-20.4		—
阿加迪尔港（摩洛哥）	267	-17.01	177	-4.4	302	-15		—		—		—
阿瓜杜尔塞港（哥伦比亚）	30	55.65		—	80	7.3		—	13	12.3	25	9.4
亚历山大港（埃及）	221	-5.49	196	-7.2	226	-2.2		—		—		—
阿尔赫西拉斯港（西班牙）	32	52.9	83	2.7	118	5.3	75	6.6	44	8.3	30	7.8
阿尔及尔港（阿尔及利亚）	318	-48.92	207	-9.7	326	-44.5		—		—		—
阿尔塔米拉港（墨西哥）	98	16.77	43	4.6	73	7.7	95	4.5		—		—
阿姆巴利港（土耳其）	61	32.35	86	2.4	161	3	77	6.2	45	8.2	61	1
安科纳港（意大利）	183	0.48	70	3.4	214	-1.1		—		—		—
安特卫普港（比利时）	65	30.76	104	1.4	157	3.2	101	3.7	72	4.5	43	4.8
关岛阿普拉港（美国）	232	-7.46	178	-4.5	254	-5.4		—		—		—
亚喀巴港（约旦）	41	46.92		—	108	6	133	0.2	34	9.4	27	8.6

① 译者注：英文原文用括号表示，本表统一用负数表示。

表 A.1 续 1

			权重	0.46		1.00		1.54		1.97		2.57
			<1500 TEU		1501~5000 TEU		5001~8500 TEU		8501~13500 TEU		>13500 TEU	
港口名称	排名	总分	排名	得分	排名	得分	排名	得分	排名	得分	排名	得分
阿里卡港（智利）	247	-10.55	168	-3.3	198	-0.3	163	-5.7		—		—
阿什杜德港（以色列）	315	-41.91	174	-4.2	282	-10.1	187	-12.7		—	72	-4
奥克兰港（新西兰）	118	11.7		—	103	6.2	104	3.6		—		—
巴尔博亚港（巴拿马）	78	26.58	131	-0.5	156	3.4	117	2.3	69	4.7	47	4.1
巴尔的摩（美国）	119	11.64		—	179	1.4	132	0.6	71	4.7		—
曼谷港（泰国）	259	-14.58	191	-6.1	289	-11.8		—		—		—
巴塞罗那港（西班牙）	46	41.83	89	2.3	92	6.6	57	8.5	51	7.2	54	2.7
巴里港（意大利）	203	-1.92	136	-0.9	220	-1.5		—		—		—
巴兰基利亚港（哥伦比亚）	169	3.29	72	3.2	174	1.8		—		—		—
八打雁港（菲律宾）	144	7.88		—	66	7.9		—		—		—
巴统港（格鲁吉亚）	275	-18.89	147	-1.5	307	-18.2		—		—		—
贝拉港（莫桑比克）	281	-20.59		—	313	-20.6		—		—		—
贝鲁特港（黎巴嫩）	62	31.86	36	5.3	45	8.8	64	8.1	70	4.7	65	-0.4
贝贾亚港（阿尔及利亚）	330	-71.85	219	-27.7	327	-59.1		—		—		—
勿拉湾港（印度尼西亚）	202	-1.77	119	0.2	223	-1.9		—		—		—

表 A.1　续 2

			权重	0.46		1.00		1.54		1.97		2.57
			<1500 TEU		1501~5000 TEU		5001~8500 TEU		8501~13500 TEU		>13500 TEU	
港口名称	排名	总分	排名	得分	排名	得分	排名	得分	排名	得分	排名	得分
贝尔贝港（澳大利亚）	163	4.84	87	2.3	150	3.8		—		—		—
柏培拉港（索马里）	245	-9.98		—	281	-10		—		—		—
毕尔巴鄂港（西班牙）	243	-9.58	143	-1.3	275	-9		—		—		—
布拉夫港（新西兰）	239	-8.62		—	272	-8.6		—		—		—
博鲁森港（土耳其）	195	-0.67		—	208	-0.7		—		—		—
波士顿港（美国）	73	27.47		—	71	7.7	61	8.2	80	3.6		—
不莱梅哈芬港（德国）	85	23.53	109	0.6	146	3.9	102	3.6	89	3	52	3
布里斯班港（澳大利亚）	234	-7.78	140	-1.1	178	1.6	156	-4.6	112	-0.9		—
布里斯托港（英国）	277	-19.33	206	-9.6	301	-14.9		—		—		—
布埃纳文图拉港（哥伦比亚）	71	28.58		—	68	7.8	35	9.4	88	3.2		—
布宜诺斯艾利斯港（阿根廷）	310	-36.93		—	207	-0.6	153	-3.7	144	-15.5		—
布尔加斯港（保加利亚）	133	9.46	81	2.9	56	8.1		—		—		—
釜山港（韩国）	36	51.23	38	5.1	70	7.8	59	8.3	101	1	21	10.3
卡加延德奥罗港（菲律宾）	128	9.92	53	4	60	8.1		—		—		—
蔡兰港（越南）	74	27.43		—	14	11.2	18	10.5	—	—		—
盖梅港（越南）	18	67.63		—	5	12.1	22	10.4	48	7.4	24	9.7

表 A.1　续 3

			权重	0.46		1.00		1.54		1.97		2.57
			<1500 TEU		1501~5000 TEU		5001~8500 TEU		8501~13500 TEU		>13500 TEU	
港口名称	排名	总分	排名	得分	排名	得分	排名	得分	排名	得分	排名	得分
卡尔德拉港（哥斯达黎加）	165	4.07	59	3.7	167	2.4		—		—		—
卡亚俄港（秘鲁）	56	34.14	106	1.1	202	-0.4	119	2	93	2.1	20	10.4
开普敦港（南非）	347	-177.22	121	0	305	-17.7	209	-34.1	161	-54.3		—
卡塔赫纳港（哥伦比亚）	34	52.26	57	3.8	18	10.8	8	11.4	20	11.2		—
卡塔赫纳港（西班牙）	179	1.39	75	3		—		—		—		—
卡萨布兰卡港（摩洛哥）	268	-17.29	194	-6.6	294	-12.8	141	-0.9		—		—
卡斯特利翁港（西班牙）	157	5.83	114	0.3	140	4	127	1.1		—		—
凯莱港（越南）	109	15.37	11	8.3	10	11.6		—		—		—
卡塔尼亚港（意大利）	190	-0.2	129	-0.4		—		—		—		—
考塞多港（多米尼加）	68	29.64	99	1.0	66	8.2	80	5.9	62	5.8		—
宿务港（菲律宾）	140	8.21	24	6.5	119	5.2		—		—		—
查尔斯顿港（美国）	53	38		—	109	5.8	78	6.1	74	4.4	39	5.5
吉大港（孟加拉国）	298	-27.94		—	320	-27.9		—		—		—
千叶港（日本）	150	7.05		—	85	7		—		—		—
赤湾港（中国）	27	57.96	9	8.5	27	10.1	29	9.7	21	11.1	53	2.8
切尔诺莫斯克港（乌克兰）	274	-18.88	62	3.7	218	-1.4	186	-12.4		—		—

表 A.1　续 4

			权重	0.46		1.00		1.54		1.97		2.57
			<1500 TEU		1501~5000 TEU		5001~8500 TEU		8501~13500 TEU		>13500 TEU	
港口名称	排名	总分	排名	得分	排名	得分	排名	得分	排名	得分	排名	得分
奇维塔韦基亚港（意大利）	181	0.84	97	1.8		—		—		—		—
科伦坡港（斯里兰卡）	33	52.51	88	2.3	131	4.6	70	7.3	32	9.6	35	6.5
科隆港（巴拿马）	82	25.37	80	2.9	91	6.7	129	1.1	91	2.2	45	4.4
科纳克里港（几内亚）	250	-11.26	151	-1.7	284	-10.5		—		—		—
康斯坦萨港（罗马尼亚）	285	-22.18	63	3.7	194	0.5	160	-5.1	132	-8.4		—
哥本哈根港（丹麦）	142	7.92	71	3.3	99	6.4		—		—		—
科罗内尔港（智利）	158	5.53		—	117	5.3	184	-11.6	97	1.4	38	5.9
科托努港（贝宁）	233	-7.73	60	3.7	259	-6.6	148	-1.8		—		—
克里斯托巴尔（巴拿马）	257	-14.15		—	183	1.3	154	-4	125	-4.7		—
大铲湾港一期（中国）	35	52.25		—	30	9.9	13	11.1	8	12.8		—
达喀尔港（塞内加尔）	120	11.51	115	0.3	190	0.7	72	7		—		—
大连港（中国）	19	66.24		—	132	4.6	54	8.6	5	13.1	26	8.8
达米埃塔港（埃及）	297	-27.91	149	-1.6	257	-6	146	-1.7	76	4.3	85	-10.5
达曼港（沙特阿拉伯）	92	20.03		—	130	4.7	109	3.1	85	3.4	60	1.5
岘港（越南）	115	12.84	2	10.5	63	8		—		—		—
达累斯萨拉姆港（坦桑尼亚）	324	-57.8		—	324	-30.8	201	-17.5		—		—

表 A.1　续 5

			权重	0.46		1.00		1.54		1.97		2.57
			<1500 TEU		1501~5000 TEU		5001~8500 TEU		8501~13500 TEU		>13500 TEU	
港口名称	排名	总分	排名	得分	排名	得分	排名	得分	排名	得分	排名	得分
达沃港（菲律宾）	156	5.87	154	-1.7	258	-6.6	52	8.6		—		—
蒂利斯基里西港（土耳其）	75	27.19	14	7.6	35	9.5	39	9.2		—		—
吉布提港（吉布提）	93	19.43	73	3.2	112	5.6	112	2.8	83	3.4	62	0.5
杜阿拉港（喀麦隆）	302	-30.79	193	-6.6	319	-27.8		—		—		—
都柏林港（爱尔兰）	252	-12.14	204	-9.5	269	-7.8		—		—		—
敦刻尔克港（法国）	305	-32.53	55	4	164	2.5	40	9.1	131	-7.9	88	-13.7
德班港（南非）	351	-255.28	200	-7.8	312	-19.2	194	-16.1	158	-30.6	98	-57.4
都拉斯港（阿尔巴尼亚）	231	-7.38	135	-0.9	261	-7		—		—		—
荷兰港（美国）	325	-59.57		—	308	-18.3	206	-26.8		—		—
亚历山大新港（埃及）	256	-13.98	96	1.9	200	-0.3	177	9.4		—		—
恩塞纳达港（墨西哥）	125	10.61		—	143	3.9	115	2.6	98	1.3		—
弗利克斯托港（英国）	322	-54.78	148	-1.5	241	-3.6	164	-5.7	129	-7.1	86	-10.8
法兰西堡港（法属马提尼克）	112	14.51	157	-1.8	94	6.5	83	5.7		—		—
腓特烈西亚港（丹麦）	138	8.58	51	4.1	90	6.7		—		—		—
自由港（巴哈马）	224	-6.29		—	114	5.5	144	-1.2	126	-5		—
弗里敦港（塞拉利昂）	216	-4.55	170	-3.7	233	-2.9		—		—		—

表 A.1 续 6

			权重	0.46		1.00		1.54		1.97		2.57
			<1500 TEU		1501~5000 TEU		5001~8500 TEU		8501~13500 TEU		>13500 TEU	
港口名称	排名	总分	排名	得分	排名	得分	排名	得分	排名	得分	排名	得分
弗里曼特尔港（澳大利亚）	319	-49.22		—	210	-0.9	171	-7.5	146	-18.7		—
福州港（中国）	21	60.89		—	67	7.8	47	8.9	19	11.3	34	6.7
耶夫勒港（瑞典）	214	-4.02	126	-0.3	244	-3.9		—		—		—
格但斯克港（波兰）	131	9.82	44	4.6	171	2.1		—		—	58	2.2
格丁尼亚港（波兰）	103	16.17	48	4.3	95	6.5	89	5		—		—
盖母利克港（土耳其）	79	26.35	26	5.9	31	9.9	45	8.9		—		—
桑托斯将军港（菲律宾）	282	-21.35		—	314	-21.3		—		—		—
热那亚港（意大利）	331	-73.7	112	0.3	187	0.9	166	-6.3	134	-8.8	90	-18.5
希洪港（西班牙）	196	-0.86	111	0.3	213	-1		—		—		—
焦亚陶罗港（意大利）	212	-3.62		—		—	145	-1.7	100	1	69	-1.2
哥德堡港（瑞典）	339	-86.64	125	-0.3	193	0.5		—		—	96	-33.8
格兰杰默斯港（英国）	222	-5.67	213	-12.3		—		—		—		—
广州港（中国）	6	92.29	46	4.4	6	11.9	12	11.2	9	12.8	10	13.9
瓜亚基尔港（厄瓜多尔）	338	-84.32		—	225	-2.2	183	-11	133	-8.7	91	-18.7
古斯塔维亚港（圣巴泰勒米岛）	161	5.1	1	11.1		—		—		—		—
海法港（以色列）	153	6.39	127	-0.4	231	-2.8	165	-5.9	110	-0.7	31	7.7

表 A.1 续 7

			权重	0.46		1.00		1.54		1.97		2.57
			<1500 TEU		1501~5000 TEU		5001~8500 TEU		8501~13500 TEU		>13500 TEU	
港口名称	排名	总分	排名	得分	排名	得分	排名	得分	排名	得分	排名	得分
海防港（越南）	60	32.52	107	1.1	163	2.6	56	8.5	43	8.3		—
博多港（日本）	116	12.45	79	2.9	15	11.1		—		—		—
哈利法克斯港（加拿大）	25	58.64	76	3	75	7.6	79	6	46	7.8	22	9.8
哈马德港（卡塔尔）	38	50.55		—	38	9.3	25	10.1	26	10.2	57	2.2
汉堡港（德国）	191	-0.23	134	-0.7	217	-1.4	131	0.7	99	1.3	67	-0.8
赫尔辛堡港（瑞典）	171	3.2	85	2.5	172	2		—		—		—
伊拉克利翁港（希腊）	185	0.09	118	0.2		—		—		—		—
香港港（中国香港）	7	88.78	15	7.5	22	10.7	5	12.5	15	11.8	14	12.5
休斯顿港（美国）	242	-9.33		—	199	-0.3	137	-0.5	122	-4.2		—
怀尼米港（美国）	273	-18.87		—	311	-18.9		—		—		—
仁川港（韩国）	37	50.9	19	6.9	51	8.6	38	9.2	10	12.6		—
伊基克港（智利）	320	-54.39	34	5.4	227	-2.5		—	156	-27.6		—
伊斯肯德伦港（土耳其）	272	-18.49	28	5.9	93	6.5	68	7.6	149	-20.1		—
伊塔雅伊港（巴西）	105	15.79		—	134	4.5	16	10.7	118	-2.7		—
伊塔波阿港（巴西）	88	23.05		—	180	1.4	67	7.7	67	5		—
伊兹密尔港（土耳其）	269	-17.51	164	-2.5	240	-3.6	176	-8.3		—		—
杰克逊维尔港（美国）	99	16.65		—		—	85	5.6	78	4.1		—

表 A.1　续 8

		权重	0.46		1.00		1.54		1.97		2.57
		<1500 TEU		1501~5000 TEU		5001~8500 TEU		8501~13500 TEU		>13500 TEU	
港口名称	排名	总分	排名	得分	排名	得分	排名	得分	排名	得分	排名	得分
加瓦拉尔 · 尼赫鲁港（印度）	63	31.34		—	72	7.7	84	5.7	47	7.5		—
杰贝阿里港（阿联酋）	59	32.62		—	230	-2.7	50	8.8	60	6.1	49	3.8
吉达港（沙特阿拉伯）	42	45.79	176	-4.3	153	3.6	48	8.8	73	4.5	28	8.5
柔佛港（马来西亚）	108	15.43	84	2.7	152	3.6	73	6.9		—		—
朱拜勒港（沙特阿拉伯）	57	33.35		—		—	81	5.9	56	6.5	46	4.4
加里宁格勒港（俄罗斯）	220	-5.46		—	255	-5.5		—		—		—
高雄港（中国台湾）	4	99.09	8	8.5	11	11.5	27	9.9	17	11.5	3	17.8
卡拉奇港（巴基斯坦）	80	26.01		—	44	8.9	103	3.6	61	5.9		—
基隆港（中国台湾）	64	30.92	32	5.5	39	9.1	65	8.1	82	3.5		—
哈利法 · 本 · 萨勒曼港（巴林）	162	4.98		—	135	4.4		—	106	0.3		—
哈利法港（阿联酋）	22	59.99		—	113	5.5	30	9.7	49	7.4	23	9.7
阿卜杜拉国王港（沙特阿拉伯）	2	114.31		—	2	15.1	6	12.5	4	13.9	2	20.5
金斯顿港（牙买加）	286	-22.76	167	-3.3	139	4	49	8.8	119	-3.1	87	-12.8
克莱佩达港（立陶宛）	266	-16.79	58	3.7	309	-18.5		—		—		—
神户港（日本）	50	39.4	10	8.3	12	11.5	66	7.8	59	6.2		—
科佩尔港（斯洛文尼亚）	230	-6.94	91	2.1	170	2.3	142	-1	90	3	75	-5.7

表 A.1 续 9

			权重	0.46		1.00		1.54		1.97		2.57
			<1500 TEU		1501~5000 TEU		5001~8500 TEU		8501~13500 TEU		>13500 TEU	
港口名称	排名	总分	排名	得分	排名	得分	排名	得分	排名	得分	排名	得分
科特卡港（芬兰）	244	-9.87	163	-2.3	273	-8.8		—		—		—
克里比深水港（喀麦隆）	287	-23.64	217	-20.3	300	-14.3		—		—		—
克里斯蒂安桑港（挪威）	194	-0.64	145	-1.4		—		—		—		—
拉瓜伊拉港（委内瑞拉）	296	-27.6	209	-9.8	316	-23.1		—		—		—
拉斯佩齐亚港（意大利）	289	-24.02	146	-1.4	267	-7.6	138	-0.5	115	-1.9	73	-4.3
莱城港（巴布亚新几内亚）	278	-19.34	210	-11.2	299	-14.2		—		—		—
林查班港（泰国）	51	39.04	22	6.5	42	8.9	100	3.9	55	6.6	51	3.1
拉各斯港（尼日利亚）	342	-113.72		—	321	-28.1	212	-55.6		—		—
拉尔维克港（挪威）	184	0.11	117	0.2		—		—		—		—
拉塔基亚港（叙利亚）	187	0.04	152	-1.7	189	0.8		—		—		—
拉萨罗卡德纳斯港（墨西哥）	23	59.92		—	62	8	9	11.4	40	8.7	33	6.7
勒阿弗尔港（法国）	300	-29.67	139	-1.1	192	0.6	152	-2	127	-5.7	76	-6
雷克索斯港（葡萄牙）	210	-3.49	183	-4.8	215	-1.3		—		—		—
连云港港（中国）	31	54.38		—	98	6.4	10	11.3	36	9.1	42	4.9
利马索尔港（塞浦路斯）	178	1.41	169	-3.5	149	3.8	135	-0.5		—		—

表 A.1 续 10

		权重	0.46		1.00		1.54		1.97		2.57	
			<1500 TEU		1501~5000 TEU		5001~8500 TEU		8501~13500 TEU		>13500 TEU	
港口名称	排名	总分	排名	得分	排名	得分	排名	得分	排名	得分	排名	得分
利尔奎港（智利）	262	-15.33		—	120	5.1	134	0	135	-10.3		—
利沃诺港（意大利）	290	-24.04	197	-7.5	209	-0.9	188	-12.8		—		—
洛美港（多哥）	332	-77.24		—	270	-7.8	211	-45.1		—		—
伦敦港（英国）	180	1.3	103	1.4	121	5.1	125	1.2	50	7.2	78	-7.9
长滩港（美国）	341	-96.28	92	2.1	188	0.9	105	3.3	136	-10.7	95	-31.9
洛杉矶港（美国）	337	-81.67		—	203	-0.4	173	-7.8	120	-3.8	92	-24
罗安达港（安哥拉）	343	-114.84	116	0.3	297	-13	204	-21.8	160	-34.7		—
利特尔顿港（新西兰）	186	0.08		—	162	2.9	147	-1.8		—		—
马格达拉港（印度）	45	42.39		—	77	7.4	69	7.6	14	11.8		—
马拉博港（赤道几内亚）	254	-13.57		—	298	-13.6		—		—		—
马拉加港（西班牙）	129	9.91	105	1.3	129	4.8	111	2.9		—		—
玛瑙斯港（巴西）	270	-17.99		—	306	-18		—		—		—
马尼拉港（菲律宾）	276	-19.33	202	-9.1	247	-4.2	169	-7.1		—		—
曼萨尼约港（墨西哥）	145	7.84	214	-13.9	79	7.3	130	0.8	86	3.3	63	-0.3
马普托港（莫桑比克）	306	-33.45		—	280	-9.6	193	-15.5		—		—
马瑞尔港（古巴）	197	-0.88	158	-1.9		—		—		—		—

表 A.1 续 11

			权重	0.46		1.00		1.54		1.97		2.57
			<1500 TEU		1501~5000 TEU		5001~8500 TEU		8501~13500 TEU		>13500 TEU	
港口名称	排名	总分	排名	得分	排名	得分	排名	得分	排名	得分	排名	得分
马尔萨什洛克港（马耳他）	101	16.47	166	-3.1	236	-3.3	108	3.1	68	4.8	55	2.7
马赛港（法国）	350	-238.49	141	-1.2	205	-0.4	180	-9.9	153	-24.6	99	-67.7
马塔迪港［刚果（金）］	205	-2.28	184	-4.9		—		—		—		—
妈湾港（中国）	29	55.67		—	24	10.5	2	13.2	12	12.6		—
梅希约内斯港（智利）	311	-38.26		—	65	7.9	87	5.3	141	-14	84	-10.4
墨尔本港（澳大利亚）	313	-40.21		—	238	-3.4	159	-5	143	-14.7		—
梅尔辛港（土耳其）	83	25.3	95	2	185	1.1	114	2.7	96	1.7	37	6.1
迈阿密港（美国）	114	13.96	61	3.7	136	4.2	110	3	94	1.7		—
莫比尔港（美国）	132	9.73		—	142	4	90	4.8	111	-0.9		—
摩加迪沙港（索马里）	260	-15.09	186	-5.2	293	-12.7		—		—		—
门司港（日本）	123	10.71		—	21	10.7		—		—		—
蒙巴萨港（肯尼亚）	335	-78.9	187	-5.3	278	-9.3	210	-43.6		—		—
蒙得维的亚港（乌拉圭）	328	-65.15	39	5.1	155	3.5	185	-12.3	155	-26.4		—
蒙特利尔港（加拿大）	283	-21.59		—	315	-21.6		—		—		—
穆哈马德宾卡西姆港（巴基斯坦）	316	-42.02		—	237	-3.4	168	-6.6	142	-14.4		—
蒙德拉港（印度）	44	42.74		—	20	10.7	62	8.2	27	9.9		—

表 A.1 续 12

			权重	0.46		1.00		1.54		1.97		2.57
			<1500 TEU		1501~5000 TEU		5001~8500 TEU		8501~13500 TEU		>13500 TEU	
港口名称	排名	总分	排名	得分	排名	得分	排名	得分	排名	得分	排名	得分
塔林穆格港（爱沙尼亚）	198	-0.99		—	212	-1		—		—		—
名古屋港（日本）	48	41.34	5	8.7	7	11.8	58	8.4	57	6.4		—
那霸港（日本）	111	14.65		—		—	33	9.5		—		—
南特圣纳泽尔港（法国）	246	-10.26	171	-3.9	271	-8.5		—		—		—
纳皮尔港（新西兰）	261	-15.25		—	191	0.7	182	-10.3		—		—
那不勒斯港（意大利）	207	-2.49	20	6.7	40	9	179	-9.5		—		—
拿骚港（巴哈马）	189	-0.14	124	-0.3		—		—		—		—
纳尔逊港（新西兰）	206	-2.46		—	228	-2.5		—		—		—
内姆鲁特湾港（土耳其）	326	-60.83	74	3.2	141	4	122	1.5		—	94	-26.7
新芒格洛尔港（印度）	215	-4.47	208	-9.7		—		—		—		—
新奥尔良港（美国）	237	-8.6		—	182	1.3	158	-5	113	-1.1		—
纽约 & 新泽西港（美国）	127	10.44	54	4	115	5.5	97	4.3	108	0.2	70	-1.5
库哈港（南非）	349	-190.2	159	-2	279	-9.5	198	-17.1	152	-24.3	97	-41.1
宁波港（中国）	13	83.03	27	5.9	33	9.7	19	10.5	22	10.7	12	13
诺尔雪平港（瑞典）	135	9.14	41	4.7	88	7		—		—		—
努瓦克肖特港（毛里塔尼亚）	292	-25.32	215	-14.6	310	-18.6		—		—		—

表 A.1　续 13

			权重	0.46		1.00		1.54		1.97		2.57
			<1500 TEU		1501~5000 TEU		5001~8500 TEU		8501~13500 TEU		>13500 TEU	
港口名称	排名	总分	排名	得分	排名	得分	排名	得分	排名	得分	排名	得分
努美阿港（新喀里多尼亚）	124	10.63	31	5.5	57	8.1		—		—		—
新罗西斯克港（俄罗斯）	301	-30.45	162	-2.2	263	-7.1	190	-14.5		—		—
奥克兰港（美国）	334	-78.72	156	-1.8	175	1.8	167	-6.3	137	-12	89	-18
敖德萨港（乌克兰）	265	-16.61	13	7.8	145	3.9		—	138	-12.2		—
大分港（日本）	188	-0.08	122	-0.2		—		—		—		—
御前崎港（日本）	121	10.99		—	16	11		—		—		—
奥尼港（尼日利亚）	291	-24.94		—	317	-24.9		—		—		—
大阪港（日本）	77	26.92		—	34	9.6	11	11.3		—		—
奥斯陆港（挪威）	91	20.15	82	2.8	1	18.9		—		—		—
奥塔戈港（新西兰）	288	-23.73		—	166	2.4	197	-17		—		—
奥艾多港（加蓬）	271	-18.43	212	-11.9	296	-12.9		—		—		—
派塔港（秘鲁）	94	19.43		—	100	6.2	55	8.6		—		—
巴勒莫港（意大利）	182	0.77	101	1.7		—		—		—		—
潘姜港（印度尼西亚）	229	-6.92	188	-5.4	248	-4.4		—		—		—
帕皮提港（法属波利尼西亚）	167	3.64	78	3	169	2.3		—		—		—
巴拉那瓜港（巴西）	107	15.52		—	195	0	113	2.7	63	5.8		—

表 A.1 续 14

			权重	0.46		1.00		1.54		1.97		2.57
			<1500 TEU		1501~5000 TEU		5001~8500 TEU		8501~13500 TEU		>13500 TEU	
港口名称	排名	总分	排名	得分	排名	得分	排名	得分	排名	得分	排名	得分
培森港（巴西）	86	23.27		—	76	7.6	107	3.2	64	5.4		—
槟城港（马来西亚）	227	-6.82		—	184	1.1	161	-5.2		—		—
费城港（美国）	87	23.11		—	52	8.5	34	9.5		—		—
菲利普斯堡港（荷属圣马丁）	192	-0.27	102	1.5	211	-1		—		—		—
皮帕瓦沃港（印度）	39	48.4		—	9	11.6	4	12.6	37	8.8		—
比雷埃夫斯港（希腊）	89	22.98	175	-4.3	168	2.3	98	4.2	92	2.2	44	4.6
利萨斯角港（特立尼达和多巴哥）	177	1.62	66	3.5		—		—		—		—
皮特尔角城港（法属瓜德罗普）	113	14.42	128	-0.4	96	6.5	88	5.3		—		—
黑角港［刚果（布）］	345	-128.49	218	-25.1	304	-16.5	207	-29.8	157	-27.7		—
白海港（土耳其）	154	6.32	29	5.8	151	3.7		—		—		—
植物学湾港（澳大利亚）	327	-62.93	185	-5	235	-3.1	189	-13.1	147	-19		—
布隆卡港（俄罗斯）	152	6.6	69	3.5	124	5		—		—		—
伊丽莎白港（南非）	348	-182.71		—	274	-8.8	208	-33	162	-62.5		—
埃弗格雷斯港（美国）	147	7.63	98	1.8	154	3.5	118	2.1		—		—
自由港（美国）	193	-0.35		—	201	-0.3		—		—		—
巴生港（马来西亚）	14	78.19	56	3.9	84	7.1	28	9.9	18	11.3	16	12.4

表 A.1　续 15

			权重	0.46		1.00		1.54		1.97		2.57
			<1500 TEU		1501~5000 TEU		5001~8500 TEU		8501~13500 TEU		>13500 TEU	
港口名称	排名	总分	排名	得分	排名	得分	排名	得分	排名	得分	排名	得分
路易港（毛里求斯）	346	-175.17	211	-11.4	291	-12	200	-17.4	159	-31.9	93	-26.6
莫尔兹比港（巴布亚新几内亚）	211	-3.6	110	0.5	243	-3.8		—		—		—
西班牙港（特立尼达和多巴哥）	248	-10.58	198	-7.6	262	-7.1		—		—		—
弗吉尼亚港（美国）	110	14.77	133	-0.6	127	4.9	120	2	77	4.1	64	-0.3
留尼汪港（法国）	340	-89.43	192	-6.4	285	-10.7	195	-16.2	154	-25.8		—
赛德港（埃及）	70	29.08	130	-0.5	104	6.2	82	5.7	117	-2.5	32	7.5
维多利亚港（塞舌尔）	299	-28.31		—	322	-28.3		—		—		—
波索尔哈港（厄瓜多尔）	126	10.5		—	36	9.5		—	103	0.5		—
波季港（格鲁吉亚）	209	-2.69	190	-5.8		—		—		—		—
鲁珀特王子港（加拿大）	323	-56.06				—	202	-18.9	140	-13.7		—
巴里奥斯港（危地马拉）	122	10.77	42	4.7	50	8.6		—		—		—
玻利瓦尔港（厄瓜多尔）	155	6.15		—	105	6.2		—		—		—
卡贝略港（委内瑞拉）	307	-33.87		—	325	-33.9		—		—		—
科尔特斯港（洪都拉斯）	149	7.16	93	2.1	102	6.2		—		—		—
利蒙港（哥斯达黎加）	106	15.63		—	78	7.4	86	5.4		—		—

表 A.1　续 16

			权重	0.46		1.00		1.54		1.97		2.57
			<1500 TEU		1501~5000 TEU		5001~8500 TEU		8501~13500 TEU		>13500 TEU	
港口名称	排名	总分	排名	得分	排名	得分	排名	得分	排名	得分	排名	得分
普罗格雷索港（墨西哥）	236	-8.43	195	-7	253	-5.2		—		—		—
夸特扎尔港（危地马拉）	174	2.38		—	158	3.1	140	-0.8	107	0.2		—
青岛港（中国）	3	102.37		—	29	9.9	1	14.3	3	15.3	7	15.7
钦州港（中国）	148	7.57	150	-1.7	54	8.3		—		—		—
归仁港（越南）	104	16.14	33	5.4	3	13.7		—		—		—
劳马港（芬兰）	208	-2.65	123	-0.2	229	-2.6		—		—		—
拉文纳港（意大利）	176	1.93	40	4.8	197	-0.3		—		—		—
里加港（拉脱维亚）	223	-5.97	153	-1.7	252	-5.2		—		—		—
里耶卡港（克罗地亚）	279	-19.51	77	3	138	4.1	150	-1.9		—	81	-8.6
里约热内卢港（巴西）	309	-34.73		—	69	7.8	116	2.3	151	-23.4		—
里奥格兰德港（巴西）	47	41.54		—	46	8.8	36	9.4	35	9.3		—
海纳港（多米尼加）	160	5.14	94	2	137	4.2		—		—		—
鹿特丹港（荷兰）	90	22.41	180	-4.7	176	1.8	91	4.8	84	3.4	50	3.4
胡志明港（越南）	151	6.94		—	89	6.9		—		—		—
圣约翰港（加拿大）	251	-11.59	120	0.1	286	-10.9	136	-0.5		—		—
塞拉莱港（阿曼）	9	87.45	144	-1.3	13	11.4	24	10.3	6	13.1	11	13.6
萨勒诺港（意大利）	168	3.44	137	-0.9	147	3.9		—		—		—

表 A.1 续 17

			权重	0.46		1.00		1.54		1.97		2.57
			<1500 TEU		1501~5000 TEU		5001~8500 TEU		8501~13500 TEU		>13500 TEU	
港口名称	排名	总分	排名	得分	排名	得分	排名	得分	排名	得分	排名	得分
萨尔瓦多港（巴西）	55	35.29		—	47	8.7	93	4.6	28	9.9		—
萨姆松港（土耳其）	280	-19.87	205	-9.5	303	-15.5		—		—		—
圣安东尼奥港（智利）	173	2.53		—	224	-2.1	155	-4.4	116	-2.5	36	6.3
圣胡安港（波多黎各）	164	4.6	100	1.7	148	3.8		—		—		—
圣佩德罗港（科特迪瓦）	293	-27.01		—	318	-27		—		—		—
圣文森特港（智利）	226	-6.5		—	173	1.9	162	-5.4		—		—
圣克鲁斯 - 德特内里费港（西班牙）	95	18.66	65	3.6	196	-0.2		—	41	8.7		—
圣玛尔塔港（哥伦比亚）	137	8.66		—	49	8.7		—		—		—
圣托马斯德卡斯蒂利亚港（危地马拉）	201	-1.71		—	221	-1.7		—		—		—
桑托斯港（巴西）	72	28.25		—	123	5.1	60	8.3	66	5.3		—
萨凡纳港（美国）	96	18.19	108	1.1	106	6.1	94	4.5	79	3.6	68	-1
萨沃诺（意大利）	314	-40.38	155	-1.8	204	-0.4	175	-8.1	139	-13.6		—
西雅图港（美国）	263	-16.29		—	206	-0.4	157	-4.8	123	-4.3		—
塞佩提巴港（巴西）	84	24.32		—	25	10.5	74	6.8	95	1.7		—
上海港（中国）	49	41.3	7	8.5	19	10.7	17	10.7	25	10.3	71	-3.9

表 A.1 续 18

			权重	0.46		1.00		1.54		1.97		2.57
			<1500 TEU		1501~5000 TEU		5001~8500 TEU		8501~13500 TEU		>13500 TEU	
港口名称	排名	总分	排名	得分	排名	得分	排名	得分	排名	得分	排名	得分
汕头港（中国）	117	12.02		—	87	7	106	3.3		—		—
蛇口港（中国）	5	93.69	21	6.6	43	8.9	14	10.9	16	11.7	5	16.3
志不志港（日本）	166	3.71	12	8.1		—		—		—		—
清水港（日本）	24	59.39	4	9.5	17	10.9	7	12.2	7	12.9		—
舒艾巴港（科威特）	228	-6.89		—	260	-6.9		—		—		—
舒韦赫港（科威特）	199	-1.32		—	216	-1.3		—		—		—
暹罗海港（泰国）	136	8.72		—	48	8.7		—		—		—
锡尼什港（葡萄牙）	28	56.19		—	37	9.3	99	4	30	9.7	29	8.4
新加坡港（新加坡）	12	83.12	52	4.1	53	8.4	32	9.5	38	8.8	6	15.9
苏哈尔港（阿曼）	69	29.49		—	159	3	37	9.2	54	7	66	-0.6
苏赫奈泉港（埃及）	321	-54.65		—	165	2.4	196	-16.8	121	-4	82	-9.1
南安普顿港（英国）	317	-44.52	142	-1.2	266	-7.6	124	1.2	128	-6.1	83	-10.2
圣彼得堡港（俄罗斯）	258	-14.24	181	-4.7	292	-12.1		—		—		—
斯德哥尔摩港（瑞典）	253	-13.5	203	-9.3	276	-9.2		—		—		—
苏阿普港（巴西）	130	9.88		—	101	6.2	121	1.8	105	0.4		—
塔科马港（美国）	329	-66.41		—	283	-10.4	192	-14.6	145	-17.1		—

表 A.1　续 19

			权重	0.46		1.00		1.54		1.97		2.57
			<1500 TEU		1501~5000 TEU		5001~8500 TEU		8501~13500 TEU		>13500 TEU	
港口名称	排名	总分	排名	得分	排名	得分	排名	得分	排名	得分	排名	得分
台中港（中国台湾）	146	7.74	18	7	133	4.5		—		—		—
台北港（中国台湾）	16	75.41		—		—		—	2	16.6	4	16.6
塔科拉迪港（加纳）	235	-7.89	132	-0.6	268	-7.6		—		—		—
坦帕港（美国）	200	-1.4		—	110	5.7	128	1.1	124	-4.4		—
丹吉尔港（摩洛哥）	15	76.09	45	4.4	82	7.2	21	10.4	31	9.6	15	12.4
垄丹绒艾玛斯港（印度尼西亚）	143	7.91		—	64	7.9		—		—		—
丹戎帕拉帕斯港（马来西亚）	11	85.62	64	3.7	74	7.7	26	10.1	23	10.5	8	15.5
丹戎佩拉港（印度尼西亚）	172	2.88		—	144	3.9	139	-0.7		—		—
丹戎普瑞克港（印度尼西亚）	66	30.57	138	-1	126	4.9	76	6.3	87	3.3	48	3.9
塔拉戈纳港（西班牙）	134	9.19	47	4.4	83	7.2		—		—		—
陶朗加港（新西兰）	100	16.52	216	-17.6	81	7.3	96	4.4	65	5.4		—
提兹港（英国）	238	-8.61	165	-2.5	265	-7.4		—		—		—
特马港（加纳）	312	-39.91		—	256	-5.9	174	-7.9	109	-0.3	80	-8.3
塞萨洛尼基港（希腊）	284	-21.76	179	-4.6	251	-5.1	178	-9.5		—		—
天津港（中国）	20	64.01	199	-7.8	97	6.5	42	9	33	9.5	19	11.1
蒂马鲁港（新西兰）	304	-31.5		—	219	-1.5	203	-19.5		—		—

表A.1 续20

			权重	0.46		1.00		1.54		1.97		2.57
			<1500 TEU		1501~5000 TEU		5001~8500 TEU		8501~13500 TEU		>13500 TEU	
港口名称	排名	总分	排名	得分	排名	得分	排名	得分	排名	得分	排名	得分
廷坎岛港（尼日利亚）	344	-117.73		—	323	-29.2	213	-57.5		—		—
图阿马西纳港（马达加斯加）	219	-5.04		—	250	-5		—		—		—
东京港（日本）	54	37.68	50	4.2	58	8.1	46	8.9	52	7.1		—
苫小牧港（日本）	204	-1.93	173	-4.2		—		—		—		—
的里雅斯特港（意大利）	264	-16.41	90	2.3	177	1.7	126	1.1		—	79	-8.1
的黎波里港（黎巴嫩）	76	26.93	6	8.5	181	1.3	53	8.6	75	4.3		—
杜蒂戈林港（印度）	139	8.29	30	5.6	111	5.7		—		—		—
蔚山港（韩国）	175	1.97		—	125	5	151	-1.9		—		—
乌姆盖斯尔港（伊拉克）	294	-27.28		—	290	-12	181	-9.9		—		—
巴伦西亚港（西班牙）	308	-34.16	201	-8.8	239	-3.6	170	-7.1	104	0.5	77	-6.4
瓦尔帕莱索港（智利）	102	16.25		—	128	4.8	44	8.9	114	-1.2		—
温哥华港（加拿大）	303	-30.98		—	245	-3.9	172	-7.6	130	-7.8		—
瓦尔纳港（保加利亚）	213	-3.78	161	-2.1	232	-2.8		—		—		—
威尼斯港（意大利）	295	-27.37	160	-2	246	-4	191	-14.6		—		—
韦拉克鲁斯港（墨西哥）	97	18.16	113	0.3	116	5.4	63	8.2		—		—
维哥港（西班牙）	159	5.36	37	5.2	160	3		—		—		—

表 A.1　续 21

			权重	0.46		1.00		1.54		1.97		2.57
			<1500 TEU		1501~5000 TEU		5001~8500 TEU		8501~13500 TEU		>13500 TEU	
港口名称	排名	总分	排名	得分	排名	得分	排名	得分	排名	得分	排名	得分
维拉多康德港（巴西）	241	-9.24		—	277	-9.2		—		—		—
维多利亚港（巴西）	218	-5.03		—	249	-5		—		—		—
符拉迪沃斯托克港（俄罗斯）	240	-9.11	172	-4	264	-7.3		—		—		—
东方港（俄罗斯）	255	-13.76	189	-5.8	288	-11.1		—		—		—
鲸湾港（纳米比亚）	336	-79.59	182	-4.7	295	-12.9	199	-17.2	148	-19.3		—
惠灵顿港（新西兰）	141	8.12		—	107	6	123	1.4		—		—
威廉港（德国）	52	38.84	35	5.3	86	7	71	7.3	58	6.2	56	2.3
威尔明顿港（美国）	67	30.06		—	59	8.1	31	9.7	81	3.6		—
厦门港（中国）	26	58.04	49	4.2	32	9.7	41	9	29	9.7	41	5.2
洋山港（中国）	10	86.53	3	9.7	8	11.6	15	10.8	24	10.5	13	12.9
盐田港（中国）	17	72.53	25	6.2	61	8.1	43	9	39	8.8	17	11.9
亚勒姆贾港（土耳其）	58	33.01	68	3.5	234	-3.1	92	4.7	53	7	40	5.2
四日港（日本）	81	25.63		—	4	12.2	51	8.8		—		—
横滨（日本）	1	129.74	23	6.5	26	10.5	3	12.8	1	18.4	1	23.5
丽水港（韩国）	40	48.08	67	3.5	41	9	20	10.4	42	8.5	59	1.8
尤日内港（乌克兰）	170	3.25		—	122	5.1	143	-1.2		—		—
泽布吕赫港（比利时）	225	-6.41	16	7.3	186	1		—	102	0.9	74	-4.9

表 A.1 续 22

			权重	0.46		1.00		1.54		1.97		2.57
			<1500 TEU		1501~5000 TEU		5001~8500 TEU		8501~13500 TEU		>13500 TEU	
港口名称	排名	总分	排名	得分	排名	得分	排名	得分	排名	得分	排名	得分
舟山港（中国）	8	87.63		—	23	10.7	23	10.3	11	12.6	9	14.1

数据来源：本书基于首版CPPI数据的原创计算。
备注：TEU指标准集装箱。

Table A.1 The CPPI 2020: Administrative Approach

			Weight	0.46		1.00		1.54		1.97		2.57
			<1,500 TEU		1,501 - 5,000 TEU		5,001 - 8,500 TEU		8,501 - 13,500 TEU		>13,500 TEU	
Port name	Rank	Total points	Rank	Poi-nts	Rank	Poi-nts	Rank	Poi-nts	Rank	Poi-nts	Rank	Poi-nts
AARHUS	43	43.45	17	7.1	28	10		—		—	18	11.7
ABIDJAN	217	-4.67		—	222	-1.8	149	-1.9		—		—
ACAJUTLA	249	-11.08		—	287	-11.1		—		—		—
ADELAIDE	333	-78.35		—	242	-3.6	205	-22.4	150	-20.4		—
AGADIR	267	-17.01	177	-4.4	302	-15		—		—		—
AGUAD-ULCE (COLO-MBIA)	30	55.65		—	80	7.3		—	13	12.3	25	9.4
ALEXAN-DRIA (EGYPT)	221	-5.49	196	-7.2	226	-2.2		—		—		—
ALGEC-IRAS	32	52.9	83	2.7	118	5.3	75	6.6	44	8.3	30	7.8
ALGIERS	318	-48.92	207	-9.7	326	-44.5		—		—		—

continued

			Weight	0.46		1.00		1.54		1.97		2.57
			<1,500 TEU		1,501 - 5,000 TEU		5,001 - 8,500 TEU		8,501 - 13,500 TEU		>13,500 TEU	
Port name	Rank	Total points	Rank	Poi-nts	Rank	Poi-nts	Rank	Poi-nts	Rank	Poi-nts	Rank	Poi-nts
ALTAMIRA	98	16.77	43	4.6	73	7.7	95	4.5		—		—
AMBARLI	61	32.35	86	2.4	161	3	77	6.2	45	8.2	61	1
ANCONA	183	0.48	70	3.4	214	-1.1		—		—		—
ANTWERP	65	30.76	104	1.4	157	3.2	101	3.7	72	4.5	43	4.8
APRA HARBOR	232	-7.46	178	-4.5	254	-5.4		—		—		—
AQABA	41	46.92		—	108	6	133	0.2	34	9.4	27	8.6
ARICA	247	-10.55	168	-3.3	198	-0.3	163	-5.7		—		—
ASHDOD	315	-41.91	174	-4.2	282	-10.1	187	-12.7		—	72	-4
AUCKL-AND	118	11.7		—	103	6.2	104	3.6		—		—
BALBOA	78	26.58	131	-0.5	156	3.4	117	2.3	69	4.7	47	4.1
BALTIM-ORE(USA)	119	11.64		—	179	1.4	132	0.6	71	4.7		—
BANGKOK	259	-14.58	191	-6.1	289	-11.8		—		—		—
BARCE-LONA	46	41.83	89	2.3	92	6.6	57	8.5	51	7.2	54	2.7
BARI	203	-1.92	136	-0.9	220	-1.5		—		—		—
BARRAN-QUILLA	169	3.29	72	3.2	174	1.8		—		—		—
BATAN-GAS	144	7.88		—	66	7.9		—		—		—
BATUMI	275	-18.89	147	-1.5	307	-18.2		—		—		—
BEIRA	281	-20.59		—	313	-20.6		—		—		—
BEIRUT	62	31.86	36	5.3	45	8.8	64	8.1	70	4.7	65	-0.4
BEJAIA	330	-71.85	219	-27.7	327	-59.1		—		—		—

continued

			Weight	0.46		1.00		1.54		1.97		2.57
			<1,500 TEU		1,501 - 5,000 TEU		5,001 - 8,500 TEU		8,501 - 13,500 TEU		>13,500 TEU	
Port name	Rank	Total points	Rank	Poi-nts	Rank	Poi-nts	Rank	Poi-nts	Rank	Poi-nts	Rank	Poi-nts
BELAWAN	202	-1.77	119	0.2	223	-1.9		—		—		—
BELL BAY	163	4.84	87	2.3	150	3.8		—		—		—
BERBERA	245	-9.98		—	281	-10		—		—		—
BILBAO	243	-9.58	143	-1.3	275	-9		—		—		—
BLUFF	239	-8.62		—	272	-8.6		—		—		—
BORUSAN	195	-0.67		—	208	-0.7		—		—		—
BOSTON (USA)	73	27.47		—	71	7.7	61	8.2	80	3.6		—
BREMER-HAVEN	85	23.53	109	0.6	146	3.9	102	3.6	89	3	52	3
BRISBANE	234	-7.78	140	-1.1	178	1.6	156	-4.6	112	-0.9		—
BRISTOL	277	-19.33	206	-9.6	301	-14.9		—		—		—
BUENAV-ENTURA	71	28.58		—	68	7.8	35	9.4	88	3.2		—
BUENOS AIRES	310	-36.93		—	207	-0.6	153	-3.7	144	-15.5		—
BURGAS	133	9.46	81	2.9	56	8.1		—		—		—
BUSAN	36	51.23	38	5.1	70	7.8	59	8.3	101	1	21	10.3
CAGAYAN DE ORO	128	9.92	53	4	60	8.1		—		—		—
CAI LAN	74	27.43		—	14	11.2	18	10.5	—	—		—
CAI MEP	18	67.63		—	5	12.1	22	10.4	48	7.4	24	9.7
CALDERA (COSTA RICA)	165	4.07	59	3.7	167	2.4		—		—		—
CALLAO	56	34.14	106	1.1	202	-0.4	119	2	93	2.1	20	10.4

continued

			Weight	0.46		1.00		1.54		1.97		2.57
			<1,500 TEU		1,501 - 5,000 TEU		5,001 - 8,500 TEU		8,501 - 13,500 TEU		>13,500 TEU	
Port name	Rank	Total points	Rank	Points	Rank	Points	Rank	Points	Rank	Points	Rank	Points
CAPE TOWN	347	-177.22	121	0	305	-17.7	209	-34.1	161	-54.3		—
CARTAGENA (COLOMBIA)	34	52.26	57	3.8	18	10.8	8	11.4	20	11.2		—
CARTAGENA (SPAIN)	179	1.39	75	3		—		—		—		—
CASABLANCA	268	-17.29	194	-6.6	294	-12.8	141	-0.9		—		—
CASTELLON	157	5.83	114	0.3	140	4	127	1.1		—		—
CAT LAI	109	15.37	11	8.3	10	11.6		—		—		—
CATANIA	190	-0.2	129	-0.4		—		—		—		—
CAUCEDO	68	29.64	99	1.8	55	8.2	80	5.9	62	5.8		—
CEBU	140	8.21	24	6.5	119	5.2		—		—		—
CHARLESTON	53	38		—	109	5.8	78	6.1	74	4.4	39	5.5
CHATTOGRAM	298	-27.94		—	320	-27.9		—		—		—
CHIBA	150	7.05		—	85	7		—		—		—
CHIWAN	27	57.96	9	8.5	27	10.1	29	9.7	21	11.1	53	2.8
CHORNOMORSK	274	-18.88	62	3.7	218	-1.4	186	-12.4		—		—
CIVITAVECCHIA	181	0.84	97	1.8		—		—		—		—
COLOMBO	33	52.51	88	2.3	131	4.6	70	7.3	32	9.6	35	6.5
COLON	82	25.37	80	2.9	91	6.7	129	1.1	91	2.2	45	4.4

continued

			Weight	0.46		1.00		1.54		1.97		2.57
			<1,500 TEU		1,501 - 5,000 TEU		5,001 - 8,500 TEU		8,501 - 13,500 TEU		>13,500 TEU	
Port name	Rank	Total points	Rank	Poi-nts	Rank	Poi-nts	Rank	Poi-nts	Rank	Poi-nts	Rank	Poi-nts
CONAKRY	250	-11.26	151	-1.7	284	-10.5		—		—		—
CONSTA-NTZA	285	-22.18	63	3.7	194	0.5	160	-5.1	132	-8.4		—
COPENH-AGEN	142	7.92	71	3.3	99	6.4		—		—		—
CORONEL	158	5.53		—	117	5.3	184	-11.6	97	1.4	38	5.9
COTONOU	233	-7.73	60	3.7	259	-6.6	148	-1.8		—		—
CRISTOB-AL	257	-14.15		—	183	1.3	154	-4	125	-4.7		—
DA CHAN BAY TERMINAL ONE	35	52.25		—	30	9.9	13	11.1	8	12.8		—
DAKAR	120	11.51	115	0.3	190	0.7	72	7		—		—
DALIAN	19	66.24		—	132	4.6	54	8.6	5	13.1	26	8.8
DAMIETTA	297	-27.91	149	-1.6	257	-6	146	-1.7	76	4.3	85	-10.5
DAMMAM	92	20.03		—	130	4.7	109	3.1	85	3.4	60	1.5
DANANG	115	12.84	2	10.5	63	8		—		—		—
DAR ES SALAAM	324	-57.8		—	324	-30.8	201	-17.5		—		—
DAVAO	156	5.87	154	-1.7	258	-6.6	52	8.6		—		—
DILISKEL-ESI	75	27.19	14	7.6	35	9.5	39	9.2		—		—
DJIBOUTI	93	19.43	73	3.2	112	5.6	112	2.8	83	3.4	62	0.5
DOUALA	302	-30.79	193	-6.6	319	-27.8		—		—		—
DUBLIN	252	-12.14	204	-9.5	269	-7.8		—		—		—
DUNKIRK	305	-32.53	55	4	164	2.5	40	9.1	131	-7.9	88	-13.7

continued

			Weight	0.46		1.00		1.54		1.97		2.57
			<1,500 TEU		1,501 - 5,000 TEU		5,001 - 8,500 TEU		8,501 - 13,500 TEU		>13,500 TEU	
Port name	Rank	Total points	Rank	Points	Rank	Points	Rank	Points	Rank	Points	Rank	Points
DURBAN	351	-255.28	200	-7.8	312	-19.2	194	-16.1	158	-30.6	98	-57.4
DURRES	231	-7.38	135	-0.9	261	-7		—		—		—
DUTCH HARBOR	325	-59.57		—	308	-18.3	206	-26.8		—		—
EL DEKHEILA	256	-13.98	96	1.9	200	-0.3	177	-9.4		—		—
ENSENADA	125	10.61		—	143	3.9	115	2.6	98	1.3		—
FELIXSTOWE	322	-54.78	148	-1.5	241	-3.6	164	-5.7	129	-7.1	86	-10.8
FORTDEFRANCE	112	14.51	157	-1.8	94	6.5	83	5.7		—		—
FREDERICIA	138	8.58	51	4.1	90	6.7		—		—		—
FREEPORT (BAHAMAS)	224	-6.29		—	114	5.5	144	-1.2	126	-5		—
FREETOWN	216	-4.55	170	-3.7	233	-2.9		—		—		—
FREMANTLE	319	-49.22		—	210	-0.9	171	-7.5	146	-18.7		
FUZHOU	21	60.89		—	67	7.8	47	8.9	19	11.3	34	6.7
GAVLE	214	-4.02	126	-0.3	244	-3.9		—		—		—
GDANSK	131	9.82	44	4.6	171	2.1		—		—	58	2.2
GDYNIA	103	16.17	48	4.3	95	6.5	89	5		—		—
GEMLIK	79	26.35	26	5.9	31	9.9	45	8.9		—		—
GENERAL SANTOS	282	-21.35		—	314	-21.3		—		—		—
GENOA	331	-73.7	112	0.3	187	0.9	166	-6.3	134	-8.8	90	-18.5

continued

			Weight	0.46		1.00		1.54		1.97		2.57
			<1,500 TEU		1,501 - 5,000 TEU		5,001 - 8,500 TEU		8,501 - 13,500 TEU		>13,500 TEU	
Port name	Rank	Total points	Rank	Poi-nts	Rank	Poi-nts	Rank	Poi-nts	Rank	Poi-nts	Rank	Poi-nts
GIJON	196	-0.86	111	0.3	213	-1		—		—		—
GIOIA TAURO	212	-3.62		—		—	145	-1.7	100	1	69	-1.2
GOTHEN-BURG	339	-86.64	125	-0.3	193	0.5		—		—	96	-33.8
GRANGE-MOUTH	222	-5.67	213	-12.3		—		—		—		—
GUANGZ-HOU	6	92.29	46	4.4	6	11.9	12	11.2	9	12.8	10	13.9
GUAYAQ-UIL	338	-84.32		—	225	-2.2	183	-11	133	-8.7	91	-18.7
GUSTAVIA	161	5.1	1	11.1		—		—		—		—
HAIFA	153	6.39	127	-0.4	231	-2.8	165	-5.9	110	-0.7	31	7.7
HAIPHONG	60	32.52	107	1.1	163	2.6	56	8.5	43	8.3		—
HAKATA	116	12.45	79	2.9	15	11.1		—		—		—
HALIFAX	25	58.64	76	3	75	7.6	79	6	46	7.8	22	9.8
HAMAD PORT	38	50.55		—	38	9.3	25	10.1	26	10.2	57	2.2
HAMBURG	191	-0.23	134	-0.7	217	-1.4	131	0.7	99	1.3	67	-0.8
HELSING-BORG	171	3.2	85	2.5	172	2		—		—		—
HERAK-LION	185	0.09	118	0.2		—		—		—		—
HONG KONG PORT, HONG KONG SAR, CHINA	7	88.78	15	7.5	22	10.7	5	12.5	15	11.8	14	12.5

continued

			Weight	0.46		1.00		1.54		1.97		2.57
			<1,500 TEU		1,501 - 5,000 TEU		5,001 - 8,500 TEU		8,501 - 13,500 TEU		>13,500 TEU	
Port name	Rank	Total points	Rank	Poi-nts	Rank	Poi-nts	Rank	Poi-nts	Rank	Poi-nts	Rank	Poi-nts
HOUSTON	242	-9.33		—	199	-0.3	137	-0.5	122	-4.2		—
HUENEME	273	-18.87		—	311	-18.9		—		—		—
INCHEON	37	50.9	19	6.9	51	8.6	38	9.2	10	12.6		—
IQUIQUE	320	-54.39	34	5.4	227	-2.5		—	156	-27.6		—
ISKENDE-RUN	272	-18.49	28	5.9	93	6.5	68	7.6	149	-20.1		—
ITAJAI	105	15.79		—	134	4.5	16	10.7	118	-2.7		—
ITAPOA	88	23.05		—	180	1.4	67	7.7	67	5		—
IZMIR	269	-17.51	164	-2.5	240	-3.6	176	-8.3		—		—
JACKSO-NVILLE	99	16.65		—		—	85	5.6	78	4.1		—
JAWAHA-RLAL NEHRU PORT	63	31.34		—	72	7.7	84	5.7	47	7.5		—
JEBEL ALI	59	32.62		—	230	-2.7	50	8.8	60	6.1	49	3.8
JEDDAH	42	45.79	176	-4.3	153	3.6	48	8.8	73	4.5	28	8.5
JOHOR	108	15.43	84	2.7	152	3.6	73	6.9		—		—
JUBAIL	57	33.35		—		—	81	5.9	56	6.5	46	4.4
KALININ-GRAD	220	-5.46		—	255	-5.5		—		—		—
KAOHSI-UNG, TAIWAN, CHINA	4	99.09	8	8.5	11	11.5	27	9.9	17	11.5	3	17.8
KARACHI	80	26.01		—	44	8.9	103	3.6	61	5.9		—
KEELUNG, TAIWAN, CHINA	64	30.92	32	5.5	39	9.1	65	8.1	82	3.5		—

continued

		Weight	0.46		1.00		1.54		1.97		2.57
		<1,500 TEU		1,501 - 5,000 TEU		5,001 - 8,500 TEU		8,501 - 13,500 TEU		>13,500 TEU	
Port name	Rank	Total points	Rank	Poi-nts	Rank	Poi-nts	Rank	Poi-nts	Rank	Poi-nts	Rank	Poi-nts
KHALIFA BIN SALMAN	162	4.98		—	135	4.4		—	106	0.3		—
KHALIFA PORT	22	59.99		—	113	5.5	30	9.7	49	7.4	23	9.7
KING ABDULL-AH PORT	2	114.31		—	2	15.1	6	12.5	4	13.9	2	20.5
KINGSTON (JAMAICA)	286	-22.76	167	-3.3	139	4	49	8.8	119	-3.1	87	-12.8
KLAIPEDA	266	-16.79	58	3.7	309	-18.5		—		—		—
KOBE	50	39.4	10	8.3	12	11.5	66	7.8	59	6.2		—
KOPER	230	-6.94	91	2.1	170	2.3	142	-1	90	3	75	-5.7
KOTKA	244	-9.87	163	-2.3	273	-8.8		—		—		—
KRIBI DEEP SEA PORT	287	-23.64	217	-20.3	300	-14.3		—		—		—
KRISTIAN-SAND	194	-0.64	145	-1.4		—		—		—		—
LA GUAIRA	296	-27.6	209	-9.8	316	-23.1		—		—		—
LA SPEZIA	289	-24.02	146	-1.4	267	-7.6	138	-0.5	115	-1.9	73	-4.3
LAE	278	-19.34	210	-11.2	299	-14.2		—		—		—
LAEM CHABANG	51	39.04	22	6.5	42	8.9	100	3.9	55	6.6	51	3.1
LAGOS (NIGERIA)	342	-113.72		—	321	-28.1	212	-55.6		—		—
LARVIK	184	0.11	117	0.2		—		—		—		—
LATAKIA	187	0.04	152	-1.7	189	0.8		—		—		—

continued

			Weight	0.46		1.00		1.54		1.97		2.57
			<1,500 TEU		1,501 - 5,000 TEU		5,001 - 8,500 TEU		8,501 - 13,500 TEU		>13,500 TEU	
Port name	Rank	Total points	Rank	Points	Rank	Points	Rank	Points	Rank	Points	Rank	Points
LAZARO CARDENAS	23	59.92		—	62	8	9	11.4	40	8.7	33	6.7
LE HAVRE	300	-29.67	139	-1.1	192	0.6	152	-2	127	-5.7	76	-6
LEIXOES	210	-3.49	183	-4.8	215	-1.3		—		—		—
LIANYUNGANG	31	54.38		—	98	6.4	10	11.3	36	9.1	42	4.9
LIMASSOL	178	1.41	169	-3.5	149	3.8	135	-0.5		—		—
LIRQUEN	262	-15.33		—	120	5.1	134	0	135	-10.3		—
LIVORNO	290	-24.04	197	-7.5	209	-0.9	188	-12.8		—		—
LOME	332	-77.24		—	270	-7.8	211	-45.1		—		—
LONDON	180	1.3	103	1.4	121	5.1	125	1.2	50	7.2	78	-7.9
LONG BEACH	341	-96.28	92	2.1	188	0.9	105	3.3	136	-10.7	95	-31.9
LOS ANGELES	337	-81.67		—	203	-0.4	173	-7.8	120	-3.8	92	-24
LUANDA	343	-114.84	116	0.3	297	-13	204	-21.8	160	-34.7		—
LYTTELTON	186	0.08		—	162	2.9	147	-1.8		—		—
MAGDALLA	45	42.39		—	77	7.4	69	7.6	14	11.8		—
MALABO	254	-13.57		—	298	-13.6		—		—		—
MALAGA	129	9.91	105	1.3	129	4.8	111	2.9		—		—
MANAUS	270	-17.99		—	306	-18		—		—		—
MANILA	276	-19.33	202	-9.1	247	-4.2	169	-7.1		—		—
MANZANILLO (MEXICO)	145	7.84	214	-13.9	79	7.3	130	0.8	86	3.3	63	-0.3

continued

			Weight	0.46		1.00		1.54		1.97		2.57
			<1,500 TEU		1,501 - 5,000 TEU		5,001 - 8,500 TEU		8,501 - 13,500 TEU		>13,500 TEU	
Port name	Rank	Total points	Rank	Poi-nts	Rank	Poi-nts	Rank	Poi-nts	Rank	Poi-nts	Rank	Poi-nts
MAPUTO	306	-33.45		—	280	-9.6	193	-15.5		—		—
MARIEL	197	-0.88	158	-1.9		—		—		—		—
MARSAX-LOKK	101	16.47	166	-3.1	236	-3.3	108	3.1	68	4.8	55	2.7
MARSEI-LLE	350	-238.49	141	-1.2	205	-0.4	180	-9.9	153	-24.6	99	-67.7
MATADI	205	-2.28	184	-4.9		—		—		—		—
MAWAN	29	55.67		—	24	10.5	2	13.2	12	12.6		—
MEJILLO-NES	311	-38.26		—	65	7.9	87	5.3	141	-14	84	-10.4
MELBOU-RNE	313	-40.21		—	238	-3.4	159	-5	143	-14.7		—
MERSIN	83	25.3	95	2	185	1.1	114	2.7	96	1.7	37	6.1
MIAMI	114	13.96	61	3.7	136	4.2	110	3	94	1.7		—
MOBILE	132	9.73		—	142	4	90	4.8	111	-0.9		—
MOGADI-SCIO	260	-15.09	186	-5.2	293	-12.7		—		—		—
MOJI	123	10.71		—	21	10.7		—		—		—
MOMBASA	335	-78.9	187	-5.3	278	-9.3	210	-43.6		—		—
MONTEV-IDEO	328	-65.15	39	5.1	155	3.5	185	-12.3	155	-26.4		—
MONTR-EAL	283	-21.59		—	315	-21.6		—		—		—
MUHAM-MAD BIN QASIM	316	-42.02		—	237	-3.4	168	-6.6	142	-14.4		—
MUNDRA	44	42.74		—	20	10.7	62	8.2	27	9.9		—

continued

			Weight	0.46		1.00		1.54		1.97		2.57
			<1,500 TEU		1,501 - 5,000 TEU		5,001 - 8,500 TEU		8,501 - 13,500 TEU		>13,500 TEU	
Port name	Rank	Total points	Rank	Points	Rank	Points	Rank	Points	Rank	Points	Rank	Points
MUUGA—PORT OF TALLINN	198	-0.99		—	212	-1		—		—		—
NAGOYA	48	41.34	5	8.7	7	11.8	58	8.4	57	6.4		—
NAHA	111	14.65		—		—	33	9.5		—		—
NANTES-ST AZAIRE	246	-10.26	171	-3.9	271	-8.5		—		—		—
NAPIER	261	-15.25		—	191	0.7	182	-10.3		—		—
NAPLES	207	-2.49	20	6.7	40	9	179	-9.5		—		—
NASSAU	189	-0.14	124	-0.3		—		—		—		—
NELSON	206	-2.46		—	228	-2.5		—		—		—
NEMRUT BAY	326	-60.83	74	3.2	141	4	122	1.5		—	94	-26.7
NEW MANGALORE	215	-4.47	208	-9.7		—		—		—		—
NEW ORLEANS	237	-8.6		—	182	1.3	158	-5	113	-1.1		—
NEW YORK & NEW JERSEY	127	10.44	54	4	115	5.5	97	4.3	108	0.2	70	-1.5
NGQURA	349	-190.2	159	-2	279	-9.5	198	-17.1	152	-24.3	97	-41.1
NINGBO	13	83.03	27	5.9	33	9.7	19	10.5	22	10.7	12	13
NORRKOPING	135	9.14	41	4.7	88	7		—		—		—
NOUAKCHOTT	292	-25.32	215	-14.6	310	-18.6		—		—		—
NOUMEA	124	10.63	31	5.5	57	8.1		—		—		—

continued

			Weight	0.46		1.00		1.54		1.97		2.57
			<1,500 TEU		1,501 - 5,000 TEU		5,001 - 8,500 TEU		8,501 - 13,500 TEU		>13,500 TEU	
Port name	Rank	Total points	Rank	Poi-nts	Rank	Poi-nts	Rank	Poi-nts	Rank	Poi-nts	Rank	Poi-nts
NOVORO-SSIYSK	301	-30.45	162	-2.2	263	-7.1	190	-14.5		—		—
OAKLAND	334	-78.72	156	-1.8	175	1.8	167	-6.3	137	-12	89	-18
ODESSA	265	-16.61	13	7.8	145	3.9		—	138	-12.2		—
OITA	188	-0.08	122	-0.2		—		—		—		—
OMAEZAKI	121	10.99		—	16	11		—		—		—
ONNE	291	-24.94		—	317	-24.9		—		—		—
OSAKA	77	26.92		—	34	9.6	11	11.3		—		—
OSLO	91	20.15	82	2.8	1	18.9		—		—		—
OTAGO HARBOUR	288	-23.73		—	166	2.4	197	-17		—		—
OWENDO	271	-18.43	212	-11.9	296	-12.9		—		—		—
PAITA	94	19.43		—	100	6.2	55	8.6		—		—
PALERMO	182	0.77	101	1.7		—		—		—		—
PANJANG	229	-6.92	188	-5.4	248	-4.4		—		—		—
PAPEETE	167	3.64	78	3	169	2.3		—		—		—
PARANA-GUA	107	15.52		—	195	0	113	2.7	63	5.8		—
PECEM	86	23.27		—	76	7.6	107	3.2	64	5.4		—
PENANG	227	-6.82		—	184	1.1	161	-5.2		—		—
PHILADE-LPHIA	87	23.11		—	52	8.5	34	9.5		—		—
PHILIPS-BURG	192	-0.27	102	1.5	211	-1		—		—		—
PIPAVAV	39	48.4		—	9	11.6	4	12.6	37	8.8		—

continued

			Weight	0.46		1.00		1.54		1.97		2.57
			<1,500 TEU		1,501 - 5,000 TEU		5,001 - 8,500 TEU		8,501 - 13,500 TEU		>13,500 TEU	
Port name	Rank	Total points	Rank	Poi-nts	Rank	Poi-nts	Rank	Poi-nts	Rank	Poi-nts	Rank	Poi-nts
PIRAEUS	89	22.98	175	-4.3	168	2.3	98	4.2	92	2.2	44	4.6
POINT LISAS PORTS	177	1.62	66	3.5		—		—		—		—
POINTE-A-PITRE	113	14.42	128	-0.4	96	6.5	88	5.3		—		—
POINTE-NOIRE	345	-128.49	218	-25.1	304	-16.5	207	-29.8	157	-27.7		—
PORT AKDENIZ	154	6.32	29	5.8	151	3.7		—		—		—
PORT BOTANY	327	-62.93	185	-5	235	-3.1	189	-13.1	147	-19		—
PORT BRONKA	152	6.6	69	3.5	124	5		—		—		—
PORT ELI-ZABETH	348	-182.71		—	274	-8.8	208	-33	162	-62.5		—
PORT EVERGL-ADES	147	7.63	98	1.8	154	3.5	118	2.1		—		—
PORT FR-EEPORT	193	-0.35		—	201	-0.3		—		—		—
PORT KLANG	14	78.19	56	3.9	84	7.1	28	9.9	18	11.3	16	12.4
PORT LOUIS	346	-175.17	211	-11.4	291	-12	200	-17.4	159	-31.9	93	-26.6
PORT MORESBY	211	-3.6	110	0.5	243	-3.8		-		—		—
PORT OF SPAIN	248	-10.58	198	-7.6	262	-7.1		—		—		—
PORT OF VIRGINIA	110	14.77	133	-0.6	127	4.9	120	2	77	4.1	64	-0.3

continued

			Weight	0.46		1.00		1.54		1.97		2.57
			<1,500 TEU		1,501 - 5,000 TEU		5,001 - 8,500 TEU		8,501 - 13,500 TEU		>13,500 TEU	
Port name	Rank	Total points	Rank	Points	Rank	Points	Rank	Points	Rank	Points	Rank	Points
PORT REUNION	340	-89.43	192	-6.4	285	-10.7	195	-16.2	154	-25.8		—
PORT SAID	70	29.08	130	-0.5	104	6.2	82	5.7	117	-2.5	32	7.5
PORT VICTORIA	299	-28.31		—	322	-28.3		—		—		—
POSORJA	126	10.5		—	36	9.5		—	103	0.5		—
POTI	209	-2.69	190	-5.8		—		—		—		—
PRINCE RUPERT	323	-56.06		—		—	202	-18.9	140	-13.7		—
PUERTO BARRIOS	122	10.77	42	4.7	50	8.6		—		—		—
PUERTO BOLIVAR (ECUADOR)	155	6.15		—	105	6.2		—		—		—
PUERTO CABELLO	307	-33.87		—	325	-33.9		—		—		—
PUERTO CORTES	149	7.16	93	2.1	102	6.2		—		—		—
PUERTO LIMON	106	15.63		—	78	7.4	86	5.4		—		—
PUERTO PROGRESO	236	-8.43	195	-7	253	-5.2		—		—		—
PUERTO QUETZAL	174	2.38		—	158	3.1	140	-0.8	107	0.2		—
QINGDAO	3	102.37		—	29	9.9	1	14.3	3	15.3	7	15.7
QINZHOU	148	7.57	150	-1.7	54	8.3		—		—		—
QUY NHON	104	16.14	33	5.4	3	13.7		—		—		—

continued

			Weight	0.46		1.00		1.54		1.97		2.57
			<1,500 TEU		1,501 - 5,000 TEU		5,001 - 8,500 TEU		8,501 - 13,500 TEU		>13,500 TEU	
Port name	Rank	Total points	Rank	Poi-nts	Rank	Poi-nts	Rank	Poi-nts	Rank	Poi-nts	Rank	Poi-nts
RAUMA	208	-2.65	123	-0.2	229	-2.6		—		—		—
RAVENNA	176	1.93	40	4.8	197	-0.3		—		—		—
RIGA	223	-5.97	153	-1.7	252	-5.2		—		—		—
RIJEKA	279	-19.51	77	3	138	4.1	150	-1.9		—	81	-8.6
RIO DE JANEIRO	309	-34.73		—	69	7.8	116	2.3	151	-23.4		—
RIO GRANDE (BRAZIL)	47	41.54		—	46	8.8	36	9.4	35	9.3		—
RIO HAINA	160	5.14	94	2	137	4.2		—		—		—
ROTTER-DAM	90	22.41	180	-4.7	176	1.8	91	4.8	84	3.4	50	3.4
SAIGON	151	6.94		—	89	6.9		—		—		—
SAINT JOHN	251	-11.59	120	0.1	286	-10.9	136	-0.5		—		—
SALALAH	9	87.45	144	-1.3	13	11.4	24	10.3	6	13.1	11	13.6
SALERNO	168	3.44	137	-0.9	147	3.9		—		—		—
SALVAD-OR	55	35.29		—	47	8.7	93	4.6	28	9.9		—
SAMSUN	280	-19.87	205	-9.5	303	-15.5		—		—		—
SAN ANTONIO	173	2.53		—	224	-2.1	155	-4.4	116	-2.5	36	6.3
SAN JUAN	164	4.6	100	1.7	148	3.8		—		—		—
SAN PEDRO (COTE D'IVOIRE)	293	-27.01		—	318	-27		—		—		—
SAN VICENTE	226	-6.5		—	173	1.9	162	-5.4		—		—

continued

			Weight	0.46		1.00		1.54		1.97		2.57
			<1,500 TEU		1,501 - 5,000 TEU		5,001 - 8,500 TEU		8,501 - 13,500 TEU		>13,500 TEU	
Port name	Rank	Total points	Rank	Points	Rank	Points	Rank	Points	Rank	Points	Rank	Points
SANTA CRUZ DE TENERIFE	95	18.66	65	3.6	196	-0.2		—	41	8.7		—
SANTA MARTA	137	8.66		—	49	8.7		—		—		—
SANTO TOMAS DE CASTILLA	201	-1.71		—	221	-1.7		—		—		—
SANTOS	72	28.25		—	123	5.1	60	8.3	66	5.3		—
SAVANNAH	96	18.19	108	1.1	106	6.1	94	4.5	79	3.6	68	-1
SAVONA-VADO	314	-40.38	155	-1.8	204	-0.4	175	-8.1	139	-13.6		—
SEATTLE	263	-16.29		—	206	-0.4	157	-4.8	123	-4.3		—
SEPETIBA	84	24.32		—	25	10.5	74	6.8	95	1.7		—
SHANGHAI	49	41.3	7	8.5	19	10.7	17	10.7	25	10.3	71	-3.9
SHANTOU	117	12.02		—	87	7	106	3.3		—		—
SHEKOU	5	93.69	21	6.6	43	8.9	14	10.9	16	11.7	5	16.3
SHIBUSHI	166	3.71	12	8.1		—		—		—		—
SHIMIZU	24	59.39	4	9.5	17	10.9	7	12.2	7	12.9		—
SHUAIBA	228	-6.89		—	260	-6.9		—		—		—
SHUWAIKH	199	-1.32		—	216	-1.3		—		—		—
SIAM SEAPORT	136	8.72		—	48	8.7		—		—		—
SINES	28	56.19		—	37	9.3	99	4	30	9.7	29	8.4

continued

			Weight	0.46		1.00		1.54		1.97		2.57
			<1,500 TEU		1,501 - 5,000 TEU		5,001 - 8,500 TEU		8,501 - 13,500 TEU		>13,500 TEU	
Port name	Rank	Total points	Rank	Poi-nts	Rank	Poi-nts	Rank	Poi-nts	Rank	Poi-nts	Rank	Poi-nts
SINGAPO-RE	12	83.12	52	4.1	53	8.4	32	9.5	38	8.8	6	15.9
SOHAR	69	29.49		—	159	3	37	9.2	54	7	66	-0.6
SOKHNA	321	-54.65		—	165	2.4	196	-16.8	121	-4	82	-9.1
SOUTHA-MPTONC	317	-44.52	142	-1.2	266	-7.6	124	1.2	128	-6.1	83	-10.2
ST PETE-RSBURG	258	-14.24	181	-4.7	292	-12.1		—		—		—
STOCKH-OLM	253	-13.5	203	-9.3	276	-9.2		—		—		—
SUAPE	130	9.88		—	101	6.2	121	1.8	105	0.4		—
TACOMA	329	-66.41		—	283	-10.4	192	-14.6	145	-17.1		—
TAICHUNG, TAIWAN, CHINA	146	7.74	18	7	133	4.5		—		—		—
TAIPEI, TAIWAN, CHINA	16	75.41		—		—		—	2	16.6	4	16.6
TAKORADI	235	-7.89	132	-0.6	268	-7.6		—		—		—
TAMPA	200	-1.4		—	110	5.7	128	1.1	124	-4.4		—
TANGER MEDITER-RANEAN	15	76.09	45	4.4	82	7.2	21	10.4	31	9.6	15	12.4
TANJUNG EMAS	143	7.91		—	64	7.9		—		—		—
TANJUNG PELEPAS	11	85.62	64	3.7	74	7.7	26	10.1	23	10.5	8	15.5
TANJUNG PERAK	172	2.88		—	144	3.9	139	-0.7		—		—

continued

			Weight	0.46		1.00		1.54		1.97		2.57
			<1,500 TEU		1,501 - 5,000 TEU		5,001 - 8,500 TEU		8,501 - 13,500 TEU		>13,500 TEU	
Port name	Rank	Total points	Rank	Poi-nts	Rank	Poi-nts	Rank	Poi-nts	Rank	Poi-nts	Rank	Poi-nts
TANJUNG PRIOK	66	30.57	138	-1	126	4.9	76	6.3	87	3.3	48	3.9
TARRAG-ONA	134	9.19	47	4.4	83	7.2		—		—		—
TAURAN-GA	100	16.52	216	-17.6	81	7.3	96	4.4	65	5.4		—
TEESPORT	238	-8.61	165	-2.5	265	-7.4		—		—		—
TEMA	312	-39.91		—	256	-5.9	174	-7.9	109	-0.3	80	-8.3
THESSAL-ONIK	284	-21.76	179	-4.6	251	-5.1	178	-9.5		—		—
TIANJIN	20	64.01	199	-7.8	97	6.5	42	9	33	9.5	19	11.1
TIMARU	304	-31.5		—	219	-1.5	203	-19.5		—		—
TIN CAN ISLAND	344	-117.73		—	323	-29.2	213	-57.5		—		—
TOAMAS-INA	219	-5.04		—	250	-5		—		—		—
TOKYO	54	37.68	50	4.2	58	8.1	46	8.9	52	7.1		—
TOMAKO-MAI	204	-1.93	173	-4.2		—		—		—		—
TRIESTE	264	-16.41	90	2.3	177	1.7	126	1.1		—	79	-8.1
TRIPOLI (LEBAN-ON)	76	26.93	6	8.5	181	1.3	53	8.6	75	4.3		—
TUTICO-RIN	139	8.29	30	5.6	111	5.7		—		—		—
ULSAN	175	1.97		—	125	5	151	-1.9		—		—
UMM QASR	294	-27.28		—	290	-12	181	-9.9		—		—

continued

			Weight	0.46		1.00		1.54		1.97		2.57
			<1,500 TEU		1,501 - 5,000 TEU		5,001 - 8,500 TEU		8,501 - 13,500 TEU		>13,500 TEU	
Port name	Rank	Total points	Rank	Poi-nts	Rank	Poi-nts	Rank	Poi-nts	Rank	Poi-nts	Rank	Poi-nts
VALENCIA	308	-34.16	201	-8.8	239	-3.6	170	-7.1	104	0.5	77	-6.4
VALPAR-AISO	102	16.25		—	128	4.8	44	8.9	114	-1.2		—
VANCOU-VER (CA-NADA)	303	-30.98		—	245	-3.9	172	-7.6	130	-7.8		—
VARNA	213	-3.78	161	-2.1	232	-2.8		—		—		—
VENICE	295	-27.37	160	-2	246	-4	191	-14.6		—		—
VERACR-UZ	97	18.16	113	0.3	116	5.4	63	8.2		—		—
VIGO	159	5.36	37	5.2	160	3		—		—		—
VILA DO CONDE	241	-9.24		—	277	-9.2		—		—		—
VITORIA	218	-5.03		—	249	-5		—		—		—
VLADIVO-STOK	240	-9.11	172	-4	264	-7.3		—		—		—
VOSTOC-HNY	255	-13.76	189	-5.8	288	-11.1		—		—		—
WALVIS BAY	336	-79.59	182	-4.7	295	-12.9	199	-17.2	148	-19.3		—
WELLING-TON	141	8.12		—	107	6	123	1.4		—		—
WILHELM-SHAVEN	52	38.84	35	5.3	86	7	71	7.3	58	6.2	56	2.3
WILMING-TON (NORTH CAROL-INA, USA)	67	30.06		—	59	8.1	31	9.7	81	3.6		—

continued

			Weight	0.46		1.00		1.54		1.97		2.57
			<1,500 TEU		1,501 - 5,000 TEU		5,001 - 8,500 TEU		8,501 - 13,500 TEU		>13,500 TEU	
Port name	Rank	Total points	Rank	Points	Rank	Points	Rank	Points	Rank	Points	Rank	Points
XIAMEN	26	58.04	49	4.2	32	9.7	41	9	29	9.7	41	5.2
YANGSHAN	10	86.53	3	9.7	8	11.6	15	10.8	24	10.5	13	12.9
YANTIAN	17	72.53	25	6.2	61	8.1	43	9	39	8.8	17	11.9
YARIMCA	58	33.01	68	3.5	234	-3.1	92	4.7	53	7	40	5.2
YOKKAICHI	81	25.63		—	4	12.2	51	8.8		—		—
YOKOHAMA	1	129.74	23	6.5	26	10.5	3	12.8	1	18.4	1	23.5
YEOSU	40	48.08	67	3.5	41	9	20	10.4	42	8.5	59	1.8
YUZHNY	170	3.25		—	122	5.1	143	-1.2		—		—
ZEEBRUGGE	225	-6.41	16	7.3	186	1		—	102	0.9	74	-4.9
ZHOUSHAN	8	87.63		—	23	10.7	23	10.3	11	12.6	9	14.1

Source: Original calculations for this publication, based on CPPI 2020 data.
Note: TEU = twenty-foot equivalent unit.

表 A.2 首版 CPPI：统计方法

港口名称	排名	总分	港口名称	排名	总分
奥胡斯（丹麦）	44	-2.036	贝鲁特港（黎巴嫩）	11	-3.378
阿比让港（科特迪瓦）	228	0.439	贝贾亚港（阿尔及利亚）	338	4.054
阿卡胡特拉港（萨尔瓦多）	249	0.64	勿拉湾港（印度尼西亚）	197	0.104
阿德莱德港（澳大利亚）	339	4.546	贝尔贝港（澳大利亚）	163	-0.205
阿加迪尔港（摩洛哥）	276	1.122	柏培拉港（索马里）	223	0.368
阿瓜杜尔塞港（哥伦比亚）	45	-2.035	毕尔巴鄂港（西班牙）	224	0.384
亚历山大港（埃及）	234	0.482	布拉夫港（新西兰）	257	0.731
阿尔赫西拉斯港（西班牙）	10	-3.597	博鲁森港（土耳其）	166	-0.163
阿尔及尔港（阿尔及利亚）	315	2.076	波士顿港（美国）	113	-0.631
阿尔塔米拉港（墨西哥）	145	-0.324	不莱梅哈芬港（德国）	41	-2.265
阿姆巴利港（土耳其）	57	-1.783	布里斯班港（澳大利亚）	246	0.569
安科纳港（意大利）	193	0.067	布里斯托港（英国）	294	1.462
安特卫普港（比利时）	86	-1.011	布埃纳文图拉港（哥伦比亚）	72	-1.353
关岛阿普拉港（美国）	248	0.61	布宜诺斯艾利斯港（阿根廷）	320	2.391
亚喀巴港（约旦）	60	-1.594	布尔加斯港（保加利亚）	117	-0.611
阿里卡港（智利）	207	0.211	釜山港（韩国）	52	-1.887
阿什杜德港（以色列）	327	2.797	卡加延德奥罗港（菲律宾）	122	-0.582
奥克兰港（新西兰）	123	-0.562	蔡兰港（越南）	46	-1.991
巴尔博亚港（巴拿马）	114	-0.625	盖梅港（越南）	49	-1.932
巴尔的摩港（美国）	138	-0.368	卡尔德拉港（哥斯达黎加）	162	-0.206
曼谷港（泰国）	271	1.024	卡亚俄港（秘鲁）	231	0.45
巴塞罗那港（西班牙）	76	-1.224	开普敦港（南非）	347	6.528
巴里港（意大利）	201	0.167	卡塔赫纳港（哥伦比亚）	42	-2.185
巴兰基利亚港（哥伦比亚）	169	-0.137	卡塔赫纳港（西班牙）	168	-0.153
八打雁港（菲律宾）	112	-0.663	卡萨布兰卡港（摩洛哥）	291	1.442
巴统港（格鲁吉亚）	316	2.175	卡斯特利翁港（西班牙）	144	-0.339
贝拉港（莫桑比克）	268	0.919	凯莱港（越南）	80	-1.149

表 A.2　续 1

港口名称	排名	总分
卡塔尼亚港（意大利）	180	–0.021
考塞多港（多米尼加）	40	–2.355
宿务港（菲律宾）	151	–0.275
查尔斯顿港（美国）	95	–0.820
吉大港（孟加拉国）	306	1.809
千叶港（日本）	134	–0.418
赤湾港（中国）	3	–5.202
切尔诺莫斯克港（乌克兰）	230	0.449
奇维塔韦基亚港（意大利）	175	–0.072
科伦坡港（斯里兰卡）	17	–3.209
科隆港（巴拿马）	100	–0.752
科纳克里港（几内亚）	238	0.505
康斯坦萨港（罗马尼亚）	253	0.66
哥本哈根港（丹麦）	129	–0.471
科罗内尔港（智利）	282	1.203
科托努港（贝宁）	244	0.562
克里斯托巴尔（巴拿马）	170	–0.135
大铲湾港一期（中国）	31	–2.588
达喀尔港（塞内加尔）	177	–0.031
大连港（中国）	33	–2.506
达米埃塔港（埃及）	250	0.65
达曼港（沙特阿拉伯）	102	–0.737
岘港（越南）	84	–1.053
达累斯萨拉姆港（坦桑尼亚）	324	2.561
达沃港（菲律宾）	143	–0.341
蒂利斯基里西港（土耳其）	54	–1.842
吉布提港（吉布提）	61	–1.590
杜阿拉港（喀麦隆）	298	1.51
都柏林港（爱尔兰）	262	0.839
敦刻尔克港（法国）	118	–0.611
德班港（南非）	349	8.082
都拉斯港（阿尔巴尼亚）	190	0.057
荷兰港（美国）	325	2.591
亚历山大新港（埃及）	239	0.509
恩塞纳达港（墨西哥）	136	–0.378
弗利克斯托港（英国）	313	2.006
法兰西堡港（法属马提尼克）	125	–0.543
腓特烈西亚港（丹麦）	128	–0.493
自由港（巴哈马）	152	–0.271
弗里敦港（塞拉利昂）	220	0.35
弗里曼特尔港（澳大利亚）	326	2.716
福州港（中国）	23	–2.829
耶夫勒港（瑞典）	213	0.242
格但斯克港（波兰）	311	1.944
格丁尼亚港（波兰）	90	–0.942
盖母利克港（土耳其）	51	–1.892
桑托斯将军港（菲律宾）	278	1.148
热那亚港（意大利）	321	2.42
希洪港（西班牙）	187	0.013
焦亚陶罗港（意大利）	142	–0.344
哥德堡港（瑞典）	341	4.653
格兰杰默斯港（英国）	243	0.56
广州港（中国）	4	–5.162
瓜亚基尔港（厄瓜多尔）	336	3.647
古斯塔维亚港（圣巴泰勒米岛）	126	–0.528
海法港（以色列）	225	0.384
海防港（越南）	47	–1.953
博多港（日本）	99	–0.758
哈利法克斯港（加拿大）	39	–2.365
哈马德港（卡塔尔）	36	–2.411

表 A.2　续 2

港口名称	排名	总分	港口名称	排名	总分
汉堡港（德国）	280	1.176	克里比深水港（喀麦隆）	303	1.701
赫尔辛堡港（瑞典）	164	-0.196	克里斯蒂安桑港（挪威）	186	0.008
伊拉克利翁港（希腊）	178	-0.030	拉瓜伊拉港（委内瑞拉）	305	1.737
香港港（中国香港）	7	-4.276	拉斯佩齐亚港（意大利）	241	0.548
			莱城港（巴布亚新几内亚）	287	1.314
休斯顿港（美国）	266	0.878	林查班港（泰国）	55	-1.807
怀尼米港（美国）	264	0.862	拉各斯港（尼日利亚）	340	4.646
仁川港（韩国）	34	-2.422	拉尔维克港（挪威）	181	-0.015
伊基克港（智利）	342	4.766	拉塔基亚港（叙利亚）	171	-0.135
伊斯肯德伦港（土耳其）	272	1.024	拉萨罗卡德纳斯港（墨西哥）	25	-2.798
伊塔雅伊港（巴西）	308	1.828	勒阿弗尔港（法国）	258	0.746
伊塔波阿港（巴西）	69	-1.376	雷克索斯港（葡萄牙）	206	0.201
伊兹密尔港（土耳其）	277	1.136	连云港港（中国）	37	-2.375
杰克逊维尔港（美国）	161	-0.215	利马索尔港（塞浦路斯）	192	0.063
加瓦拉尔·尼赫鲁港（印度）	56	-1.786	利尔奎港（智利）	256	0.708
杰贝阿里港（阿联酋）	323	2.482	利沃诺港（意大利）	251	0.658
吉达港（沙特阿拉伯）	53	-1.862	洛美港（多哥）	288	1.332
柔佛港（马来西亚）	110	-0.669	伦敦港（英国）	82	-1.117
朱拜勒港（沙特阿拉伯）	21	-2.898	长滩港（美国）	333	3.175
加里宁格勒港（俄罗斯）	167	-0.159	洛杉矶港（美国）	328	2.899
高雄港（中国台湾）	5	-4.669	罗安达港（安哥拉）	350	8.383
卡拉奇港（巴基斯坦）	75	-1.292	利特尔顿港（新西兰）	188	0.034
基隆港（中国台湾）	65	-1.509	马格达拉港（印度）	48	-1.943
哈利法·本·萨勒曼港（巴林）	140	-0.356	马拉博港（赤道几内亚）	263	0.859
哈利法港（阿联酋）	26	-2.795	马拉加港（西班牙）	108	-0.690
阿卜杜拉国王港（沙特阿拉伯）	2	-5.684	玛瑙斯港（巴西）	269	0.967
金斯顿港（牙买加）	286	1.283	马尼拉港（菲律宾）	322	2.445
克莱佩达港（立陶宛）	301	1.635	曼萨尼约港（墨西哥）	275	1.07
神户港（日本）	19	-3.127	马普托港（莫桑比克）	299	1.533
科佩尔港（斯洛文尼亚）	318	2.237	马瑞尔港（古巴）	191	0.057
科特卡港（芬兰）	242	0.558	马尔萨什洛克港（马耳他）	106	-0.698

表 A.2　续 3

港口名称	排名	总分	港口名称	排名	总分
马赛港（法国）	345	5.696	努瓦克肖特港（毛里塔尼亚）	295	1.475
马塔迪港［刚果（金）］	209	0.238	努美阿港（新喀里多尼亚）	104	–0.721
妈湾港（中国）	32	–2.557	新罗西斯克港（俄罗斯）	300	1.626
梅希约内斯港（智利）	289	1.381	奥克兰港（美国）	332	3.163
墨尔本港（澳大利亚）	302	1.676	敖德萨港（乌克兰）	189	0.046
梅尔辛港（土耳其）	214	0.275	大分港（日本）	185	0.004
迈阿密港（美国）	200	0.149	御前崎港（日本）	109	–0.680
莫比尔港（美国）	101	–0.745	奥尼港（尼日利亚）	270	0.994
摩加迪沙港（索马里）	281	1.194	大阪港（日本）	67	–1.440
门司港（日本）	111	–0.663	奥斯陆港（挪威）	78	–1.192
蒙巴萨港（肯尼亚）	331	3.14	奥塔戈港（新西兰）	314	2.023
蒙得维的亚港（乌拉圭）	273	1.033	奥文多港（加蓬）	245	0.563
蒙特利尔港（加拿大）	285	1.231	派塔港（秘鲁）	105	–0.705
穆哈马德宾卡西姆港（巴基斯坦）	296	1.499	巴勒莫港（意大利）	172	–0.125
蒙德拉港（印度）	50	–1.902	潘姜港（印度尼西亚）	247	0.573
塔林穆格港（爱沙尼亚）	195	0.092	帕皮提港（法属波利尼西亚）	157	–0.227
名古屋港（日本）	16	–3.251	巴拉那瓜港（巴西）	252	0.659
那霸港（日本）	92	–0.883	培森港（巴西）	59	–1.647
南特圣纳泽尔港（法国）	255	0.693	槟城港（马来西亚）	139	–0.367
纳皮尔港（新西兰）	240	0.513	费城港（美国）	83	–1.080
那不勒斯港（意大利）	150	–0.280	菲利普斯堡港（荷属圣马丁）	194	0.09
拿骚港（巴哈马）	173	–0.109	皮帕瓦沃港（印度）	38	–2.371
纳尔逊港（新西兰）	210	0.24	比雷埃夫斯港（希腊）	93	–0.859
内姆鲁特湾港（土耳其）	329	2.97	利萨斯角港（特立尼达和多巴哥）	165	–0.182
新芒格洛尔港（印度）	232	0.451	皮特尔角城港（法属瓜德罗普）	147	–0.319
新奥尔良港（美国）	265	0.865	黑角港［刚果（布）］	346	5.832
纽约 & 新泽西港（美国）	89	–0.969	白海港（土耳其）	96	–0.820
库哈港（南非）	351	8.401	植物学湾港（澳大利亚）	337	3.907
宁波港（中国）	24	–2.805	布隆卡港（俄罗斯）	132	–0.454
诺尔雪平港（瑞典）	124	–0.553	伊丽莎白港（南非）	348	7.659

表 A.2 续 4

港口名称	排名	总分	港口名称	排名	总分
埃弗格雷斯港（美国）	208	0.213	鹿特丹港（荷兰）	116	-0.611
自由港（美国）	182	-0.008	胡志明港（越南）	137	-0.375
巴生港（马来西亚）	14	-3.334	圣约翰港（加拿大）	211	0.241
路易港（毛里求斯）	344	5.501	塞拉莱港（阿曼）	6	-4.531
莫尔兹比港（巴布亚新几内亚）	217	0.307	萨勒诺港（意大利）	174	-0.080
西班牙港（特立尼达和多巴哥）	260	0.775	萨尔瓦多港（巴西）	43	-2.051
弗吉尼亚港（美国）	85	-1.044	萨姆松港（土耳其）	297	1.502
留尼汪港（法国）	334	3.302	圣安东尼奥港（智利）	159	-0.218
赛德港（埃及）	58	-1.652	圣胡安港（波多黎各）	148	-0.303
维多利亚港（塞舌尔）	292	1.457	圣佩德罗港（科特迪瓦）	319	2.267
波索尔哈港（厄瓜多尔）	77	-1.192	圣文森特港（智利）	221	0.361
波季港（格鲁吉亚）	215	0.278	圣克鲁斯－德特内里费港（西班牙）	88	-0.970
鲁珀特王子港（加拿大）	330	2.979	圣玛尔塔港（哥伦比亚）	120	-0.589
巴里奥斯港（危地马拉）	103	-0.731	圣托马斯德卡斯蒂利亚港（危地马拉）	203	0.185
玻利瓦尔港（厄瓜多尔）	141	-0.347	桑托斯港（巴西）	70	-1.376
卡贝略港（委内瑞拉）	309	1.829	萨凡纳港（美国）	279	1.158
科尔特斯港（洪都拉斯）	131	-0.468	萨沃纳港（意大利）	310	1.897
利蒙港（哥斯达黎加）	94	-0.858	西雅图港（美国）	236	0.487
普罗格雷索港（墨西哥）	259	0.75	塞佩提巴港（巴西）	73	-1.338
夸特扎尔港（危地马拉）	154	-0.269	上海港（中国）	63	-1.532
青岛港（中国）	8	-3.860	汕头港（中国）	91	-0.935
钦州港（中国）	127	-0.523	蛇口港（中国）	9	-3.726
归仁港（越南）	79	-1.163	志不志港（日本）	135	-0.382
劳马港（芬兰）	229	0.439	清水港（日本）	12	-3.361
拉文纳港（意大利）	179	-0.025	舒艾巴港（科威特）	149	-0.301
里加港（拉脱维亚）	235	0.482	舒韦赫港（科威特）	160	-0.216
里耶卡港（克罗地亚）	312	1.974	暹罗海港（泰国）	115	-0.613
里约热内卢港（巴西）	199	0.126	锡尼什港（葡萄牙）	18	-3.183
里奥格兰德港（巴西）	74	-1.332	新加坡港（新加坡）	15	-3.279
海纳港（多米尼加）	146	-0.322	苏哈尔港（阿曼）	71	-1.375

表 A.2　续 5

港口名称	排名	总分	港口名称	排名	总分
苏赫奈泉港（埃及）	293	1.459	杜蒂戈林港（印度）	130	−0.469
南安普顿港（英国）	290	1.404	蔚山港（韩国）	98	−0.811
圣彼得堡港（俄罗斯）	304	1.719	乌姆盖斯尔港（伊拉克）	233	0.452
斯德哥尔摩港（瑞典）	267	0.915	巴伦西亚港（西班牙）	283	1.211
苏阿普港（巴西）	81	−1.129	瓦尔帕莱索港（智利）	222	0.365
塔科马港（美国）	335	3.628	温哥华港（加拿大）	237	0.499
台中港（中国台湾）	97	−0.814	瓦尔纳港（保加利亚）	196	0.094
台北港（中国台湾）	30	−2.681	威尼斯港（意大利）	274	1.042
塔科拉迪港（加纳）	254	0.683	韦拉克鲁斯港（墨西哥）	158	−0.219
坦帕港（美国）	226	0.411	维哥港（西班牙）	156	−0.233
丹吉尔港（摩洛哥）	27	−2.769	维拉多康德港（巴西）	183	0
垄丹绒艾玛斯港（印度尼西亚）	133	−0.433	维多利亚港（巴西）	183	0
丹戎帕拉帕斯港（马来西亚）	13	−3.342	符拉迪沃斯托克港（俄罗斯）	202	0.182
丹戎佩拉港（印度尼西亚）	153	−0.269	东方港（俄罗斯）	204	0.192
丹戎普瑞克港（印度尼西亚）	64	−1.521	鲸湾港（纳米比亚）	307	1.819
塔拉戈纳港（西班牙）	121	−0.588	惠灵顿港（新西兰）	176	−0.049
陶朗加港（新西兰）	219	0.333	威廉港（德国）	119	−0.598
提兹港（英国）	216	0.303	威尔明顿港（美国，北卡）	155	−0.237
特马港（加纳）	261	0.782	厦门港（中国）	62	−1.541
塞萨洛尼基港（希腊）	284	1.229	洋山港（中国）	28	−2.733
天津港（中国）	218	0.31	盐田港（中国）	29	−2.724
蒂马鲁港（新西兰）	317	2.225	亚勒姆贾港（土耳其）	68	−1.393
廷坎岛港（尼日利亚）	343	4.789	四日港（日本）	107	−0.692
图阿马西纳港（马达加斯加）	227	0.433	横滨（日本）	1	−5.995
东京港（日本）	35	−2.418	丽水港（韩国）	22	−2.831
苫小牧港（日本）	205	0.194	尤日内港（乌克兰）	198	0.105
的里雅斯特港（意大利）	212	0.241	泽布吕赫港（比利时）	87	−0.988
的黎波里港（黎巴嫩）	66	−1.497	舟山港（中国）	20	−2.963

数据来源：本书基于首版CPPI数据的原创计算。

Table A.2 The CPPI 2020: Statistical Approach

Port name	Rank	Total score	Port name	Rank	Total score
AARHUS	44	−2.036	BEIRUT	11	−3.378
ABIDJAN	228	0.439	BEJAIA	338	4.054
ACAJUTLA	249	0.640	BELAWAN	197	0.104
ADELAIDE	339	4.546	BELL BAY	163	−0.205
AGADIR	276	1.122	BERBERA	223	0.368
AGUADULCE (COLOMBIA)	45	−2.035	BILBAO	224	0.384
ALEXANDRIA (EGYPT)	234	0.482	BLUFF	257	0.731
ALGECIRAS	10	−3.597	BORUSAN	166	−0.163
ALGIERS	315	2.076	BOSTON (USA)	113	−0.631
ALTAMIRA	145	−0.324	BREMERHAVEN	41	−2.265
AMBARLI	57	−1.783	BRISBANE	246	0.569
ANCONA	193	0.067	BRISTOL	294	1.462
ANTWERP	86	−1.011	BUENAVENTURA	72	−1.353
APRA HARBOR	248	0.610	BUENOS AIRES	320	2.391
AQABA	60	−1.594	BURGAS	117	−0.611
ARICA	207	0.211	BUSAN	52	−1.887
ASHDOD	327	2.797	CAGAYAN DE ORO	122	−0.582
AUCKLAND	123	−0.562	CAI LAN	46	−1.991
BALBOA	114	0.625	CAI MEP	49	−1.932
BALTIMORE (USA)	138	−0.368	CALDERA (COSTA RICA)	162	−0.206
BANGKOK	271	1.024	CALLAO	231	0.450
BARCELONA	76	−1.224	CAPE TOWN	347	6.528
BARI	201	0.167	CARTAGENA (COLOMBIA)	42	−2.185
BARRANQUILLA	169	−0.137	CARTAGENA (SPAIN)	168	−0.153
BATANGAS	112	−0.663	CASABLANCA	291	1.442
BATUMI	316	2.175	CASTELLON	144	−0.339
BEIRA	268	0.919	CAT LAI	80	−1.149

continued

Port name	Rank	Total score	Port name	Rank	Total score
CATANIA	180	-0.021	DURBAN	349	8.082
CAUCEDO	40	-2.355	DURRES	190	0.057
CEBU	151	-0.275	DUTCH HARBOR	325	2.591
CHARLESTON	95	-0.820	EL DEKHEILA	239	0.509
CHATTOGRAM	306	1.809	ENSENADA	136	-0.378
CHIBA	134	-0.418	FELIXSTOWE	313	2.006
CHIWAN	3	-5.202	FORT-DE-FRANCE	125	-0.543
CHORNOMORSK	230	0.449	FREDERICIA	128	-0.493
CIVITAVECCHIA	175	-0.072	FREEPORT (BAHAMAS)	152	-0.271
COLOMBO	17	-3.209	FREETOWN	220	0.350
COLON	100	-0.752	FREMANTLE	326	2.716
CONAKRY	238	0.505	FUZHOU	23	-2.829
CONSTANTZA	253	0.660	GAVLE	213	0.242
COPENHAGEN	129	-0.471	GDANSK	311	1.944
CORONEL	282	1.203	GDYNIA	90	-0.942
COTONOU	244	0.562	GEMLIK	51	-1.892
CRISTOBAL	170	-0.135	GENERAL SANTOS	278	1.148
DA CHAN BAY TERMINAL ONE	31	-2.588	GENOA	321	2.420
DAKAR	177	-0.031	GIJON	187	0.013
DALIAN	33	-2.506	GIOIA TAURO	142	-0.344
DAMIETTA	250	0.650	GOTHENBURG	341	4.653
DAMMAM	102	-0.737	GRANGEMOUTH	243	0.560
DANANG	84	-1.053	GUANGZHOU	4	-5.162
DAR ES SALAAM	324	2.561	GUAYAQUIL	336	3.647
DAVAO	143	-0.341	GUSTAVIA	126	-0.528
DILISKELESI	54	-1.842	HAIFA	225	0.384
DJIBOUTI	61	-1.590	HAIPHONG	47	-1.953
DOUALA	298	1.510	HAKATA	99	-0.758
DUBLIN	262	0.839	HALIFAX	39	-2.365
DUNKIRK	118	-0.611	HAMAD PORT	36	-2.411

continued

Port name	Rank	Total score
HAMBURG	280	1.176
HELSINGBORG	164	−0.196
HERAKLION	178	−0.030
HONG KONG PORT, HONG KONG SAR, CHINA	7	−4.276
HOUSTON	266	0.878
HUENEME	264	0.862
INCHEON	34	−2.422
IQUIQUE	342	4.766
ISKENDERUN	272	1.024
ITAJAI	308	1.828
ITAPOA	69	−1.376
IZMIR	277	1.136
JACKSONVILLE	161	−0.215
JAWAHARLAL NEHRU PORT	56	−1.786
JEBEL ALI	323	2.482
JEDDAH	53	−1.862
JOHOR	110	−0.669
JUBAIL	21	−2.898
KALININGRAD	167	−0.159
KAOHSIUNG	5	−4.669
KARACHI	75	−1.292
KEELUNG, TAIWAN, CHINA	65	−1.509
KHALIFA BIN SALMAN	140	−0.356
KHALIFA PORT	26	−2.795
KING ABDULLAH PORT	2	−5.684
KINGSTON (JAMAICA)	286	1.283
KLAIPEDA	301	1.635
KOBE	19	−3.127
KOPER	318	2.237
KOTKA	242	0.558
KRIBI DEEP SEA PORT	303	1.701
KRISTIANSAND	186	0.008
LA GUAIRA	305	1.737
LA SPEZIA	241	0.548
LAE	287	1.314
LAEM CHABANG	55	−1.807
LAGOS (NIGERIA)	340	4.646
LARVIK	181	−0.015
LATAKIA	171	−0.135
LAZARO CARDENAS	25	−2.798
LE HAVRE	258	0.746
LEIXOES	206	0.201
LIANYUNGANG	37	−2.375
LIMASSOL	192	0.063
LIRQUEN	256	0.708
LIVORNO	251	0.658
LOME	288	1.332
LONDON	82	−1.117
LONG BEACH	333	3.175
LOS ANGELES	328	2.899
LUANDA	350	8.383
LYTTELTON	188	0.034
MAGDALLA	48	−1.943
MALABO	263	0.859
MALAGA	108	−0.690
MANAUS	269	0.967
MANILA	322	2.445
MANZANILLO (MEXICO)	275	1.070
MAPUTO	299	1.533
MARIEL	191	0.057
MARSAXLOKK	106	−0.698

continued

Port name	Rank	Total score	Port name	Rank	Total score
MARSEILLE	345	5.696	NOUAKCHOTT	295	1.475
MATADI	209	0.238	NOUMEA	104	-0.721
MAWAN	32	-2.557	NOVOROSSIYSK	300	1.626
MEJILLONES	289	1.381	OAKLAND	332	3.163
MELBOURNE	302	1.676	ODESSA	189	0.046
MERSIN	214	0.275	OITA	185	0.004
MIAMI	200	0.149	OMAEZAKI	109	-0.680
MOBILE	101	-0.745	ONNE	270	0.994
MOGADISCIO	281	1.194	OSAKA	67	-1.440
MOJI	111	-0.663	OSLO	78	-1.192
MOMBASA	331	3.140	OTAGO HARBOUR	314	2.023
MONTEVIDEO	273	1.033	OWENDO	245	0.563
MONTREAL	285	1.231	PAITA	105	-0.705
MUHAMMAD BIN QASIM	296	1.499	PALERMO	172	-0.125
MUNDRA	50	-1.902	PANJANG	247	0.573
MUUGA—PORT OF TALLINN	195	0.092	PAPEETE	157	-0.227
NAGOYA	16	-3.251	PARANAGUA	252	0.659
NAHA	92	-0.883	PECEM	59	-1.647
NANTES-ST NAZAIRE	255	0.693	PENANG	139	-0.367
NAPIER	240	0.513	PHILADELPHIA	83	-1.080
NAPLES	150	-0.280	PHILIPSBURG	194	0.090
NASSAU	173	-0.109	PIPAVAV	38	-2.371
NELSON	210	0.240	PIRAEUS	93	-0.859
NEMRUT BAY	329	2.970	POINT LISAS PORTS	165	-0.182
NEW MANGALORE	232	0.451	POINTE-A-PITRE	147	-0.319
NEW ORLEANS	265	0.865	POINTE-NOIRE	346	5.832
NEW YORK & NEW JERSEY	89	-0.969	PORT AKDENIZ	96	-0.820
NGQURA	351	8.401	PORT BOTANY	337	3.907
NINGBO	24	-2.805	PORT BRONKA	132	-0.454
NORRKOPING	124	-0.553	PORT ELIZABETH	348	7.659

continued

Port name	Rank	Total score
PORT EVERGLADES	208	0.213
PORT FREEPORT	182	-0.008
PORT KLANG	14	-3.334
PORT LOUIS	344	5.501
PORT MORESBY	217	0.307
PORT OF SPAIN	260	0.775
PORT OF VIRGINIA	85	-1.044
PORT REUNION	334	3.302
PORT SAID	58	-1.652
PORT VICTORIA	292	1.457
POSORJA	77	-1.192
POTI	215	0.278
PRINCE RUPERT	330	2.979
PUERTO BARRIOS	103	-0.731
PUERTO BOLIVAR (ECUADOR)	141	-0.347
PUERTO CABELLO	309	1.829
PUERTO CORTES	131	-0.468
PUERTO LIMON	94	-0.858
PUERTO PROGRESO	259	0.750
PUERTO QUETZAL	154	-0.269
QINGDAO	8	-3.860
QINZHOU	127	-0.523
QUY NHON	79	-1.163
RAUMA	229	0.439
RAVENNA	179	-0.025
RIGA	235	0.482
RIJEKA	312	1.974
RIO DE JANEIRO	199	0.126
RIO GRANDE (BRAZIL)	74	-1.332
RIO HAINA	146	-0.322
ROTTERDAM	116	-0.611
SAIGON	137	-0.375
SAINT JOHN	211	0.241
SALALAH	6	-4.531
SALERNO	174	-0.080
SALVADOR	43	-2.051
SAMSUN	297	1.502
SAN ANTONIO	159	-0.218
SAN JUAN	148	-0.303
SAN PEDRO (COTE D'IVOIRE)	319	2.267
SAN VICENTE	221	0.361
SANTA CRUZ DE TENERIFE	88	-0.970
SANTA MARTA	120	-0.589
SANTO TOMAS DE CASTILLA	203	0.185
SANTOS	70	-1.376
SAVANNAH	279	1.158
SAVONA-VADO	310	1.897
SEATTLE	236	0.487
SEPETIBA	73	-1.338
SHANGHAI	63	1.532
SHANTOU	91	-0.935
SHEKOU	9	-3.726
SHIBUSHI	135	-0.382
SHIMIZU	12	-3.361
SHUAIBA	149	-0.301
SHUWAIKH	160	-0.216
SIAM SEAPORT	115	-0.613
SINES	18	-3.183
SINGAPORE	15	-3.279
SOHAR	71	-1.375

continued

Port name	Rank	Total score	Port name	Rank	Total score
SOKHNA	293	1.459	TUTICORIN	130	−0.469
SOUTHAMPTON	290	1.404	ULSAN	98	−0.811
ST PETERSBURG	304	1.719	UMM QASR	233	0.452
STOCKHOLM	267	0.915	VALENCIA	283	1.211
SUAPE	81	−1.129	VALPARAISO	222	0.365
TACOMA	335	3.628	VANCOUVER (CANADA)	237	0.499
TAICHUNG, TAIWAN, CHINA	97	−0.814	VARNA	196	0.094
TAIPEI, TAIWAN, CHINA	30	−2.681	VENICE	274	1.042
TAKORADI	254	0.683	VERACRUZ	158	−0.219
TAMPA	226	0.411	VIGO	156	−0.233
TANGER MEDITERRANEAN	27	−2.769	VILA DO CONDE	183	0.000
TANJUNG EMAS	133	−0.433	VITORIA	183	0.000
TANJUNG PELEPAS	13	−3.342	VLADIVOSTOK	202	0.182
TANJUNG PERAK	153	−0.269	VOSTOCHNY	204	0.192
TANJUNG PRIOK	64	−1.521	WALVIS BAY	307	1.819
TARRAGONA	121	−0.588	WELLINGTON	176	−0.049
TAURANGA	219	0.333	WILHELMSHAVEN	119	−0.598
TEESPORT	216	0.303	WILMINGTON (NORTH CAROLINA, USA)	155	−0.237
TEMA	261	0.782	XIAMEN	62	−1.541
THESSALONIKI	284	1.229	YANGSHAN	28	−2.733
TIANJIN	218	0.310	YANTIAN	29	−2.724
TIMARU	317	2.225	YARIMCA	68	−1.393
TIN CAN ISLAND	343	4.789	YOKKAICHI	107	−0.692
TOAMASINA	227	0.433	YOKOHAMA	1	−5.995
TOKYO	35	−2.418	YEOSU	22	−2.831
TOMAKOMAI	205	0.194	YUZHNY	198	0.105
TRIESTE	212	0.241	ZEEBRUGGE	87	−0.988
TRIPOLI (LEBANON)	66	−1.497	ZHOUSHAN	20	−2.963

Source: Original calculations for this publication, based on CPPI 2020 data.

表 A.3　首版 CPPI 删掉的港口

港口名称	港口名称	港口名称
塔尔图斯港（叙利亚）	金奈港（印度）	布里奇敦港（巴巴多斯）
泰基尔达港（土耳其）	拉斯帕尔马斯港（西班牙）	朴次茅斯港（英国）
细岛港（日本）	乔治敦港（圭亚那）	仰光港（缅甸）
川崎港（日本）	马莫纳尔港（哥伦比亚）	圣乔治港（格林纳达）
梅利利亚港（西班牙）	加的斯港（西班牙）	帕拉马里博港（苏里南）
科钦港（印度）	阿皮亚港（萨摩亚）	湛江港（中国）
圣卡洛斯港（菲律宾）	巴尔港（黑山）	米苏拉塔港（利比亚）
维沙卡帕特南港（印度）	瑞查普港（泰国）	卡斯特里港（圣卢西亚）
巴尔卡德拉港（荷属安的列斯）	科克港（爱尔兰）	波尔多港（法国）
曼塔港（厄瓜多尔）	太子港（海地）	雷达斯港（突尼斯）
波扎洛港（意大利）	马萨特兰港（墨西哥）	迪耶果苏瓦雷斯港（马达加斯加）
卡玛拉吉港（印度）	普罗切港（克罗地亚）	威廉斯塔德港（荷兰）
赫尔辛基港（芬兰）	拉罗谢尔港（法国）	斯基克达港（阿尔及利亚）
印诺尔港（印度）	火奴鲁鲁港（美国）	格里诺克港（英国）
克里什纳帕特南港（印度）	阿利坎特港（西班牙）	图尔博港（哥伦比亚）
沙迦港（阿联酋）	茱莱港（越南）	蒙罗维亚港（利比里亚）
特拉帕尼港（意大利）	一山港（越南）	特拉布宗港（土耳其）
磅逊港（柬埔寨）	安托法加斯塔港（智利）	班加西港（利比亚）
玻利瓦尔港（哥伦比亚）	里斯本港（葡萄牙）	福塔莱萨港（巴西）
苏比克湾港（菲律宾）	利物浦港（英国）	埃斯梅拉达斯港（厄瓜多尔）
关丹港（马来西亚）	法赫德国王工业港（沙特阿拉伯）	弗利辛恩港（荷兰）
鲁戈港（俄罗斯）	布雷斯特港（法国）	帕果帕果港（美属萨摩亚）
威尔明顿港（美国）	文特米内拉斯港（委内瑞拉）	加尔各答港（印度）
崇明港（中国）	敦斯维尔港（澳大利亚）	马约特港（法国）
马林港（西班牙）	科林托港（尼加拉瓜）	亚丁港（也门）

数据来源：埃信华迈，基于首版CPPI数据库。

Table A.3 The Ports Omitted from CPPI 2020

Port name	Port name	Port name
TARTOUS	CHENNAI	BRIDGETOWN
TEKIRDAG	LAS PALMAS	PORTSMOUTH (UNITED KINGDOM)
HOSOSHIMA	GEORGETOWN (GUYANA)	YANGON
KAWASAKI	MAMONAL	ST GEORGE'S (GRENADA)
MELILLA	CADIZ	PARAMARIBO
COCHIN	APIA	ZHANJIANG
SAN CARLOS (PHILIPPINES)	BAR	QASR AHMED
VISAKHAPATNAM	PRACHUAP PORT	CASTRIES
BARCADERA	CORK	BORDEAUX
MANTA	PORT-AU-PRINCE	RADES
POZZALLO	MAZATLAN	DIEGO SUAREZ
KAMARAJAR	PLOCE	WILLEMSTAD
HELSINKI	LA ROCHELLE-PALLICE	SKIKDA
KATTUPALLI	HONOLULU	GREENOCK
KRISHNAPATNAM	ALICANTE	TURBO
SHARJAH	CHU LAI	MONROVIA
TRAPANI	NGHI SON	TRABZON
KOMPONG SOM	ANTOFAGASTA	BENGHAZI
PUERTO BOLIVAR (COLOMBIA)	LISBON	FORTALEZA
SUBIC BAY	LIVERPOOL (UNITED KINGDOM)	ESMERALDAS
KUANTAN	KING FAHD INDUSTRIAL PORT (YANBU)	VLISSINGEN
UST - LUGA	BREST	PAGO-PAGO
WILMINGTON (DELAWARE, USA)	VENTERMINALES	DR SYAMA PRASAD MOOKERJEE
CHONGMING	TOWNSVILLE	MAYOTTE
MARIN (SPAIN)	CORINTO	ADEN

Source: IHS Markit, based on CPPI 2020 data.

附录 B: 用因子分析构建 CPPI

Appendix B: Constructing the CPPI with Factor Analysis

数据结构

103. 在研究构建CPPI采用的方法（因子分析法）之前，首先总结可用数据的结构是有帮助的。数据集包含以下五类船型：

a. 支线船：<1500 TEU

b. 区域间贸易船型：1500~5000 TEU

c. 中型船：5000~8500 TEU

d. 新巴拿马型船：8500~13500 TEU

e. 超大型集装箱船：>13500 TEU

104. 每个分类都有10个不同的停靠规模分组。港口生产力是通过平均闲置时间来评估的。闲置时间包括两个部分：港口到泊位的时间（PB）和在泊位上的时间（B）。因此，理想情况下，总变量 = 5 × 10 × 2。当然，许多变量都缺少实际数值。

Structure of the data

103. *Before discussing the methodology employed in constructing the CPPI with factor analysis (FA), it is helpful to first summarize the structure of available data.* The dataset contains following five categories of ship size:

a. Feeders: <1,500 TEU

b. Intraregional: 1,500–5,000 TEU

c. Intermediate: 5,000–8,500 TEU

d. Neo-Panamax: 8,500–13,500 TEU

e. Ultra-large container carriers: >13,500 TEU

104. *For each category, there are ten different bands for call size.* The port productivity is captured by average idle hour, which consists of two parts: port-to-berth (PB) and on-berth (B). Thus, ideally, the total variables = 5 × 10 × 2. Of course, many of them have missing values. The objective is to build a factor model to summarize these variables and then construct a port productivity index for all ports under consideration. The data structure for a particular

这就需要建立一个因子模型来总结这些变量，然后为所有要评估的港口创建一个港口生产力指数。所用的数据结构如表B.1，在某一特定类别k（k = 1，2，3，4，5）的分组下，用j = 1，2，…表示停靠规模分组，i= 1，2，…表示不同的港口。

category k (k = 1, 2, 3, 4, 5) can be summarized as shown in table B.1. In the following, we use j = 1, 2, ... to denote various bands of call size and i = 1, 2, ... to denote different ports under consideration.

表 B.1　港口生产力数据结构样本（按船舶尺寸分组）

船舶尺寸分组(k)	停靠规模范围（搬运次数）						
	<250		251~500		…	>6000	
港口	港口到泊位	泊位	港口到泊位	泊位	…	港口到泊位	泊位
1							
2							
3							
…							

Table B.1　Sample Port Productivity Data Structure, by Ship Size

Ship size (k)	Call size band (number of moves)						
	<250		251 - 500		…	>6,000	
Ports	Port-to-berth	Berth	Port-to-berth	Berth	…	Port-to-berth	Berth
1							
2							
3							
…							

缺失值的估算

Imputation of missing values

105. 一个主要的实际问题是，大多数闲置时间变量存在大量的缺失值。例如，当船舶尺寸的数据量较少时，港口绩效数据集涵盖对大型停靠规模组的观察数据就非常有限。这种无数据的表格可以直接删除，因为它们不传递任何信息。处理变量中数据缺失的一种方法是在提取因子时只使用完整的案例。然而，这将极大地减少样本量并导致信息丢失。

105. *A major practical problem is that most idle hour variables have a significant number of missing values.* For instance, the port performance dataset includes very limited observations for large call size bands when ship capacity is low. Those columns with no data can be just deleted, as they convey no information. One way to deal with missing data in variables is to use only complete cases when extracting factors. This, however, will dramatically reduce the sample size and cause information loss.

106. 更复杂的方法是使用基于可能性的方法来估算缺失值。基于当前的数据集，可以利用最大期望算法为每个缺失值赋予最大似然估计值。这种方法基于两个关键假设：第一个假设是缺失值是随机的，更具体地说，缺失值不是由样本选择偏差引起的；第二个假设是所有

106. *A more sophisticated approach is to use likelihood-based method to impute those missing values.* For the current dataset, expectation–maximization (EM) algorithm can be utilized to provide a maximum-likelihood estimator for each missing value. It relies on two critical assumptions: The first assumption is that gaps are random, or more specifically, the gaps are not caused by sample selection bias. The second assumption is that all variables under consideration follow a normal

考虑的变量都服从正态分布。根据数据集，这两个假设貌似是合理的。最大期望算法为已知观测数据正态分布的均值和方差计算出最大似然估计值。知道了产生缺失数据的分布后，就可以从中取样来估算缺失值。然后因子分析法就可以基于生成的完整数据集，而不是之前那个填好缺失值的数据集。需要注意的一点是：最大期望算法可能会因一些缺失的数据而产生负值，这没有什么意义，因为闲置时间不可能小于零。如果出现负值，则该值应设置为零。

distribution. Given the dataset, these two assumptions are plausible. EM computes the maximum likelihood estimator for the mean and variance of the normal distribution given the observed data. Knowing the distribution that generates the missing data, we can then sample from it to impute the missing values. FA can then be based on the resultant complete dataset, instead of the original one filled with missing values. A subtle point to note: The EM algorithm could produce a negative value for some missing data, which makes little sense as idle hours cannot be less than zero. If a negative value occurs, the value should be set to zero.

107. **前述估算方法具有一定的随机性，具体来说，填补的缺失值是从一个正态分布中随机抽取出来的。**这导致了很多不确定性，因为很可能就抽到一个极端值。尽管概率很低，但如果只从数据集中抽取一次，还是会

107. *The proposed imputation method relies on some randomness, specifically, the missing values are filled by drawing randomly from a normal distribution.* This causes a lot of uncertainty, as an extreme value can be drawn by chance. Despite a very low probability, it could happen if drawn only once from the dataset. Thus, the results based on this kind of imputation could be quite unstable. The following

可能发生的。因此，基于这种缺失值计算出来的结果可能很不稳定。可以通过以下方法来解决这个问题：

（1）假设估算这些缺失数据1000次（由于随机性，每次都会产生一个不同的“完整数据集”）；

（2）对这1000个完整数据集取平均值，得到最终估算值；

（3）使用此数据集进行因子分析并得出最终排名。

can be done to overcome this problem:

1. Impute the missing data, say, 1,000 times (each time will produce a different "complete dataset" due to the randomness);

2. Take the average over those 1,000 complete datasets to obtain final imputation; and

3. Run the FA using this dataset and obtain the final rankings.

108. 使用这种方法，得出的分数更稳定，更接近预期。经过彻底的测试，1000次的重复被证明足以在所有案例中都能提供令人满意的结果。可以假设，由于算法包含随机性，因此可能每次都会产生不同的结果［缺失值由常用的统计软件包（R语言）处理，该软件包采用的是最大期望估算法］。然而，这并不是个问题，因为

108. *Using this approach, we find the scores produced are much more stable and closer to the prior expectation.* After thorough testing, 1,000 replications proved sufficient to provide a satisfactory result in all cases. It could be posited that, as the algorithm involves randomness, different results could be produced every time. (The missing value is dealt with by the "norm" package in the statistical software used (R,) which employs an EM imputation algorithm). That would not be a problem, however, as the so-called "random seed" can be set exogenously, which allows "control" of the random sequence generated

所谓的"随机种子"可以外部设置，从而"控制"由计算机生成的随机序列。直观地说，如果使用相同的种子（只不过是一个正整数），那么应该得出相同的结论。

by the computer. Intuitively, if the same seed—which is nothing more than a positive integer—is used, then the same conclusion should be reached.

为什么因子分析有用？

Why is factor analysis useful?

109. **基本上，对于每个港口来说，有相当多的变量会包含港口效率相关的信息。**这些变量包括不同类别下的平均时间成本：（1）不同的停靠规模组，和（2）泊位/港口到泊位。因子分析之所以有用，是因为这些变量实际上是由一些未观察到的因素决定的，这些因素可能包括基础设施的质量、员工的专业知识等。通常，这意味着只要两三个这样的因素就可以概括几乎所有有用的信息。问题在于无法观察到

109. *Essentially, for each port, quite a few variables contain information about its efficiency.* These include average time cost under various categories: (i) different call size bands, and (ii) berth/port-to-berth. The reason FA can be helpful is these variables are in fact determined by a small number of unobserved factors, which might include quality of infrastructure, expertise of staff, and so on. Usually, it means just two or three such factors can summarize almost all useful information. The challenge lies in the inability to observe those latent factors; however, a simple example could be helpful: Imagine three ports, each with four different types of time cost, as shown in table B.2.

这些潜在的因素。不过，一个简单的例子可能会有帮助：如表B.2所示，假设有三个港口，每个港口有四种不同类别的时间成本。

表 B.2　潜在因子示例

港口	成本 1	成本 2	成本 3	成本 4
A	1	2	3	4
B	2	4	6	8
C	3	6	9	12

Table B.2　Simple Illustration of Latent Factors

Port	Cost 1	Cost 2	Cost 3	Cost 4
A	1	2	3	4
B	2	4	6	8
C	3	6	9	12

110. **如表B.2所示，成本2、成本3和成本4都是成本1的倍数。**尽管每个港口有四个变量，但是仅一个变量就足以对这三个港口的效率进行排序（A> B> C）。当然，这个例子代表了一种极端情况，但是如果这些变

110. *As observed in table B.2, costs 2, 3, and 4 are simply multiples of cost 1.* Although each port has four variables, one variable alone is enough to rank the efficiency of these three ports (A > B > C). Of course, this example represents an extreme case, the idea can be generalized if these variables are correlated to a less extreme extent. In that case, the factors are computed as a linear combination of

量关联到一个程度不那么极端的例子，那么这个想法可以被推广了。在这种情况下，用成本1到成本4的线性组合来计算因子。然而，如果成本1到成本4完全相互独立，那么这种方法就没用了。幸运的是，CPPI数据集并不是这种情况。因此，对于每个港口，我们可以计算出其所有因子的得分，然后将这些得分相加，从而得出最终的效率得分。

costs 1 through 4. However, if costs 1 through 4 are completely independent of each other, this method makes no sense. Fortunately, this is not the case for the CPPI dataset. Thus, for each port, we can ompute its score on all factors and then combine those scores together to reach a final efficiency score.

111. **注意，对于因子分析，我们不计算每个停靠规模分组的得分。**相反，整个数据集均用于获得潜在因子。这与行政方法形成了鲜明的对比。使用因子分析的统计方法利用了停靠规模分组与时间相关的所有因子，从统计角度来看这样更有效。因子分析的一个缺点是没有考虑到某些观察结果更可靠，因为它们基于更多的港口停

111. *Note that for FA, we do not calculate scores for each call size range.* On the contrary, the whole dataset is used simultaneously to obtain latent factors. This contrasts sharply with the administrative methodology. The approach using FA utilizes all correlations among hours for various call size bands, which from a statistical viewpoint is more efficient. One downside is that FA does not consider that some observations are more reliable than others as they are based on more calls. Therefore, the result could be seriously distorted in the presence of large outliers. This is an area necessitating further investigation in

靠。因此，在出现较大异常值的情况下，结果可能会严重失真。这是CPPI未来版本中需要进一步研究的方向。

future iterations of the CPPI.

统计方法

Statistical methodology

112. 最终的指数是五个分类指数的加权平均值。具体地说，将特定的港口i定义为：

$$\text{CPPI}(i)=\sum_{k=1}^{5}w_k \cdot I_{k,i}$$

112. *The final index is a weighted average of five subindices.* Specifically, for a particular port *i*, it is defined as:

$$\text{CPPI}(i)=\sum_{k=1}^{5}w_k \cdot I_{k,i}$$

113. 式中，$I_{k,i}$表示五种不同尺寸的船舶类别的指数。权重w_k应根据这五种情况的相对重要性来选择，直观上应满足$w_1<w_2<w_3<w_4<w_5$。在使用因子分析时，选择这些权重所用到的假设要与行政方法中使用的假设相同。注意，当汇总不同船舶尺寸分组时，也应该处理遗漏的观察结果。因此，如果

113. *Where $I_{k,i}$ denote the index for five ship size categories under consideration.* The weights w_k should be chosen according to the relative importance of these five cases and intuitively it should satisfy $w_1<w_2<w_3<w_4<w_5$. When implementing FA, these weights were selected using the same assumptions in the administrative approach. Note that when aggregating across various ship size group, missing observations should be dealt with as well. In this regard, if the data for a port is unavailable within a ship size group, the assumed imputation is zero. By

一个港口的数据在一个船舶尺寸分组内不可用，则假定的缺失值为0。通过构建因子分析，被观测港口的组平均分总为0。因此，将0分配给未观察港口似乎也合理。计算某一特定船舶尺寸范围的总得分$I_{k,i}$，即未观察到的因子m的平均得分。具体地说：

$$I_{k,i}=\sum_{d=1}^{m}w_d \cdot f_{k,i,d}$$

114. 这里，权重w_d与d^{th}因子在总方差中的贡献成正比。这些因子可以在一个向量中集合，$F_{k,i}=(f_{k,i,1},\cdots,f_{k,i,m})'$，它们是基于以下模型得到的：

$$X_{k,j,i}=\Lambda'_{k,j}\cdot F_{k,i}+e_{k,j,i}$$

115. 式中，$X_{k,j,i}$表示港口i的港口到泊位和泊位两阶段的闲置时间，船舶尺寸分组为k，停靠规模范围为j。$\Lambda_{k,j}=(\lambda_{k,j,1}\ \cdots\ \lambda_{k,j,m})'$表示因子荷载的向量，$e_{k,j,i}$表示特

the construction of factor analysis, zero is always the group average score of observed ports. Thus, assigning zero to unobserved ports seems plausible. The total score for a particular ship size range, $I_{k,i}$, is computed as the average of scores on a set of m unobserved factors. Specifically:

$$I_{k,i}=\sum_{d=1}^{m}w_d \cdot f_{k,i,d}$$

114. Here, the weight w_d is proportional to the contribution of dth factor in total variance. Those factors can be collected in a vector, $F_{k,i}=(f_{k,i,1},\ \ldots,\ f_{k,i,m})'$, and they are obtained based on the following model:

$$X_{k,j,i}=\Lambda'_{k,j}\cdot F_{k,i}+e_{k,j,i}$$

115. Where $X_{k,j,i}$ represents port-to-berth and berth idle hours for port i, ship size category k and call size band j. $\Lambda_{k,j}=(\lambda_{k,j,1}\ \ldots\ \lambda_{k,j,m})'$ denotes vectors of factor loadings and $e_{k,j,i}$ represents idiosyncratic errors.

异误差。

116. 每一个因子都描述了港口效率低下的一个方面。在计算因子得分之前，首先必须确定潜在因子的数量。对于计算好的完整数据集，初步分析表明，因子的数量应该是3（即m=3）。的确，通过检查碎石图，很明显前三个主成分因子占总方差的80%以上。因此，这些变量可以被三个潜在因子充分捕获。因此，最终的得分就是三个因子得分的加权平均。简单地说，提取的因子与处理小型、中型、大型停靠规模的效率低下相对应。得分是标准化的，一个因子得负分意味其在这方面的绩效高于平均水平。

116. *Each factor characterizes one aspect of port inefficiency. Before calculating the factor score, first the number of latent factors must be determined.* For the imputed complete dataset, the preliminary analysis shows the number of factors should be three (that is, $m = 3$). Indeed, by checking the scree plot, it is clear the first three principal components account for more than 80 percent of total variance. Hence, these variables can be adequately captured by three latent factors. Therefore, the final score would be weighted average of three factor scores. Loosely speaking, the factors extracted correspond to the inefficiency on handling small, medium, and large calls. The scores are standardized and a negative score on a factor implies an above-average performance in that aspect.

117. 应用因子分析法的另一个挑战是需要处理所谓的“旋转不确定性”，这意味着如果没有额外的限制，

117. *Another challenge when applying factor analysis is the need to deal with the so-called "rotation indeterminacy," which means factor loadings cannot be identified without additional restrictions.* To this

就无法确定因子荷载。为此，采用“最大正交旋转”法可以使提取的因子更容易解释。此外，必须选择计算因子得分的方法。文献中有各种方法，为此，本文件选择了Anderson-Rubin方法。该方法得出了近似标准化的因子得分估计，属性良好。给定完整的数据，使用标准的软件包可以实现上述过程。港口排名结果按降序排序，其中，$I_{k,i}$值越大，表示某个特定港口的效率越低。

end, the “varimax rotation” method is employed, which makes the factors extracted easier to interpret. Also, the method to compute the factor scores must be selected. Various approaches exist in the literature and for this purpose, Anderson-Rubin method has been selected. This method yields approximately standardized factor score estimates with some nice properties. Given complete data, the above procedure is implemented using a standard software package. The result ranks the ports in descending order, with a large value of $I_{k,i}$ indicating a particular port is less efficient.

总 序

2017年第一轮推出10部“云岭旅游规划丛书”之后，2019年再推出10部作为“云岭旅游规划丛书”的第二轮成果。这次出版的10部书稿，涉及全域旅游、乡村旅游、旅游扶贫、旅游小镇、旅游特色村、田园综合体、山地运动旅游区等旅游新兴业态，这些规划题材与国家“振兴乡村”“旅游扶贫”“美丽乡村”“产业融合”等发展战略相契合，体现出旅游实践发展的最新进展状况，反映了规划设计、知识运用、学术研究与时代发展的同频共振。

由云南大学与昆明理工大学等院校多年合作形成的研究团队，在培养硕士研究生、博士研究生的进程中，为研究生业态感知、论文选题、素材提取、数据收集、案例分析等提供了丰厚的学术土壤和宝贵的实践机会，也为地方社会经济发展贡献了高校师生的知识、智慧，诸多规划题材和典型案例同时成为教学讲解的内容和教材编写的素材，成为课堂上、教材中、讨论里最为鲜活的话题。如此这般扎根大地的学术生涯，使老师与学生结下深厚的友谊，让学术圈的同事们铸成豁达、健康的学术生态。一趟趟的跋山涉水、一场场的激烈争论、一次次的驱车同行、一碗碗的欢畅痛饮，让生命充满了激情，让学术浸透了灵性，让生活富有了诗意。回头看看，充实而美好。

田 里

2019.10

序　言

《大理州民族文化旅游村开发研究》是将云南大学旅游学科团队早期承担并完成的《洱源县梨园民俗文化生态村景区详细规划》（2007 年完成）《剑川县石龙村乡村旅游区总体规划》（2013 年完成）《剑川县水古楼村旅游发展规划》（2013 年完成）项目成果予以整合出版。该书对大理州几种典型的少数民族文化村落进行旅游开发设计，主要包括：打造生态文化旅游村，依托千年梨园、茈碧湖畔、高原渔村等资源，将洱源县梨园村塑造为“世外梨园”旅游品牌；打造非遗文化旅游村，依托剑川木雕、白族美食等资源，将剑川县水古楼村塑造为“剑湖之源”旅游品牌；打造民俗文化旅游村，依托霸王鞭、白族民歌、石龙乡戏等资源，将剑川县石龙村塑造为“活态白族民俗文化”旅游品牌。

该系列项目最大的亮点在于，在乡村旅游开发中不仅将那些濒临消失的民族传统建筑、民间技艺、民俗礼仪、风土人情等挖掘出来，以活态化的方式进行传承和保护，转换成当地最具魅力的旅游产品。同时，希望通过民族文化旅游价值转换、社区参与机制设计、村规民约制度颁布等，增强当地村民的文化自觉和自信，从而让他们自己成为本土文化最坚实的守护者。如今，这些村落先后荣获全国农业旅游示范点、云南省旅游特色村、云南省民族特色旅游村等称号，旅游开发使得村民的小康道路越走越宽。

田　里

2019.10

研究人员

组 长	田 里	云南大学工商管理与旅游管理学院	博导、教授
副组长	钟 晖	昆明理工大学艺术与传媒学院	博士、讲师
	张鹏杨	云南大学工商管理与旅游管理学院	博士、讲师
成 员	王 桀	云南大学工商管理与旅游管理学院	博士、副教授
	杨 懿	云南大学工商管理与旅游管理学院	教授、博士后
	陈晓强	赣南师范学院历史文化与旅游学院	副教授、硕导
	徐尤龙	云南大学工商管理与旅游管理学院	博士
	罗小军	云南大学工商管理与旅游管理学院	硕士
	康媛洁	云南大学工商管理与旅游管理学院	硕士
	傅 彬	云南大学工商管理与旅游管理学院	硕士
	刘 亮	云南大学工商管理与旅游管理学院	硕士
	孟帅康	云南大学工商管理与旅游管理学院	硕士
	高 月	云南大学工商管理与旅游管理学院	硕士
	刘秋婷	云南大学工商管理与旅游管理学院	硕士
	邓 芸	昆明理工大学艺术与传媒学院	硕士
	白 杰	昆明理工大学艺术与传媒学院	硕士
	王 媛	昆明理工大学艺术与传媒学院	硕士
	王 颖	昆明冶金高等专科学校通识与素质教育学院	硕士

· CONTENTS · 目录

第一部分　洱源县梨园村旅游开发研究报告

一、梨园村基本情况分析

（一）梨园村概况

1. 地理环境

梨园村位于云南省大理州洱源县茈碧湖镇茈碧湖北岸，是洱海源头的一个聚落特征明显的白族聚落村寨。村寨三面环山，一面滨水：即东、西、北三面是高原峰丛地貌的罢谷山，植被比较稀疏，南面濒临茈碧湖。梨园村距离洱源县城陆路 8 千米，水路 5 千米，因村中共有树龄为 500~1000 年不等的古梨树 7480 株而得名为“梨园”村。梨园村气候为典型的北亚热带高原季风气候，地处低纬度、高海拔地区，日照充足，四季不明显，冬春多晴、夏秋多雨。年平均温度为 14℃，年平均日照为 2451 小时，无霜期长，因处茈碧湖畔，冬暖夏凉，是冬季避寒、夏季避暑的良好去处。

2. 社会经济

梨园村目前居住着 106 户人家，有 454 口人，其中白族 430 人，汉族 20 人，其他民族 2 人。全村 0~18 岁的 75 人，19~35 岁的 135 人，35~60 岁的 134 人，60 岁以上的 110 人，目前村中的最长者 96 岁。居民中小学以下文化的 218 人，初中文化的 134 人，高中文化的 98 人，大学以上文化的 4 人。居民主要从事农业生产和渔业。据洱源县统计资料显示，梨园村村民生产的主要农作物有蚕豆、水稻。随着以“农家乐”为主的乡村旅游发展，村民的人均年收入水平已从 2003 年的 1100 元增长到 2006 年的 2800 元。

3. 规划范围

规划范围为整个梨园村。核心规划区占地面积约为 1118 亩，其中果林地

522 亩，住用地 261 亩，耕地 290 亩，菜地 25 亩，鱼塘 20 亩。缓冲区周边林地 10051 亩。

4. 旅游资源

梨园村是典型的聚落特点完备的白族聚落村寨，是一个古老的、白族风情浓郁的、自然风光旖旎迷人的白族渔村。

古老是指梨园村历史悠久。明代旅行家徐霞客曾在梨园村游历、就餐。据考证，梨园村的古梨树的树龄有达千年以上的，这说明，梨园村的先祖在 1000 多年以前就开始栽培梨树了。

白族风情浓郁是指白族的建筑文化、服饰文化、歌舞文化、饮食文化和其他民俗风情等各种文化均在这里表现得淋漓尽致。

村寨里还有鱼塘、菜地、农田、梅林、柿林、李林、杏林等资源，在梨园村南还有一处较大的温泉露头。梨园温泉为硫黄温泉，水温为 32℃，流量为 0.0013 立方米 / 秒，显示体为泵坑温水。目前还未加以开发。

梨园村旅游开发主要依托的资源为白族村寨、古梨林和温泉。

（二）梨园村旅游发展的现状分析

梨园村有 10 户经营农家乐，其中 8 户为家庭式旅馆，床位 80 床，有农家餐厅 3 个，餐位共计 150 个，旅游船只 12 艘，旅游从业人员 60 人。洱源县政府和洱源县旅游局聘请了相关专家进行梨园村的旅游开发的规划。据统计，2007 年 1~4 月，梨园村全村共接待旅游者 3 万人次，海外旅游者为 21 人次，旅游收入为 60 万元。在旅游旺季，每天可以接待游客 3100 人次，收入 6 万元。洱源县旅游事业局为加强梨园村的旅游安全管理，与每一家旅游服务企业和民居接待户都签订了安全生产责任书，通过村民自治的方法，制定了章程，成立了领导班子，划分职责，统一服务价格。

（三）存在的主要问题

梨园村的旅游处于起步的初级阶段。本来宁静、祥和的世外梨园，随着旅游的发展变得喧嚣，出现了各种各样的矛盾，存在许多的问题。

1. 硬件问题

梨园村在发展旅游以前是一个自耕自养、自给自足、自娱自乐的传统的自然行政村，城镇化水平低。梨园村的道路系统仍为传统的黄泥路面，没有经过整修、改善。没有统一的供水、排水系统，居民生活用水和旅游用水均为居民自家的井水。村民的燃料多为柴火。

梨园村没有旅游服务站点，没有系统的旅游标识系统、旅游解说系统，通信系统不发达。旅游餐饮、住宿接待设施跟不上旅游者人次增长速度的需要。没有旅游公厕，也没有专门的排水、排污系统。梨园村居民生活废水自然排放、生活垃圾和旅游垃圾日益增多，但目前环卫设施却相当缺乏，垃圾收集清运措施也不完善，无法集中处理各类垃圾。随着旅游者的日益增多，环境遭到严重破坏。

2. 管理服务问题

梨园村民风淳朴，但是村民的文化水平普遍较低，缺乏较高素质的旅游、导游服务人员，村民的服务意识与旅游意识比较薄弱。家庭民居接待与餐饮部门在全村范围内都缺少专门的管理人才。虽然有一部分人通过旅游先富裕起来，但因为旅游发展没有得到统一的规划，因此导致旅游利益分配的不公平，并由此引发了各种各样的利益相争问题。

3. 资金筹措问题

据统计，2006 年，梨园村年人均收入为 2800 元，比 2003 年的年人均收入增长了 61.8%，其中旅游收入占社会总收入的 50%。但是，从总体来看，梨园村社会经济发展较为落后，居民的民居大部分比较破旧。为了居民生活水平的提高和旅游业的进一步发展，大部分民居需要整修、改造或重新盖建，这一工程比较浩大。目前梨园村中的农家乐、家庭旅馆等旅游接待设施、设备、场所，均属当地居民自发经营，比较散乱，无外来商户投资经营。因此，梨园村的旅游发展面临资金上的困难。

4. 产品结构问题

就目前来说，梨园村旅游产品结构单一，主要的旅游产品为普通的“农家乐”和梨林观光。80% 以上的旅游者为周末休闲、观光旅游者，度假、疗养旅游者所占的比重小，几乎没有商务会议旅游者。旅游消费以低、中档为主，高档消费极少。

旅游景观主要以梨林风景为主。梨园村的景观多为尚未雕琢的自然状态，由于环境保护不到位，对旅游环境和旅游景观造成了不同程度的污染和破坏。旅游景观的层次感不强。

5. 市场营销问题

据统计，到 2006 年为止，梨园村没有独立的旅游网站，也没有在大理州以外做过电视广告营销，媒体、外界旅游者对梨园村知之甚少，犹如大家闺秀，藏在深闺人未识。梨园村的市场知名度不高，市场竞争力较弱。

二、旅游资源的分析与评价

（一）资源的类别与评价

1. 资源类别

根据《风景名胜区规划规范》（GB 50298—1999）对风景名胜区旅游资源的分类与评价标准，梨园村旅游资源分为自然景源与人文景源两大类。具体见表 1.2.1。

表 1.2.1　梨园村旅游资源分类表

大类	中类	小类	具体资源点
自然景源	天景	日月星光	龙庙夜月
		风雨阴晴	梨园晨曦、渔村夕照
		云雾景观	梨林雾霭
	地景	山景	罢谷山（山顶平地）
		其他	滨湖沙滩
	水景	泉井	梨园温泉
		湖泊	茈碧湖
		湿地沼泽	鱼塘
	生景	古树古木	古梨树林、古柿树林等
		物候季相景观	梨林的季相
		其他	李林、杏林、梅林、兰花园、素馨兰等
人文景源	园景	庭宅花园	白族民居庭院花园
		其他园景	梅园、农家菜园
	建筑	文娱建筑	白族戏台
		宗教建筑	本主庙
		村落与民居	白族古民居（三坊一照壁、四合五天井）
		其他建筑	铁匠坊、扎染坊、饵块米线制作坊等
	胜迹	遗址遗迹	梨园私塾
		其他	荆棘古篱笆
	风物	节假庆典	本主节、火把节、海灯会等
		民族民俗	赛马、赛龙舟、掐新娘、其他婚丧嫁娶风俗
		宗教礼仪	本主信仰
		神话传说	龙王二老爷传说
		民间文艺	白剧、大本曲、霸王鞭舞、八角鼓舞、龙狮舞、白鹤舞、唢呐音乐、双飞燕舞、洞经音乐等
		地方人物	徐霞客
		地方物产	古梨、刺绣、雕梅、大理石雕、乳扇

根据旅游资源分类标准，结合梨园村的实际情况，可以得知梨园村共有自然景观 4 个中类、11 个小类，占所有自然景观中类（4 个）的 100%，小类（40 个）的 27.5%；人文景观资源 4 个中类、15 个小类，占所有人文旅游资源中类（4 个）的 100%，小类（34 个）的 44.1%。所有旅游资源共计 51 个，其中自然景观 16 个，人文旅游资源 35 个，分别占梨园村总资源的 31.4% 和 68.6%。

2. 资源等级与评价

表 1.2.2　风景资源评价指标层次表

综合评价层	赋值	项目评价层	权重	因子评价层
景源价值	70~80	（1）欣赏价值 （2）科学价值 （3）历史价值 （4）保健价值 （5）游憩价值		①景感度②奇特度③完整度 ①科技值②科普值③科教值 ①年代值②知名度③人文值 ①生理值②心理值③应用值 ①功利性②舒适度③承受力
环境水平	20~10	（1）生态特征 （2）环境质量 （3）设施状况 （4）监护管理		①种类值②结构值③功能值 ①要素值②等级值③灾变率 ①水电能源②工程管网③环保设施 ①监测机能②法规配套③机构设置
利用条件	5	（1）交通通信 （2）食宿接待 （3）客源市场 （4）运营管理		①便捷性②可靠性③效能 ①能力②标准③规模 ①分布②结构③消费 ①职能体系②经济结构③居民社会
规模范围	5	（1）面积 （2）体量 （3）空间 （4）容量		

根据 GB 50298—1999 的评价标准（见表 1.2.2）与各级旅游资源的要求，可以得出梨园村旅游资源等级情况如表 1.2.3 所示：

表 1.2.3　梨园村旅游资源点的分级

级别	资源点	数量（个）	比重（%）
特级	—	0	0.0
一级	古梨林、茈碧湖	2	3.9
二级	梨园温泉、白族古民居	2	3.9
三级	龙庙夜月、梨园晨曦、梨林雾霭、渔村夕照、古梨树林、古柿树林、李林、杏林、梅林、兰花园、素馨兰、白族民居庭院花园、白族戏台、本主庙、铁匠坊、扎染坊、饵块米线制作坊、梨园私塾、荆棘古篱笆、白剧、大本曲、霸王鞭舞、八角鼓舞、龙狮舞、白鹤舞、唢呐音乐、双飞燕舞、洞经音乐、徐霞客	29	56.9

续表

级别	资源点	数量（个）	比重（%）
四级	罢谷山（山顶平地）、滨湖沙滩、鱼塘、梅园、农家菜园、本主节、火把节、海灯会	8	15.7
五级	古梨、刺绣、雕梅、大理石雕、乳扇、赛马、赛龙舟、掐新娘、其他婚丧嫁娶风俗	9	17.6
未获级别	龙王二老爷传说	1	2.0
共计	—	51	100

由表 1.2.3 可见，梨园村没有特级旅游资源点，从总体来看，三级旅游资源所占的比重最大。

（二）梨园村旅游资源特点

1. 民俗风情浓郁的白族聚落村寨

梨园村是一个聚落特征显著的白族村寨，是白族村寨文化的活体。梨园村的居民均为世居的白族居民，村寨布局充分体现了白族传统的聚落文化。

首先，从村寨所处的地理位置来看。梨园村位于茈碧湖北岸，村南临湖，东、西、北三面环山，如果将茈碧湖看作照壁的话，整个村寨布局就是白族民居典型的“三坊一照壁”。

其次，从村寨的功能分区来看。从茈碧湖北岸入村，在入村大道两旁是鱼塘，充分体现了高原白族渔村的特点。再往前走就是一眼望不到边的古梨林，100 多户白族民居掩映在梨林之中，此处是白族居民的日常生活交流区。沿入村大道再往前走，左边是李林、杏林、古柿林，入村大道的右边，穿过梨林继续前行，打开一道经济篱笆门就到了梨园村的菜园与农田区。菜园中有前文介绍过的温泉露头。在入村大道的尽头是一所希望小学，希望小学的后面、罢谷山脚下是一座古老的私塾。私塾后的罢谷山顶是一处地势开阔的平地。村寨四围是连绵不断的荆棘篱笆，这既是为了防止生禽猛兽随意进入村庄，也是我国传统聚落村寨避免战火保卫家园的一种有效做法。村寨中有各种作坊，如刺绣坊、扎染坊、铁匠坊、乳扇加工坊、饵块、米线制作坊、首饰加工制作坊。

2. 旖旎迷人的自然风光

梨园村坐落在巍峨雄伟的罢谷山脚下，村南是碧波万顷的茈碧湖，村中以千年古梨树林风光为核心吸引物，四季皆景、处处是景，自然风光无限优美。春天“忽如一夜春风来，千树万树梨花开”，洁白的花朵在春风中婆娑摇曳，村内满满都是沁人心脾的梨花香；夏天万株梨树青翠欲滴，湖风吹来，那一片爽心悦目的翠绿，在炎炎烈日的盛夏为在都市劳碌奔波的游人撒下片片绿茵，带来丝丝清凉；秋天是收获的季节，香甜饱满的梨儿垂挂在树枝，让人垂涎三尺，让梨园的白族老爹或金花摘下一颗尝尝，梨汁甜到心底，梨肉细嫩润口，满口余香，还想再来一颗。冬天梨树的叶子掉光了，古梨树在冬风中展示它们苍劲有力的躯干，刚劲俊美的枝枝杈杈，那是一种力量与刚性的美。梨园美，或婀娜多姿，或苍劲有力，让人能时时刻刻感到生命与大自然的紧密相依相融，有一种返璞归真的恬静与悠然。除了古梨树林，梨园村还有大片的柿子林，柿子林也有其独特的美，尤其是秋天柿子成熟的时节，一颗颗柿子如红色的灯笼高高地挂在枝头，一派丰收与喜庆的景象。清晨的雾霭萦绕在古老的白族村寨，温文尔雅的白族金花忙碌在梨树林、柿子林中间，游客身处其中仿佛与世隔绝，心中升起“此景只应天上有”的感叹。

3. 绚丽多姿的民俗风情

白族是一个民族历史源远流长、文化积淀厚重深沉、民风习俗丰富多彩的少数民族。白族别具生活智慧的“三坊一照壁”或“四合五天井”的传统民居建筑、具有白族个性的婚丧嫁娶习俗、多姿多彩的民族服装和纷繁复杂的饰品等，会让游客感叹于别样的生活情趣；白族丰富多彩的传统节日、民间表演、体育活动、对歌舞蹈（如唢呐音乐、洞经音乐、白鹤舞、霸王鞭舞、双飞燕舞、八角鼓舞、灯盏舞、龙狮舞、白剧大本曲）等，将会让游客体验到真正的白族风情。

白族的先民在历史上创造了辉煌灿烂的“南诏大理”文明。他们尊师、重教，处处显示出白族深厚的文化积淀，例如，白族民居的墙上、廊坊上、照壁上都有各种各样的民谚警句、对联、书法、笔墨画。

白族有独特的宗教信仰“本主崇拜”。梨园村信仰的本主是“龙王二老爷”。

（三）梨园村旅游资源互补与竞争分析

1. 洱源县内资源互补分析

根据洱源县旅游总体发展规划，将洱源县划分为五个旅游片区，即中部茈碧湖片区，以地热温泉资源为主体资源；东部东西湖片区，以水乡湿地资源为主体资源；南部凤羽古镇片区，以历史文化为主体资源；西部罗坪山片区，以森林生态资源为主体资源；北部海西海片区，以水域森林资源为主体资源。五大旅游片区主体资源不同，形成资源特色互补，因而开发的侧重点也各不相同，构成开发功能上的互补。

梨园村所在的旅游片区为中部茈碧湖片区，以地热温泉资源为特色。梨园村位于茈碧湖北岸，横渡茈碧湖后到达梨园村。梨园村以“万株古梨林、千年白族村”为主要特色，在以地热资源为主打旅游资源的茈碧湖景区中别具一格。将洱源县五个旅游片区联合起来，梨园村就是串联在这些片区链子上的一颗璀璨的明珠，它与其他景区景点在主体景观、旅游产品开发方向、市场卖点上的差异性，使各自在开发格局上形成互补关系，而非竞争关系，因而通过开发和进一步发展洱源县的旅游业，可以使其与上述景区形成区域合作、共同营销、共享市场的格局。

2. 资源对比分析

（1）与云南文山州广南坝美村比较

世外桃源位于文山壮族苗族自治州广南县坝美境内，在广南县城北约 40 千米处，主要由一河（阿科河）、一泉（阿科温泉）、二洞（出水洞、汤纳洞）、三村寨（出水洞村、坝美村、汤纳村）组成，该村隐藏在一个南北流向的“Z”形河谷中，河谷两端的暗洞和中间的坝子天然形成陶渊明笔下的“世外桃源”自然地貌景观。景区内有浓郁的壮族传统文化、古老原始生产生活习惯、淳朴的民风民俗和优美奇特的河流、溶洞、泉水、山崖、奇花异草、珍禽异兽及青翠繁茂的森林等。它神形极似“世外桃源”绝境，具有资源独特、组合度高等特点，开发前景广阔。

世外梨园坐落于茈碧湖北岸的林木葱茏之中，是一个有着悠久历史的白族聚居村落，梨园村东、西、北三面环山，南临碧波万顷的茈碧湖，村内上万株树龄千年的古梨树岑天而立。群山环抱、湖光山色，白族村庄掩映其间，自然旅游资源与人文旅游资源极为和谐地糅合在一起。有诗赞梨园村：“谁道洱河千胜景，源头此处更澄清。”世外梨园位于洱海源头，集山川胜状和诗情画意于一体，融寓言典故与乡风民俗于一体，是洱源旅游的一个亮点，具有极大的开发潜力，可与世外桃源相媲美。

表 1.2.4 世外梨园与世外桃源对比表

地区＼指标	规模数量	观赏形态	资源组合	交通区位	开发程度	市场影响
世外桃源	2 平方千米	多样	村落 + 河流	中等	初步	中
世外梨园	1 平方千米	单一	村落 + 湖泊	良好	初步	低

与广南世外桃源相比较，洱源世外梨园在交通区位方面优于广南，在开

发程度方面两者均处于初步开发状态，在资源的组合上广南村落与河流组合，洱源村落与湖泊组合，各有千秋。但洱源世外梨园在规模数量、观赏形态、市场影响方面却低于广南。因此，洱源世外梨园需要其观赏形态、扩大其市场影响，并且还要与其他资源联合开发。

（2）与湖南桃花源相比较

桃花源位于湖南省常德市境内，位居衡山、君山、岳麓山、张家界、猛洞河诸风景名胜中枢，特殊的地理位置使桃花源得以吞洞庭湖色，纳湘西灵秀，沐五溪奇照，揽武陵风光。桃花源系湖南省重点文物保护单位，省十大风景名胜区之一，是国家森林公园，国家 4A 级风景名胜区。拥有 157.55 平方千米面积。

梨园村位于滇西北苍洱旅游区的洱海源头处，位于大香格里拉旅游圈的交通结点上，可以共享大湄公河次区域的客源，旅游区位好；且梨园村具有浓郁的白族风情，是白族聚落文化的活体，资源禀赋高。

三、旅游开发的基本思路

（一）开发原则和依据

1. 开发原则

梨园村规划必须符合当地实际情况，因地制宜地突出本风景区特性。应遵循以下原则。

（1）依据梨园村的资源特征、环境条件、历史情况、现状特点以及经济发展趋势，统筹兼顾，综合安排。

（2）严格保护自然与文化遗产，保护原有景观特征和地方特色，维护生物多样性和生态良性循环，防止污染和其他公害，充实科教审美特征，加强地被和植物景观培育。

（3）充分发挥资源的综合潜力，展现风景游览欣赏主体，配置必要的服务设施与措施，改善梨园村运营管理机能，防止过度人工化、城市化、商业化倾向，促使风景区有度、有序、有节律地持续发展。

（4）合理权衡梨园村旅游的环境、社会、经济三方面的综合效益，权衡梨园村自身健全发展与社会需求之间的关系，建设风景优美、设施方便、社会文明、生态环境良好、景观形象和游赏魅力独特，人与自然和谐发展、旅游业与其他产业协调发展的生态民俗文化村。

2. 开发依据

梨园村的旅游开发规划要做到有据可依，具体依据为：

（1）《中华人民共和国森林法》（第六届全国人民代表大会常务委员会第七次会议通过，1984年）；

（2）《中华人民共和国土地管理法》（第六届全国人民代表大会常务委员会第十六次会议通过，1986年）；

（3）《中华人民共和国环境保护法》（第七届全国人民代表大会常务委员会第十一次会议通过，1982年）；

（4）《中华人民共和国水污染防治法》（第六届全国人民代表大会常务委员会第五次会议通过，1984年）；

（5）《旅游发展规划管理暂行办法》（国家旅游局，2000年）；

（6）《旅游规划通则》（国家质量监督检验检疫总局，2003年）；

（7）《旅游资源分类、调查与评价》（国家质量监督检验检疫总局，2003年）

（8）《旅游区（点）质量等级的划分与评定》（国家质量监督检验检疫总局，2003年）；

（9）《风景名胜区建设管理规定》｛国家建设部〔建成（1993）843号〕文件｝；

（10）《云南省旅游业管理条例》（云南省人民政府，2005年）；

（11）《云南省风景名胜区管理条例》（云南省人大常委会，1996年）；

（12）《云南省环境保护条例》（云南省人大常委会，1992年）；

（13）《云南省旅游发展总体规划》（世界旅游组织、云南省人民政府，2000年）；

（14）《云南省旅游业发展倍增计划（2004~2010）》（云南省旅游局，2004年）；

（15）《云南旅游“十一五”发展规划》（云南省旅游局，2005年）；

（16）《大理白族自治州旅游业发展规划》（大理州旅游局，2005年）；

（17）《大理州旅游业发展“十一五”计划和2020年远景目标》（大理州旅游局，2006年）；

（18）《洱源县国民经济和社会发展第十一五发展计划及2010年远景目标》（洱源县人民政府，2006年）；

（19）《洱源县志》（洱源县志编纂委员会，1996年12月）；

（20）《洱源水利志》（洱源县水利水电局，1995年3月）；

（21）《中国洱源温泉城茈碧湖温泉修疗养区规划设计》（北京清华城市规划设计院、清华大学资源保护与风景旅游研究所，2004 年 4 月）；

（22）《风景名胜区规划规范》（GB 50298—1999）（国家旅游局，2000 年 1 月 1 日开始实施）；

（23）《洱源县旅游业发展规划》（云南大学旅游研究所，2007 年 8 月）。

（二）旅游发展 SWOT 分析

1. 旅游发展的优势分析

（1）人文资源丰富

梨园村是一个白族村，白族民族文化资源极为丰富。在云南的少数民族中，白族是较早接触并吸收汉族文化的民族，汉化程度较高，并且保留着自己民族的独特传统。他们在适应环境、穿凿文化的过程中形成了自己鲜明的民族特色，本主宗教信仰、工匠技艺文化、大本曲等曲艺文化、音乐舞蹈、民族服饰、婚丧嫁娶、祭祀习俗、节假日庆典、饮食文化习惯、民间文学等独具特色，在经过发掘整理和提炼后，与千年古村糅合推向旅游市场，能形成强大的市场竞争力。

（2）后发优势

梨园村目前处于旅游发展的起步阶段，基本处于开发的最初级状态，生态与环境均未遭到大的破坏，这种开发建设滞后的现象使其有可能立足于高点，充分考察和借鉴其他地方开发与发展过程中的经验教训，并且能从更高的起点，以更高的要求与标准来开发，少走弯路，节省人力、物力、财力，可做到后来居上。

（3）联动开发的优势

梨园村是整个洱源县旅游业发展的重要组成部分。目前，洱源县正以“中国温泉城”等旅游口号向全国乃至世界强势推出其旅游品牌，梨园村作为温泉城的一个千年古老民俗村，联合洱源县其他旅游区以全新面貌走向市场，具有联动开发的优势。

2. 旅游发展的劣势分析

（1）旅游规划范围较小

梨园村面积 1118 亩，由于其三面被山包围，一面滨水，没有太多可扩展的空间与地域，旅游规划范围较为狭小，旅游环境承载能力有限。随着旅游业的发展，可能会出现人满为患的困境。解决这个问题的途径只有限制游客数量，提高旅游者的人均消费额。

（2）区域经济的相对落后

梨园村本村和整个茈碧湖景区，乃至洱源县的经济发展水平都不高，2006年经济状况见表1.3.1。

表 1.3.1　2006 年梨园村、茈碧湖镇、洱源县人均生产总值对比表

地区	人均生产总值（元）
梨园村	2800
茈碧湖镇	15178
洱源县	8764

由表1.3.1中的对比数据可知，梨园村发展旅游业的经济基础比较薄弱，整个茈碧湖景区，乃至整个洱源县的经济都相对落后。

（3）旅游产品较为单一

梨园村的主打旅游资源是自然风光——万亩梨林、人文资源——白族民俗风情。由于村寨面积较小，可扩展的空间不大，因此以旅游资源为基础的旅游产品及其结构比较单一，主要是民族风情旅游、农家乐旅游产品。

（4）著名景区的屏蔽效应

梨园村处于云南滇西北旅游区的大理、丽江、香格里拉等知名旅游目的地的夹缝之中，难免受到知名景区的屏蔽效应。

3. 梨园村旅游发展的机遇分析

（1）旅游可进入性提高

从外部交通来看，大丽铁路经过洱源县境；214国道正在进行改道、提高路面等级的工程；洱源县正在改建从茈碧湖镇到梨园村的道路。从内部交通来看，随着旅游开发的进一步发展，梨园村内部交通通道将得到大大改善。总之，梨园村的旅游交通可进入性将大大提高，这是一个很好的机遇。

（2）政府重视、政策优惠

洱源县县委、县政府，洱源县旅游局很重视全县旅游业的发展，将发展旅游业提升到重要的位置；许多基础工程的建设，如交通改善、电网建设，都是为旅游业发展服务的。政府还扩大了招商引资的规模和渠道，对发展旅游给予了政策上的优惠。梨园村应抓住这个机遇，加大招商引资的力度，趁势发展旅游业。

（3）符合市场潮流

目前，生态旅游、民俗文化旅游、乡村旅游是旅游市场的主要旅游趋势。梨园村的旅游产品契合市场口味，能得到可持续发展。

4. 旅游发展的威胁分析

（1）梨园村经济发展滞后，面临资金筹措的挑战

据统计，2006年，梨园村年人均收入为2800元。这虽然比2003年的年人均收入增加了154.5%，但是，从总体来看，梨园村社会经济发展相对落后。村民的房舍大部分比较破旧，大部分民居需要整修、改造或重新盖建。梨园村城镇化水平低，村中道路仍为传统的黄泥路面，没有统一的供水、排水系统，没有旅游服务站点，没有系统的旅游标识系统，旅游解说系统、通信系统不发达，没有旅游公厕。旅游餐饮设施、娱乐设施、住宿接待设施等跟不上旅游发展的需要。为了旅游业的进一步发展与梨园村村民生活水平的提高，必须改善、提高这些基础设施。这些工程的进行需要大量的资金投入，但是梨园村自身的经济实力较为薄弱，面临着招商引资、资金筹措方面的挑战。

（2）培养、引进旅游管理人才，提高旅游服务质量的挑战

据统计资料显示，梨园村村民的文化水平普遍较低，缺乏较高素质的旅游、导游服务人员，村民的服务意识与旅游意识比较薄弱。家庭民居接待与餐饮部门在全村范围内都缺少管理人才，优秀管理人才严重匮乏。如何在较短的时间内提高村民的旅游服务意识、服务质量，如何在短时期内培养、引进优秀的旅游人才是梨园村旅游发展面临的一大挑战。

（3）提高市场知名度、扩大客源规模的挑战

目前，梨园村在市场上的知名度不高，市场竞争力较弱。梨园村的旅游者多为周末度假休闲的洱源县县城居民，其他地区的客源较少。梨园村旅游发展面临如何进行有效的市场营销，迅速扩大客源市场并让客源规模持续增长的挑战。

（4）旅游发展过程中环境保护、防止民族文化异化的挑战

梨园村自然旅游资源和人文旅游资源具有多样性和丰富性的特征，同时，其旅游资源也具有明显的脆弱性特征。一些自然旅游资源如梨林（植被、森林、土壤、水质等），极易受到外界的干扰而消失。民族风情等人文旅游资源属于传统遗存下来的，因地域环境的封闭性和社会经济发展的速度较慢，而保存了浓郁的民族传统风貌。这些传统风貌极易受到外来干扰而异化，甚至消失。因此，在旅游发展过程中，如何做到自然旅游资源不受破坏，如何防止白族文化被过度商业化、民族文化的异化甚至消失是梨园村旅游业面临的重大挑战。

（三）旅游形象定位和市场定位

1. 旅游形象定位

对梨园村旅游形象进行定位要从梨园村本身所拥有的资源优势出发，以核心的旅游吸引物（古梨林）、古老的白族聚落村寨为基础，以旅游市场发展趋势——生态旅游、文化旅游、乡村旅游为导向，打造出既符合市场发展方向和要求、又能引导旅游消费潮流的形象。因此，梨园村的旅游形象定位为："世外梨园，诗画古村"或者"万株古梨林、千年白族村——远离喧嚣尘世的高原白族渔村，一个度假休闲、猎奇探幽、追求浪漫的理想境地"。

2. 旅游产品定位

以可持续发展为理念，以秀美山水风光和丰厚历史文化为基础，重点开发生态旅游、民族文化旅游、白族乡村体验旅游三大特色旅游产品，辅助开发康体保健旅游、休闲娱乐旅游等旅游产品。

（四）指导思想与发展战略

1. 指导思想

坚持以人为本，树立全面、协调、可持续的科学发展观，按照云南省建设民族文化大省、绿色经济强省和旅游强省的战略部署，紧紧抓住云南省、洱源县旅游业二次创业和大理州建设世界级旅游目的地的机遇，在把梨园村建设成旅游文化名村的目标的统筹下，按照坚持"政府主导，企业主体，市场运作，村寨参与"的旅游发展思路，开拓创新，推动旅游业从普通、单一的"农家乐"旅游向复合型旅游的转变，推动旅游业与城镇建设、文化产业建设、农业乡村建设的结合，使旅游业发展成为洱源县的支柱产业，使梨园村发展成为洱源县旅游业的一大亮点。

2. 发展战略

（1）文化与旅游互动战略

文化是旅游的灵魂，旅游是文化的载体。旅游发展有利于文化的挖掘和传承，文化挖掘则有利于丰富旅游的内涵、提升旅游的品质，加大旅游的吸引力。大力推进梨园村文化产业与旅游产业的结合，对历史文化、民族文化等文化旅游资源进行重点开发。

（2）城乡旅游一体化战略

大力发展以乡村生态旅游开发为主导的城乡一体化发展模式，实现以城带乡、以城促乡的旅游发展格局。为农村产业调整、劳动力转移等问题的解决提供新的途径，加快实现农村城市化、城乡一体化的目标。

（3）生态和谐发展战略

梨园村位于洱海源头茈碧湖的北岸，村寨环境质量的好坏会直接、间接地影响茈碧湖的水质。因此，在旅游开发中应坚持把保护自然生态环境和历史文化遗产放在首位，使旅游产业的发展有利于国民经济的协调发展，有利于生态环境的保护，有利于提高当地居民的生活质量，有利于子孙后代的发展。协调处理好经济效益与社会效益、环境效益的关系，使得旅游产业发展与资源环境保护和谐共存。

（4）区域联合战略

梨园村是洱源县旅游业的重要组成部分，因此在旅游项目建设、旅游宣传促销、旅游线路设计等方面应与洱源县及整个大理州融为一体，加强与周边的大理市、剑川、漾濞等县市的合作，将自身纳入区域旅游发展网络。

（五）发展目标

1. 总体目标

（1）品牌目标

通过旅游业的发展，打造“世外梨园，诗画古寨”或者“万株古梨林，千年白族村”的旅游品牌形象。

（2）旅游区目标

将梨园村建设成为中国旅游名村，达到湖南桃花源的市场知名度，建设成为国家3A级景区。

（3）经济目标

将旅游业确立为梨园村的增长型主导产业，建设成为梨园村的带动型引擎产业，通过旅游业的发展，使梨园村村民脱贫致富，人均收入达到城镇居民收入水平。

（4）文化目标

通过发展旅游业，有力地推动历史文化资源的保护，促进地方民族文化的弘扬，推进洱源地方民族文化特色的凸现。

（5）生态环境目标

随着旅游业的发展，进一步扩大梨园村的绿化面积，提高生态敏感区的绿地覆盖率，美化重要交通线两旁的环境，提高人们对生态环境的认识、将梨园村建设成为适合人居的美好环境。

（6）社会目标

通过旅游业的发展，提升梨园村和洱源县的知名度——让梨园了解世界，让世界认识梨园；提高梨园村村民的素质——扩大对外开放，改变人们的观念意识；推进梨园村的经济发展——扩大就业，优化产业结构，增加收入、提高人民生活水平，让梨园村旅游利益相关者都能从发展旅游业得到益处。

2. 阶段性目标

（1）近期（2007~2010 年）

积极招商引资，完善基础设施建设，使梨园村的旅游业发展初具规模。具体做到：完成交通、排水、供水系统的建设；建立一套能体现梨园村特色的旅游标识、旅游解说系统；改善旅游环境，营造良好的旅游氛围，引进优秀的旅游管理、经营人才；完善旅游接待设施。

（2）中期（2011~2015 年）

进一步完善旅游基础设施的改善和建设，管理规范，完全市场化运作，提高旅游者的人均消费额和逗留时间。充分发挥旅游业的联动效应，通过旅游业的发展，使梨园村村民的生活水平达到中等发达国家的水平，将梨园村建设成为我国新农村建设的示范村，并使梨园村成为国家 2A 级风景区。

（3）远期（2016~2020 年）

继续发展梨园村旅游业，将梨园村建设成为 3A 级景区。

3.“十一五”发展指标

（1）旅游组织管理

建设梨园村游客服务中心，建立完善的旅游经营组织机构和管理机构。

（2）旅游基础设施

完成入村的主干道和村内交通道路的建设，完善旅游景区的供电、供水、排污、通信等基建设施。

（3）旅游产业要素

建设二星级以上的宾馆 1 家，培育高素质的景点导游员，扶持 1 家旅游特色商品企业，培育 4~5 家旅游特色餐饮名店，排演 3 台富有浓郁地方特色的歌舞晚会。

（4）旅游社会目标

每年解决 150 个村民的就业问题，力求全村剩余劳动力均能就业，同时帮助相邻地区解决部分就业问题。

（5）旅游经济目标

梨园村“十一五”期末旅游人次达到 11 万，旅游收入达到 245 万元；旅游接待人数及收入等主要经济指标年均增长 24% 左右，高于同期国民经济增长速度。

四、旅游分区与旅游项目建设

根据梨园村旅游资源的分布与村寨的布局状况，把梨园村分为 4 个旅游功能区，具体分区与项目建设情况如下：

（一）梨园大坝服务区

1. 现状分析

目前，梨园村没有功能齐备的旅游集散区，没有游客服务中心，也没有游客服务站点。到梨园村的游客，经过茈碧湖上了码头自行入村。为了方便旅游者，也方便管理和促进旅游业的进一步健康发展，有必要确立一个游客集散区。

2. 规划构思

依托现有资源，完善旅游基础设施，丰富旅游活动项目来延长游客的停留时间；本区主要功能是为游客提供服务，方便游客集散。

3. 规划项目

（1）梨园村码头

在梨园村南岸滨水地带已有一座码头。但码头的规模不大，随着梨园村旅游知名度的提高，游客规模将不断扩大。规划扩建梨园村码头长达1000米。并加宽码头旁的滨水道路，做好一切的安全防护措施。在码头旁边建具有白族风格的亭台水榭，营造古朴、原生态的氛围。

（2）梨园村入口标志

在梨园村的入口处修建入口大门，建筑风格可为白族牌坊的形式，也可为普通民居的门坊的形式。在门上题写“世外梨园”四字，可邀请名人、作家等题写对联，也可采用社会征联的形式，选用优秀对联。

（3）巨型照壁

白族民居建筑的一个显著特点，就是每家每户都有一面照壁，照壁上有书法、山水画、人物画、对联等，照壁上的字画意境一般都体现主人的人生追求，或者是先祖对子孙后代的训诫、家训，照壁反映了白族人民对文化知识的尊崇。以不破坏景观的完整性为原则，规划在村中合适地点，或在村南滨水处修建巨型照壁，用来展示白族文化，介绍白族历史、文学和民俗等，也可以请名人名家在此书丹留念。

（4）官梨道

梨园村的梨子香甜清脆，每到梨子成熟的季节，香梨被成批地运往当地官府或更高级的官府上贡。马蹄踏过、铜铃叮当，经年累月在村中形成一条官梨道，即专门运送梨子前往官府的道路。仿古修复官梨道，在官道两旁以雕塑（群体雕塑、浮雕、木板雕刻、石板雕刻等），讲述梨园村的历史、运送官梨的故事，形成一条历史长廊。官梨道也是入村的主要通道与迎宾道。

（5）游客服务中心

在入村口适当地点建立游客服务中心，面积约为200平方米。在游客服务中心内开设小卖部，出售纪念品、出租相机等；设置座椅、休息长廊和一个厕位为10个的生态旅游厕所；为游客提供售票、导游、咨询等服务。游客服务中心建筑形式必须与环境相协调。在时机成熟时向游客收取“古村保护费”，用于村寨的维护与建设。

（6）工艺品长廊

在梨园村的入村口道路旁边选取适当地点，建设一条长350米的工艺品长廊，长廊两旁为白族风格的各种店铺，也可采取“前店后坊”的形式。在这里出售具有白族风格的字画、雕刻、刺绣、服饰、小吃以及其他手工艺品。实行统一管理、培训梨园村民，挂牌经营。

（7）农田菜园观光基地

在梨园村的南面靠近大坝的地方，穿过古老的荆棘篱笆后，是一片郁郁葱葱的白族人家菜地。菜地边上有鱼塘，鱼塘过去就是大片农田。梨园村主要的经济作物是水稻和大蒜。规划在农田中建一个稻田守望亭或瞭望塔，以供游客摄影、观景。向游客出售新鲜的瓜果蔬菜。

（二）梨林区

1. 现状分析

梨林区有树龄从500~1000年不等的古梨树近万株。梨林从早到晚、一年四季景色各不相同，鸡犬相闻、黄发垂髫悠然自得，进入梨林就远离了喧嚣尘世，心胸得到荡涤。目前梨林中有少许单体小屋，但与周围环境不协调。有些农家乐在梨林中就餐、消遣，但梨林中缺少流水。

2. 规划构思

依托现有资源，引水进入梨林，营造各种水景，达到林因水更活的效果，完善旅游基础设施，丰富旅游活动项目来延长游客的停留时间；不断深化“世外梨园”的“恬静、优美”的主题，不断提高梨园村在省内外和国内外的知名度，使其逐步发展成为云南省村落旅游发展的精品项目。旅游主题为世外梨园——梦幻古梨林。

3. 规划项目

（1）梨花池

规划的梨树林中适当的位置，运用各种园林造园手法建造一个水面面积为 600~1000 平方米、水深为 1~4 米不等的水池，引茈碧湖的湖水来灌溉。湖岸广种梨树。并设湖心小岛，在岛上建一个小亭，供游客拍照、摄影。从湖岸到湖心中间用各种长廊、浮桥连接。梨花盛开的季节，片片梨花随风飘动、落英缤纷，煞是好看。

（2）梨花溪

从梨花湖岸开掘一条长 500~1000 米的小溪，命名为“梨花溪”。运用各种造景手法，营造瀑布、跌水等水景。溪水潺潺、叮咚作响，蜿蜒流入茈碧湖。在溪边种植梨树、柳树、水杨柳等，溪水中放置各种怪石，溪边道路铺上青石板。

（4）问津亭

规划建造一座白族风格的亭子，在亭中设大理石的对弈台，招募梨园村里年长的下棋高手，在此摆设棋局，与有兴趣的游客切磋棋艺。在亭子外立一块石碑，其上雕刻“问津亭”三字。取名来自陶渊明《桃花源记》中的“后遂无问津者”，也取意自“借问酒家何处有，牧童遥指杏花村”。

（5）通幽径

梨林中的游路名为“通幽径”，路面可以采用青石板、鹅卵石，在游路旁采用各种造景手法，在道旁种植梨树、凤尾竹或榕树，茂林修竹，还可以构筑假山，达到“曲径通幽”“柳暗花明又一村”的造景效果。

（6）纪念林

开辟一块地方，取名为“梨花纪念林”，面积为 500~1000 平方米，向游客出售树苗，旅游者可以在这里购买梨树苗或其他的树苗，并向相关管理部门交纳一定的费用后，就可拥有其所栽种树木的所有权。树木由相关工作人员代为照看。

（7）怡然桥

引茈碧湖湖水入村会形成小河，在小河上建一座单孔石桥，桥上建一白族风格的风雨亭，桥下种植各种水生植物，如茈碧花、菖蒲、水葱、茭白等，在桥身上题名为“怡然桥”。桥名取意自“黄发垂髫，并怡然自乐”。

（8）豁然台

在梨林中地势较高的地方建一观景平台，建筑外观为白族民居风格，用于游客登高望远，游客从进村开始就穿行于梨林之中，"不识庐山真面目，只缘身在此山中"，只能看到梨林中的景观。登此台有一种"豁然开朗"的感觉。站在豁然台上可以遍览梨园村的全景、远眺茈碧湖。

（9）徐霞客祠

明代旅行家徐霞客曾横渡茈碧湖来到梨园村，并在梨园村就餐。可建一座徐霞客纪念亭，内存放徐霞客的大理石雕像，雕刻徐霞客描绘梨园村的语句，并介绍徐霞客的梨园之行。

（三）白族村民聚居区

1. 现状分析

本区集中体现了白族聚落村寨的特点。民居布局是典型的白族"三坊一照壁""四合五天井"，这里有如刺绣坊、铁匠坊、米线饵块制作坊等，居民的房屋大多比较破旧，需要整修或重建，有些条件好的人家开展农家乐和家庭旅馆接待游客，有白族戏台。

2. 规划构思

调整梨林中的白族民居，保留建筑物历史超过 20 年的，拆迁小于 20 年的建筑。只留下原汁原味的居民住宅房，新建的餐饮、住宿等接待设施拆除，或迁往村寨的西、北、东三面罢谷山脚下。使整个白族村寨的总体布局呈现"三坊一照壁"的特点，即村寨的北面为照壁，巨型照壁或由茈碧湖抽象而成的照壁，村寨的其他三面为白族民居住宅或住宿、餐饮接待处。强化白族聚落村寨的特点，给游客带来强烈的感官刺激，能让游客在这里体验原汁原味的白族文化。旅游主题为"白族聚落文化的活体"。

3. 规划项目

（1）白族民居改造

由村民根据自己的实际情况来具体修建，尽量保留村中原有的建筑特色，保留木楞房中应有的所有结构，做到每个房子都有不同之处，每个结构都有说法，处处都可以体现梨园村白族建筑文化精髓。

（2）流水造景

规划引茈碧湖湖水流经村内，并经过村中主干线，经过民居聚居区，可采取定时、定量放水的方式，确保村中有流水经过，使得静态的民居展示区注入动态的活力。

（3）民居家访点

梨园村的每户人家都可以作为民居家访点。深入做好民居普查和调研工作，在居民聚居区内生活的居民，每家所用的家具应当保持最传统的形式，每一条板凳、每一张桌子、每一块石头都具有白族文化风味，都可以向游客解说为一个典故、一个故事。

（4）特产工艺展示

梨园村有着众多的地方特产，如香梨、梅子、柿子、杏等，可以在房前屋后种上这些果树，既可以弥补梨园村村内绿化不足的缺陷，又可以向游客直观地展示地方特产，还可以修建一个梨制品加工展示馆，通过真实的生活来展示地方的特色产品，让游客在游览中了解到地方产品的特色，引起游客的消费欲望。

（5）农家餐厅（休息处）

选择若干家条件较好的村民开展农家乐接待，主要提供各种特色农家食品。满足游客深入体味梨园村人生活的需求，同时也可以让游客在疲劳和饥渴的时候有一个休息的场所。

（6）民居客栈

选择几家条件较好的白族人家作为民居客栈，方便游客体验原汁原味的白族文化，了解白族居民的日常生活。

（7）白族戏台

在居民聚居区地势较低的地方修建一个白族戏台，可以表演白族的大本曲。戏台前开辟一片空地，可作为歌舞活动广场。为了避免修建大型歌舞广场破坏村寨整体景观效果，广场的设计采取表演空间和观赏空间分离的理念，在广场周围不设专门的观众席位，而是在广场的视角辐射范围内修建若干休息点，设置座椅、标识牌等。可以用雕刻或者手书的形式在上面书写一些梨园村的文化传统和各种奇异的民风、民俗；同时各种休息点也可以仿照居民的生活和劳动用具来修建。这个广场对于村民来说是一个自娱自乐的场所，也是年轻人学习传统歌舞、音乐的场所，村民可以随兴、不定时地去娱乐；而对于游客来说是他们有意或无意游览到此，可以有幸碰上村民的表演，这样既可以弱化表演的痕迹，也可以使民间歌舞得到更好的传承和发扬。

（8）温泉休闲旅馆

梨园村温泉为硫黄温泉，水温为32℃。在民居聚落区，引入梨园温泉水，建造一座占地800~1000平方米，高2~3层的梨园休闲旅馆。旅馆内设客房10~20间、床位15~25个，设健身房、网球场、羽毛球场、麻将馆等各种健身休闲场所。在旅馆内建露天的和封闭式的温泉 SPA 泡池，使游客在健身之后能享受“梨花温泉浴”。并为游客提供一个集园林景观、花卉赏析、民族风情于一体的园林式天然氧吧餐饮中心，设西餐厅和中餐厅，既可为游客提供具有白族风味的各种菜品，又可提供咖啡、面包等西式餐点。

（四）梨园文化体验区

1. 现状分析

仍处于开发状况。梨园村曾是茶马古道上的一个驿站，村北罢谷山上有一片平地，罢谷山脚下有古私塾，罢谷山山腰有一座古本主庙。

2. 规划构思

本区是梨园村马帮文化、本主信仰文化、现代教育文化的集中体现区域，充分体现梨园村各种文化的交融。在村边修复一段茶马古道，并建一个马帮驿站，游客可骑马体验马帮的生活。根据“修旧如旧”的原则，修复古私塾，扩建古本主庙。

3. 规划项目

（1）茶马古道修复

梨园村曾经是茶马古道上的一个驿站，至今仍留存着茶马古道的痕迹。在梨园村北的罢谷山上还有马帮拴马用过的马桩。在罢谷山上茶马古道旧址处开辟一条山路，长 800~1500 米，宽 1.2~2 米，可以骑马通过。路面可用青石板嵌草、原始山路、栈道等各种形式相结合组成。

（2）野营基地

在山顶上建野营基地和马帮驿站，向游客出租马匹、马车、帐篷、睡袋、手电筒等。

（3）修复古私塾

修复古私塾，以各种形式表现白族文化与汉族文化的交融性，可陈列先生教弟子学习的场景雕像（木刻、泥塑、大理石雕像）、桌椅、画卷等。陈列白族文学作品、汉文化的四书五经等典籍。

（4）本主庙

白族人普遍信仰本主。本主也叫“本境福主”，是当地的保护神。梨园村的本主是“龙王二老爷”。根据“修旧如旧”的原则，修复梨园村本主庙。向游客介绍梨园村本主文化，并尊重当地村民的信仰。

（5）上山木栈道

从罢谷山脚到山顶平地，要经过希望小学、古私塾、本主庙、马帮驿站与马帮野营基地。为了方便游客上山游览，规划修建一条上山木栈道，长约1000 米，宽约 1.2 米，木栈道要做好防滑处理。

五、旅游市场预测

（一）旅游环境容量测算

1. 测算依据和方法

为确保梨园村旅游的可持续发展，为游客营造一个宽松、舒适、愉悦的旅游环境，应将旅游区内的游客量控制在一定的环境容量范围之内，避免由于过度拥挤，从而超出梨园村自然生态环境的承载能力，造成环境污染和生态破坏。综合考虑梨园村内的景点分布、旅游活动项目、游览方式、地形地貌等方面的因素，确定采用面积容量法、游道法进行环境容量测算。

（1）面积容量法

除卡口法和游路法适用条件之外，游客可进入游览的面积空间，均可采用此法。

$$C=(A/a)\times D$$

式中：C——日环境容量，单位为人次；

A——可游览面积，单位为平方米；

a——每位游客占用的合理游览面积，单位为平方米 / 人；

D——周转率，D= 景点全天开放时间（一般取 8 小时）/ 游完景点所需平均时间。

（2）游道法

适用于游人只能沿山路步行旅游游览观赏风景的地段。

完全游道法：$C=M\times D/m$

不完全游道法：$C=M\times D/[m+(m\times E/F)]$

式中：C——日环境容量，单位为人次；

M——游道全长，单位为米；

m——每位游客占用的合理游览长度，单位为米；

E——沿游道返回所需的时间，单位为小时；

F——游完全游道所需的时间，单位为小时；

D——周转率，同上。

交通卡口法：$C=(M\times N\times J)/T$

式中：C——日环境容量，单位为人次；

M——投入旅游服务的某种交通工具的最大数量（如最大车辆数，单位为辆）；

N——该种车每辆可乘人数（人 / 辆）；

J——平均工作服务时间；

T——往返所需时间（小时）。

2. 测算结果

（1）交通运载能力测算

梨园村距离洱源县城中心茈碧湖镇水路 5 千米，陆路 8 千米。交通承载力也是旅游环境容量的一个方面，进入梨园村必须经水路横渡茈碧湖或经陆路环绕茈碧湖，因此可以用交通卡口法来计算梨园村的环境容量。

①水路交通

梨园村大坝长 780 米，宽 5 米，总面积为 3900 平方米。码头长为 600 米，可容纳 20 艘快艇同时停泊。游客进出梨园村都可以乘坐快艇，每艘快艇的最大承载力为 8 人。每艘快艇在茈碧湖上的往返航程时间按 60 分钟计算，每天运营时间按 9 小时计算，则快艇每天能运载游客：

（20 艘 ×8 人 / 艘）×（60×8/60）=1280 人次。

茈碧湖上的豪华游船按 2 艘计，每艘游船的承载量为 100 人次 / 艘，往返梨园村码头与茈碧湖南码头需耗时 4 小时，日营运时间按 8 小时计，则豪华游船每天能运载乘客：（2×100）×（8/4）=400 人次。

因此，梨园村水路最大交通运载能力为：1280+400=1680 人次 / 天。

②陆路交通

从茈碧湖镇前往梨园村的陆路长为 8 千米。往返茈碧湖镇与梨园村所需的行车时间为 60 分钟，每天发 6 趟车。每辆车平均乘坐乘客 15 位，则全天的交通运输量为：6×15=90 人次。

在进行交通运输能力计算时充分考虑各种可能发生的情况，得出结论如下：

A. 在不考虑天气与路况的前提下，从茈碧湖镇到梨园村的日交通承载能力为：1680+90=1770 人次；

B. 由于快艇运输需要考虑天气状况，因此全年茈碧湖可用快艇正常通航的时间取 280 天。从茈碧湖镇到梨园村之间的年交通承载能力为 1770×280=49.56 万人次。

（2）环境容量测算

表 1.5.1　梨园村旅游环境容量测算表

序号	区域或项目	单位（m^2 或 m）	计算方法	计算指标	一次性容量（m^2/人）	周转率或批次（批）	日环境容量（人次）	年环境容量（万人次）
1	**旅游服务区**	—	—	—	—	—	385	10.78
1.2	游客服务中心	300m^2	面积法	5m^2/人	60	2	120	—
1.3	官梨路	1250m^2	面积法	25m^2/人	50	2.5	125	—
1.4	手工艺品长廊	1250m^2	面积法	25m^2/人	50	2	100	—
1.5	农田、菜园、鱼塘	2000m^2	面积法	100m^2/人	20	2	40	—
2	**梨林景区**	—	—	—	—	—	419	11.732
2.1	梨花池	150m	游道法	15m/人	10	2	20	—
2.2	梨花溪	1000m	游道法	40m/人	25	1	25	—
2.3	对弈亭	40m^2	面积法	3.3m^2/人	12	2	24	—
2.4	怡然桥	50m^2	面积法	5m^2/人	10	2	20	—
2.5	豁然台	50m^2	面积法	5m^2/人	10	2	20	—
2.6	纪念林	1500m^2	面积法	50m^2/人	30	2	60	—
2.7	通幽径	1000m	游道法	20m/人	50	1	50	—
2.7	梨林	20000m^2	面积法	200m^2/人	100	2	200	—
3	**白族民居聚落区**	—	—	—	—	—	530	14.84
3.1	白族戏台和广场	600m^2	面积法	3m^2/人	200	2	400	—
3.2	民居家访点	10户	面积法	5人/户	50	1	50	—
3.3	徐霞客祠	200m^2	面积法	5m^2/人	40	2	80	—
4	**梨园村文化体验区**	—	—	—	—	—	185	5.18
4.1	茶马古道	1000m	游道法	50m/人	20	1	20	—
4.2	野营基地	1000m^2	面积法	40m^2/人	25	1	25	—
4.3	古私塾遗址	100m^2	面积法	5m^2/人	20	2	40	—
4.4	本主庙	1000m^2	面积法	20m^2/人	50	2	100	—
合计	—	—	—	—	—	—	1519	42.532

考虑到各旅游区的旅游功能、旅游线路的环线性、游客的疏散能力、交通承载能力，得出梨园村的日旅游环境容量为 1519 人次，年旅游环境容量为 42.532 万人次。

（二）客源市场预测

1. 梨园村旅游业的现状

（1）游客规模与旅游收入

自2000年以来，梨园村旅游业不断发展。2006年共接待游客4.75万人次（平均每周全村可以接待700人次左右），五一节、三八妇女节、国庆节、春节四个假期共接待旅游者1.32万人次：

700×[（365–22）/7]+22×600=47500人次）。游客消费额为20元/人次，旅游收入为146万元。

表1.5.2 梨园村国内收入与旅游收入对比表

年份	旅游人次（万人次）	国内总收入（万元）	旅游总收入（万元）	人均旅游收入（万元）
2004	2	—	40	0.15
2005	3.7	—	74	0.19
2006	4.75	120	95	0.22

由此可知，梨园村客源市场有待进一步开拓与扩大，旅游消费水平目前较低，旅游产品结构与消费结构有待改善，从而进一步提高消费水平。

（2）客源特征

客源市场以云南省内游客居多，占90%左右，主要来自下关、大理、昆明、祥云、巍山，这与当前梨园村旅游市场知名度不高有关。有5%的游客会在村中住宿，多为昆明游客。

（3）接待设施

截至2007年4月，全村共有9户居民经营旅游接待业务。其中有4家家庭旅馆，既可提供住宿服务也可提供餐饮服务；1家只提供住宿服务；4家只提供餐饮服务。据统计，全村有床位155个，餐位880个。

（4）旅游产品

目前，游客在梨园村的旅游活动（梨园村所提供的旅游产品）主要有观光、骑马、垂钓、游船、烧烤、棋牌娱乐等活动，从总体上看属于乡村农家乐性质的旅游活动。

2. 预测的期限

从2007~2020年，分为三个阶段：

第一阶段：2007~2010年；

第二阶段：2011~2015年；

第三阶段：2016~2020 年。

3. 客源市场预测的依据

制约游客数量规模的因素很多，既有国内外政治因素、社会经济和自然环境因素，也有游客的社会人口学特征等综合因素。

因此，在预测游客规模时，主要考虑如下几种因素：

（1）全国、云南省及地方政府发展旅游业的方针政策及梨园村在云南以至省内外旅游市场销售中的竞争力。

（2）梨园村的开发建设速度和接待能力；梨园村旅游资源的质量、优势及旅游开发的制约性因素；梨园村旅游环境容量；梨园村客源市场开拓的发展趋势。

（3）国内外游客需求发展趋势、休假制度及旅游地生命周期规律；客源地的社会经济状况及相关风景区、景点现有年游客流量及开发建设管理经验等。

在市场调查的基础上，确定梨园村 2006 年正常情况下接待旅游者的基数为 4.75 万人次，综合考虑洱源县、大理市社会经济发展的增长率和旅游业发展的增长率，在梨园村已有的游客统计资料上，结合旅游区开发建设的进展，加之考虑到其他因素的变化，对梨园村的旅游客源市场增长和旅游收入做出以下预测。

4. 客源市场定位

（1）客源市场区域定位

①出境客源市场区域定位

A 核心入境旅游目标市场：东南亚、中国港澳台、日本、韩国以及热带国家。

B 重点入境旅游目标市场：美国、西欧。

C 机会入境旅游目标市场：东欧和大洋洲。

②国内旅游客源市场区域定位

前往洱源县旅游的国内游客按人次数量前 19 名的省份排位如下：四川、云南、重庆、贵州、广西、广东、浙江、上海、北京、湖南、湖北、天津、山东、河北、辽宁、河南、江苏、福建、黑龙江。按地域来分，前往洱源县旅游的游客几乎全国各地均有。四川省和云南省是其最大的客源省；虽然全国其他地区都有游客分布，但相对来说，中部地区、华南地区、西南地区的游客稍多一些，东北地区、西北地区的少一些。因此，从客源的空间分布来说，梨园村的客源市场结构——以珠三角、长三角、环渤海湾经济发达地区游客居多。

根据以上因素，对梨园村未来旅游客源市场区域进行定位，为旅游的宣传促销和市场开发提供参照，做到有的放矢。

A. 核心旅游目标市场（占 50%）：云南省、四川省。

B. 重点旅游目标市场（占 40%）：西南地区、华南地区、华东地区、华中地区。

C. 机会旅游目标市场（占 10%）：东北地区、西北地区、华北地区。

（2）客源市场层次定位

旅游客源市场类型定位：民族风情客源市场、观光游览客源市场、生态旅游客源市场、避暑度假客源市场、商务会议客源市场、科考科普客源市场。

消费层次定位：消费档次以中高档为主，存在部分低档消费。低档消费以本地市场为主；中档消费以生态旅游、观光游览、科学考察等游客为主；高档消费以商务会议游客、避暑度假游客为主。

旅游方式定位：以团体为主，散客为辅。随着市场的成熟，团体旅游份额将不断提高，家庭和好友自助式旅游、自驾车旅游份额将逐渐上升。

旅游者年龄定位：以中青年游客为主，主要是以民族风情体验、生态观光游览、旅游、避暑度假等为主要旅游目的的旅游者。

旅游者职业定位：民族风情体验、观光游览、生态旅游游客为大众游客；商务会议型游客、避暑度假型游客主要为收入较高的私营企业家、白领阶层、公务员；科学考察和探险型游客主要为年轻人、大学院校师生、科研机构人员。

5. 预测结果

（1）预测表格

表 1.5.3　2007~2010 年旅游客源规模和收入及增长率

年份	旅游者人次（万人）			旅游收入（万元）		
	增长率（%）		预测数	增长率（%）		预测数
2006（基准年）	4.75			190		
2007	上限	30.00	6.2	上限	33.00	126.4
	下限	22.00	5.8	下限	25.00	118.8
2008	上限	33.00	8.2	上限	36.00	171.8
	下限	25.00	7.2	下限	28.00	152.0

续表

年份	旅游者人次（万人）			旅游收入（万元）		
	增长率（%）		预测数	增长率（%）		预测数
2009	上限	32.00	10.8	上限	35.00	232.0
	下限	24.00	9.0	下限	27.00	193.0
2010	上限	34.00	14.5	上限	37.00	317.8
	下限	24.00	11.1	下限	27.00	245.2
2011	上限	30.00	18.9	上限	33.00	422.7
	下限	20.00	13.4	下限	23.00	301.5
2012	上限	22.00	23.0	上限	25.00	528.4
	下限	18.00	15.8	下限	21.00	364.9
2013	上限	20.00	27.6	上限	23.00	649.9
	下限	16.00	18.3	下限	19.00	434.2
2014	上限	18.00	32.6	上限	21.00	786.4
	下限	14.00	20.9	下限	17.00	508.0
2015	上限	10.00	35.9	上限	13.00	888.6
	下限	8.00	22.5	下限	11.00	563.9

表 1.5.4　2010 年、2015 年、2020 年旅游客源规模和收入及增长率

时序 预测项目		2006 年（基准年）	2010 年	2007~2010 年年均发展速度（%）	2015 年	2011~2015 年年均增长率（%）
游客（万人次）	上限	4.75	14.5	32.24	35.9	20
	下限		11.1	23.75	22.5	15
国内旅游收入（万元）	上限	95	317.8	35.24	888.6	23
	下限		245.2	26.75	563.9	18

（2）预测结果

①上限方案

2007~2010 年，国内游客增长率为 32.24%，国内旅游收入增长率为 35.24%；到 2010 年，国内游客总量达到 14.5 万人次，国内旅游收入 317.8 万元。

2011~2015 年，国内游客增长率为 20%，国内旅游收入增长率为 23%；到 2015 年，国内游客总量达到 35.9 万人次，国内旅游收入 888.6 万元。

②下限方案

2007~2010 年，国内游客增长率为 23.75%，国内旅游收入增长率为

26.75%；到2010年，国内游客总量达到11.1万人次，国内旅游收入245.2元。

2011~2015年，国内游客增长率为15%，国内旅游收入增长率为18%；到2015年，国内游客总量达到22.5万人次，国内旅游收入563.9万元。

六、基础设施与专项规划

（一）道路交通

1. 对外交通

（1）水路

从外进入梨园村的水路，即茈碧湖南码头横渡茈碧湖到达梨园村码头所经的水路航线，全长5千米。航线经过茈碧湖西北角的龙王庙后，再前往梨园村码头。规划购置游船、快艇各10艘，改建梨园村码头。

（2）陆路

连接茈碧湖镇和梨园村的主要公路叫文笔路，全长8千米。除消防车、垃圾运转车、医疗救护车外，其他的社会车辆一律不允许进入梨园村。可在梨园村内设置马车驿站。游客可以骑马、乘坐马车，或电瓶车进入梨园村。

规划将入村主要公路改造成为8米宽的平整弹石路，以体现景区的生态和古朴。沿途主要是动态景观，注重远眺、鸟瞰等成片的景观效果。由于道路多是自然弯曲，沿途有成片的自然植被，可以绿化的空间宽敞，行道树种植应该呈三五成丛、自然群落式布局，与道路两侧的自然景观相融合。为了使连续风景产生韵律节奏，设计中使植物在树种安排上有断有续，节奏的变化可由此而产生。

2. 内部游路

梨园村目前的道路大多还是传统的黄泥路面。为了改善村民生活环境、进一步发展旅游业，规划对梨园村内部的游路进行修建、改造。梨园村内部交通的游路系统分为三级，对各级游路建设的要求为：第一级为主游路，宽3米，主要用于连接各功能区；第二级为次游路，宽1.5米，是主游路至各景点之间的联系线路；第三级为步行小道，主要分布于山间林地，宽1米，主要用途为主游路和次游路向周围延伸的休闲观光游览道路。主游路可采用水泥或沥青铺成。次游路和步行小道可采用卵石、片石拼砌或用木栈道，且步行道考虑部分植草路面。步行小道纵坡坡度超过15度的游路路段，表面应作防滑处理；当纵坡超过18度时，宜按台阶、梯道设计，台阶踏步最少不得少于2级；当台阶坡度大于58°时，梯道不仅要作防滑处理，还应设置护栏设施。

游路的转折、衔接处应符合游客的行为规律。

按照以上要求对梨园村的景区公路、步行游路、水路规划如下：

（1）景区中央石板路

梨林区与白族民居聚落区的游路为青石板路，共计长 3500~4500 米。梨林中的石板路宽为 1~1.5 米，白族民居聚落区的石板路宽为 1.2~1.5 米。

（2）上山木栈道游路

梨园村北部从罢谷山脚—希望小学—私塾—本主庙山顶平地（野营基地）可为木栈道，长约 1000 米，宽为 1.2 米。

（3）步行游路

梨园村内部不允许旅游车辆进出，因此需修建步行游路。根据实际情况，规划修建一般步行游路 2000 米。步行游路宽为 2 米。

（4）马道

在白族文化体验区修建一条茶马古道。长约 1000 米，宽为 1.2~1.5 米。

3. 停车场建设规划

以环保、生态为原则，外来车辆均不能进入梨园村内部。在茈碧湖北岸梨园村码头，外部道路的入村处修建一个生态电瓶车停车场、一个马车停车场，停车场应建在较为隐蔽处，或四周植高大、浓密的树，以免对周围景观造成破坏。考虑到梨园村旅游业的发展，与游客人次规模的增长速度，电瓶车停车场占地 1000 平方米，采用混凝土预制块嵌草；马车停车场占地面积 500 平方米，采用混凝土预制块嵌草或耐踩踏的草地。

4. 交通设备购置规划

随着梨园村旅游业的发展和客流量的增加，加强与洱源县城、大理州其他地区等周边旅游区的联系，开设直达梨园村的旅游专线车，解决梨园村的对外交通。规划购置生活物资车 1 辆，行政管理用车 1 辆，解决梨园村的内部交通、管理用车。同时，购置游船 5 艘，快艇 10 艘，橡皮舟 10 艘，独木舟 10 艘，水上自行车 5 艘，以满足梨园村外部交通需要和水上娱乐的需要（见表 1.6.1）。

表 1.6.1　道路交通设施建设一览表

序号	建设地点或所在范围	建设类型	面层结构	建设规模
1	游路	—	—	—
1.1	中央石板路与其他步游路	新建	青石板	3.5~4.5 千米
1.2	木栈道	新建	松木板	1~1.5 千米
1.3	马帮道路	新建	砂石路面	1 千米

续表

序号	建设地点或所在范围	建设类型	面层结构	建设规模
2	**码头**	—	—	—
2.1	梨园村码头	扩建、改建	浆砌条石结构	780 米
3	**停车场**	—	—	—
3.1	停车场	新建	混凝土预制块嵌草	3000 平方米
3.2	马车停车场	新建	混凝土预制块嵌草	500 平方米
4	**交通工具**	—	—	
4.1	环保垃圾车	—	—	1 辆
4.2	生活物资车	—	—	1 辆
4.3	行政管理用车	—	—	1 辆
4.5	快艇	—	—	5 艘
4.7	马车		—	10 辆

（二）给水排水

1. 用水量测算

根据国家标准《室外给水设计规范》（GB J13—86）和《建筑给排水设计规范》（GB J15—88）等相关标准，确定梨园村的日用水量标准为：①住宿游客每床每日用水 400 升；②不住宿游客每人每日用水 50 升；③后勤及管理人员每人每日用水 200 升；④绿地、道路喷洒每公顷用水 10 立方米；⑤消防用水量按 10L/S 计，火灾延续时间按 2 小时记；⑥不可预见用水按直接用水量的 20% 计算。

消防用水按每个消防栓用水量 360m^3/h，消防栓间距 120 米。消防用水不计入总用水量，但给水系统的供水能力要满足消防用水的需要。

经测算，梨园村的最大日用水量为 775.62 立方米（包括梨园村常住人口用水），其中，游客用水为 271.95 立方米，绿地、道路喷洒用水 0.4 立方米，消防用水为 254 立方米，不可预见用水 129.27 立方米，总设计日调节水量为 800 立方米。详见表 1.6.2。

表 1.6.2 梨园民俗文化生态村用水量一览表

序号	用水项目	用水数量	用水量标准	时变化系数	用水量（m^3/d）
1	住宿游客用水	560 床	0.50 立方米 / 床・d	1.0	224
2	不住宿游客用水	959 人	0.05 立方米 / 人・d	1.0	47.95

续表

序号	用水项目	用水数量	用水量标准	时变化系数	用水量（m^3/d）
3	村民、后勤及管理人员	430 人	0.2 立方米 / 人・天	2.5	120
4	绿地、道路喷洒用水	0.004 平方千米	100 立方米・天	1.0	0.4
5	消防用水	1 处 .2 小时 . 天	0.035 立方米 / 秒	—	254
小计	—	—	—	—	646.35
6	不可预见用水	—	前五项之和的 20%		129.27
7	合计	—	—	—	775.62
8	设计调节水量	—	—	—	800

2. 水源选择及给水流程

梨园村各景区都有用水设施，主要集中在游客接待中心、民居聚落区、农家乐、民居客栈等。梨园村与茈碧湖毗邻，茈碧湖水质良好，取水非常方便，可满足梨园村的用水需要。且梨园村有山泉水，规划将山泉水用来造景。

给水系统组成为：取水水源—取水构筑物—输水管—高位水池—给水管—用水点。

给水处理工艺流程为：原水—过滤—澄清—消毒—用户。

3. 给水方案及工程设施布置

根据用水设施的布局及水源位置，梨园村采用统一取水、统一供水的方式。除了生活用水外，还需用于灌溉以及森林防火。

规划在梨园村内最高点建容量为 800 立方米的钢筋混凝土高位水池，接引茈碧湖湖水为供水水源，用输水管引水至水池，进行消毒后向区内居民与游客等各用水点供水。该片区需 DN300 输水管 2500 米，DN100 给水管 1000 米，DN50 给水管 3000 米。

4. 给水设施一览表

表 1.6.3　给水设施建设一览表

序号	建设项目	单位	数量	备 注
1	抽水泵站	处	1	含泵房、抽水设备
2	KG—L960 一体化净水设备	套	1	—
3	H 908-50 二氧化氯消毒剂发生器	套	1	—
4	容量 300 立方米高位水池	个	1	钢筋混凝土
5	DN110 输水管	千米	3	UPVC

（三）排水工程规划

1. 污水处理

梨园村的污水主要是生活污水和厕所污水，其排放量相当于梨园村生活及厕所给水量的 60%，经测算梨园村污水最大日排放量为 480 立方米（包括常住人口污水排放）。生活污水的处理工艺较多，梨园村拟采用处理效果好、技术成熟、投资少、运行寿命长的地埋式污水处理装置对旅游污水进行处理。

梨园村的污水主要是住宿、餐饮的生活废水和厕所排出的污水，规划在区内建设日处理能力 60 立方米的有动力地埋式污水处理设施，用 UPVC 排水管道收集污水，处理达标后导入污水导流渠道，经土壤渗透后排入天然溪流，共需铺设 DN200 的污水收集管道 2000 米。

2. 雨水处理

梨园村内雨水以地表漫流的方式排放为主，对于道路、建构筑物等雨水，依地形条件通过设置涵洞、排水边沟或雨水明沟、暗沟，分片就近排入溪流、林地或水体，需建雨水沟 2000 米。

3. 主要工程估算

表 1.6.4　排水设施建设一览表

项目名称	规格型号	单位	数量	备注
地埋式污水处理设施	300m^3 /d	座	1	有动力
污水管	DN200	千米	3	UPVC 管
污水导流、渗透渠道	—	千米	4	—

（四）电力工程

1. 工程现状

梨园村内目前已经有高压线供电，在梨园村建成后，将增设大量基础服务设施，电力需求将会增加，原电力线路、设施需要增加才能满足供给要求。现根据梨园村的规划要求对电力设施进行规划。

2. 用电负荷计算

整个梨园村范围内用电负荷主要分为三大部分，即村庄生活区、游客接待区、农业生产区。根据不同的建筑使用功能，采用单位面积负荷指标法进行估算，村庄生活区取 10 瓦每平方米、游客服务区取 50 瓦每平方米、农业生产区取取 5 瓦每平方米。综合上述负荷指标进行计算，规划区内用电负荷约为 520 千瓦。考虑到用电耗损及局部用电的需要（如局部路灯照明），故再乘以 1.1 的系数，总用电负荷最终为 572 千瓦。

3. 供电网络

梨园村规划电网负荷重点在区内的服务区、生产、度假区、村庄，由于负荷量较大，规划区景点较分散，而低压供电半径只有 300 米左右，规划在梨园村内建变电所 1 座，供电电压采用 10 千伏，配电电压为 10 伏 /0.4 伏，线路经各景区变电站降压为 0.4/0.23 千伏后，根据需要，以采用比例输入各景区、景点，其配电房均应设置在有利于线路走势，同时又较偏僻的地方，以免妨碍景观和环境；线路设置在主要游览线上，采用埋地铺设电缆形式；在不妨碍景观之处，线路可用架空电杆铺设，采用树枝状走向。低压配电系统采用三相五线制，接地保护零线与工作零线分开，确保用电安全。

4. 主要工程设施

表 1.6.5　供电设施建设一览表

序号	项目名称	单位	数量	备注
1	10 千伏埋地输电线路	千米	3.5	—
2	400 千伏安变电所	座	1	SL9—315 千伏安 /10 千伏 /0.4 千伏
3	埋地低压线路	千米	4	LG75，0.4 千伏

（五）通信工程

1. 邮政规划

目前梨园村没有邮政储蓄点，为了方便梨园村村民和游客的金融业务，规划在梨园村适当地点修建一处邮政储蓄所，建筑面积 80 平方米，提供各种邮政与金融服务，以满足游客不同消费方式的需求和常住人口储蓄、通邮、通信的要求。

2. 通信规划

洱源县城内有数字程控交换机、明线载波机、无线寻呼等通信设备。现规划在梨园村内开通程控电话，从茈碧湖镇接引通信光缆到梨园村，共需电话光缆 10 千米。

3. 电视信号接收设施

为了让游客和村民能收看到丰富的电视节目，及时了解国内外的时事动态，规划开通梨园村的有线电视接收系统，旅馆、民居客栈的客房均安装有线电视终端。有线电视系统从茈碧湖镇有线电视线路接入，共需铺设埋地电视电缆10千米。

4. 主要工程设施

表1.6.6 邮政、通信、电视工程建设一览表

序号	项目名称	单位	数量
1	电话接入端口及设备	套	1
2	4–32电话交换机	台	1
4	市话电缆	千米	10
5	程控电话	门	90
6	IC电话	门	15
7	电视接入端口及设备	套	1
8	埋地电视电缆	千米	10

（六）绿化工程

绿地系统规划主要是依照梨园村景观格局，对旅游开发中修建旅游设施所产生的裸地、创面等进行绿化和修复，以及对入口道路沿线、建筑周边环境等不协调的、凌乱的小环境进行绿化，营造和美化景区环境。景区绿地系统规划如下：

1. 绿地规划原则

绿地规划对旅游环境的改善起明显作用，是旅游规划中的重要组成部分，规划中应注意以下规划原则。

（1）环境保护和多样性原则

梨园村内有大规模的梨树林和其他林地，充分利用和保护当地生态环境和生物多样性，是该区域绿化规划的主体内容。在旅游开发和建设中，必须尽可能地不破坏和移动该区域的自然植被。在道路修建、旅游基础、服务设施建设过程中，均应对建设用地上的植物、植被进行利用规划，采取种植入房屋、建筑，散点式分布建筑的方式，切忌大面积清场、翻挖，导致对当地环境和植被的破坏。对于必须要动用的土地，其内分布的灌丛、树木，应尽可能采取移植措施。建议聘请专业的树木移植公司承担植物移植工作。

（2）因地制宜和本土化原则

梨园村气候为典型的北亚热带高原季风气候，地处低纬度、高海拔地区，日照充足，四季不明显，冬春多晴、夏秋多雨。年平均温度为14℃，年平均日照为2451小时，无霜期长，因处茈碧湖畔，冬暖夏凉。绿化使用材料必须

适合当地气候环境条件，充分利用开发建设用地中移植出的乡土植物，既能较好地适应当地环境，又能对其进行保护利用，同时还可以保持景观的一致性。另外，可以适当引进一部分附近区域的优良乡土绿化树种。

（3）比例合理和满足游客需求原则

梨园村内有许多局部地段，因公路建设、旅游设施修建等因素，部分植被将被破坏，为避免出现难以恢复而呈现为裸地和破碎的破坏地，对于这些区域，应适当采取植物移植、景观营造、速生适应植物种植等措施使之恢复，构建均衡分布、比例合理的绿化工程。

（4）远期和近期目标相结合原则

绿化工程是一项长期的工程，部分绿化项目不可能在短期内完成，且为了保证梨园村生态环境的可持续利用，确保梨园村的可持续发展，绿化工程将一直伴随梨园村的建设和管理工作，因此应划分好近期和远期目标，分期完成。

（5）结合生产和创造财富原则

绿化工程在国际上提倡可食性景观建设，尽量选用一些可食用植物进行绿化，给人以亲切和适宜的气氛。农业生产栽培植物和一些经济植物的栽培，是绿化系统的重要组成部分，应给予重视。

表 1.6.7 梨园村绿化规划布局

绿地布局类型	范围	要求
块状绿地布局	主要山体	要求种植的作物统一规划，创造和谐的景观
带状绿地布局	景区公路绿化带	根据实际情况进行绿化，大量种植枫木、桦木树等
	步行道景观带	两侧用凤尾竹、榕树、梨树等进行绿化
混合式绿地布局	包括旅游设施、接待区等	根据实际情况进行绿化，适当种植榕树、凤尾竹、梨树、桃树等

2. 绿化措施

（1）观光区绿化措施

旅游观光区，主要包括梨林景区、梨园村视线范围内的山体等主要旅游场所，梨园村主要以当地原生植被为绿化主体。主要的绿化项目包括：

①入口道路沿线绿化，在合适的地方栽种枫木、桦木等；

②在梨园村主要观景点，进行裸地绿化，种植一些比较耐践踏的草种，周边可种植杜鹃、筇竹等；

③梨园村视线范围内现有植被应尽力保留，在进行景区绿化时应因地制

宜，与周围原有植被环境相协调，营造和谐统一的意境。

（2）道路绿化措施

①游览步道的绿化：种植时应结合景区主题，考虑植物的季相变化，乔木和花灌木的结合，形成步移景异、虚实结合的绿色游览空间；保持游道的通风采光，并在最佳观景处开辟透景线。

②停车场的绿化：在保证停车场正常功能前提之下，增加周边及相关道路的绿化美化，根据植物的生理习性，合理种植乔、灌、花、草，多栽植香花、色调植物，营造色彩效果、空间层次良好的绿化景观。

（七）土地利用

1. 土地利用现状

梨园村旅游处于开发初级阶段，目前梨园村内建设用地较少，且多为丙类以下的用地，即为道路、村寨、护林点的用地。旅游区规划范围为整个梨园村。全村占地面积约为 1118 亩，其中果林地 522 亩和居住用地 261 亩，耕地 290 亩，菜地 25 亩，鱼塘 20 亩。

2. 土地利用规划

（1）用地类型划分

依据《风景名胜区规划规范》（GB 50298—1999）的用地分类标准，结合开发建设的实际需要来划分各类用地。梨园村用地分为七类。

甲类：风景游赏用地——风景点建设用地、风景保护用地、风景恢复用地、野外游憩用地、其他观光用地。

乙类：游览设施用地——旅游点建设用地、游娱文体用地、休养保健用地、购物商贸用地、其他游览设施用地。

丙类：居民社会用地——居民点建设用地、管理机构用地、科技教育用地等。

丁类：交通与工程用地——对外交通通信用地、内部交通通信用地、供应工程用地、环境工程用地、其他工程用地等。

已类：园地——水园、经济林木和其他园地等。

壬类：水域——江、河、水库和其他水域用地等。

发展滞留用地：未利用地和其他滞留用地等。

（2）土地利用规划表与用地平衡表

详见表 1.6.8~ 表 1.6.10。

表 1.6.8　梨园村规划用地状况

规划用地类型	规划用地面积（亩）
一、风景游赏用地	522
风景点建设用地（梨花池、梨花溪、徐霞客祠等）	0
野外游憩用地（观景台、休息亭等）	0
其他观光用地（梨林、梅园、柿林、桃林、农田菜园、鱼塘、湿地等）	522
二、游览设施用地	24
旅游点建设用地（游客服务中心、医疗服务点、农家乐等）	16
游娱文体用地（白族戏台与广场）	6
购物商贸用地（手工艺长廊、手工作坊）	2
三、民居社会用地	544
民居点建设用地（白族村寨）	229
耕地、菜地	315
四、交通工程用地	8
旅游通道、公路（公路、林间小路、栈道）	8
五、水域	20
合计	1118

表 1.6.9　土地利用控制指标

用地类别	用地面积（亩）	百分比（%）
风景游赏用地	559.00	50
旅游设施用地	167.70	15
交通设施用地	33.54	3
社会居民用地	335.40	30
湖域	22.36	2
规划区总用地	1118	1118

（八）防灾安全规划

1. 项目施工安全措施

梨园村范围内局部地形险峻，还有大面积临水项目，对于一些旅游设施项目的建设需要进行安全可行性分析论证。特别是对于建筑设施，必须要按照国家标准与规范施工。建设前一定要对建设地段地质条件进行考察，对其建设项目的可行性进行分析和论证，并且在施工时做好质量监督管理，严格保证设施的质量和施工的安全。

梨园村现在正在进行公路修建工程，且随着规划的完成，大量的旅游项目、设施需要兴建并可能贯穿在游客的旅游活动中，这就需要梨园村在施工时做好游客的安全保护措施，确保设施的安全性并保证游客的安全，正在施工的项目周围要设置游客止步的标识牌。

2. 游览观光安全措施

（1）丛林栈道

梨园村罢谷山上丛林密布，拟在丛林中修建栈道。在游客进入栈道前一定要有明确的安全注意事项标识，对峡谷两岸地质应定期进行检查与维护。

（2）水上活动

由于梨园村濒临大面积的水域，必须做好水上安全措施。船坞、竹筏等水上运输工具严禁超载，要为游客配备救生衣；沿水边开辟的步行道路和旅游项目要与湖水有一定的安全距离，并在较狭窄的地段设置护栏等安全保障设施。

（3）安全标志

在旅游区危险或不宜进入的地段、场所应设置警示标志或禁止入内标志。标志要明显，防护设施应齐备、有效。及时排除可能发生危及游客安全的情况。无法排除的应有必要的防护措施，并有游客容易看到的警示标志。

3. 餐饮安全措施

随着大量游客的涌入，在节假日高峰季节要特别注意防止重大食物中毒事故发生。对梨园村内的所有餐馆、餐饮点都要实施定点管理，加强餐饮环境卫生整治，要严格按照有关规定做好卫生防疫工作，按照卫生监督法实行定点定位和按期检查管理。

4. 防火安全措施

梨园村内有大片树林，民居房屋多为木质结构，存在火灾隐患；村寨内有大量草垛，容易引发火灾；再次，在梨园村内户与户之间距离较近，一旦发生火灾将难以控制。

因此，梨园村必须在制度上从严治消，在村民和景区员工中形成强烈的消防意识。在设施上扬长避短，充分发挥自身优势，根据地形地貌设置合理有效的消防设施，以达到充分自救的目的。

（1）加强防火宣传教育工作，根据《中华人民共和国消防法》有关标准，制定梨园村消防管理制度，定期对所有服务人员进行消防安全教育。定期检查，及时消除火灾隐患和不安全因素。规划梨园村设防火宣传牌 20 块。

（2）对主要游览点和接待点应该配置有关的消防设施，如消防栓、灭火器等，旅游建筑和附属设施的建设按《建筑设计防火规范》严格执行。

（3）梨园村应严格管理和控制易燃、易爆和化学危险品，以防范、杜绝森林火灾和危害发生。

（4）梨园村服务人员的作业、摊位摊点应严格按照消防安全操作规程进行操作。

（5）组建景区消防队，培训部分村民，形成一支有一定专业素养的消防队伍，配备适合景区消防条件的消防灭火器材，制定严格的巡逻值班制度。

（6）在修建各种木结构房屋的时候，应当做好防火处理。

（7）在景区中设置自动喷淋系统，在居民房屋单体建筑房顶设置自动喷淋系统，既可以起到一定的景观效果，又可以在发生火灾险情时起到隔离作用。

（8）建立景区集中管理、各区域系统独立的消防管理与控制体系，设置火灾自动报警、室内外消火栓、自动喷水灭火和气体灭火四个系统。整个梨园村共设置消防栓 15 个。

5. 医疗救护措施

医疗卫生是保障旅游活动安全的最基本的服务体系，梨园村必须建立良好的医疗卫生体系，防患于未然。

（1）规划在梨园村设立医疗急救点 5 个，配置必要的医护人员和常用药品。并以茈碧湖镇医院为依托，建立医疗救护中心，设立"绿色通道"，旅游旺季增设专职医务人员，确保事故发生后的紧急救护。

（2）在服务指南和梨园村全景图中标明景区医疗卫生服务点的位置，以保证游客发生意外时能及时得到救治。

6. 其他安全措施

做好治安和防范管理工作，积极消除一切对人身安全造成威胁的隐患，采取有效的防范措施，防止暴力犯罪和盗窃等事件的发生。

根据梨园村的治安管理，规划在梨园村设立保卫处，有专职治安人员昼夜值班，有相应的应急方案和工作制度，能处理突发事件。

（九）导游解说系统

导游解说系统是一种信息传递服务，是旅游服务体系中的重要因素，它能把梨园村的信息传播给游客，帮助游客了解梨园村的功能特色和景观价值。梨园村的导游解说系统以通过游客中心的导游人员对游客进行向导式解说为主，并对游客发放各种解说材料和竖立梨园村标牌、标志进行自导式解说为辅。除做好导游解说服务外，规划在各旅游景点和主要入口设置25块标牌，包括指示性、规定性、说明性、解释性、宣传性五类。

（十）环境整治

1. 自然生态系统的保护

对村寨和森林进行强制性保护，对农田、菜园采取建设性保护。严禁砍伐森林，并制定赏罚分明的条例、规定来保护森林、山体植被等。对村寨周围的山体实施植树造林、封山育林和节能改灶等一系列生态系统工程，以达到绿化、美化的目的。

2. 植被恢复与维护

保护梨林中的植被，避免因游客践踏而造成对土壤环境的破坏。在林中修建各种游览步道，其他地方植花种草。在村中招募员工，定期对周围植被恢复和维护。

3. 留住保护主体——村民

由于生活贫困，不少梨园村青壮年男女都外出去打工了，留下的多半是妇女和儿童。若干年后谁能够继承和发扬梨园村的文化和传统是一个严肃的现实问题。所以，在旅游发展过程中，一方面，要加强对村民的教育，使他们认识到自己文化的精髓和辉煌之处，从而提高其自豪感；另一方面，要加强村民在旅游发展中的参与程度，让村民可以从旅游发展中获得丰厚的实惠，从而留住村民。

4. 人畜分离

梨园村没有自成体系的排污系统，村民也没有良好的卫生意识，而且对各种家养牲畜采取放养的形式，村落内到处都是生活垃圾和家畜的粪便，导致村寨卫生条件不甚理想。规划实施“人畜分离工程”，对各种牲畜采取圈养的方式，通过教育提高村民的卫生意识，逐步建设统一的排污系统。统一规划，按实际情况的需求在村民家里建造沼气池。

5. 旅游厕所

由于梨园村是一个高质量的生态梨园村，所以厕所的设计和建设一定要严格按照生态厕所的设计标准和建设原理进行，确保不对生态和环境造成任何程度的污染。厕所的建筑形式要与梨园村寨内其他建筑风格和形式一致，色彩与环境协调。规划在梨园村修建2~3个免冲式生态旅游厕所，改善民居厕所的卫生条件。

6. 生态垃圾筒

在梨园村范围内，沿村中主要游览步道每隔 200 米设置一个生态垃圾筒。垃圾筒的外形设计可以参考白族装饰小品和各种手工艺品的式样，使垃圾筒既实用，又有特色和美感，与村寨建筑和村寨环境相协调。

（十一）住宿、餐饮服务设施规划

1. 住宿接待设施

根据梨园村客源市场现状、旅游高峰期住宿游人比例和游客停留天数分析，按预测上限，至 2007 年年末接待中外游客 6.2 万人次，2010 年接待 14.5 万人次，2015 年接待 38.9 万人次。各目标年度游客住宿率分别达到：近期（2010 年年末）为 10%、中期（2015 年年末）为 15%，各年相应全年住宿游人数为 1.45 万人次、5.385 万人次。住宿游客市场定位主要面向中高档消费的度假型游客，床位规划建设比例为高档 67.3%、中档 26.9%、低档 5.8%。

根据梨园村的特点，床位需求数拟采用全年住宿总人数计算法推算床位需求规模，计算公式为：$C=R\cdot N/T\cdot K$

式中：C——住宿床位需求数；

R——全年住宿游人总数；

N——游人平均住宿天数，近期 2 天，中远期 2.5 天；

T——全年可游览天数取 280 天；

K——床位平均利用率。经测算，共需住宿床位总数为：

$$C_{近期}=(14530\times 2)/280\approx 104$$

$$C_{中期}=(21795\times 2.5)/280\approx 195$$

以上床位预测数可依照市场促销情况和建设速度进行调整，考虑到旅游的自然生态环境承载力，旅游住宿量弹性较大，设施规模不宜过大，以免影响投资回收率，梨园村床位数控制在总需求床位的 70% 左右为宜，旅游旺季需求不足时依托梨园村区现有住宿旅社以及民居解决。

2. 餐饮服务设施

根据梨园村总体布局和旅游发展的需要，餐饮服务接待以民居接待为主。根据实际情况选取条件较好的家庭，或扶持一般的家庭进行民居接待。向游客提供健康的、生态的，具有白族风味的家常菜肴。注意卫生条件的改善，做到不污染周围环境。

在民居接待的基础上，规划在适当位置建餐厅 1 处，设餐位 150 个，建筑面积 1000 平方米，为游客提供餐饮等服务。

（十二）民居改造工程

1. 民居改造指导思想

实现“把祖先留给我们的宝贵遗产，真实完整地交给我们的下一代。做到村落旅游的可持续发展”。

2. 民居改造的思路

必须将突出白族居民聚落村寨特色作为改造和建设的重中之重。在改造和建设过程中，既要注重保持民居文化特色，又要以梨园村人们生活水平的提高为发展方向，积极借鉴民居改造成功的经验和成果，使改造和建设能够保留梨园村的原有文化。

3. 民居改造的方案

成立民居改造委员会，加强立法保护；全村统筹规划，家庭档案管理；分批分类，由外及里。

4. 成立民居改造委员会

城市建设、规划部门和文化管理部门应有机结合起来，由主管部门组织规划师、建筑师、史学家、社会学家、艺术学家组成“梨园村民居改造委员会”，并充实人员、细化分工、明确职责、强化组织保障。委员会主要负责民居改造的组织实施、民居改造设计研究和民居改造监督。

5. 加强立法保护

要把有关成员单位和有关负责人组织起来，同专家们一道，制定相应的改造和保护条例，以法律和村规民约的形式确保梨园村的各项保护工作可以落到实处。

6. 全村统筹规划

制定民居改造的详细规划，进行统一规划、合理布局、因地制宜、综合开发、配套建设，并实施“净化、绿化、亮化、美化”的工程，同步设计、同步建设。

7. 家庭档案管理

委员会做好前期研究工作，为村民设计改造户型，并为其建立民居改造家庭档案，按照艺术价值、历史价值、社会文化价值分类研究、评选、圈定，并制作标牌镶嵌在建筑物上，以供规划文物、保护、旅游、文化等部门参考、使用。一切已被确认为应予保存和保护的民居建筑，均应建立相应的档案，档案中应包括：

（1）建筑年代、地点、历史背景；

（2）有关的图纸资料和照片（如占地平面图、建筑平面图、立体剖面图）；

（3）艺术、历史、社会文化教育价值分析资料，有关专家鉴定意见；

（4）与之相关的其他资料（如历史事件报道、建筑变迁的历史情况等），对邻近新建筑设计的要求（高度、体量、色彩、造型等）。

8. 分批分类，由外及里

按照民居的年代、破坏程度、现代化程度等指标把梨园村的民居划分为保护性民居、修缮性民居和恢复性民居三类；并按照优先保护、大力修缮、积极恢复的原则进行民居改造工程。民居改造既要保护好民居文化遗产，又能充分让村民享受现代文明带来的好处，因此户型设计整体严格保持原有的民居样式以及外观；内部设施设备可以现代化，但设施设备的外观宜作仿古处理。民居位置、环境、朝向、形状、质地、色彩、室中摆设以及配套设施的安排，既要注重形式，又要弄清安排的依据和讲究。

七、旅游产品规划

（一）旅游产品开发原则

1. 针对性原则

市场需求是旅游产品开发的导向，只有满足市场需求的旅游产品才能适销对路。梨园村在旅游产品开发时必须充分迎合市场需求，设计符合不同目标客源群体需求的旅游产品。

2. 高起点原则

梨园民俗村的开发必须坚持高起点的原则，打造“世外梨园，千年梨林”的旅游品牌形象。因而在建设之初就必须有前瞻性，以国际化的眼光开发建设，坚持高起点、高标准。

3. 生态性原则

梨园的千年梨林、白族村寨风貌构成了人与自然和谐共处的生态环境，因此在旅游开发时必须要密切注意旅游活动对生态环境的影响。秉承不损害旅游地生态环境的理念，实践自然保护的科学精神，尽量降低资源损耗。

4. 产品联动原则

在注重梨园村内旅游线路设计与开发的同时，相应开发以茈碧湖镇为旅游集散地的周边景区的配套旅游路线，采取优势互补的原则，将梨园村的开发融入洱源县和茈碧湖的旅游环线之中。

（二）旅游产品开发策略

1. 产品开发的品牌化策略

旅游市场竞争的结果是品牌，特色旅游产品将吸引、招徕更多的客源。梨园村要在市场中占有一定的份额，就必须实现旅游产品的品牌化，并努力提高品牌的知名度与美誉度，以名牌树形象，以名牌创效益。

2. 产品开发的层次性策略

梨园村的旅游产品开发尚处于起步阶段，在未来开发过程中必须从资金、技术、实力等实际情况出发，有重点、有步骤地进行逐级开发，形成旅游产品开发的层次性，从而吸引不同消费层次的旅游者。

3. 产品开发的多样性策略

利用梨园村资源的多样性、丰富性，实施旅游产品开发，不仅要突出自然景观的开发，更要加强民族文化内涵的挖掘，使梨园村成为自然景观与人文景观兼备的旅游目的地。

4. 主导产品带动发展策略

根据梨园村的旅游资源现状，以现阶段重点开发的旅游产品为主导，确立旅游产品的品牌形象，并以此为龙头带动整个梨园村其他相关产品开发，形成主次有序、以主带辅的开发格局。

（三）产品需求趋势分析

1. 旅游需求多样化，特色旅游需求显现

目前游客的组成成分越来越多样化，旅游行为的不断大众化，使得旅游消费档次也越趋个性化和自主化。在旅游行为中诸如猎奇探幽、生态旅游、科技旅游、探险旅游等特色旅游日益成为游客追求的时尚。因而梨园村的开发应以大众化市场为基础，同时又要兼顾个性化市场。

2. 旅游追求趋向于生态型、文化型、参与型、休闲型

随着21世纪的到来，游客由单一的猎奇观光游览逐步向复合型、文化型、参与型的旅游形式发展。回归自然的生态型产品、娱乐参与型产品、富含文化内涵的产品、充满动感的产品将迎合现代游客的口味。因此，在梨园村的开发中，应充分突出资源的生态特征，注重文化内涵的挖掘，关注参与性项目的设置。

3. 旅游方式改变，自驾车比例显著提高

随着旅游消费的成熟，自驾车旅游的比例逐步扩大，根据2005年黄金周的统计，粤、京、沪、穗四地自驾车旅游的家庭分别占到出游家庭总数的

20%、16%、9% 和 8%，梨园村部分自驾车游客的比例超过 60%。因此梨园村的开发不仅要注重散客的需求，还应注重团队游客及自驾车游客的需求。

4. 精品化、品牌化是吸引游客的主要卖点

随着新开发梨园村数量的迅速增长，使得那些重复建设项目、低水平建设项目、缺乏个性的项目越来越失去市场吸引力。旅游市场要求梨园村的开发建设向精品化、品牌化、独特化方向发展，要求梨园村环境优美、项目独特、知名度高，因而只有品牌化、精品化的旅游项目才能具有持续的吸引力。

（四）旅游产品开发定位

梨园村的旅游产品开发应根据当地自然旅游资源与人文历史底蕴等要素来综合确定。

从梨园村的本底资源来看，梨园村是以古梨树林及温泉、湖泊为主体景观的旅游区，同时梨园村又是风情浓郁的白族村寨区，历经风雨、见证了历史变迁、记载着沧海桑田，仍巍然屹立的千年古梨树林和多姿多彩的民族风情是梨园村的核心产品，因而生态观光、风情体验是梨园村的拳头产品。

从民族文化来看，梨园村是洱源县茈碧湖畔的一个古老的白族村寨聚居区，白族风情浓郁，生机盎然的梨树林中点缀着古朴、庄重的白族民居，世世代代的白族儿女生活在这片肥沃的土地上，原汁原味的民俗风情体验产品是梨园村旅游开发中的拳头产品。

梨园村生态环境保持良好，且现有“梨园温泉”“梨园农家乐”等配套接待设施。随着旅游规划、开发工作的进一步进行，其旅游基础设施将得到更大的改善，因而具备了良好的生态休闲度假、康体疗养旅游产品的开发基础，该类旅游产品将成为梨园村旅游产品体系中的重点产品。

同时，依托梨园村独特的森林环境、动植物、山水地貌、人文资源等，开发生态旅游、运动探险、科考旅游等具有地方特色的基础旅游产品。

（五）旅游产品开发系列

1. 拳头旅游产品

（1）梨园观光游览产品系列

①目标市场：国内与国际旅游市场。

②产品组成：千年古梨树林观光、柿子林观光、世外“梨”园之旅。

③产品开发要点：

A. 注重环境的保护。该类旅游产品地处生态环境较为薄弱的地区，旅游开发中要防止因游客过多和行为不慎引起的破坏。加强对旅游者的安全教育和文明行为宣传，同时增强环境监控和保护的力度。

B. 加强安全保护意识。项目设置必须考虑工程技术的可行性和实施的安全性，要确保游人参与过程中的绝对安全。

（2）民俗体验产品系列

以茈碧湖畔古梨树林中的白族村寨为依托，以白族民居、生活习俗、歌舞表演等为游览内容，开展民俗风情体验游、民族村寨观光游等专题旅游。

①目标市场：欧美、澳洲、韩国、日本等入境市场以及国内旅游市场。

②产品组成：白族生态博物馆、原生态手工艺作坊、白族农家乐、白剧剧院、白族度假村等。

③产品开发要点：

A. 增加旅游者的参与和互动。该类旅游产品最能吸引旅游者注意力，因而极具开发潜力。但是在具体开发时要引导旅游者积极参与传统民俗活动，提升旅游产品的层次。

B. 营造场景式的旅游产品。在开发时要加强环境和氛围的营造，力图为民俗旅游创造一种良好的氛围，让旅游者在其中感受原汁原味的民族文化和民俗风情。

2. 重点旅游产品

（1）康体休闲产品系列

结合梨园村丰富、高质量的温泉资源，以梨园良好的自然、人文环境和茈碧湖湖滨游憩为依托，营造现代人工设施，开展休闲度假、休闲娱乐等专题旅游，让游客在梨园的停留时间增加，进而吸引游客在此长住，进行泡温泉、森林漫步等康体活动。

①目标市场：国内旅游市场。

②产品组成：天然氧吧体验、温泉康体、水上乐园游。

③产品开发要点：

A. 突出功能的多元化。休闲度假旅游产品是目前流行的产品类型，随着假日制度的不断调整，居民假日出游休闲度假的需求日益迫切，该类旅游产品的开发必能实现旅游目的地和旅游者双赢的局面。在具体开发时要注重功能的多元化，既要突出观光游憩，又要实现购物、度假。

B. 加强旅游设施建设。由于休闲度假旅游产品往往受制于中高端旅游市场，而且这类旅游者中往往以商务、会议旅游者居多，他们对旅游设施有着较高的要求。因此，在旅游产品开发过程中，要进一步加大对梨园村基础设施的投资力度，为其快速发展创造良好的环境。

C. 营造浪漫情调。该类旅游产品是以观光休闲为主题，属于国际流行的旅游产品类型。因此，要在突出本地特色的基础上，借鉴湖滨度假旅游的成功经验，加强湖滨旅游氛围的营造。

（2）乡村旅游体验产品系列

梨园村属于典型的白族村，全村共有106户，454人，大多数人口是土生土长的农民，他们以农业、渔业、林果业的经济收入维持生产生活。开发梨园村旅游的目的就是帮助当地农民脱贫致富。梨园村的白族饮食独具特色，其食物原料是纯天然绿色食品。目前村内已经有数家农家乐接待点。开展乡村旅游体验产品既可以提高社区参与旅游的水平，又可以让平日忙碌于都市生活中的旅游者回归大自然、返璞归真，理解、支持社会主义新农村建设。

①目标市场：国内旅游市场。

②产品组成：果园采摘、挂牌租种果树或农田、农家风味大餐等。

③产品开发要点：

A. 提高产品质量。对于该类旅游产品，需要加强景区景点建设和提高游览的可进入性，改善旅游环境和整合旅游项目，努力为旅游者提供高质量的产品和高品位的享受。

B. 提高趣味性和可参与度。对于该类产品，需要增加活动的趣味性和可参与性，让旅游者充分参与农家乐等体验产品。

C. 注重产品的组合。历史文化产品系列的开发可以结合民俗体验等项目开发，避免游览过程单调。此外，还可以结合山水游项目开发，形成历史文化与民俗风情、自然风光结合的组合产品。

3. 基础旅游产品

（1）生态旅游产品系列

以梨园村森林生态环境、珍稀植物种类、野生动物等内容为主，开展森林科考游、植物科普游、动植物考察游等专题旅游。

①目标市场：科研单位工作者、生态旅游者，省内和州内大中院校、中小学校等市场。

②产品组成：梨园森林生态系统、梨园水果节、梨园森林动植物资源等。

③产品开发要点：保护自然资源。优美的自然生态环境是梨园村的一大亮点，因此在旅游产品开发中要注重对自然资源的保护。目前梨园村的景观资源保护比较完好，没有遭受太多人为的破坏，在今后的开发中特别需要对梨园村的自然资源和原始景观进行严格保护。

（2）运动探险产品系列

运动探险旅游根据市场目标分为专业型和大众型，梨园村可以开展专业型运动探险，也可以开展大众型运动探险。大众型运动探险可进行水上运动、森林探险、保健运动、森林穿越探奇等低难度的活动。

①目标市场：国内外运动探险爱好者。

②产品组成：山地骑马、森林猎奇探幽、潜水运动、拓展训练等。

③产品开发要点：

A. 增加科技含量。传统的运动探险类产品在旅游市场中的吸引力有限，因此，在开发该类旅游产品时应以现代高科技为支撑，增加旅游产品中的科技含量，增强旅游产品的互动性。

B. 加强技术培训。运动探险旅游需要一定的技术装备和专业技能，因此需要培训活动的组织者和指导者，在一定的专业人员的示范和指导下开展旅游活动。

（3）采风写生旅游产品系列

梨园村以其千年古梨树林、万亩柿林、名幽兰苑及其不同的色相、季相展现出的不同风景，还有群峰连绵的山峦、碧波万顷的湖水、多姿多彩的民族风情等，构成了一幅色彩斑斓的世外梨园、白族古村的画卷。山水风光和文化背景的组合如诗如画，可吸引不同的群体爱好者开展丰富的采风写生活动。

①目标市场：国内外采风爱好群体。

②产品组成："千年古梨林·探奇·历险"新闻摄影采风、"梨园之旅"歌曲创作采风、"世外梨园——白族风情"电视片采风等。

③产品开发要点：

A. 做好梨园村的市场营销。由于此产品类型的旅游者主要是受自然风光和民俗特色的吸引，因此在做好环境和文化保护的同时，注意以正面的口碑效应吸引更多的游客。

B. 进行独具匠心的策划。此类旅游活动的开展需要进行特别的策划，根据洱源县及梨园村的情况，选择恰当的主题进行各种活动的组织和开展。

八、投融资规划

（一）旅游投资估算

1. 估算依据

本估算包括总体规划的旅游工程、基础设施工程、生态环境和景观保护工程、旅游管理服务设施工程、工程建设其他费用和预备费。估算的主要依据有五方面。

（1）建筑安装工程投资：参照云南省现行的建筑工程概（预）算定额，并结合当地已建成的类似项目的投资标准和项目的实际情况进行估算。

（2）道路建设工程投资：参照交通部1996年颁布的公路工程预算定额，并结合当地近年来建设同等级公路的造价指标确定。

（3）供电、通信、给排水等工程投资：参照国家相关行业的投资估算编制办法，并结合当地实际造价指标进行估算。

（4）其他工程费用：勘测设计费按工程费用的3.0%计，工程监理费按1.2%计，建设单位管理费按1.5%计。

（5）预备费：仅考虑基本预备费，费率按10.0%计。

2. 估算结果

经测算，项目总投资2347万元，其中旅游工程投资1061万元，占45%；基础设施工程投资661万元，占28%；生态环境保护工程投资96万元，占44%；旅游公共服务及管理设施211万元，占9%；其他费用116万元，占5%，其中勘测设计费61万元、工程监理费用24万元、建设单位管理费用30万元；预备费203万元，占9%。

梨园村分近、中期建设，其中近期（2007~2010年）建设投资1751万元，占总投资的75%，中期（2011~2015年）建设投资596万元，占总投资的25%（见表1.8.1、表1.8.2、表1.8.3）。

表1.8.1　工程费用估算与分期投资汇总表

序号	工程项目或费用名称	投资总额（万元）	占总投资的百分比（%）	计划投资总额（万元）	
				近期	中期
1	总工程费	2029	86	1514	515
1.1	旅游工程	1061	45		
1.2	基础设施工程	661	28		
1.3	生态环境保护工程	96	4		
1.4	旅游公共服务及管理设施	211	9		
2	其他费用	116	5	86	29
2.1	勘测设计费	61	—	45	15
2.2	工程监理费	24	—	18	6

续表

序号	工程项目或费用名称	投资总额（万元）	占总投资的百分比（%）	计划投资总额（万元）	
				近期	中期
2.3	建设单位管理费	30	—	23	8
3	**预备费**	203	9	151	52
合计	总费用	2347	100	1751	596

表 1.8.2　项目投资估算与项目分期一览表

序号	项目名称	数量、规模	项目分期	备注	投资（万元）
1	**游客服务区**	—	—	—	260
1.1	梨园村码头	1 个	Ⅰ	改建	10
1.2	巨型照壁	1 个	Ⅰ	新建	50
1.3	入口大门	1 个	Ⅰ	新建	10
1.4	官梨路	1 条	Ⅰ	改造	100
1.5	游客服务站	500 平方米	Ⅰ	新建	30
1.6	工艺品长廊	250	Ⅰ	新建	60
2	**梨林景区**	—	—	—	72
2.1	梨花池	1 个	Ⅱ	新建	6
2.2	梨花溪	1000 米	Ⅰ	新建	20
2.3	通幽道	1000 米	Ⅱ	改造	30
2.4	对弈亭	40 平方米	Ⅱ	新建	4
2.5	豁然台	50 平方米	Ⅱ	新建	4
2.6	怡然桥	1 座	Ⅱ	新建	4
2.7	纪念林	1500 平方米	Ⅰ	新建	4
3	**民居聚落区**	—	—	—	347
3.1	白族戏台与广场	600 平方米	Ⅰ	新建	25
3.2	本主庙	1000 平方米	Ⅰ	修复	22
3.3	民居改造	40 户	Ⅰ	改造	200
3.4	民居家访点	10 户	Ⅰ	提升	50
3.5	徐霞客祠	50 平方米	Ⅱ	新建	50
4	**文化体验区**	—	—	—	382
4.1	稻田守望亭	1 个	Ⅱ	新建	2
4.2	茶马古道	1000 米	Ⅱ	修复	12

续表

序号	项目名称	数量、规模	项目分期	备注	投资（万元）
4.3	野营基地	1000 平方米	Ⅱ	新建	12
4.4	私塾改建	100 平方米	Ⅱ	修复	6
4.5	梨园旅馆	2400 平方米	Ⅱ	新建	350
—	合计	—	—	—	1061

注：Ⅰ表示第一期建设项目，Ⅱ表示第二期建设项目。

表 1.8.3　基础设施投资估算与项目分期一览表

编号	项目名称	规模	项目分期	备注	投资（万元）
DL	**道路交通**	—	—	—	85
DL1	中央石板路	1.5 千米 ×3 米	Ⅰ	新建	36
DL2	木栈道	1 千米 ×1.5 米	Ⅰ	新建	12
DL3	步游路	2 千米 ×2 米	Ⅰ	新建	32
DL4	马车停靠点	500 平方米	Ⅱ	新建	5
JG	**旅游交通工具**	—	—	—	124
JG1	环保交通车	1 辆	Ⅰ	新购	30
JG2	生活物资车	1 辆	Ⅰ	新购	20
JG3	行政管理用车	1 辆	Ⅰ	新购	20
JG4	快艇	5 艘	Ⅰ	新购	50
JG7	马车（包括马匹）	10 辆	Ⅰ	新购	4
GS	**给水设施**	—	—	—	140
GS1	钢筋混凝土高位水池	容量 300 立方米	Ⅰ	新建	30
GS2	抽水泵站	1 座	Ⅰ	新建	40
GS3	KG—L960 一体化净水设备	1 套	Ⅰ	新建	30
GS4	H 908-50 二氧化氯消毒剂发生器	1 套	Ⅰ	新建	10
GS5	DN110 给水管	3 千米	Ⅰ	新建	30
PS	**排水设施**	—	—	—	116
PS1	地埋式污水处理站	300 立方米 /d	Ⅰ	新建	40
PS2	DN200 污水管	3 千米	Ⅰ	新建	36
PS3	污水导流、渗透渠道	4 千米	Ⅰ	新建	40
GD	**供电**	—	—	—	90.5
GD1	埋地低压线路	4 千米	Ⅰ	新建	48

续表

编号	项目名称	规模	项目分期	备注	投资（万元）
GD2	10 千伏埋地输电线路	3.5 千米	I	新建	22.5
GD3	400 千伏安变电所	1 座	I	新建	20
TX	**通信电视**	—	—	—	55.5
TX1	电话接入端口及设备	1 套	I	提升	16
TX2	4–32 电话交换机	1 台	I	新购	4
TX3	市话电缆	2 千米	I	新购	4
TX4	程控电话	30 座	I	新购	5
TX5	IC 电话	5 座	I	新购	1.5
TX6	电视端口接入设备	1 套	I	新购	20
TX7	埋地电视电缆	2 千米	I	新购	5
HJ	**生态环境保护工程**	—	—	—	96
HJ1	环保、环境宣传牌	5 块	I	新建	5
HJ2	全封闭式垃圾运输车	1 辆	I	新购	20
HJ3	垃圾中转站	1 处	I	新建	10
HJ4	垃圾箱	20 处	I	新建	10
HJ5	水冲式厕所	2 处	I	新建	10
HJ6	免水冲生态厕所	1 处	I	新建	10
HJ7	景区景点绿化美化	0.02 平方千米	I	提升	1
HJ8	夜景工程	1 项	II	新建	30
AQ	**旅游安全设施工程**	—	—	—	49.5
AQ1	安全标识牌	15	I	新购	7.5
AQ2	防火宣传牌	15	I	新购	7.5
AQ3	医疗服务点	1 处	I	新建	8
AQ4	室外消防栓	15 处	I	新建	15
AQ5	避雷设施	1 处	I	新建	10
AQ6	交通指示、警示牌	15 处	I	新建	1.5
FGS	**旅游公共服务及管理设施**	—	—	—	211
FGS1	游客服务中心	1 处	I	新建	200
FGS2	休息小品	15 处	I	新建	6
FGS3	导游标识牌	10 块	I	新建	5
合计	—	—	—	—	967.5

注：I 表示第一期建设项目，II 表示第二期建设项目。

（二）旅游融资

由于项目建设所需资金巨大，为了保证项目建设的顺利实施，遵循“分期建设、滚动发展、逐步完善”的原则，多渠道筹集建设资金。同时实行“谁投资，谁受益”的原则，给予投资商更多的优惠条件和政策，多渠道筹集资金，吸引外资、内资和社会资金等参与项目建设。根据梨园村的实际情况，项目建设资金拟从五个方面筹集解决（见表 1.8.4）。

1. 招商引资 962 万元，占 41%；
2. 银行贷款 469 万元，占 20%；
3. 申请旅游建设专项资金 235 万元，占 10%；
4. 上级拨款 94 万元，占 4%；
5. 建设单位自有资金 587 万元，占 25%。

表 1.8.4　投资计划和资金渠道

项目	投资总额（万元）	近期投资总额（万元）（2007~2010）	中期投资总额（万元）（2010~2015）
1. 招商引资	962	718	244
2. 银行贷款	469	350	119
3. 旅游专项资金	235	175	60
4. 上级拨款	94	70	24
5. 自有资金	587	438	149
合计	2347	1751	596

（三）投资效益分析

1. 生态效益

本规划项目的实施以环保优先为基本原则，通过对植物景观资源培植，进行广泛的公路面山绿化和景点绿化，提高森林覆盖率，可进一步完善和提高梨园村及公路沿线的整个森林植被体系水平，使森林和地表植被处于良好的生长状态。这对于调节气候、净化空气、涵养水源、保持水土、美化环境、防止有害辐射和自然灾害等起着极其重要的有益作用。因此，梨园村的保护性开发建设将有利于提高梨园村的生态环境质量。在此前提下，梨园村现有的生态景观将得到有效的保护，景观价值随之提升，旅游经济价值得以实现。这确保了环保资金来源，实现了梨园村旅游与环保互动。

2. 经济效益

按照规划设计，各项目建成使用后，将从根本上改善梨园村的基础设施。有效地改善旅游大环境，将会吸引海内外更多的游客到梨园村来观光游览，每年几十万的游客消费将为政府税收、周边居民收入带来良好的愿景。该项目的开发建设具有良好的经济辐射能力，通过旅游业的强力拉动，带动梨园村餐饮业、娱乐业、旅馆业、运输业、购物业的发展，继而推动地方经济的发展。

3. 社会效益

梨园村的旅游开发建设，不仅具有良好的生态效益、经济效益，同时具有很好的社会效益。主要体现在四个方面。

（1）通过梨园村旅游的发展，可以带动当地食品加工业、建筑业、交通、商业等多种行业的发展，促进当地资源、土特农副产品就地销售，对繁荣乡村经济、促进乡镇建设，维护社会安定起着重要作用。

（2）旅游开发为当地的剩余劳动力提供了大量的就业机会，这将有效地解决当地农业剩余劳动力问题，有利于梨园村的社会主义新农村建设和白族民众的脱贫致富，缩小城乡差距。

（3）梨园村的基础设施工程建设改善了村内的用水环境和供排水系统，完善了环卫设施，健全了环保功能，有利于旅游区可持续发展，改善当地农民的生产生活环境。

（4）保护历史遗存，弘扬民族文化。随着景区的建设，本主庙、徐霞客祠等将得到完好的修复，同时也会对白族文化中的精华部分进行挖掘。这无疑是对历史文化的保护性开发，对弘扬当地民族文化具有建设性意义。

综上所述，梨园村开发建设是一项生态、经济和社会效益较显著的旅游项目。同时要求在梨园村的投资开发过程中，必须以规划为指导，分期、分批进行投资建设，实现梨园村旅游的生态、经济、社会三大效益的可持续发展。

九、旅游区管理和旅游人力资源

（一）旅游管理

1. 旅游管理的现状

梨园村旅游是最近几年才兴起的。在发展旅游以前，梨园村是一个基本上自给自足的以农业、渔业为主的古老的白族村寨。梨园村没有对旅游空间布局、旅游产业等各种旅游相关项目发展进行合理的规划。因此，梨园村的旅游管理处于萌芽状态。村民一般都是自发、自主经营各种旅游业务，没有统一的管理组织，正因为如此，出现了各种不协调的问题。

2. 管理实施建议

（1）成立旅游管理委员会

根据梨园村现实情况与旅游发展的趋势，建议实行上级政府主导、村民代表大会自治的形式。也可以与村委会相结合，同时引进优秀的旅游管理人才，成立梨园村旅游管理委员会，代表梨园村村民的利益，处理好梨园村与上级政府、旅游者、外来旅游企业、村民与村民之间的各种矛盾和关系；管理梨园村旅游的日常事务，协调各部门确立各种管理的标准等。

（2）村民自主参与旅游业

梨园村家庭户数目前只有 106 户，454 人，比较便于管理。梨园村旅游管理应该充分调动村民的积极性，增强村民的旅游意识，让村民明白发展旅游的重要性，在不耽误原有的农业、渔业发展基础上，充分发展旅游业。村民自发、自主、自觉地参与旅游及旅游管理。例如，自发保护村寨自然环境、维护村寨卫生、友好热情地接待旅游者等。如有个别村民不愿参与旅游工作，应完全尊重村民自己的选择。

（3）制定各种规章制度与条例

为了使梨园村旅游业能得到进一步健康、持续的发展，有必要制定各种规章制度，如旅游服务规范、旅游质量标准、旅游利益分配的条例、环境卫生保护条例等。确立各种规章制度与条例后，照章办事，赏罚分明。

（4）普遍提高村民文化素质

梨园村村民文化素质普遍不高，大多数村民为初中学历。应定期或不定期地对村民进行各种文化素质的培训，如普通话水平，提高村民的旅游服务素质与服务水平。

（5）增强民族自豪感的培育，杜绝传统文化的过度商业化

白族是一个历史悠久、有着灿烂的古代文明的民族，现代白族人与白族的先民创造了今天博大精深的白族文化。白族的服饰文化、歌舞戏剧文化、饮食文化、手工技艺文化等各种文化是梨园村最具有吸引力的人文旅游资源。但是旅游业的发展无疑会带来商业化与外来的各种观念与思想。为了防止白族优秀传统文化的商业化与异化，有必要对梨园村村民进行民族自豪感的培育，让村民充分认识到白族的许多传统是先进的，是值得白族人民骄傲和自豪的。

（6）引进外来资金的同时，强化梨园村村民地位

在引进外来资金的同时，为了保持梨园村浓郁的白族风情、维护梨园村

村民的切身利益，民居客栈、居民家访、白族餐馆等必须由本地村民经营，服务人员必须是土生土长的白族村民。

（7）成立村民自主经营的各种机构

目前，梨园村有村民自发的、自主的义务表演，为了旅游业的长期健康发展，建议成立村民自主表演队，为旅游者表演原生态的白族歌舞、戏曲等节目。成立梨园村环境保护自卫队，队员为村民，保护梨园村环境卫生，监督各旅游业务经营者如餐饮、住宿经营者的卫生状况。

（8）收取古村落保护、维修费

在游客服务中心实行统一售票，门票收入可作为古村落保护、维修费用。用来维护和保护梨园村的旅游环境、生态质量等，也可作为梨园村村民的公共基金，以便梨园村的旅游业能可持续地发展。

（二）旅游人力资源管理

1. 旅游人力资源现状

（1）岗位结构不合理

梨园村旅游从业人员的岗位层次不尽合理，表现为管理人员和专业技术人员偏少，服务人员偏多。因此，旅游企业管理效率比较低，技术创新能力不足，经营比较粗放。

（2）旅游专业人才缺乏

与云南全省旅游人力资源学历结构相比，梨园村旅游人力资源中高学历者的比例相当低；具有一定专业技能的中专人员的比例也比较低；初中以下学历的从业人数较多，其学历结构有待提高。这表明梨园村的旅游教育和旅游经济发展水平与全省平均水平有较大的差距。总体看来，存在缺乏高中级管理人员，缺少旅游发展和竞争中必不可少的有创意的旅游规划人员和强有力的营销人员等问题。

（3）整体素质有待进一步提高

旅游从业人员的素质修养、业务技能参差不齐，敬业精神、服务意识不够强烈，服务态度不够端正，追求短期利益、降低服务质量的现象时有发生；管理、督导和经营能力不足，多数旅游企业的经理知识结构单一，素质不够全面，对国际市场及其他领域情况知之甚少；旅游企业员工掌握外语程度不高，导游人员素质有待改进；整个行业总体素质有待进一步提高。

2. 旅游人力资源开发与管理

梨园村旅游人力资源的开发与管理可以与整个洱源县旅游人力资源的开

发与管理结合起来。梨园村作为洱源县旅游产业中的一部分，离不开整个洱源县旅游业的发展。

（1）旅游人力资源的开发原则

①超前培养原则：正确预测市场趋势，适当进行超前培养，做到“旅游开发，人才先行”，即在旅游业全面启动之前，可通过适当引进或外聘外地旅游专业人才先储备一些将来急缺的旅游人才。

②系统全面原则：积极参与院校教育、资格认证、技能鉴定、社会办学、继续教育等完整的旅游教育体系；建立涵盖旅游观念创新、产品创新、市场营销创新、企业经营创新、管理体制创新、技术创新等各方面的旅游知识创新体系；全面培养管理型人才、研究型人才、信息型人才、设计型人才、操作技能型人才等旅游业发展所需求的各类人才。

③市场机制原则：以旅游市场的发展为导向，培养旅游业真正需求的人才；培育旅游人力资源市场体系，引进人才竞争机制，创造人才竞争、激励的环境。

④本土化与外来化结合原则：充分利用洱源县和大理当地的旅游教育、培训体系，同时注重当地培训和国内外引进人才相结合，在职培训和院校培训相结合，培训、上岗与人事管理制度相结合。

（2）旅游人力资源开发管理措施

①旅游教育培训措施与方案：建立多层次的教育培训体系，梯度开发旅游人力资源；注重成人教育、继续教育和终身教育。

②旅游人才引进措施与方案：提供良好的人力资源政策扶持环境，建立人才激励机制；引进和招聘高层次人才；采用公开招聘等方法，从国内外，乃至其他行业引进旅游业所需要的各类人才，如饭店经营管理专家、高级营销人才、旅游策划和公关人员、旅游景区规划开发设计及各类工程技术人员等；聘请国内外旅游及相关领域的专家担任顾问，定期或不定期地就梨园村旅游业发展中出现的问题进行研讨，提供智囊服务；建立旅游人才信息库，健全旅游人力资源市场。

③旅游人力资源管理方案：改革人才管理体制，出台一套既与国际接轨，又适合梨园村实际的旅游人力资源管理政策制度；与省、市、县旅游局人力资源规划部署工作相协调，人力资源管理逐步规范化、社会化和市场化；创造旅游行业、企业文化。

（三）旅游人力资源管理建议

1. 旅游人力资源形象目标

所有直接和间接为旅游业服务，其日常生活和工作对旅游业产生影响的人员，称为广义的旅游人力资源。对旅游地构成影响的人际环境因素中，应对所有相关人员的形象目标进行规划，包括政府官员、政策制定者、当地社区、景点工作人员、导游员、旅行社、娱乐中心、购物中心以及在饭店、招待所、宾馆和其他住宿地工作的人员。

（1）管理人员

要保证高质量的游客体验，并确保不产生负面影响，各级政府要提高对文化遗产管理的知识和技术水平。无论是政府旅游管理者，还是旅游企业管理人员，都应遵循相应的岗位职责，使其对整个地区或企业的结构、规划、相关法律、法规有全面认识和深入了解，能及时总结经验教训。近期着重于旅游资源及环境保护、开拓意识、思想观念、领导风格、调控能力、办事效率、文化素质等方面的提高。

（2）服务人员

对所有旅游服务人员制定行为规范，具体到每项服务行为标准，并强化服务效率意识。近期着重于服务态度、服务针对性、人际关系、团体士气等方面的提高。

（3）当地居民

旅游地居民是旅游业所依托的文化载体和服务者，通过培训使当地居民了解旅游的效益和他们应在旅游规划、发展、管理方面起的作用，使当地居民自觉自愿地成为合格的旅游人力资源的一部分，或成为旅游业的良好大背景，洱源县旅游人力资源管理还有很多工作要做。近期要着重于市场与竞争意识、风土人情保持、语言能力与规范、秩序等方面的提高。

2. 旅游人力资源的规划预测

梨园村村民是梨园村旅游人力资源的重要组成部分，只有依靠村民的参与，梨园村旅游业才能得以健康、持续的发展。但由于梨园村人力资源存在的问题，急需引进一批优秀的旅游管理人才。引进的人才必须尊重当地白族人民的生活习惯与宗教信仰，并致力于为发展梨园村的旅游业而服务，为梨园村村民利益、旅游者利益着想（见表 1.9.1）。

（1）导游服务人员

梨园村的导游服务体系按照市场经济规律建立导游部，近期配设导游 16

人，中期需要导游服务人员 28 人，全面负责梨园村的导游服务工作。导游服务宜采用定点、路线、两种导游服务形式相结合的方式，导游部全体员工均应持导游证上岗，导游语种设汉语、英语、韩语、日语等。

（2）餐饮服务人员

目前梨园村共有农家餐位 880 个，如果再修建一个餐位为 150 个的公共中档餐厅，基本能满足中期餐位的需要。餐饮服务人员以当地村民为主体，随着旅游业的发展，近期需要餐饮服务人员 100 位，中期需要餐饮服务人员 155 位。

（3）住宿服务人员

目前，梨园村共有民居客栈住宿床位 155 个，随着旅游业的发展，规划中期需要住宿床位 280 个左右。根据旅游发展的需要，近期需要住宿服务人员 50 位左右，到中期需要旅游住宿服务人员 80 位左右。

（4）其他服务人员

其他服务人员包括售票人员、购物服务人员、环保服务人员、车船服务人员等。近期需要 120 位左右，中期大约需要 180 位。

（5）旅游管理人员

旅游管理人员按所有服务人员的 6% 来算。

表 1.9.1　梨园村旅游人力资源预测表（单位：人）

序号	人力资源分类	近期人力资源数量	中期人力资源数量	备注
1	导游服务人员	16	28	—
2	餐饮服务人员	100	155	—
3	住宿服务人员	50	80	—
4	其他服务人员	120	180	—
小记	—	286	443	—
5	旅游管理人员	23	36	（前四项的 8%）
合计	—	309	479	—

由表 1.9.1 可以看出，梨园村近期需要人力资源 309 人，中期需要人力资源 479 人。实际情况因根据旅游发展状况来调整，人力资源的来源应以梨园村村民为主，可适当引进需要的人才。

第二部分　剑川县石龙村旅游开发研究报告

一、规划总则

（一）规划性质

本规划为剑川县石龙村乡村旅游总体规划，是在上位规划《石宝山——寺登街旅游区总体规划》范围内的乡村旅游区的总体规划。根据国家标准《旅游规划通则》中的具体要求，旅游区总体规划的任务，是分析旅游区客源市场，确定旅游区的主题形象，划定旅游区的用地范围及空间布局，安排旅游区基础设施建设内容，提出开发措施。按照乡村旅游总体规划的性质，本规划应包含以下主要内容：

（1）对石龙村旅游区的客源市场的需求总量、消费结构等进行分析与预测；

（2）确定资源的保护范围和保护措施；

（3）确定石龙村旅游区的性质和主题形象；

（4）确定并规划石龙村旅游区的功能分区和土地利用，预测计算规划期内的旅游容量；

（5）规划石龙村旅游区的对外交通系统的布局和主要交通设施的规模、位置；规划石龙村旅游区内部的其他道路系统的走向和交叉形式；

（6）规划石龙村旅游区的景观系统总体布局；

（7）规划石龙村旅游区其他基础设施、旅游服务设施和附属设施的总体布局；

（8）规划石龙村旅游区的环境卫生系统、防灾系统和安全系统的总体布局，提出防止和治理污染的措施；

（9）提出石龙村乡村旅游总体规划的实施步骤、措施和方法，提出石龙村旅游区近期建设规划，进行重点项目策划以及提出规划、建设、运营中的管理意见；

（10）对石龙村旅游区开发建设进行总体投资分析。

（二）规划期限

本规划期限为 8 年，即 2013~2020 年。

一期（2013~2014 年）：建设启动期，重点建设基础设施；

二期（2014~2017 年）：建设深化期，重点建设旅游设施；

三期（2017~2020 年）：建设完善期，重点建设辅助设施。

（三）规划范围

石龙村辖区范围呈东西向带状分布，本次规划范围为石龙村自然村，东靠石龙村村口，南临南山山麓，西至彝族村，北界石龙山山脊，规划范围包括了整个村寨及部分外围地区，规划面积 2600 多亩。

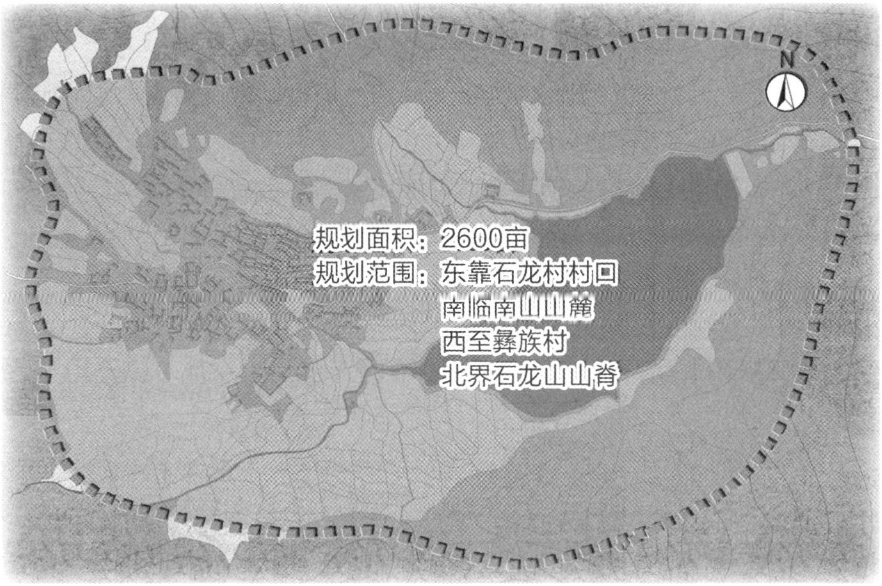

图 2.1.1　规划范围图

（四）规划目标

依托石龙村特有的文化景观、生态景观、村落景观和田园景观等旅游资源，将石龙村打造成展示原生态民俗文化、白族歌舞文化、生态饮食文化的乡村旅游目的地，成为国家4A级景区石宝山风景名胜区内的旅游节点和游客接待基地，为游客提供“活态”的民族生态文化体验、“原汁原味”的白族美食体验、原生态的农耕文化体验等产品，让游客在“真实”和“纯朴”的文化空间中体验白族文化。石龙村具体规划目标包括五个方面。

1. 成为“活”态民俗文化旅游村；

2. 成为剑川县最“原汁原味”的白族美食文化体验村；

3. 成为大理白族民间文化旅游示范村；

4. 成为滇西北旅游热线上的乡村旅游特色村；

5. 成为云南省最具代表性的民族生态旅游村、云南文化传承示范村。

（五）规划依据

1.《中华人民共和国森林法》（全国人民代表大会第六届大会通过，1984年）；

2.《中华人民共和国土地管理法》（第六届全国人民代表大会常务委员会第十六次会议通过，1986年）；

3.《中华人民共和国环境保护法》（全国人大第七届常务委员会第十一次会议通过，1982年）；

4.《中华人民共和国水污染防治法》（第六届全国人民代表大会常务委员会第五次会议通过，1984年）；

5.《旅游规划通则》（国家质量监督检验检疫总局，2003年）；

6.《旅游资源分类、调查与评价》（国家质量监督检验检疫总局，2003年）

7.《旅游区（点）质量等级的划分与评定》（国家质量监督检验检疫总局，2003年）；

8.《风景名胜区建设管理规定》（国家建设部〔建成（1993）843号〕文件）；

9.《云南省旅游业管理条例》（云南省人民政府，2005年）；

10.《云南省风景名胜区管理条例》（云南省人大常委会，1996年）；

11.《云南省环境保护条例》（云南省人大常委会，1992年）；

12.《云南省旅游发展总体规划》（世界旅游组织、云南省人民政府，2000年）；

13.《云南省旅游业发展倍增计划（2004~2010）》（云南省旅游局，2004年）；

14.《云南旅游“十二五”发展规划》（云南省旅游局，2011年）；

15.《大理白族自治州旅游业发展规划》（大理州旅游局，2005年）；

16.《大理州旅游业发展“十一五”计划和2020年远景目标》(大理州旅游局，2006年)；

17.《云南剑川石宝山—寺登街旅游区旅游总体规划》(2010~2025年)。

(六)规划原则

1.“挖掘文化，强化特色”原则

石龙村有白族文化的活化石之誉，村中有着丰富多彩、独具魅力的民俗活动。其核心旅游资源是白族原生态民间歌舞文化以及古朴的村落形态，石龙村的旅游开发必须突出石龙村白族的“原味”民俗文化特色，突出当地歌舞、宗教、节庆、建筑等方面的特色，充分挖掘石龙村独具特色的“石龙乡戏”“石龙霸王鞭”及白族打歌等民族文化内涵，包装具有特色的传统乡土工艺产品和民间美食。对原生态民间歌舞文化的保护和传承，需要通过对文化的挖掘，把文化内涵固化下来，同时将其“活化”，让当地村民实现民俗文化的自我传承的同时，也从旅游业的发展中获益。

2.“参与体验，亦农亦旅”原则

乡村旅游的核心吸引力，在于游客的参与体验。石龙村村民从事的种植业主要包括粮食作物种植、经济作物种植和水果种植。石龙村可为游客提供乡村劳作机会，让游客充分体验和参与村民民俗活动、乡村生活和劳作活动。文化需要在劳动中生存并延续，村民的日常生产活动与旅游业项目的开发必须有机结合，村民既是劳动者也是旅游经营者，这样才能建立长期、可持续发展的乡村旅游模式。

3.“文化传承，活化展示”原则

石龙村作为云南文化传承示范村——“土风计划”创建点单位，其开发理念是对民间文化的保存靠的是“活化”传承而不是简单的“拯救”和“挖掘”，非物质文化遗产应该回到劳动链中才能存活下去。石龙村的“石龙乡戏”“石龙霸王鞭”等具有非物质文化遗产特征的民俗文化活动，可按照“先传承、后开发”的原则进行发展。首先在石龙村成立学习小组，小组成员以年轻人为主，让他们学习和传承“石龙白族乡戏”“石龙霸王鞭”，其次是展示和演艺，使村民、艺人和文化本身在这个空间中获得免疫力和抗冲击力，从外部世界反馈中获得自信，避免经济侵蚀和文化侵蚀。

4.“社区参与，家庭主导”原则

文化在劳动中生存，血脉便在其中传递。传承必须社会化，通过社会化形成补血，这样才能把文化传承、人才培育、形成文化产业等联系在一起。在旅游决策、规划、开发、建设、管理等旅游发展过程中，要充分考虑社区居民的意见和诉求，提高社区居民参与旅游的主动性，由当地具备接待条件的村民主导民居参观、歌舞表演、特色餐饮等旅游项目，让旅游业开发切实造福当地百姓，使周边地区的居民分享旅游开发成果，促进当地群众脱贫致富。

二、基础分析

（一）综合现状

1. 石龙村概况

石龙村隶属于大理白族自治州剑川县沙溪镇，距镇政府所在地 20 千米，距县城 18 千米，位于剑川石宝山风景名胜区宝相寺以西约 2.5 千米处，四面环山，仅有一条通向石宝山风景区的柏油路面公路与外界相连。下辖 1 个自然村，3 个村民小组，共 260 户，有乡村人口 1179 人，其中白族 199 户（一组和二组）占 86.1%，另有彝族、傈僳族 43 户（三组）分布在村子周围的山上。

石龙村海拔 2628 米，年平均气温仅 10.2℃，最高气温 20.3℃，最低气温 -12.1℃，无霜期 180 天，年平均降雨量 950 毫米，冬天有时下雪，12 月份最冷，最热为 5、6 月份。全村土地面积为 41123 亩，其中耕地面积为 1524 亩，其余为林地和水库用地。该村属于贫困村，农民收入主要以农业收入为主。

2. 石龙村经济发展状况

石龙村以种植玉米和土豆为主，附带种植一些蔬菜。近年来，村中大力发展白芸豆种植，使得该村成为剑川县芸豆生产的重要基地。

每年的 5~10 月，是石龙村经济收入的高峰期，这段时间正是白族人上山采集野生菌的最佳时节。每年这个时间，采集野生菌也是村民最重要的经济活动，松茸、牛肝菌、马蜂菌、北风菌、见手青、猴头菌、杂菌等是最常见到的野生菌。除了传统的种植业外，石龙村也养殖一些黑毛猪、水牛、马、黑山羊等牲畜，但是收入不高（见表 2.2.1）。

表 2.2.1　石龙村部分白族村民的农业收入概况

单位：元

调查对象	玉米	白芸豆	土豆	油菜	采集或加工野山菌	养殖
ZZB	1000–2000	6000–7000	0	600–700	3000–4000	1000–2000
DYS	2000–4000	4000–5000	0	消费	6000	0
ZRP	3000–4000	2000–3000	0	0	2000	0
ZSH	1500–2000	3000–4000	0	消费	3000	0

续表

调查对象	玉米	白芸豆	土豆	油菜	采集或加工野山菌	养殖
LSX	1500–2000	800–1000	0	消费	0	0
ZRP（小）	2000–3000	800–1000	0	600–700	0	0
LJL	用于饲料	3000–4000	0	1500–1800	1000	0
ZFC	1000–1500	1500–2000	消费	0	1000	0
ZWC	2000–3000	1000–1500	0	消费	1000	0
LZD	2700–3000	3000–3200	消费	0	1000	0
LQZ	2000–3000	4000–5000	500–1000	600–700	2000–3000	0
LQL	1800–2000	2000–2500	消费	600–700	4000–5000	0
ZGY	4000	7000–7500	消费	800–900	1000–2000	4000–5000
LGF	1800–2000	7000–7500	200–250	消费	4000–5000	0
JWF	2700–2800	1700–1900	0	消费	0	0

此表格是笔者调查的部分对象在传统生计方式下的收入情况。养殖的情况，上文已经基本交代清楚，表格中的数据为“0”说明该村绝大多数白族家庭的养殖只是用于农业生产和自我消费，很少用于出售。

资料来源:《云南省剑川县石龙村白族经济发展状况的调查报告》. 四川民族学院学报 . 第 21 卷第 5 期 2012 年 10 月 .

3. 旅游发展状况

石龙村于 2002 年开始接待旅游者，没有设置门票，旅游人数约为 781 人次，其中海外游客 134 人次；2003 年旅游者为 867 人次，其中海外游客 149 人次；2004 年旅游者上升到 962 人次，其中海外游客 165 人次；2005 年旅游者为 1068 人次，其中海外游客 184 人次；2006 年旅游者为 1187 人次，其中海外游客 204 人次。游客在石龙村的平均停留时间为 5 小时，五年的旅游总收入为 26.8 万元。从上述数据中我们可以看出石龙村旅游业尚处于起步阶段，无论是游客的绝对数量，还是其在整个剑川县的相对比重都比较低。项目主要是观看歌舞表演、简单体验民俗活动、农家乐餐饮、骑马、购买土特产。旅游发展存在以下三方面问题。

（1）基础设施落后

缺乏旅游娱乐设施、旅游购物设施、餐饮设施，缺乏游客服务区，村内交通道路差、村内电线杆林立、电线影响村貌；

（2）环境卫生较差

村内基本没有环保设施，生活垃圾乱丢，家畜四处乱跑，家畜粪便遍地，卫生状况急需改善，以适应旅游的需要；旅游厕所缺乏，卫生条件难以达到游客的需求；缺乏相应的给排水系统，生活污水在村内四处横流；

（3）缺乏标识标牌

在整个旅游区内没有主题旅游线路，更没有相应的景区标识系统，使得村内很多有历史价值的景点难以引起普通游客的注意，因而难以发挥旅游价值。

（二）旅游资源评价

依据《旅游资源分类、调查与评价》（GB/T 18972—2003），整理出石龙村旅游资源调查表。

1. 旅游资源分类

石龙文化村落旅游区主要旅游资源类型包括地文景观、水域风光、生物景观、天象与气候景观、建筑与设施、旅游商品、人文活动等（见表 2.2.2）。

表 2.2.2　旅游资源分类统计表

<table>
<tr><th>主类</th><th>亚类</th><th>基本类型</th></tr>
<tr><td rowspan="2">A 地文景观</td><td>AA 综合自然旅游地</td><td>AAA 山丘型旅游地</td></tr>
<tr><td colspan="2">实地资源：石龙村四周环山，属于横断山脉的老君山山系，四面山体属于老君山自然保护区，森林植被茂密。</td></tr>
<tr><td rowspan="2">B 水域风光</td><td>BB 天然湖泊与池沼</td><td>BBA 观光游憩水库区</td></tr>
<tr><td colspan="2">实地资源：村口有石龙水库一座，面积约 400 亩。水库四周环山、常年水面平静如镜，犹如一块绿色的翡翠，水库东边是石宝山，倒影十分美丽。</td></tr>
<tr><td rowspan="2">C 生物景观</td><td>CA 树木</td><td>CAA 林地</td></tr>
<tr><td colspan="2">实地资源：森林以常绿阔叶林和云南松（又称思茅松）为主</td></tr>
<tr><td rowspan="2">D 天象与气候景观</td><td>DB 天气与气候现象</td><td>DBA 云雾多发区 DBB 避暑气候地</td></tr>
<tr><td colspan="2">实地资源：石龙村属北亚热带高原湿润季风气候，平均海拔为 2628 米，全年平均气温为 10.2 度，年降水量约为 950 毫米，无霜期为 180 天，属于高寒山区。夏秋季节在群山中容易形成雾海，让整个村落沐浴在薄雾之中。</td></tr>
<tr><td rowspan="4">F 建筑与设施</td><td>FA 综合人文旅游地</td><td>FAA 教学科研实验场所 FAC 宗教与祭祀活动场所</td></tr>
<tr><td colspan="2">实地资源：云大白族研究所、霸王鞭传习所、本主庙、关帝庙、观音堂、龙王庙</td></tr>
<tr><td>FD 居住地与社区</td><td>FDA 传统与乡土建筑</td></tr>
<tr><td colspan="2">实地资源：
1. 2005 年云南大学建立的白族文化研究站、霸王鞭传习所
2. 石龙村共有庙宇建筑 8 个，包括村子东南西北的四个山神庙、以及东边的本主庙、北面山上的关圣庙、西面山则为龙王庙和观音庙。
3. 白族民居、木楞房</td></tr>
</table>

续表

主类	亚类	基本类型
G 旅游商品	GA 地方旅游商品	GAA 菜品饮食 GAB 农林畜产品与制品 GAE 传统手工产品与工艺品
	实地资源：石龙生态鱼、石龙农家饭、野生菌、木雕	
H 人文活动	HA 人事记录	HAA 人物 HAB 事件
	实地资源：李宝妹、李根繁、李福元、姜续昌、董继兰	
	HB 艺术	HBA 文艺团体 HBB 文学艺术作品
	实地资源：石龙戏班演出队、霸王鞭演出队	
	HC 民间习俗	HCA 地方风俗与民间礼仪 HCB 民间节庆 HCC 民间演艺 HCD 民间健身活动与赛事 HCE 宗教活动 HCF 庙会与民间集会 HCG 饮食习俗 HGH 特色服饰
数量统计		
8 主类	31 亚类	155 基本类型
7	10	23

2. 旅游资源评价

表 2.2.3　旅游资源评价体系表

评价项目	评价因子	评价依据	赋值
资源要素价值（85 分）	观赏游憩使用价值（30 分）	全部或其中一项具有极高的观赏价值、游憩价值、使用价值。	30–22
		全部或其中一项具有很高的观赏价值、游憩价值、使用价值。	21–13
		全部或其中一项具有较高的观赏价值、游憩价值、使用价值。	12–6
		全部或其中一项具有一般的观赏价值、游憩价值、使用价值。	5–1
	历史文化科学艺术价值（25 分）	同时或其中一项具有世界意义的历史价值、文化价值、科学价值、艺术价值。	25–20
		同时或其中一项具有全国意义的历史价值、文化价值、科学价值、艺术价值。	19–13
		同时或其中一项具有省级意义的历史价值、文化价值、科学价值、艺术价值。	12–6
		历史价值，或文化价值，或科学价值，或艺术价值具有地区意义。	5–1
	珍稀奇特程度（15 分）	有大量珍稀物种，或景观异常奇特，或此类现象在其他地区罕见。	15–13
		有较多珍稀物种，或景观奇特，或此类现象在其他地区很少见。	12–9
		有少量珍稀物种，或景观突出，或此类现象在其他地区少见。	8–4
		有个别珍稀物种，或景观比较突出，或此类现象在其他地区较多见。	3–1

续表

评价项目	评价因子	评价依据	赋值
资源要素价值（85分）	规模、丰度与几率（10分）	独立型旅游资源单体规模、体量巨大；集合型旅游资源单体结构完美、疏密度优良级；自然景象和人文活动周期性发生或频率极高。	10–8
		独立型旅游资源单体规模、体量较大；集合型旅游资源单体结构很和谐、疏密度良好；自然景象和人文活动周期性发生或频率很高。	7–5
		独立型旅游资源单体规模、体量中等；集合型旅游资源单体结构和谐、疏密度较好；自然景象和人文活动周期性发生或频率较高。	4–3
		独立型旅游资源单体规模、体量较小；集合型旅游资源单体结构较和谐、疏密度一般；自然景象和人文活动周期性发生或频率较小。	2–1
	完整性（5分）	形态与结构保持完整。	5–4
		形态与结构有少量变化，但不明显。	3
		形态与结构有明显变化。	2
		形态与结构有重大变化。	1
资源影响力（15分）	知名度和影响力（10分）	在世界范围内知名，或构成世界承认的名牌。	10–8
		在全国范围内知名，或构成全国性的名牌。	7–5
		在本省范围内知名，或构成省内的名牌。	4–3
		在本地区范围内知名，或构成本地区名牌。	2–1
	适游期或使用范围（5分）	适宜游览的日期每年超过300天，或适宜于所有游客使用和参与。	5–4
		适宜游览的日期每年超过250天，或适宜于80%左右游客使用和参与。	3
		适宜游览的日期超过150天，或适宜于60%左右游客使用和参与。	2
		适宜游览的日期每年超过100天，或适宜于40%左右游客使用和参与。	1
附加值	环境保护与环境安全	已受到严重污染，或存在严重安全隐患。	–5
		已受到中度污染，或存在明显安全隐患。	–4
		已受到轻度污染，或存在一定安全隐患。	–3
		已有工程保护措施，环境安全得到保证。	3

根据对旅游资源单体的评价，得出石龙村旅游资源共有综合因子评价赋分值（见图2.2.3）。依据旅游资源单体评价总分，将其分为五级，从高级到低级为：

五级旅游资源，得分值域≥90分

四级旅游资源，得分值域≥75~89分

三级旅游资源，得分值域≥60~74分

二级旅游资源，得分值域≥45~59分

一级旅游资源，得分值域≥ 30~44 分

未获等级旅游资源，得分≤ 29 分

五级旅游资源被称为“特品级旅游资源”，五级、四级、三级旅游资源被通称为“优良级旅游资源”，二级、一级旅游资源被通称为“普通级旅游资源”。石龙村得分 67 分，达到三级旅游资源，可评定为优良级旅游资源。

（三）客源市场分析

1. 石龙村旅游者基本特征

（1）按地域结构划分

近几年石龙村游客中云南省内游客占 60%，外省游客占 23%，海外游客占 17%。在云南省旅游者中，有 50% 来自剑川县，有 30% 来自大理州其他县，20% 来自云南省其他地区。如上所述，按地域来分，来石龙村旅游的游客主要来自云南本地，省外和海外游客占少数。

（2）按旅游方式划分

在出游方式上，单位组织出游的占 8%；以个人为代表的自助旅游方式占 42%；以家庭或亲朋结伴出游的旅游方式占 36%；其他旅游方式的占 14%。

（3）按游客主要目的划分

56% 的游客选择石龙村的主要原因是进行民俗文化体验；21% 的游客是到石龙村探亲访友；14% 的游客是因为人文科普考察；其他旅游动机，例如文学作品体验等因素，占到 9%。

（4）按游客停留时间与消费额划分

近年游客在石龙村落文化旅游区停留的平均时间为 5 小时。平均每个游客在石龙村的消费总额为 70 元，其中餐饮 15 元，交通 35 元，购物 10 元，其他 10 元。石龙村属于低消费旅游区，游客消费增长空间巨大。

2. 客源市场定位

（1）海外客源市场区域定位

目前除了无法控制的影响石龙村旅游区海外入境旅游市场因素外，还有以下一些不利的因素：第一，石龙村还没有进入大理州主要的旅游环线，大量的国外游客难以到达石龙村；第二，石龙村旅游区在境外的旅游目的地形象很弱；第三，石龙村落文化旅游区的旅游资源还是以民俗风情体验为主，境外游客喜欢的休闲度假等旅游产品开发还是空白。

上述因素在过去和现在并且在未来的几年都会直接影响石龙村落旅游市场的开拓，如果在外部条件没有发生大的变化的前提下，石龙村的海外客源

市场主要依托大理州其他旅游景区旅游市场的客源分流，将难以形成自己独特的客源市场。但是随着旅游区开发的深入，旅游设施的完善，以及旅游知名度的提高，旅游区会吸引大量的国外民俗旅游者和生态旅游者。

（2）国内旅游客源市场区域定位

来大理州旅游的国内游客按人次数量前 20 名的省份排序如下：云南、广东、四川、广西、浙江、上海、北京、山东、重庆、河北、辽宁、河南、江苏、福建、黑龙江、湖北、山西、吉林、天津、陕西等。按地域来分，来大理州旅游的游客全国各地均有。总体来看，云南省本身是其最大的客源；虽然全国其他地区都有，但是相对来说华南地区、西南地区的游客稍多一些，东北地区、西北地区的少一些。

根据以上的因素，对石龙村未来旅游客源市场区域进行定位，为旅游的宣传促销和市场开发提供参照，做到有的放矢。

①核心旅游目标市场（占 60%）：云南省；

②重点旅游目标市场（占 30%）：西南地区、华南地区、华东地区、华中地区、华北地区；

③机会旅游目标市场（占 10%）：东北地区、西北地区。

3. 市场预测

（1）预测依据

制约游客规模的因素很多，既有国内外政治因社会经济和自然环境因素，也有旅游者的其他综合因素。因此，在预测游客规模时，主要考虑如下几种因素：

①旅游区的环境容量及接待能力；

②大理州、剑川县、石龙村旅游客源结构组成及演变趋势；

③主要目标客源市场消费需求；

④大丽高速通车后增加的游客量；

⑤石龙村及石宝山、沙溪古镇游客数据；

⑥《云南剑川石宝山—寺登街旅游区旅游总体规划（2010~2025 年）》旅游市场预测数据。

（2）预测方法

运用趋势外推法，假定石龙村 2012 年旅游者基数为 5000 人次，人均旅游消费为 70 元，旅游收入为 35 万元，则可作以下预测：

第一期，2013~2015 年，石龙村旅游区主要指标的平均增长率为：游客人次年均增长 100%；人均旅游消费年均增长 14%。

第二期，2016~2017年，石龙村旅游区主要指标的平均增长率为：旅游者人次年均增长75%；人均旅游消费年均增长25%。

第三期，2018~2020年，石龙村旅游区主要指标的平均增长率为：旅游者人次年均增长33%；人均旅游消费年均增长16%。

（3）预测结果

根据上述预测，石龙村近、中、晚三期的旅游市场预测结果如下：

到2015，年游客总量达20000人次，人均旅游消费达到100元，旅游总收入达到200万元；到2017年，游客总量达50000人次，人均旅游消费达到160元，旅游总收入达到800万元；到2020年，游客总量达100000人次，人均旅游消费达到200元，旅游总收入达到2000万元。

（四）SWOT分析

1. 主要优势

（1）具有丰富的民族传统文化和浓郁的风土人情，石龙霸王鞭来源于原始宗教，风格独特，古风犹在；石龙白族调是石龙白族劳动人民世代相传的古风遗俗，是白族劳动人民用于抒情的一种方式。

（2）石龙村生态资源丰富，拥有丰富的森林资源，同时也盛产多种野生食用菌和多种野生食用菜类，如松茸、牛肝菌、野生香菇、树头菜、树胡菜等几十种绿色食品。

（3）石龙村区域优势及旅游资源开发潜力大，地处国家级风景名胜区石宝山腹地，宝相寺多情谷是石龙通往外界的唯一通道，为其发展生态旅游以及文化产业奠定了基础。

（4）石龙村的民俗文化已引起各方重视。1990年，石龙村的白族传统歌舞及民俗活动引起日本民俗专家的关注，专程到该村进行实地考察，引起各方面的重视；云南大学将石龙村列为“211工程”白族民族文化调研基地；联合国世界少数民族语言研究院也与剑川县合作，这些项目目前正在实施中。

2. 制约因素

（1）石龙民俗文化特色没有得到很好的展示；

（2）石龙民俗文化生态整体区域没有科学的规划、论证，属无序发展；

（3）民俗文化和生物资源十分丰富，但由于财力不足，许多积淀深厚的民俗文化资源没有得到有效保护和开发；

（4）缺乏石龙民俗文化旅游建设的总体规划；

（5）在石龙霸王鞭、白曲弹唱和本子曲传承、发掘、培养人才等方面的工作有待进一步加强（见表 2.2.4）。

表 2.2.4　优势 21 + 机会 10 > 劣势 18 + 挑战 6

	项目		评判内容	分值	总分值
优势 S30	内部因素	1	多年来完整保留、原汁原味的白族乡戏，堪称白族活态博物馆	3	21
		2	地处高寒山区，保留白族民居村落风貌，并融合藏式风格的木楞房，独具特色	3	
		3	以石龙霸王鞭、白族调为代表的白族歌舞特色独具	3	
		4	歌舞名人辈出，影视作品中阿鹏的故乡	3	
		5	野生菌、白芸豆等农家生态食材丰富，是石宝山景区的餐饮接待地	3	
		6	生态环境良好，景色优美，祥和、宁静、放松	3	
		7	村干部发展旅游的意愿浓厚、想法强烈	3	
劣势 W30	内部因素	1	基础设施落后，各种旅游配套设施缺乏	3	18
		2	环境卫生较差，村容村貌不统一	3	
		3	旅游业起步较晚、村民缺乏经营理念	3	
		4	村民文化水平不高、信息缺乏	3	
		5	是贫困村，经济发展落后，村民收入来源单一且低	3	
		6	可进入性差，地理区位限制，难以形成旅游环线上的节点	3	
机会 O20	外部因素	1	石宝山 - 寺登街升格为 4A 级景区，石龙村地处景区腹地	2	10
		2	大丽高速通车，过境游客增多	2	
		3	剑川县旅游发展总体规划定调，县政府支持石龙白族民俗旅游开发方向	2	
		4	大理坝区白族文化与石龙山地白族文化的差别，大理白族文化的变与石龙白族的不变	2	
		5	石宝山歌会影响力吸引力增大	2	
挑战 T20	外部因素	1	滇西知名乡村较多，竞争激烈	2	6
		2	处理旅游发展中出现问题的能力弱	2	
		3	面临传统文化丧失、文化被同化的风险	2	

石龙村自身的发展前景是良好的，发展旅游业对改变目前的经济状况是有利的。

3. 措施和建议

（1）在石龙村建立民族文化传习馆，着力培养一批传承白族歌舞的骨干，传承石龙乡戏、本子曲弹唱、石龙霸王鞭等白族传统文化；

（2）开发乡戏演艺队、歌舞队、农家乐、马队运送游客等乡村文化旅游项目；

（3）对石龙村白族传统文化作深入调查研究，积极与云南大学、世界少数民族语言研究院等合作，建立较为科学和完整的艺术博物馆；

（4）唱响石龙白族调，组建演唱队，跳好石龙霸王鞭，做好农家乐；

（5）用好石龙民俗文化广场，展示好白族民俗文化，搭建一个综合平台；

（6）做好石龙村民俗文化旅游规划，促进石龙村的可持续发展。

三、规划思路

（一）参考案例

1. 六枝梭戛生态博物馆

（1）概况

六枝梭戛生态博物馆位于贵州省六盘水市六枝特区与织金县交界处的梭戛乡，是乌蒙山腹地的一个苗族村寨，海拔 1400~2200 米，面积 120 平方千米。社区内居住着一支古老而又神秘的苗族支系——“箐苗”支系，也称作“长角苗”支系。所辖 12 个社区（自然村寨），总人口 5000 余人，距六枝特区政府所在地40千米。至今仍过着男耕女织的农耕生活，延续着一种古老的、以长角头饰为象征的独特的苗族文化。村寨内有原始的平等、民主风尚，有丰富的婚恋、丧葬和祭祀礼仪，有别具风格的音乐舞蹈和十分精美的刺绣艺术。堪称人类工业化前生活的活化石，是研究人类民族学和国际合作的露天生态博物馆群发展的科考旅游地，也是亚洲第一座民族文化生态博物馆。

（2）特色

①独特古老的苗族长角头饰。苗寨内的妇女持守着头戴“长角”的古老装束，长角苗的头饰是其装束中最为独特之处。他们一面保存着远古先民“髻首”（椎发）之俗，一面又发展出极为夸张的长角头饰：用近 1 米长的木制长角，以黑麻毛线掺上亡故祖先的头发缠绕于头顶，形成沉重而巨大的头饰，重者达 5 千克左右。夸张独特的头饰为游客、科考者留下了深刻的印象。

②至今仍保持着简单的男耕女织的自然经济状态。长角苗族群中没有商人，大多数生产、生活用品靠自给自足。部分日常生活必需品，用自产的农副产品到集市交换，交易形式为各家拿洋芋、苞谷或鸡鸭去卖，然后买回盐和绣花所需的彩线、布料、胶鞋等。村寨中的男耕女织生活相比于游客在城市中快节奏、压力大、单调的生活形成了巨大反差。

③完整保留了神秘古老的长角苗风俗习惯。长角苗过着自给自足的生活，与外界交往很少，保持着比较完整和古朴的民族风俗。自有寨老、寨主、鬼师这类自然领袖做主，内外纠纷、婚配丧事、行医算命等事无巨细，各司其职，条理分明。其中以婚嫁、丧葬、跳花坡等最为独特。虽然生活方式简单，而婚嫁丧葬等习俗活动却特别隆重繁复，礼节繁缛而神秘，保持着相当浓厚的古老传统。

④有"世界上最清澈的天空"之称。陇戛寨拥有世界上最清澈的天空，夜晚极其安静的高山上，天穹中的亿万颗繁星仿佛触手可及，很多人都说：只有在这里，才能见到世界上最明亮的星星，没有一丝人造光源污染你的视线。

（3）经验与启示

①自然背景文化点睛。梭戛苗族社区的 12 个村寨均位于海拔 1400~2200 米的高山之上，整个地貌中万山似海，一年四季浓雾弥漫，从外面完全看不到村寨。村寨的后面是一片原始森林。在生态的自然背景下，呈现出长角苗日常的生活状态，节庆活动应时举行，传统的风俗习惯活态展示，使苗族文化真正具有生命力。

②文化研究和展示相得益彰。梭戛生态博物馆于 1998 年 10 月 31 日建成开馆，由两部分重要内容组成，资料信息中心和以长角为头饰的苗族（长角苗）社区。社区居住着一支以长角为头饰的苗族同胞，延续和保留着相当古朴的民族文化。资料信息中心坐落在群山环抱的陇戛寨（12 个自然村寨之一），它作为一个信息库，利用录音、录像、照片、文字以及征集等手段收集、整理有关长角苗的资料；作为一个参观中心，利用一个小型的展厅向参观研究者介绍有关长角苗族文化信息和梭戛生态博物馆创建的建设情况；作为一个工作中心，向专职工作人员和志愿工作者提供办公器材和其他方便；作为一个休闲娱乐中心，向参观研究者提供餐饮、住宿、娱乐等服务。

③游客约束和村民参与双重保护民族文化。对游客明确要求尊重当地民俗习惯，村民是其文化的主人，有权认同与解释其文化。成立了由博物馆馆长、有威信的寨老、寨主和传统手工艺较好的村民为主的社区管理委员会，经民主选举产生了馆长、副馆长，12 个村寨都选出了联络员。每年，博物馆组织社区 12 寨居民代表召开座谈会，以交流谈心的形式探讨社区发展变化和文化遗产的保护、传承工作。增强了社区居民对自身文化的认识，促进了社区之间的感情交流，增强了博物馆的凝聚力。

2. 贵阳镇山村

（1）概况

镇山村位于贵阳市花溪区石板镇花溪水库中部一个三面环水的半岛上，距离贵阳市 21 千米，是一座具有 400 多年历史以布依族为主体的古老民族村寨。全村面积 3.8 平方千米，分上寨和下寨，共有布依族 105 户，苗族 38 户，汉族 1 户。镇山村集真山真水、民居建筑、历史遗存于一体，被贵州省人民政府批准为省级文物保护单位和民族文化村；2000 年 9 月，中挪签订奥斯陆协议，在挪威政府资助下建成布依族生态博物馆。此后，镇山村旅游开发步入兴旺期，形成了别具风采、包容开放的人类学旅游特色村。

（2）特色

①独特的石房民居村落。镇山村村寨像个古堡，城墙用大块规整的石头依山而建，城门用条石拱建而成，民居院落之间有石板路连接，房屋的墙壁和院坝均用小块石板垒砌，屋顶则用不规则的石板代替青瓦。石板路、石板房、石板院坝、石头城堡，形成了独具特色的石文化民俗村落。

②露天的人类学博物馆。2009 年挪威政府与国家文物局、贵州省人民政府共同投资兴建“贵州镇山布依族生态博物馆”，将镇山村打造为一个露天的人类学博物馆，着力为游客提供“原汁原味”的民族生态文化体验，让游客在“真实”和“现场”的文化空间中体验布依文化。

③丰富的民俗体验项目。镇山村 144 户农户大部分加入了旅游接待服务，向游客提供丰富的民俗村寨旅游项目。布依族的民族文化、生活习俗、建筑形式等都进行了旅游项开发和包装，涵盖民居参观、工艺展示、传统节庆、歌舞表演、特色餐饮等多个方面。

（3）经验与启示

①“家庭主导型”旅游开发模式。一直以来，镇山村努力探索“家庭主导型”民族村落旅游开发模式，使村民在旅游决策、旅游管理和旅游收益分配等方面占据了主导地位。村民既是所有者，又是经营者、生产者和受益者，最大限度地调动村民发展旅游的积极性，降低了运营成本。

②旅游区与生活区一体化发展。镇山村的旅游空间和居民社区叠合，整个村寨的生产生活区都可作为旅游区，使得旅游开发以村民的生活背景为依托，村民的日常生活成为旅游区主要的吸引力要素。旅游活动的开展充分依托于村寨原有的民俗文化和社区活动场所，实现了旅游开发与社区发展的良性互动。

③“活”的人类学旅游村建设。镇山村依托原生态的民族村寨，挖掘、整

理、展示村寨的生产、生活、习俗、建筑、技艺等资源，以民族生态博物馆建设为载体，打造“活”的人类学旅游特色村。有效减少了旅游业对民族文化的负面影响，避免了“自杀式的旅游开发”，实现了民族村寨旅游的可持续发展。

3. 翁丁佤族原生态村

（1）概况

翁丁佤族原生态村，位于沧源县西部，距离县城 33 千米，坐落在一个群山环抱、云雾缭绕的山麓上，气候温和，雨量充沛，环境宜人。佤寨有近 400 年的历史，村寨内有 100 多户人家 500 多人，居民全为佤族。这里保留了完整的佤民族风俗，寨子周围有茂盛的榕树、竹林及高大的树木。公路两旁有碧绿的田野，因常年云雾缭绕，被当地人称为“翁丁”。由于佤族居住在中国偏远地区，中华人民共和国成立前一直处于原始社会的刀耕火种阶段，中华人民共和国成立后一举过渡到现代社会，留下了很多原始社会的印记，以翁丁古寨最为突出。翁丁寨保留了原始佤族民居建筑风格和原始佤族风土人情，是迄今为止保存最为完好的原始群居村落，被国家地理杂志誉为“中国最后一个原始部落”。

（2）特色

①典型的人类学乡村，佤族典型村。翁丁寨保留了原始佤族民居建筑风格和原始佤族风土人情，被国家地理杂志誉为“中国最后一个原始部落”。翁丁寨里寨外的一切事物都是佤族历史文化的自然博物馆。寨中完整地保留了牛头、牛头桩、寨门、沙拉房、木鼓房、寨桩、民居、樯林、粮仓、墓地、猎头桩、消防水潭、公房、寨桩、铁匠房等文化物质载体。寨中有四大姓氏居住，杨姓因开寨为村长。

②千脚落地式茅草屋，分层次错落分布。翁丁人依山而居，房与房之间相距不远，民居是传统的杆栏式房屋，分上下两层，上层住人，干燥凉爽，下层堆放物件，或养猪，或喂牛。传统的杆栏式房屋，一般都用草片覆盖，竹木结构，竹笆围墙，竹笆地板，其外形犹如孔明帽。为了避风防寒，屋面总是离地面很近，远远望去，就像一丛一丛的蘑菇。

③佤山梯田，富有节奏感。蒸腾的云雾，渺渺的山岚，婆娑的树影，佤山梯田给人以震撼和感动。从空中俯瞰层叠错落，具有节奏感，是佤族人民勤劳勇敢的体现。

④“摸你黑”狂欢。阿佤人以黑为美，“摸你黑”的狂欢中，抹得越黑越漂亮，得到的祝福也越多。摸你黑狂欢节在五月举行，万人互相把药泥涂抹在对方身上表示祝福，希望被药泥涂抹的人百病不侵、健康长寿。

（3）经验与启示

①震撼的标志性景观。在翁丁大寨，雄奇的寨桩最引人注目。寨桩是佤家的一种图腾崇拜，一般位于寨中央的打歌场，代表着有人类在这里繁衍生息。既作为全寨祭神、祭鬼、举行宗教仪式的重要场所，又作为全村寨佳节聚会、歌舞欢庆的理想之地。全村老老少少围着寨桩载歌载舞共庆一年的丰收，乞求来年风调雨顺、五谷丰登、人畜兴旺等。

②“歌、舞、乐”打响了文化品牌。佤族人民粗犷豪放的民族歌舞《重彩·佤山》受到了广泛的关注。由木鼓派生而来的是木鼓舞，是佤族人自然崇拜和神灵崇拜的体现，是万物有灵的宗教观念的折射。木鼓舞是被专家们称为“最壮丽的舞姿、最动魄的鸣响、最神圣的时刻、最辉煌的太阳”。2006年，木鼓舞被列入国家非物质文化遗产保护名录。

③对节庆活动的积极探索开发。“摸你黑”狂欢节是自2004年以来沧源县委、县政府着力打造的一个大型旅游文化节庆活动，在第五届“中国国际会展文化节”上获得中国会展节最高奖“金海豚奖”，成为2008~2009年度中国十大魅力节庆活动之一。节庆活动的开发具有提高游客的体验性、强化品牌认知、聚集人气等重要功能。

（二）战略构思

石龙村具有丰富的文化景观和良好的生态环境。其中“石龙乡戏”“石龙霸王鞭”“白曲”“龙头三弦”尤为独特，保留了纯正、朴实的山地白族民俗风情。这里有神秘的本主信仰文化、原始古朴的井干式建筑、热情动人的民族歌舞、生态可口的民间美食、秀丽葱翠的田园森林风光，所有这些都为石龙村乡村旅游开发提供了物质条件。但在发展的过程中面临的问题依然严峻。现实方面，面临旅游配套设施缺乏、村容村貌不统一、村民缺乏经营理念、环境卫生较差以及可进入性不高等问题；在旅游业未来发展方面，面临如文化的传承与保护、旅游业态开发与社区参与、村庄治理与游客接待、农作传统与旅游商品化等困境。因而，如何打造石龙村乡村旅游项目核心吸引力，如何整合石宝山景区、沙溪古镇旅游区的旅游资源，如何建立差异化竞争优势，是石龙村乡村旅游发展必须考虑和解决的问题。基于多方面分析，石龙村乡村旅游区的战略构思有以下几点：

1. 文化传承与旅游“活态”展示

石龙村具有独特的民俗文化景观，民俗文化的保护不是靠录音、摄像变成博物馆的展示品，而是让非物质文化遗产回到劳动链中存活下去，靠“活化”传承和展示，其“原汁原味”的价值才高。让石龙村年轻人参与到对民俗文化资源的传承和保护上，可以先在石龙村成立“石龙戏班”“石龙霸王鞭队”“石龙打歌队”等，成员以本村村民为主，吸引年轻人参加，让他们学习和传承民间文化，并通过旅游展示和演艺来获得收入，以旅游经济的发展来促进民族文化资源的保护和发展。因此，石龙村乡村旅游发展的立足之本必须以“活化”传承民俗文化、保护特色民居、优化自然环境为前提，在此基础上进行旅游资源开发，最终保持旅游资源的可持续利用，确保经济效益、社会效益和生态效益的有机结合与协调发展，维持石龙村乡村旅游及社会经济的可持续发展。

2. 村民参与与社区发展

石龙村处于偏远和经济落后的山区，村民渴望旅游业的发展带动整体经济的发展和村民生活水平的提高。村民的日常生产活动与旅游项目的开发必须有机结合，村民既是劳动者也是旅游经营参与者，这样才能建立长期、可持续发展的乡村旅游。因而在满足游客、政府、投资商需求的同时，把村民的利益和民生问题作为开发利用的根本出发点和落脚点，旅游发展和社区发展相结合，满足村民的现实需求，给当地带来更多的实惠，给未来发展预留足够的空间。

3. 景区协作与联动发展

石龙村目前的空间规模、旅游形象、产品形式都存在较大的问题。因此，石龙村旅游的发展必须走“景区协作，联动发展”的策略。在自我完善发展的基础上，注重与石宝山 4A 级风景名胜区、沙溪古镇景区间资源的整合和互补，协调好关系，达到协调发展、互利共存的发展状态。通过石龙村和周边景区的联动发展和区域协作战略，尤其在资源整合、产品开发、线路组织和营销推广等方面充分合作，形成资源整合、优势互补合力，在最短的时间内实现重点突破和区域联动，丰富剑川区域的旅游产品，形成地区旅游整体优势，提高旅游整体竞争力。

4. 文化提升与参与体验

石龙村在依托现有民俗文化的基础上，还需不断挖掘其文化内涵，强化旅游业与文化的联动，体现和提升旅游区的文化内涵和文化品位，做足民俗文化特色，建设文化传承示范村。最终形成石龙独树一帜，具有超强识别性和唯一性的特色核心吸引力。作为民俗文化类景区，旅游者更加关注旅游的“体验”功能。所以在开发过程中要规划设计一些参与性、体验性强的旅游活动和项目，以吸引游客，丰富游览内容，提高竞争力。

5. 品牌差异与产品多样

石龙村独特的白族民俗风情在大理白族自治州区域也较为突出，其核心吸引力还包括民居建筑和民俗歌舞。因此，为避免未来开发的产品雷同性，石龙村乡村旅游区应强调打造精品、建设精品，发挥品牌优势，通过精品打造和品牌建设来提升旅游区的吸引力和竞争力。在此基础上形成多样化的旅游产品。

（三）战略定位

1. 总体定位

做响“活态白族民俗文化”品牌，打造“石龙白族古村”旅游形象，发展以民俗文化为主的文化观光旅游、文化体验旅游、休闲度假旅游三大产品，建设以观光游览、文化体验、休闲度假、乡村体验于一体的文化体验型旅游区。将“石龙村乡村旅游区”打造成石宝山景区内的“活态”景观和热点旅游节点。石龙村是石宝山景区未来建设的核心区域，在石宝山景区中的功能定位为文化体验、餐饮住宿、旅游购物。

2. 主题定位

以“活态白族民俗文化”为主题，突出体现“歌舞文化、农耕文化、建筑文化和宗教文化”等代表本民族的文化资源景观，体现白族民俗文化的多样性和原生独特性。

3. 功能定位

基本层面：旅游接待功能；

提高层面：休闲度假功能；

核心层面：文化体验功能。

4. 产品定位

根据石龙村具有民俗文化资源特性，开发一系列旅游产品，具体包括以下几点：

（1）生态农家美食旅游产品：白族美食、野生菌、石龙鱼、药膳石龙系列美食等；

（2）民俗文化体验旅游产品：乡戏演艺、歌舞表演、白曲演艺、白族打歌、歌会等；

（3）人类学博物馆旅游产品：非遗产品、白语研习、传统手工、宗教信仰、白族传统民居、白族霸王鞭等；

（4）康体运动旅游产品：登山、骑马、射箭、CS 森林野战等；

（5）乡村文化体验旅游产品：农作 DIY、果园采摘、野生菌采摘、草垛迷宫等；

（6）乡村特色旅游产品：三弦琴、霸王鞭、药材、野生菌、生态食品、民间刺绣等。

5. 形象定位

形象因子：白曲、乡戏、民居、乡村、田园、对歌、美食、生态。

理念：石龙白族古村。

宣传口号：石龙白族古村，歌舞美食之乡。

揽石宝圣境，观南诏石窟，游石龙古村。

游在石宝山，吃在石龙村——石龙村欢迎您。

品味石龙生态美食，体验白族民俗风情。

登石宝山南诏石窟，品石龙村民间美食。

白族文化的“活化石”——石龙村。

6. 市场定位

（1）地理空间：以昆明、大理游客为主，拓展外围市场；

（2）产品特征：休闲度假市场、民俗文化体验市场、歌舞节庆市场、乡村旅游市场；

（3）拓展市场：昆大丽旅游线路上过境旅游市场。

（四）空间布局

1. 空间结构

依据石龙村民俗文化旅游资源特征、旅游开发定位和空间整体形态以及与周边环境的相互关系，规划将旅游区的空间结构分为“三圈、三轴、五区”空间格局。

（1）“三圈”

“三圈”即三个扩散圈（发展圈），主要依据圈层理论，是反映石龙旅游产业的发展战略和发展模式的问题。“三圈”包括核心圈层、缓冲圈层和边缘圈层（见图 2.3.1）。

“三圈”分别反映石龙旅游产业发展的资源分布、景观特色、发展时序、扩散作用和建设内容等空间特征。

①核心圈：核心圈层主要包括石龙村落民居聚集区；

②缓冲圈：缓冲圈层为核心圈外围，包括基本农田保护耕地，本主庙、关公庙、观音庙；

③边缘圈：边缘圈为缓冲圈外围至周边山林一带。

（2）“三轴”

“三轴”为三条景观轴、发展轴，以核心圈民俗广场为中心，分别向东、南、西三个方向延伸扩展。

（3）“五区”

“五区”为五个功能分区，是旅游景观和旅游要素主要分布区域。包括综合服务区、文化体验区、农业体验区、休闲度假区和森林游览区。

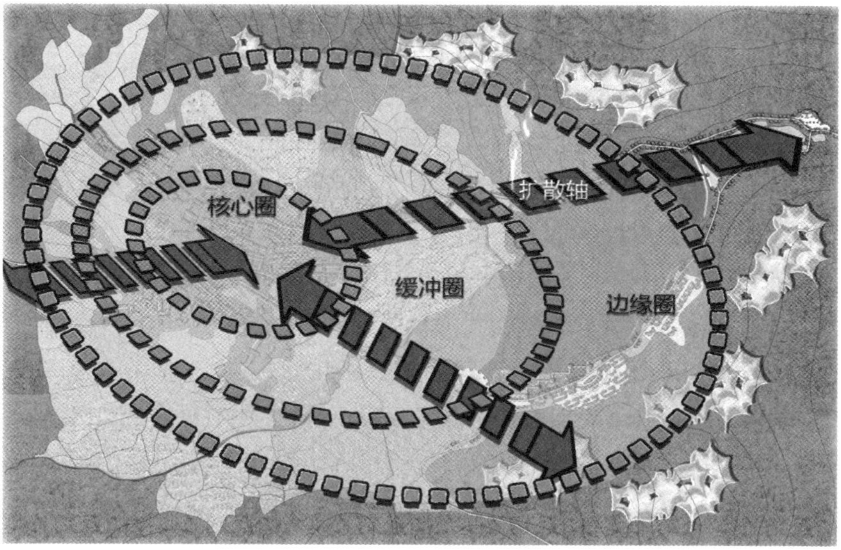

图 2.3.1 空间结构图

2. 功能分区

（1）综合服务区

①位置与范围：位于石龙水库东北面。规划占地面积为 10 亩，占总面积的 0.4%。

②旅游功能：该区主要承担迎送游客、引景、游客服务管理、售票检票管理、文化展示、停车服务等。

③开发主题：印象石龙。

④开发思路：

融入民俗文化主题元素，建设一个富有民俗文化特色、环境优美，进入方便的入口引景区；

通过景区大门、白族照壁、雕塑、文化景观墙、生态停车场接待中心等项目设置，体现白族民俗文化；

建设“金鸡斗龙”浮雕景观墙，展示石龙传说、石龙故事。

⑤规划项目：游客服务中心（配套用房）、“金鸡斗龙”浮雕墙、服务用房（干栏井干式建筑）、生态停车场、换乘中心（电瓶车站）、自行车租赁站。

（2）文化体验区

为民俗文化展示和文化体验区域。以村中心广场为核心向外辐射，包括村落主要民居建筑区，为民俗文化体验和民居建筑展示的区域。该区主要分为两个组团，分别是民俗风情组团，餐饮美食组团。

◆ 民俗风情组团

①位置与范围：位于石龙村中心，现民俗广场空阔场地及周边地区。

②旅游功能：主要发挥核心吸引和综合体验等功能。

③开发主题：欢乐石龙。

④开发思路：

规划设计主要以游客参与体验互动活动为主，使游客在进行完前期的参观性景点之后能够体验石龙村的民俗风情，是整个旅游区的核心区域；

依据石龙村历史及与白族相关的民俗活动事项进行改造，建设以文化展示、文化参与、文化体验的欢乐广场；

依托由云南省民语委与世界少数民族研究院（SIL）合作开展白语研究项目及石龙村白汉双语教育试点项目，开展白族语言传播、展示活动，在传统教育中普及原生白族语言的同时向游客传播和展示白族语言文化特色；

中心广场定期举办白曲演艺、白语研习和民俗表演，让游客体验白族“活态”的民俗活动，更形象地了解石龙民俗风情，满足游客参与体验需求，同时满足其休憩、购物需求；

环境整治，增加景观小品，配以景观绿化工程。

⑤规划项目：打歌广场、石龙乡戏馆、本子曲白族调演艺馆、人类学博物馆（含文物展示、文化交流）、文化传习馆（含白语研习）、本主庙、旅游购物点等项目。

◆ 餐饮美食组团

①位置与范围：位于石龙中心村，石龙村落民居的集中区域。

②旅游功能：主要承担石龙农家餐饮“一院一品农家乐”、民俗体验、民居参观、旅游购物等功能，餐饮以“一院一品”形式建设“石龙山珍院”“石龙药膳院”“石龙火腿院”“石龙鱼馆”“石龙八大碗”“石龙素食院”等特色农家餐饮单位。

③开发主题：美食石龙。

④开发思路：

选取具备一定接待能力、建筑文化特色鲜明、愿意参与“一院一品农家乐”的石龙农家餐饮接待农户，作为餐饮接待的节点。

对“一院一品”接待农户进行统一培训，规范接待要求、卫生要求、餐标等，既可体现石龙餐饮特色，又可形成良性经营氛围，引导农家餐饮健康有序发展。

节点的组合形式为特色民居＋特色农家乐＋生态农庄＋民居客栈＋手工作坊。

石龙农家餐饮是旅游区的精髓所在，必须严格遵循有机、生态、特色突出的原则，进行合理规划。

接待单位要对现有环境进行改造治理，改善卫生条件，拆除危旧房，改造建设经营环境，并融入石龙民俗文化元素。

拆除部分破败及有碍观瞻的建筑，加强对区内的整体格局与建筑风貌的保护，包括建筑结构、材料、色彩、尺度和道路布局等都基本能再现明清时期的风貌，使游人品尝石龙美食的同时领略古朴优雅、恬静淡泊的石龙村生活氛围。

⑤规划项目：

石龙山珍院：专营松茸、鸡纵、牛肝菌、马蜂菌、香菌、羊肚菌、北风菌、半边菌、青头菌、见手青、青蛙菌、扫把菌、猴头菇、喇叭菌、鸡蛋黄、黑菌等为主的野生菌美食菜品。

石龙药膳院：专营茯苓、竹苓、朱籽参、马尾参、云参、沙参、熟断、柴胡、地柞、紫地、白地丁、伸筋草、草乌、金银花、猴头菇、车前草、蝉蜕、女棒子、土大黄、杏仁、惊风草、龙胆草、黄连、鱼腥草、野菊花、蒲公英等为主的药膳美食菜品。

石龙火腿院：专营石龙火腿、腌肉腊肉、牛羊肉等为主的生态美食菜品。

石龙鱼馆：专营生态石龙鱼为主的美食菜品。

石龙八大碗：专营千张肉、粉蒸肉、酥肉、拼盘、煮白扁豆、煮竹笋、煮粉条、红烧肉石龙白族八大碗系列菜品。

石龙素食院：主营石龙佛会素食，如蔬菜、果品、豆制品和面筋等材料制作的素食菜品。

（3）农业体验区

①位置与范围：位于石龙村南北区域。

②旅游功能：该区主要以农业种植和养殖、农业观光、农业体验、休闲

农家乐和休闲垂钓为主要功能。

③开发主题：仓满石龙。

④开发思路：

结合北面梯田，南面耕地，打造农耕文化景观，疏通与石龙村落的景观视线，并以此为吸引，发展农事体验、农业观光、农作活动等项目。

通过政府引导，农户自发经营，开发药材种植园、果园采摘园、生态蔬菜种植园，形成种植、餐饮、产品供应的生态产业链。

⑤规划项目：果树种植园、药材种植园、农趣园、农作 DIY 活动中心、草垛迷宫、地景艺术。

（4）休闲度假区

①位置与范围：该区位于水库东南面。

②旅游功能：主要承担旅游接待、会议休闲、文化交流、休闲娱乐等多种功能。

③开发主题：世外石龙。

④开发思路：

依托石龙水库良好的水质和宽阔的水面条件，结合库区南面良好的森林植被开发度假休闲旅游产品。

该区是旅游区的最大可利用空间，也是招商引资、预留建设发展的主要区域，以世外石龙文化主题为引导，设置以白族民居为元素的各式建筑，营造一处新的核心景观。

以中高档游客休闲度假为主要功能，将该区建设成为和古村相对独立并互为补充的核心区域。

⑤规划项目：石龙文化广场、主题度假客栈、度假山庄、环湖游道、文化交流中心等。

（5）森林游览区

①位置和范围：位于规划区北部、东南面山地。

②旅游功能：森林游览区对项目区起到保护作用，虽与具体的建筑项目无直接关系，但占地大，对区内景观和环境保护有直接影响。在不影响景观和环境质量的情况下，可在其内进行观光游览、康体运动和森林采摘等活动。该区主要以生态环境的保护保育、登高览胜和康体运动为主体功能。

③开发主题：生态石龙。

④开发思路：

利用石龙村天然生态资源、田园风光、森林风光，结合彝族村寨开发以森林休闲观光为主题的旅游产品。

结合每年采摘野生菌、松茸的季节，开展森林采摘等活动。

开发建设骑马、射箭、CS 野战等户外康体休闲运动。

建设乡村营地、森林步道和森林小屋项目，为游客提供游憩、露营的场所，是远期开发项目的集中区域。

⑤规划项目：马帮驿站、野外射箭场、野外战争游戏场、乡村营地、登山游道、森林小屋、观景亭、休憩亭等。

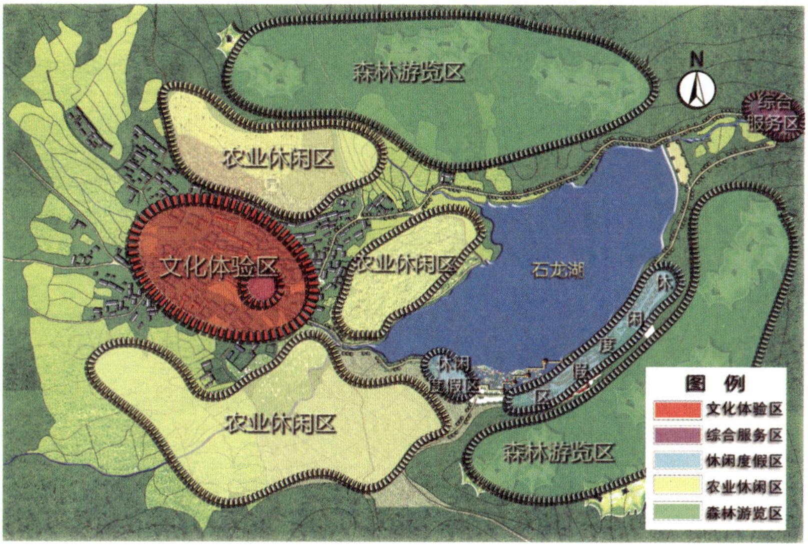

图 2.3.2　功能分区图

四、项目规划

（一）项目体系表

表 2.4.1　项目体系表

功能分区	建设项目	项目性质与内容
综合服务区（印象石龙）	游客服务中心	配套用房，入口大门
	生态停车场	包括汽车、电瓶车、自行车
	电瓶车站	换乘中心
	金鸡斗龙浮雕墙	石龙故事、景区标志
	自行车租赁站	提供咨询、自行车租赁服务
	活动类项目	霸王鞭迎宾舞

续表

功能分区		建设项目	项目性质与内容
文化体验区	民俗风情组团（欢乐石龙）	人类学博物馆	传统艺术、酿酒作坊、植物种类、药材等
		打歌广场	民族歌舞参与体验
		乡戏馆	石龙戏班展演演艺
		本子曲、白族调演艺馆	专场演出白族调、本子曲
		旅游购物点	土特民族旅游产品经营
		本主庙	本主崇拜
		文化传习馆	文化传承与保护，白族语言传播和展示
		活动类项目	石龙霸王鞭、打歌、白曲对唱、乡戏演艺等
	餐饮美食组团（美食石龙）	石龙山珍院	专营松茸、花鸡纵、牛肝菌、杂菌等为主的野生菌美食菜品
		石龙药膳院	专营茯苓、云参、草乌、金银花、车前草、野菊花、蒲公英等为主的药膳美食菜品
		石龙火腿院	专营石龙火腿、腌肉腊肉、牛羊肉等为主的生态美食菜品
		石龙鱼馆	专营生态石龙鱼为主的美食菜品
		石龙八大碗	专营千张肉、粉蒸肉、酥肉、拼盘、煮白扁豆、煮竹笋、煮粉条、红烧肉石龙白族八大碗系列菜品
		石龙素食院	主营石龙佛会素食，如蔬菜、果品、豆制品和面筋等材料制作的素食菜品
		活动类项目	歌舞伴餐、对歌等
农业休闲区（仓满石龙）		草垛迷宫	娱乐体验
		药材种植园	特色植物观光
		农作 DIY 活动中心	传统工艺 DIY、农耕作业 DIY（体验松土、播种、施肥、锄草、剥玉米等活动）
		地景艺术	农业观光
		农趣园	参与式农业旅游
		果树种植采摘园	海棠果、苹果种植
		活动类项目	农事体验、钓鱼、采摘活动
休闲度假区（世外石龙）		主题度假客栈	住宿、餐饮
		石龙文化广场	体现歌舞之乡，展示石龙文化
		度假山庄	民居特色客栈
		环湖游道	健身、观光游道
		活动类项目	篝火晚会
森林游览区（生态石龙）		马帮驿站	骑马游览彝族村寨
		野外射箭场	野外射箭、射猎活动
		野外战争游戏场	户外真人 CS 野战活动
		乡村营地	帐篷、睡袋、汽车营地、小木屋
		登山游道	健身娱乐
		观景亭	眺望石龙村美景
		休憩亭	森呼吸
		活动类项目	野生菌、松茸采摘

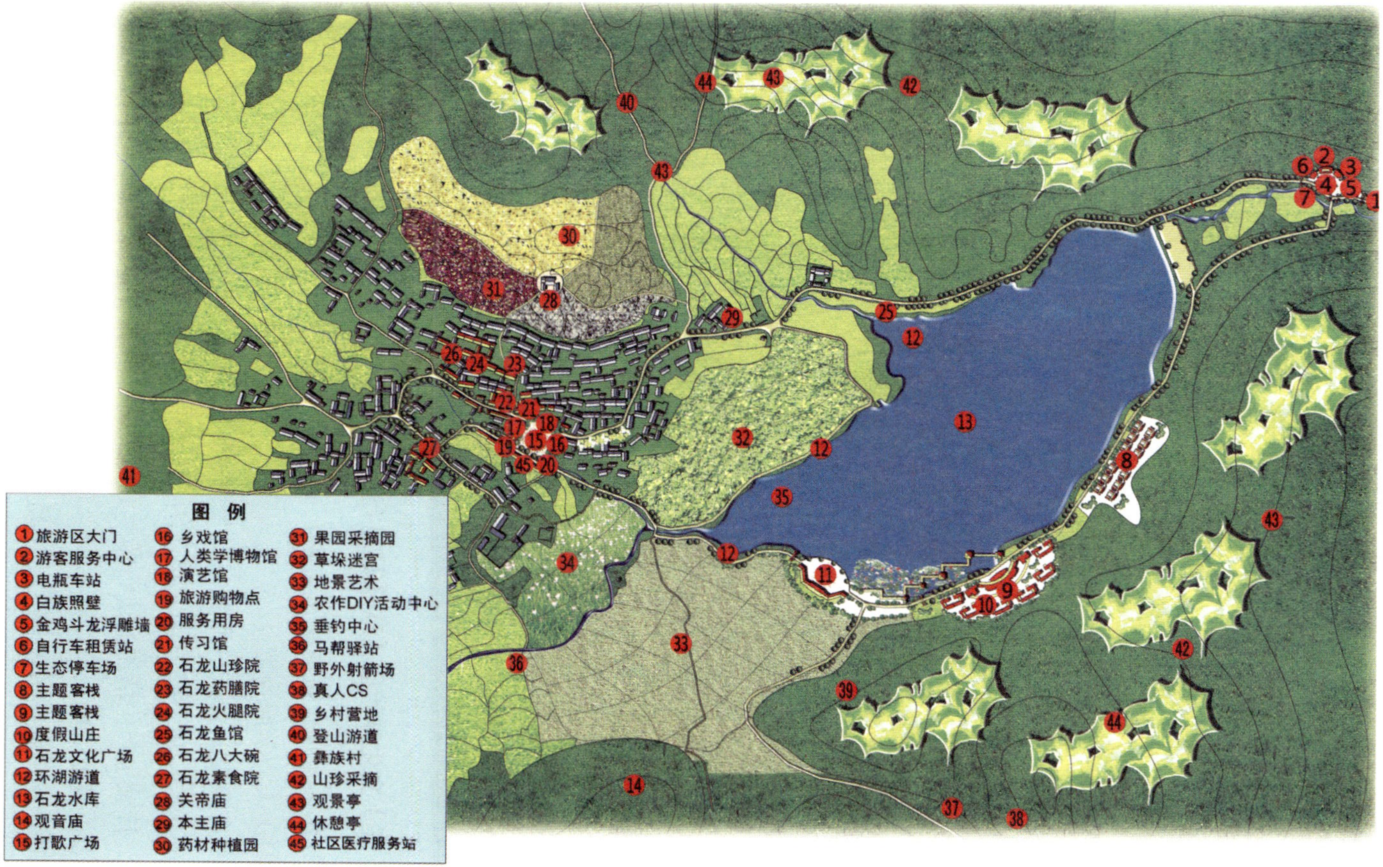
图例
1 旅游区大门
2 游客服务中心
3 电瓶车站
4 白族照壁
5 金鸡斗龙浮雕墙
6 自行车租赁站
7 生态停车场
8 主题客栈
9 主题客栈
10 度假山庄
11 石龙文化广场
12 环湖游道
13 石龙水库
14 观音庙
15 打歇广场
16 乡戏馆
17 人类学博物馆
18 演艺馆
19 旅游购物点
20 服务用房
21 传习馆
22 石龙山珍院
23 石龙药膳院
24 石龙火腿院
25 石龙鱼馆
26 石龙八大碗
27 石龙素食院
28 关帝庙
29 本主庙
30 药材种植园
31 果园采摘园
32 草垛迷宫
33 地景艺术
34 农作DIY活动中心
35 垂钓中心
36 马帮驿站
37 野外射箭场
38 真人CS
39 乡村营地
40 登山游道
41 彝族村
42 山珍采摘
43 观景亭
44 休憩亭
45 社区医疗服务站

图 2.4.1 总平面图

（二）综合服务区（印象石龙）

1. 游客服务中心

为游客提供信息、咨询、游程安排、讲解、休息等服务功能的场所，建筑外型采用当地干栏井干式风格，体现白族建筑艺术和文化气息，烘托石龙村总体环境。

2. 生态停车场

用于停放汽车、电瓶车和自行车，分区域合理布局，设置规范、醒目、美观的标志系统。平整停车场区域土地，加强周围绿化，避免大面积秃地影响整体景观。

3. 电瓶车站

电瓶车换乘中心。方便游客换乘石宝山景区的游览观光车，设置在石龙村的入口处。

4. 金鸡斗龙浮雕墙

综合服务区的标志性景观，以雕塑小品的形式展现“金鸡斗龙”的传说，用文字讲述金鸡为民除害的丰功伟绩，也可设置“龙头三弦”和“霸王鞭”等雕塑。

5. 自行车租赁站

开辟石宝山至石龙村自行车路线，提供集观光、体验、健身、娱乐的交通方式。自行车租赁站提供出租、保管、线路咨询服务。

6. 活动类项目

组建“石龙歌舞队”，以跳“石龙霸王鞭舞”、白族打歌的形式迎接游客的参观。以欢快喜庆的舞蹈为客人祈福，吸引人们深入体验石龙村的文化。

（三）文化体验区（欢乐石龙 / 美食石龙）

1. 民俗风情组团（欢乐石龙）

（1）人类学博物馆

具有收藏、保护、研究以及展示传统产品和传统工艺、传统生活与生产方式的功能，通过静态的文字、图片和设施展示，对石龙村历史文化、传统民俗、传统生产生活用品进行传承和保护。

（2）打歌广场

对石龙村修建的民俗文化广场进行提升，广场四周进行景观绿化，用于村民的打歌活动，供游客参与和体验。

（3）乡戏馆

石龙戏班是大理州白族地区仅存的唯一乡戏班，具有浓厚的乡土气息和独特的艺术表现力。建造乡戏馆，进行石龙乡戏展演演艺，展示和传承石龙村原生态的民族文化。

（4）本子曲、白族调演艺馆

组建一支石龙村本子曲、白族调表演队，每天定时在演艺馆进行演出。结合“土风计划”选拔村内有培养前途的青年，由老师进行指导培养，进行传统歌舞文化的传承。

（5）旅游购物点

在民俗风情园的核心广场周围设置若干旅游购物点，为游客提供土特产及民族工艺品等旅游商品。例如，手工制作的霸王鞭等小商品以及松茸、菌类等土特产。

（6）本主庙

石龙村本主庙的本主是牛头人身，极具特点。考虑修缮村内本主庙，修复本主雕塑，坚持“修旧如旧”原则。在本主庙四周恢复绿色植被，对庙内文化古迹进行恢复，用于展示石龙村的本主信仰。

（7）文化传习馆

将即将消失的白族传统文化、风俗、工艺等进行传承和保护，对白族语言进行挖掘和展示，文化传习馆有民间艺人现场进行文化展示，主要展示石龙村传统村民生活和习俗，是集科学研究、白语传播、文化体验、教育培训于一体的旅游景点。

（8）活动类项目

在民俗风情园内，提供多种石龙村原生态的歌舞表演活动，包括石龙霸王鞭、打歌、白曲对唱、乡戏演艺等，定期定时为游客表演，提供游客观赏、体验和参与的丰富活动。

2. 餐饮美食组团（美食石龙）

（1）石龙山珍院

石龙村盛产松茸及其他野生菌类，这些野生食用菌香味不同，各具特色，鲜嫩可口。石龙山珍院专营松茸、花鸡纵、牛肝菌、杂菌等为主的野生菌美食菜品。

（2）石龙药膳院

特色餐饮庭院，专营茯苓、云参、草乌、金银花、车前草、野菊花、蒲公英等为主的药膳美食菜品。

（3）石龙火腿院

石龙村家养黑猪自然放养，不喂饲料，猪肉通过传统村民加工放置，有一种特殊的香味。石龙火腿院专营石龙火腿、腌肉腊肉、牛羊肉等为主的生态美食菜品。

（4）石龙鱼馆

石龙村石龙鱼馆专营生态石龙鱼为主的美食菜品。

（5）石龙八大碗

石龙村接待宾客以八大碗为主，专营千张肉、粉蒸肉、酥肉、拼盘、煮白扁豆、煮竹笋、煮粉条、红烧肉石龙白族八大碗系列菜品。

（6）石龙素食院

主营石龙佛会素食，如蔬菜、果品、豆制品和面筋等材料制作的素食菜品。

（7）活动类项目

餐饮美食园区为游客提供歌舞伴餐、对歌等活动，为游客表演敬酒歌、对歌等，游客还能参与到表演中，感受别样的白族风情。

（四）农业休闲区（仓满石龙）

位于石龙村北面和东面，建设成为以农业体验、休闲观光为主，融入少数民族传统农业文化的旅游区，打造成为娴静优雅、田园情趣的生态型观光农业园，具体项目包括：

1. 草垛迷宫

位于整个旅游区的北段，依托田园地形，借助当地草垛造型，打造一个游乐型迷宫。

2. 药材植物园

是石龙村药材的生产基地，融合植物景观观光、科普教育、药膳药疗、药材销售于一体，叠合经济作物种植和旅游功能的区域。

3. 农作DIY活动中心

建农家乐园，陈列传统农具（犁、耙、磨、水车、纺车、推车等），有些农具游客可直接参与，供游人消遣。主题是“干农家活、体验农民生活、追求返璞归真”，可以体验松土、播种、施肥、锄草、剥玉米等活动。

4. 地景艺术

农业观光区，展现世外桃源般的田园风光，可以进行农业生产和农业体验，感受耕作的乐趣和景象。

5. 农趣园

参与式农业旅游。参与农田劳作，体验劳动的艰辛与光荣。

6. 果树种植采摘园

利用现有地形，结合当地土壤和气候条件，种植有特色的海棠果、苹果、梨、桃等水果，形成一个果树品种繁多的果园，鼓励游客采摘，增强可游览性、可观赏性和可参与性。

7. 活动类项目

提供农事体验、钓鱼、采摘等活动，打造可观光、可体验、可参与的休闲农业旅游区。

（五）休闲度假区（世外石龙）

位于石龙水库西南方向，背靠山脉，面向石龙水库，西邻农田景观。本区以提供综合的服务接待功能为主，主要满足游客住宿休闲需求。具体项目包括：

1. 主题客栈

重点发展几家集住宿、餐饮为一体的主题客栈，满足团队等中档游客需求。配套建设植物花卉、文化广场、垂钓园等环境景观和旅游设施。

2. 石龙文化广场

游客娱乐广场。夜间组织篝火晚会、对歌、霸王鞭歌舞表演等活动，丰富游客的夜间生活。同时，可将石宝山歌会主会场建在此处，以提升知名度。

3. 度假山庄

滨湖修建民居客栈，建筑外形体现白族的建筑风格，满足游客的度假休闲需求。

4. 环湖游道

依托规划修建的环石龙水库公路，修建滨湖步道和自行车车道。在公路两旁种植景观树种，形成供游人游赏与健身的环湖游道。

5. 活动类项目

提供歌舞表演等旅游活动，晚上在石龙文化广场举办篝火晚会。

（六）森林游览区（生态石龙）

1. 马帮驿站

在农业体验区建一个骑马驿站，可同时拴 50 匹马，为游客骑马游览的始发，游览彝族村寨，全长 3.5 千米，来回 3 小时。

2. 野外射箭场

依托石龙村的山地地形，开辟空旷场地设计射箭旅游产品。营造环境舒适、清静，集休闲娱乐健身于一体的野外射箭场。

3. 野外战争游戏场

在山地丛林中推出“激光枪战”活动，活动借鉴网络游戏的场景设计和游戏规则及欧美激光对抗的游戏概念，为游客带来惊险刺激感。

4. 乡村营地

规划建设乡村露营基地，供游客设置帐篷和睡袋，合理设计餐位和满足生活的必要设施，可以进行烧烤、户外娱乐等活动，建设若干特色森林小木屋。

5. 登山游道

开辟多条由村中通往山上的游览步道，登山步道迂回曲折，沿线设计若干小品、休息、观景设施，沿途布局若干果树林木，将登山步道打造成为景观生态小道。

6. 观景亭

沿登山步道修建若干观景亭，一直延伸到山顶，亭子周围设置观景台，确保游客的安全性。

7. 活动类项目

森林游览区提供观光游览、康体运动和森林采摘等活动。结合每年采摘野生菌、松茸的季节，开展森林采摘等活动。

五、旅游专项规划

（一）道路交通规划

1. 道路交通现状

石龙村道路交通比较闭塞，只有一条石宝山景区的旅游公路延伸到村里。入村公路为柏油路，双向两车道，路况较好，公路两旁景色优美，是一条景观公路。村内公路受建筑布局影响，路面较窄，难以双向行驶。现有公路为东西走向的断头路。村内其他道路为窄小的土石路，包括村内巷道和联系村内外的田埂道等。村民的交通工具主要为马匹，也有部分家庭拥有摩托车、面包车、农用车等机动车。村内无固定停车场，只有村委会大院可以停放少量机动车。村民的车辆一般靠路边停放，严重阻碍村内交通。

2. 道路交通规划思路

（1）道路规划

①修建一条环湖公路，即在现有公路的基础上修建一条环绕石龙水库的公路，公路为两车道柏油路，7 米宽。将村内公路定为单行道，由东往西行驶。

②围绕东西、南北两个方向开发游览步道和马道，以土石路为主，约 3 米宽。东西游道连接石宝山和彝族村，南北游道直抵山林。

③开发村内游览巷道，巷道以石板路为主，约 1.5 米宽，使之形成环线。

（2）交通工具规划

①进出村寨的公路交通工具以电瓶车为主，村内游览交通工具以步行和骑马为主，电瓶车采用通票制度，可以凭票随意上下车，骑马路线主要为往返西北方向的彝族、傈僳族村寨。

②实行车辆容量控制，村内机动车不得超过 50 辆，只允许少量小汽车和村民的车辆进村。

（3）交通工具停放场所规划

①分别在入口引景区（村东头）和休闲度假区（石龙水库南岸）建一个小型停车场，车位数分别为 30 个和 20 个。

②在农耕文化休闲区（村西头）建一个骑马驿站，可同时拴 50 匹马，为游客骑马游览的始发站。

③分别在入口引景区（村东头）、民俗文化广场（村中部）、农耕文化休闲区（村西头）和休闲度假区（石龙水库南岸）建 4 个小型电瓶车停靠站，作为固定乘车点。

（二）旅游服务设施规划

1. 旅游服务设施现状

石龙村没有专门的游客接待设施，经营性质的餐饮只有一家鱼庄，位于村东的石龙水库边上，没有经营性质的住宿设施。游客来石龙村一般在村民家与村民一起吃农家饭、住农家屋。村内也没有针对游客的购物和娱乐设施。在村内公路旁有几家小商店，售卖日常杂货。在村中部的民俗文化广场建有戏台，供村民表演当地特色舞蹈霸王鞭和白族对歌。石龙村正在组建一个歌舞表演团队，并聘请专业指导老师来培训，以期将霸王鞭和白族对歌搬上舞台，为该村旅游开发奠定了基础。

2. 旅游服务设施规划思路

（1）旅游接待设施

建一座游客服务中心，位于入口引景区（村东头），提供信息咨询、车辆调度、导游讲解等服务。服务中心免费为游客提供导游图、导游手册。

（2）餐饮和住宿设施

建6~10家“一院一品”特色农家乐和4家民居客栈，分近、中、远三个阶段，按市场容量分期建设。农家乐近期建2家（含现有鱼庄），中期建3家，远期建5家，总餐位数为500个。民居酒店（客栈）近期和中期各建1家，远期建2家，总床位数为100个。按照档次来分，规划农家乐高档型2家、中档型3家、经济型5家，规划民居酒店（客栈）高档型1家、中档型1家、经济型2家（见表2.5.1）。按照特色来分，农家乐可形成野生菌、生态鱼、八大碗、素食等主打特色菜系，民居酒店（客栈）可形成木楞房、合院式等白族建筑风格。最终设计的日最大餐饮接待量为1000人次，日最大住宿接待量为100人次（见表2.5.1）。

表 2.5.1　石龙村餐饮住宿设施规划表

餐饮住宿		近期	中期	远期	合计
餐饮设施	高档型	—	1	1	2
	中档型	1	1	1	3
	经济型	1	1	3	5
	小计	2	3	5	10
住宿设施	高档型	—	—	1	1
	中档型	—	1	—	1
	经济型	1	—	1	2
	小计	1	1	2	4

3. 购物和娱乐设施

建一家旅游纪念品商店，展销当地土特产，如松茸、白芸豆、地参、腊肉等。建一个可以表演石龙乡戏的戏馆和白族对歌、白曲的演艺馆，白天和晚上都可以进行。

4. 医疗卫生设施

建一家社区医疗服务站，两个卫生服务点。石龙村社区医疗服务站按照服务人口2000人、服务半径1~1.5千米标准设置。争取卫生部门的新农村合作医疗定点项目支持，按新农合医疗卫生服务站标准进行建设，取得由市卫生行政部门颁发的《医疗机构许可证》。社区医疗服务站的建设，不仅对石龙村及周边乡村农民医疗卫生条件起到良好的改善作用，也是旅游社区发展的需要。根据石龙村乡村旅游区的发展进度，在游客服务中心及休闲度假区各设一处卫生服务点，提供药品、医疗咨询等服务。

（三）基础设施规划

1. 给水规划

给水方面，石龙村已经通了自来水，村民饮用水以目前给水系统为主，餐饮接待及游客设施部分，需要增加供水。给水规划思路如下：

（1）保护水源地，扩建水塔，扩大自来水供给，要满足日最大用水量2000立方米的需求。过夜游客用水量按1立方米/人·天计算，不过夜游客用水量按0.2立方米/人·天计算，居民日常用水量按0.5立方米/人·天计算。

（2）自来水管铺设要入地，分干支联通到户。建议干线使用不锈钢管，直径分10厘米和5厘米两种；支线使用PP-R管，直径2厘米。

（3）休闲度假区建设项目需要单独建立供水体系，新建水塔。

2. 电信规划

石龙村的电力通信能满足居民的需求现状，但还没通网络。考虑到旅游业的开展，有必要对未来的需求做以下规划：

（1）按日最大用电量3000度来规划电力供给，架设一条10千伏高压线路，新建座变电站。过夜游客用电量按2度/人·天计算，不过夜游客用电量按0.5度/人·天计算，居民日常用电量按1度/人·天计算。

（2）架设移动信号塔，保证固定电话和无线电话正常通信，提供4兆以上的网络宽带服务。

（3）村内电信管线要入地，拆除现有影响村容村貌的电线、电线杆等。

3. 环卫系统规划

石龙村的环境卫生现状较差，人畜混居，公共卫生无人打扫。该村环卫系统规划思路如下：

（1）建设环卫基地一处，即垃圾处理场，负责对垃圾进行无害化处理，处理场周围设卫生防护区。购置1~2辆环卫车辆，将旅游区内的垃圾定期送至环卫基地填埋处理。

（2）沿主游览道旁每50~100米设置1个垃圾箱，次游览道旁每100~150米设置1~3个垃圾箱，垃圾箱外观要求与环境相协调。

（3）建立健全道路清扫制度，实行专人负责制，分片区承包给村民打扫。

4. 标识系统规划

按照相关标准，建立健全交通标识和旅游标识两套系统，主要包括指路牌示、景点牌示、忠告牌示、服务牌示等牌示标识，使游客能够根据标识的提示顺利地实现游览。标识系统要提供村内农家乐和民居酒店（客栈）等的区位信息，以便游客能快速抵达。

5. 防灾安全规划

建立消防队，负责森林防火和村寨消防的任务；建立意外事故救援小组，负责溺水、交通事故、意外摔伤、森林迷路等事故救援任务。

（四）污水处理规划

石龙村没有污水处理措施。现有的污水都是直接排入雨水沟，最后流入石龙水库。随着旅游业的开展，接待的外来旅游者越来越多，产生的污水也会随之增长。为了防止石龙水库受到明显污染，有必要制定石龙村的污水处理规划，确保污水经过一定处理后再排放到石龙水库。规划建设两个一级污水处理站、一个二级污水处理站。

（1）两个一级污水处理站分别位于本主庙以东坡脚、石龙水库东南侧休闲度假区内，二级污水处理站建于综合服务区内。

（2）建污水排放管线和污水净化池，将污水统一排入净化池，经净化沉淀处理后才排入污水处理站。

（3）建环湖绿化湿地，尤其是在水库北侧和东侧的入水口处增加湿地面积，发挥湿地的生物治污功能。

（4）油污用化学药剂分解，禁止向石龙水库乱扔垃圾，拦截和定期清理水面漂浮物。

（五）景观系统规划

根据石龙村的特点，打造“一大景观核心、三条景观轴线、四大景观斑块”景观系统（见图 2.5.1）。

1. 一大景观核心

以文化体验区为核心，打造“活态白族民俗文化”景观，通过民俗广场、乡戏馆、演艺馆以及“一院一品”农家乐系列，使之成为石龙村的景观核心。

2. 三条景观轴线

第一条以核心区民俗广场为中心，向东延伸，连接入口引景区、民俗风情园和民居体验园；第一条向南延伸，连接农业休闲区、休闲度假区和森林游览区；第三条向西延伸至森林游览区的彝族村。

3. 四大景观斑块

即村落景观、水体景观、田园景观和森林景观。

村落景观主要由白族民居、木楞房、草垛等组成，以近景游览体验为主。水体景观和田园景观由石龙水库、农田和农作物等组成，以中景驻足观光为主。森林景观由松树林、山峦、天际线等组成，以远景眺望为主。

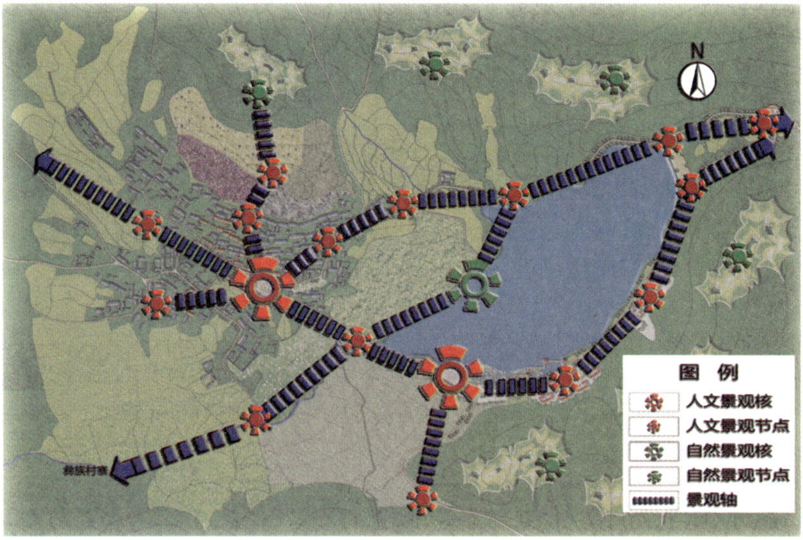

图 2.5.1　景观系统规划图

（六）社区调控规划

为了保护村寨的现有格局，防止居民乱拆乱建，确保旅游的健康发展和规划能够得到实施，需要制定社区调控规划，调控方式以《石龙村乡村旅游村民公约》形式发布实施，主要内容包括：

（1）保护石龙村传统建筑和村落形态，禁止现代建筑形式或乱拆乱建。

（2）新建建筑的外观要与全村保持风格一致，维持古朴的白族传统建筑风格。

（3）禁止私自占用公共道路、广场等公共空间。

（4）“一院一品”农家乐和民居酒店（客栈）等旅游经营户要选择有意愿、有条件且有能力家庭，实行特许经营，总量控制。

（5）建立一套合理的分工合作机制，对没有参与到旅游经营的农户给予适当补贴，参与旅游经营的农户要划定边界，防止恶性竞争。

（6）建立一套合理的利益分配机制，以合同的形式明确旅游经营户与非旅游经营户之间、直接旅游经营户与间接旅游经营户之间、旅游经营户与行政主管部门之间、石龙村与石宝山景区之间的利益分配机制。

（七）旅游容量规划

石龙村作为一个旅游特色村，要求游客量应控制在一定的环境容量之内，避免过度拥挤，超出旅游区的承载能力，造成环境污染和生态破坏，同时应为游客营造一个宽松、舒适、愉悦的旅游环境。综合考虑旅游区的景点分布、游览方式、地形地貌等方面的因素，确定采用面积容量法、游道法和卡口法进行环境容量测算，具体计算公式如下：

1. 面积容量法

$$C=(A/a)\times D$$

其中：C——日环境容量，单位为人次；

A——可游览面积，单位为平方米；

a——每位游人占用的合理游览面积，单位为平方米 / 人；

D——周转率，D= 景点全天开放时间（一般取 8 小时）/ 游完景点所需时间。

根据面积容量法，石龙村可游览面积为 30000 平方米，参照相关标准，假定每位游人占用的合理游览面积为 30 平方米 / 人，周转率为 1.5，可计算出石龙村的日环境容量为 1500 人次。

2. 卡口容量法

$$C=B\times Q$$

式中：C——日环境容量，单位为人次；

B——日游客批数，$B=t_1/t_3$；

Q——每批游客人数

t_1——每天游客时间，$t_1=H-t_2$，单位为小时；

t_3——每两批游客相距时间，单位为小时；

H——每天开放时间，单位为小时；

t_2——游完全程所需时间，单位为小时；

根据卡口容量法，假定石龙村每位游客都是乘坐电瓶车进入，每辆电瓶车可载客 15 人，有 6 辆车，每趟周转时间为半小时，每天可以运送 100 批游客，可计算出石龙村的日环境容量为 1500 人次。

3. 游道测算法

（1）完全游道法：

$$C=M\times D/m$$

（2）不完全游道法：

$$C=M\times D/[m+(m\times E/F)]$$

其中：C——日环境容量，单位为人次；

M——游道全长，单位为米；

m——每位游人占用的合理游览长度，单位为米；

E——沿游道返回所需的时间，单位为小时；

F——游完全游道所需的时间，单位为小时；

D——周转率，同上。

根据游道测算法，采用完全游道法，石龙村游道全长为 4000 米，参照相关标准，假定每位游人占用的合理游道长度为 3 米 / 人，周转率为 1.5，可计算出石龙村的日环境容量为 2000 人次。

根据以上相关公式测算，综合考虑石龙村的接待能力、环境承载力等因素，规划石龙村游客空间瞬时容量为 1000 人，日游客容量为 1500 人次 / 天，游客在石龙村内平均游览时间为半天，可游览天数为 300 天，因此，规划年游客容量为 45 万人次 / 年。

（八）旅游线路规划

根据上位规划《云南剑川石宝山——寺登街旅游区旅游总体规划（2010~2025 年）》的旅游线路规划，结合石龙村的交通规划和实际情况，制定出旅游线路规划思路。

1. 村内旅游线路

（1）电瓶车环线：综合服务区（村东头）—文化体验核心区—农业休闲区—休闲度假区—综合服务区；

（2）骑马线路：农业休闲区—森林游览区—彝族村；

（3）徒步线路：农业休闲区—森林游览区。

2. 组合旅游线路

组合旅游线路，即跨区域旅游线路组合。石龙村的常规旅游线路为：大理—剑川县城（或甸南）—石宝山北门—宝相寺—石龙村—石钟山—寺登街—剑川县城（或甸南）—丽江。石龙村未来的客源主要来自大丽高速的过境分流市场，因此，组合旅游线路如下：

（1）石钟山石窟—石龙村—宝相寺一日游

上午：参观石钟山石窟；

下午：午餐石龙村，欣赏白族歌舞表演，参观宝相寺。

（2）石宝山—石龙村—寺登街两日游

第一天上午：参观沙溪古镇寺登街、兴教寺，游黑潓江滨水度假主题乐园；

第一天下午：欣赏田园风光，游览石钟山石窟，晚上观寺登街的舞台表演，夜宿寺登街。

第二天上午：游览宝相寺、金顶寺，猕猴乐园；

第二天下午：午餐石龙村，下午在石龙村体验白族文化，观石龙水库，海云居，返程。

（3）石宝山歌会两日游

第一天上午：参观沙溪古镇寺登街、游黑潓江滨水度假主题乐园；

第一天下午：参观石钟山石窟，石钟寺；

第一天晚上：参加石宝山歌会，食宿在石龙村。

第二天上午：游览宝相寺、金顶寺，猕猴乐园；

第二天下午：午餐石龙村，观石龙水库，海云居，返程。

（4）剑川县城—沙溪镇三日游

第一天上午：游览海云居、宝相寺、金顶寺，猕猴乐园；

第一天下午：午餐石龙村，观石龙水库，体验白族文化，夜宿石龙村。

第二天上午：参观石钟山石窟，石钟寺；

第二天下午：参观沙溪古镇寺登街、游黑潓江滨水度假主题乐园，夜宿寺登街。

第三天上午：参观段家登戏台，慈荫庵，返回剑川县城；

第三天下午：参观剑川古城，千狮山。

六、白族村寨保护与整治规划

（一）石龙白族建筑现状与特征

石龙村具有民族文化深厚、民俗风情独特、建筑类型多样、村落景观丰富等特点，是白族民俗文化主要代表区域。石龙村建筑体系从结构上看主要有石木、砖木、土木结构等；从类型上看主要有民居建筑和宗教建筑；从发展背景上看主要有原始民居和传统民居。其中，最早的原始民居有三种形式，分别是干栏式、井干式和土库房；传统民居主要有“一正两耳”“两房一耳”“三坊一照壁”“四合五天井”“六合同春”和“走马转角楼”等；从特征上看主要是青瓦白墙、土墙和坡屋顶，属于典雅、实用、简朴的建筑风格。

（二）白族村寨保护与整治形式

根据石龙村民居建筑的年代、价值、保存状况及功能划分为五种维修整治方式，即修复、更新、改造、重建、拆除。

1. 修复——复原维修

对于建筑价值高、格局与造型保存完好的宗教建筑和传统民居建筑，必须充分尊重建筑的历史面貌，不可随意增减和改造。如本主庙、关帝庙，采取复原维修的方式，保持原貌。可进行修缮或对个别构件加以更换，修复建筑色彩与装饰，修旧如故，以存其真。

2. 更新——立面保存

对于建筑价值较高，立面保存基本完好的传统民居，采取立面保护维修，内部结构和功能更新的方式，保持立面风貌。内部结构根据现状及使用要求进行合理改造，但建筑的体量、层数、屋顶形式、立面形式、装饰和色彩应绝对加以保护和控制。

3. 改造——外观修景

对于新建建筑，特别是水泥砖砌筑和砖混建筑，对其外观采用景观修饰的方式进行改造，增加青瓦屋面和挑檐，对外墙进行粉刷和装饰，形成与传统民居建筑协调统一的建筑外观。严禁使用瓷砖、琉璃瓦等现代建材，对于已经使用这类材料的新建筑要加以彻底改造。

4. 重建——整体翻新

对传统风貌影响大的建筑，采取拆除重建的措施，以保持与传统风貌的协调；一部分重建干栏式和土库房建筑，反映山区白族原始传统民居，丰富旅游区景观内容。

5. 拆除

是指违章搭建或原先没有以后增建的，破坏院落空间环境的建筑，应予拆除。

（三）民居改造与整治规划

1. 门楼

门楼即大门，白族很注意修建和装饰，门楼建筑形式有两种：一种是有厦门楼，民间称“三滴水”门楼；另一种是无厦门楼，多用砖雕、泥塑、镶砖手法修建和装饰。

一类门：风貌较好，具有地方传统特色、传统构件及典型细部装饰，采用地方传统材料，符合风貌保护要求的，且质量较好。改造措施：完全保存或仅略加修缮，并进行日常维护及定时修理。

二类门：风貌尚好，具有传统尺度、比例、材料和色彩，保留有一定的传统构件和细部痕迹，符合风貌保护要求；或其风貌很好但质量一般或较差，如结构松动、表面破损、色彩脱落，局部被破坏等。改造措施：按照风貌保护要求，保留框架，加固结构，补刷涂料油漆、修补破旧部分。

三类门：风貌尚好，但质量较差，如门扇残缺、构件损坏很严重，几乎不能再使用的。改造措施：考虑整体风貌协调要求，根据现存框架、构件痕迹，尽量进行原样修复；也可根据实际情况，按风貌要求，重新设计。

四类门：风貌一般，其形式、材料、色彩等做了较大的改变，民居传统特征已不明显。改造措施：进行局部整饬，使之与传统风貌相协调；也可根据实际情况，按风貌要求，重新设计。

五类门：风貌较差，其形式、材料、色彩已被任意改动，不具有地方传统特征，完全不符合风貌要求，严重影响建筑立面形式和周围环境风貌的。改造措施：拆除，按照风貌保护协调要求，重新进行设计。

2. 照壁

白族民居照壁一般分为“独脚照壁”和“三滴水照壁”两种。其中“独脚照壁”又称一字平照壁，不分段，壁顶为民殿式、为官宦之家选用。“三滴水照壁”指将横长且平整的壁面分成三段，左右两边对称，中间一段较宽且高出两边，形似牌坊，当地百姓多采用这种。

改造措施：一是对照壁的质量进行等级分类的基础上加以改造、修缮；二是保存照壁的精美造型和传统构件，进行充分的日常维护；三是需要改善的庑殿式青砖白墙，四角出檐上翘，檐口墙上装饰彩画、书法等；四是需要改造的，要根据现存构件细部痕迹，尽量进行原样修复，也可根据实际情况，按风貌要求，重新设计。

3. 墙面

一类墙面：风貌较好，具有白族文化传统特色、传统构件及典型细部，立面线条、线脚、花饰等装饰细部丰富，能很好地体现建筑原有风貌和反映白族民居传统特色，符合风貌保护要求的。改造措施：完全保存或仅略加修缮，并进行充分日常维护及定时修理。

二类墙面：风貌尚好，具有一定的地方传统特色、构件及细部，符合风貌保护要求，但质量稍差，墙体部分破损，或局部已被改动，表面粉刷层、色彩脱落，结构松动等。改造措施：框架不动，结构进行加固；按照风貌保护要求，尽量按原样修缮破旧部分，补刷油漆、涂料，加强传统构件。

三类墙面：风貌尚好或一般、但墙体质量很差，破坏十分严重，如墙体倾斜、出现裂缝；部分被拆除更改等。改造措施：考虑整体风貌协调要求，保留结构框架、并根据现存构件细部痕迹，尽量进行原样修复；也可根据实际情况，按风貌要求，重新设计。

四类墙面：风貌一般、墙体形式、材料、色彩等已被重修改动，不具有白族地方传统特征，不能体现地方传统特色，但由于其建造时间较近，质量比较好。改造措施：进行局部整饬，改换墙面材料，增加立面装饰，使之协调。

五类墙面：风貌较差、即其形式、材料、色彩不具有地方传统特征，完全不符合风貌要求，且位于重点保护地段，严重影响周围环境风貌的。改造措施：拆除，按照风貌保护协调要求，对墙体重新进行设计。

4. 门窗

一类窗：风貌较好，采用白族地方传统的材料（如木材、石材等），具有地方传统特色的构件、细部与装饰，其窗线、窗楣、窗台等部位线脚、花饰保存较好，符合风貌保护要求，能很好地体现地方传统建筑特征，且窗体质量完好或大部分完好。改造措施：完全保存或仅略加修缮，并进行充分的日常维护及定时修理。

二类窗：风貌尚好，即具有地方传统窗户的比例、尺度及材料，符合风貌保护要求，但质量稍差，如结构有些松动；表面、装饰细部、构件等局部破损；色彩脱落等。改造措施：按照风貌保护要求，框架保留，进行结构加固，修缮破旧部分，补刷油漆，并强化特色构件。

三类窗：风貌尚好或一般，但窗体质量破坏严重，结构破坏，大部分构件破损，几乎不能再利用。改造措施：考虑整体风貌协调要求，根据现存框架、构件痕迹，尽量进行原样修复；也可根据实际情况，按风貌要求，重新设计。

四类窗：窗体形式、材料、尺度比例及开启方式已做较大改动，不能反映地方传统特色，不符合风貌要求。改造措施：进行局部整饬，使之与传统风貌协调，尤其是窗体形式和材料上须符合传统风貌。

五类窗：风貌较差，即其形式、材料、色彩等均不具有地方传统特征

（如铝合金、大玻璃窗等），完全不符合风貌要求，且位于重点保护地段，严重破坏建筑整体立面和周围环境风貌。改造措施：拆除，按照风貌保护协调要求，对窗体全面进行更新设计。

七、实施和运营

（一）分期建设规划

项目规划期为2013~2020年，共8年，采用滚动规划战略，分三期实施。其中，近期：2013~2014年为建设期，重点建设文化体验区；中期：2015~2017年为发展期，重点建设综合服务区和农业休闲区；远期：2018~2020年为完善期，重点建设休闲度假区和森林游览区。

（二）投资规模

石龙村乡村旅游建设期为8年，总投资额为6500万元，其中基础设施项目500万元，占7.7%；村民自建项目800万元，占12.3%；招商引资项目5000万元，占77.0%；其他投资费用为200万元，占3.0%（见表2.7.1）。

表2.7.1

序号	项目内容	投资估算（万元）	比例（%）
1	基础设施项目投资	500	7.7
2	村民自建项目投资	800	12.3
3	招商引资项目投资	5000	77.0
5	其他投资费用	200	3.0

（三）资金筹措

（1）项目招商引资：5000万元，占77%，吸引旅游企业投资石龙村乡村旅游发展，面向剑川县内外招商，优化投资环境，坚持把招商引资作为发展本村旅游业的主要措施。

（2）政策性银行贷款：600万元，占9%，利用政策性银行贷款利率较低、期限较长的政策优势，鼓励和扶持村民参与建设“一院一品”农家乐和民居客栈。

（3）申请各级政府发展扶持资金：500万元，占8%，申请国家级、省级、州级、县级等不同级别的乡村旅游发展专项资金，如村村通公路、户户通自来水工程；积极申报省级民族文化村落，争取项目资金。

（4）村民集体和自有资金：400 万元，占 6%，由村委会和石龙村旅游协会牵头，村民集资建公共项目或自建农家乐、客栈等。

（四）效益分析

1. 经济效益

项目有助于增加村民经济收入，调整石龙村农业产业结构。村民通过参与到住宿、餐饮、商品销售、歌舞演艺等经营与服务中，扩展经济收入来源，提高村民生活水平；通过药材种植园、生态农庄、果蔬园项目的种植，形成与餐饮和旅游产品开发一条龙的农业循环经济，从而改变以种植业、畜牧业为主的单一农业经济结构，石龙村乡村旅游的发展，既促进了农村经济发展的多元化，又有效利用了各种农业资源，实现了旅游业与农业融合发展。

2. 社会效益

项目的社会效益主要体现在三个方面：第一，有助于白族乡戏、霸王鞭、白族调、本子曲、民间节庆等原生态民俗文化的保护和传承，修复村中的本主庙、关帝庙、古戏台等文化古迹；第二，改善村庄基础设施和环境状况，安排资金投入乡村交通、用水、用电、通信等基础设施建设，建造村内垃圾站、旅游厕所、绿地等，营造整洁卫生的“美丽石龙村”；第三，通过培训和学习提高村民的整体素质，吸收多余劳动力就业，有助于形成稳定的社会发展环境。

3. 生态效益

项目注重生态保护，力求借助旅游开发实现石龙村的可持续发展。旅游项目的施工坚持保护水质和植被，减少环境污染和水土流失，保持生态平衡，实现乡村地区生态的平衡、稳定和持续；项目对石龙水库、农田、山林的开发做到“保护第一，开发第二”，减小旅游活动对生态环境的人为破坏。

（五）保障体系

1. 经营模式选择

由于目前石龙村村民文化素质低、旅游意识薄弱，在前期宣传、资金筹措、基础设施建设以及乡村旅游的管理等方面，需要借助多方力量，可以采取政府主导的“政府 + 企业 + 农村旅游协会”的经营模式。具体做法是政府负责石龙村旅游规划、招商引资和基础设施建设，给予宏观的协调和指导，优化发展环境；企业负责经营管理和商业运作，开拓市场并组织客源，招募村民到公司就业；农村旅游协会负责村民参与旅游开发的各项事务，如组织歌舞表演，纠正农民违规建房，并对村民进行职业技能培训和素质教育等。

2. 社区参与机制

要建立一个有效的社区参与机制，让村民作为旅游发展的主体进入规划、开发等涉及旅游发展重大事宜的决策、执行体系中。成立石龙村旅游协会，成员包括石龙村村民代表，定期开会商讨旅游发展相关问题。收集村民旅游发展意见和思路，使村民参与到旅游决策中；制定石龙村旅游业发展利益分享机制，保证村民成为旅游业发展的参与者和利益分享者。在利益分配方面，企业每年要对收入进行再分配，上交村民培训资金、村委会管理费用、农村旅游协会基金、日常开支费用和各种活动费用。

3. 人力资源建设

培养居民的旅游意识和旅游专业技能。对石龙村村民进行旅游专业技能培训，包括餐馆服务、住宿服务、导游、英语等培训。选拔村内优秀人才，通过职业教育、定向委培等手段，培养一批高素质的乡村旅游管理人才；由政府或石龙村旅游协会牵头，将霸王鞭、白曲、乡戏等传统文化纳入村民素质教育，在少年儿童中进行传统歌舞教育，确保优秀少数民族文化的传承和发展，鼓励涌现民间艺人。

4. 制定村规民约

制定村规民约，规范村民行为。在开发建设上，杜绝村民的违规建筑，确保村容村貌统一，保持传统民居的建筑风格；村民要服从村委会和旅游协会的管理和协调，以农村集体利益为主，不私自揽客经营，损害村民利益；各家各户注重本村的生活环境，做到门前卫生、家内整洁，注重自身形象；在旅游经营中，不敲诈游客、哄抬价格，不能威胁游客的人身安全；在文化弘扬方面，展示少数民族优良传统，不扭曲传统文化，树立民族和文化自豪感。

附录　专题研究

一、石龙村文化资源专题研究

（一）金鸡斗恶龙

传说石宝山有一个山村，即现在的石龙村，村里有十个非常美丽的白族姑娘，她们像十姐妹一样，穿一色衣服、着一样打扮，非一母所生却比骨肉还亲。她们每天一同上山采药、拾菌子、绣花、干农活。大理三塔顶上有一只金鸡，飞到剑川沙溪石宝山后爱上了这块宝地，就栖息了下来，金鸡每天往返飞翔于沙溪的“金鸡栖石”和石宝山，给人们报黎明、定时辰、唱节令、催农耕，金鸡的到来使剑川人民连年丰收。十姐妹最爱听金鸡唱歌、看金鸡跳舞，时间久了，她们也能唱出金鸡般的调子来，反让金鸡都听得入迷。她们的歌声引来了石宝山下五个木匠小伙子和五个弹毛毡的兄弟，他们结成了十兄弟，越过三重山，跳过三道涧，来到了十姐妹居住的山村。他们模仿姑娘们的曲调，唱出了爱慕的歌声。

一天，天空突变、黑云翻滚，一条黑龙来到石宝山想要把金鸡的地盘夺走。黑龙降下冰雹，喷出狂风暴雨，将百姓的瓦房打坏、庄稼打烂。这时，金鸡飞来与黑龙打斗，金鸡啄瞎了黑龙的右眼，被逼急的黑龙追赶金鸡，金鸡要被黑龙打败时，十姐妹和十兄弟情急之下脱下草鞋，扔向黑龙，没想到黑龙像被二十只神鹰成群盖住一般，噼里啪啦地跌落到飞涯洞前，十兄弟一拥而上，用斧头砍下了黑龙的头，剥下了黑龙的皮，抽出了黑龙的筋，剔出了黑龙的骨，敲下了黑龙的爪。金鸡为了感谢十姐妹和十兄弟，就教他们制作龙头三弦，龙头做成琴头、龙骨做成琴杆、龙皮蒙成琴鼓、龙筋做成琴弦、龙爪做成拨片。十兄弟把三弦挂在胸前，配上十姐妹的歌声，唱出了动人的

《龙头三弦曲》。这就是石宝山歌会、龙头三弦、石龙村歌舞传统的来历。

（二）村名传说

剑川县有座石宝山，石宝山上有享誉中外的石钟山石窟，被誉为“南天瑰宝”，是首批全国重点文物保护单位。在石宝山北侧，依偎着一个小山村，四周青山环抱，绿水长流，这就是有名的白族民俗文化村——石龙村。

相传有一天在石宝山上举行法会，突然狂风大作把会幡刮走了，法师命人追踪会幡，结果翻过山坡发现一个小坝子，坝子里有山有水，土地平坦，森林茂密，四周高山环抱，会幡就挂在这里的树上，就取名为“挂纸坪”。“挂”白语叫“蕨菜”，“纸”白语是市场的意思，“挂纸”和白语“蕨市”同音，于是又称为“蕨市坪”。一百年前，石龙村张耀彩到沙溪坝做客，记账先生把“蕨市坪”记为“绝世坪”，被认为有侮辱和歧视的意思，张耀彩先生回村后就把村名改为“石龙村”，取意于石宝山边卧条龙的意思。可见先有石宝山才产生了石龙。

（三）本主 – 大黑天神

石龙村供奉的本主是大黑天神，石钟山石窟也有大黑天神造像。本主大黑天神，传说是玉皇大帝身边的侍者。

三月初三大帝临朝时，发现有好几位大仙不来上朝，经值日星君调查，这些大仙被人间美景迷住，动了凡心，已私逃人间。玉帝心想难道天庭的玉液琼浆、蟠桃仙果也比不上人间的粗茶淡饭吗？于是来到南天门外，吩咐云神拨开云层，观看人间，这一看把玉帝惊呆了。原来他看到的正是剑川狮河等地的春景：桃红柳绿、春燕飞舞，豆麦扬花、秧苗春绿。白家女子唱着动听的白族调，白家汉子赶着耕牛，牧童嬉笑戏水，一派悠然自得、生气勃勃的景象，这是天宫里也没有的景象啊！玉帝越看越嫉妒，他不能容忍人间胜过天宫，于是叫来瘟神，派身边的侍者将瘟药撒到人间，让人亡畜死、树枯水干。

侍者驾云来到剑川上空，正值夜晚，人们做着甜蜜的梦，大地静悄悄的，只有风吹送着花香，如此安谧、美妙的人间景象打动了侍者，侍者不忍毁坏了这么美好的人间，但又难违玉帝圣旨。此时，天将亮了，雄鸡啼鸣、东方发白。侍者决定牺牲自己以拯救万方生灵，于是把瘟药全喝到自己肚子里去了。人间虽然免除了一场大难，可是侍者全身发黑，俊秀的脸也被烧得黑乎乎的，架不住云头的侍者跌落到上河村的后山上。百姓知道后十分感动，把侍者供奉为本主，在他跌落的地方建盖了本主庙，并尊称他为“大黑天神”，将其视为当地的保护神。村民不管遇到大事、小事，还是出门远行或经商求学，都要向大黑天神祈求保佑①。

（四）石龙乡戏

在石龙村，长期流传着春节期间也就是本主会前后唱乡戏的习俗。石龙乡戏活动的宗旨是“表演给本主看，唱给本主听”，是为本主祝寿、取悦本主的宗教酬神、祈福活动。而对台下的观众而言，同样从乡戏活动中得到了莫大的快乐。在这个对于村民来说盛大而严肃的活动，将村民自己对本主的信仰、依赖、崇拜全部融入乡戏的表演中。石龙戏班成立于1945年左右。有戏师、画脸谱师、化妆师、乐器组、戏衣箱等。所有演员都由本村中老年男性村民组成，乐器包括一把胡琴、一支唢呐、一只鼓、一副钹、一个锣。虽是山村农民，但他们无师自通，半个多世纪以来，县内其他各戏班大都已解散，但石龙村的乡戏却保留了下来，据说是全县唯一幸存的村级戏班。

每年春天，从初二开始，一直到初六，石龙村都会有一个承头、主办乡戏。唱戏的地点，就在村里本主庙的戏台上。这段时期，石龙村每天从中午十一、十二点开始唱戏，一直唱到下午五六点。初二那天，第一场戏一般都是唱财神戏；初五那天，则要从早上六七点一直唱到天黑，因为这天也是大黑天神本主庙会，那天中午，要唱赐福天官下凡赐福的戏；初六最后一场唱扫台戏。期间演出的戏主要有《薛仁贵征东》《薛仁贵征西》《罗通扫北》《白玉带》《破天门阵》《双挂印》等。

石龙村民扮演乡戏，最大的特点是不请戏班，所有角色都由村民自己扮演。平时在田间劳作的乡民，在这个特殊的戏台上，可能会扮演皇帝，本来是小辈，戏中可能“变成”长辈。这时的村民已经被符号化，已不再是现实中的自己，而成了另一个人，“朝为田舍郎，暮登天子堂”，这就是石龙乡戏的魅力所在。

石龙村的乡戏，所唱应属滇戏，从角色行当上看，生旦净丑样样齐全。演员不管扮演何种角色，都需要事先在台后化妆，戏服的穿戴、脸谱的描摹，都由专人负责。石龙乡戏虽然谈不上高超的艺术性和舞台上的精妙绝伦，但却有自己特有的乡土气息。每年的乡戏表演总有落幕之时，但戏中的人物和反映的人生道理却可能会萦绕民众心头。在年复一年的上演中，乡戏正随时间的变化、社会的变迁而产生着变化。作为非物质文化遗产中重要组成部分

---

① 本文摘自：张文、陈瑞鸿主编：《石宝山传说与剑川木匠故事》，云南民族出版社2004年。

的石龙村白族乡戏，如何在传承中得到发展，如何作为旅游资源得到合理有效的开发和利用，是值得认真深入思考和探索的问题[①]。

（五）白族歌舞

1. 白族调

石龙被称为“白曲村”歌村，村中上至七十岁的老人下至不满十岁的孩童均会唱白族调。当地唱的白族调，种类较多，有传统的本子曲，有情歌，还有节日庆贺曲、迎宾曲、敬酒歌等。每首歌有八句，格式为三七七五、七七七五的山花体式，歌词要求押韵。歌词多为即兴的，一般情况下二人对唱，多为男女对唱。唱白族调也有一定的讲究和规矩，本子曲可以在任何场合唱，但唱情歌不能在家里唱，也不能在老人面前唱。家里有孝，如父母去世，三年内不能唱曲、弹三弦、跳舞。唱白族调，有专用的伴奏乐器龙头三弦。

除了日常生活和文艺演出之外，石龙村唱白调最重要的场合就是石宝山歌会。每年农历七月底是石宝山歌会节，会期三天。这三天内，剑川、洱源、大理、兰坪等地的白族群众相约聚集在石宝山对歌。石龙村离歌会会场较近，村里的群众有一半以上回来参加歌会。每年的歌会上，石龙村都有几位歌手在对歌场上一展风采。

石龙村民不仅会唱白族调，少数歌手（李宝妹、李根繁、姜五发、李福元、李繁昌、张小发、姜续昌、董继兰等）在白族地区还以唱白族调著称。石龙也是大理州“歌后”李宝妹以及2007年“青年歌手大奖赛”原生态演唱优秀奖得主阿鹏（姜续昌）的家乡。

2. 霸王鞭

石龙霸王鞭是当地一绝。石龙“霸王鞭”的来历已无从考证，但代代有传人，一般在火把节晚上表演，舞蹈有乐器伴奏，多是一人拉胡琴或弹三弦。舞蹈可独跳亦可群舞，或围着火把绕圈跳，或分四角循环，在一角表演后又舞到另一角表演。据了解，石龙霸王鞭舞以前由男性表演（改革开放后发展成女人也可跳，而现在则基本成为女性表演的节目），可边舞边伴唱本子曲，也有乐器伴奏。过去舞者持鞭方式别具一格，手持霸王鞭尾部（其他霸王鞭都持中间），使道具的运用更为灵活。石龙村的霸王鞭舞与洱海地区霸王鞭舞有一定区别。

现在，每年的农历六月二十五日举办火把节，竖火把、跳霸王鞭舞、唱

---

① 本文摘自：董秀团：《石龙白族乡戏》，云南人民出版社2009年。

白族调是石龙村的重要民俗活动之一。从民俗角度讲，火把节主要是祈求风调雨顺、五谷丰登。据介绍，目前石龙村霸王鞭保存有三套:“观音扫地”“双飞蝴蝶”“童子拜观音”。有“双肩奉送”“八步梅花”“左插花，右插花”“八面威风”等20多个动作。

（六）文学文化

石龙村的文学主要是口耳相传的民间文学形式。村中流传着许多关于村寨历史、神佛信仰和其他方面的故事、传说、谚语、谜语等。

1. 故事传说

相对而言，石龙村中与村寨历史、村民、村中的传统节日及村中的传统文艺活动相关的传说故事是较为丰富的。其口传故事内容主要关于三个方面：一是围绕石龙村的历史所展开描述，如关于石龙村的来历，石龙这个村名的由来，石龙村的开发，石龙村过去发生的某件大事，石龙人与其他村寨之间的纠纷等；二是白族的历史和著名故事传说，如关于大黑天神的故事，火把节的故事，大理石的传说等，这一类的故事传说与石龙作为一个白族村落所传承和共享的整个白族文化资源的影响有关；三是一些在汉族地区流传较广的故事，如目连救母、埋儿孝母的故事等，这些则又当与汉文化对石龙的影响有关。

2. 谚语和谜语

石龙村村民中还流传着很多谚语，特别是在中老年人中，使用谚语的概率更高。这些谚语主要为天气类谚语、生产类谚语、生活类谚语等。

如:“燕子低飞要下雨，蚂蚁搬家要下雨”“若要庄稼发，只要粪草辣”“小暑不种豆，大暑不栽秧”“敬饭得饭吃，敬衣得衣穿”。石龙村村民会说谜语的也较多，这些谜语涉及的内容也很广泛，有关于自然现象的，有关于动物、植物的，有关于人体器官的，有关于某种现象的。村中流传得较经典的谜语有：盘子里有两块粑粑，一块热，一块冷（天空、太阳、月亮）。三人同时去观花，百友原来是一家，禾火二姓搭伙住，夕阳脚下俩小花（春、夏、秋、冬）。冬天生，夏天死，上无叶子下无根（冰）。前生弟弟后生哥，遇到困难找哥哥（牙齿）。天也可以装得下，一粒花籽装不下（眼睛）。

（七）宗教信仰

在石龙村，村民的宗教信仰呈现出一种多元互容、共生共存的现象。佛教、道教，儒家思想在这里都有重要影响，同时，白族特有的本土宗教形式本主崇拜在这里同样是村民信仰中的重要组成部分。除此之外，山神崇拜、猎神崇拜、祖先崇拜和原始崇拜等也可以在这里找到痕迹，构成了石龙宗教信仰的多元化特征。

1. 宗教祭祀场所及供奉的神

石龙村中宗教活动场所较多，同时村民们供奉的神灵也较为驳杂。现在，石龙村有本主庙、观音庙、关圣庙三个较大的寺庙，还有四个较小的土地山神庙，还有几处在“文革”中被破坏，后来修复的宗教建筑。

2. 本主庙

本主崇拜是白族特有的本土宗教形式，极富白族特色。本主，意为“本境之主”，即村落和社区的保护神。在村民心目中，本主就是全村的依靠，就是管全村老百姓的人。几乎每个白族村中都有一座本主庙。石龙村的本主庙坐落在入村路上，位于村头塘石路的右侧。本主庙供奉的是六只手的大黑天神，神像为泥塑。

石龙村的本主庙为合院式建筑，进门处是一三开间，大门和戏台合一。大殿两旁的廊下，右边塑着牛王、猪王神像各一，专门管猪牛平安，左边是白马将军，其右脚下踩着一只小马。大殿内，正中塑大黑天神像，左右两旁是田公地母和子孙娘娘，两边分别是文武判官，据传人死后由他们审讯。

3. 观音庙

石龙村的观音庙位于村南2千米的山坡上，寺内供有三座塑像，中间是观音，左边是玄帝君，右边是文昌君。此观音寺在破四旧时被破坏，20世纪80年代重建。村民认为观音管天，本主管地。观音心肠最好，自己受苦受难，关心百姓和群众。

4. 关圣庙

关圣庙原名三宫殿，内有天公、地母、水公，后村民认为这三公离村民太近不好，就将三公塑像搬到了宝相寺，在此塑起了关公像及其儿子，还有地母。村民认为关公良心好，精忠报国，对国家、百姓都好，所以死后升天成神，因此受到村民的崇拜和祭祀。

5. 山神庙

村中东南西北各有一座山神庙，四面八方的山神土地共同保佑着整个村庄六畜兴旺、五谷丰登。

6. 村民的宗教信仰

（1）佛教

石龙的宗教信仰首推佛教，全村男女五十岁左右加入佛会，服从佛会的三规戒律。家中设有祖宗堂，供奉天地君亲师、灶王和祖宗，逢初一、十五要吃素，每年大年初一、六月六、九月九都要参加村里举行的法会。

（2）妈妈会

石龙妈妈会一百多年前已存在，女人年过 50 岁可入会，在各种大小法会都可参加念经，其腔调优雅动听。每人一个小木鱼，一面念经一面敲木鱼，抑扬顿挫，别有一种风味。现在不再称为妈妈会，而是说参加佛会，依旧念经，但经词改为佛教内容。可以说妈妈会已名存实亡了。

（3）本主信仰

村民把本主当成保护神，凡遇疾病灾祸都要请求本主保护。每年大年初五是本主诞辰，要举办乡戏，同时除夕夜、大年初一全村人都要到本主庙进行供奉，祈求平安。

（4）洞经会

石龙洞经会成立于 1950 年，由诵经人员、文书、古乐队组成，每逢六月六、九月九，老人去世、洞经会都要做三天三夜的法事。做白事古乐队演奏的是哀乐，做喜事、竖房、拜寿等古乐队演奏喜乐。现在的洞经会在庆典上也会出演。

（5）巫教

石龙人习惯“神药两解”的疗法，人一旦有病就请巫师“看香”，经巫师指点有的拜佛，有的供神，一面请神保护，一面服药医治。这种疗法在石龙相当普遍。

石龙还存在祖先崇拜、山神崇拜等多种形式。

（6）宗教活动的时间安排

每年除夕这天，家家户户都要带上猪头、鸡去本主庙，加上酒、茶、豆腐、饭等供品，感谢一年中本主对村民的保护，目的是辞旧迎新，希望本主和村民一起过年。

初一，这天叫开年，供奉茶给本主，老人吃素，这一天也可以去关帝庙、观音庙用茶、开水、干果、水果等祭祀关公和菩萨。

初二至初六，村民组织起来，在本主庙的戏台上唱戏。初五这天，是石龙村的本主会。由于大黑天神喜欢看戏，所以利用这个时间来酬神。这期间唱的戏本有《薛仁贵征东》《罗通扫北》《岳母刺字》《白玉带》《双挂印》。

初三，上坟拜祖宗。

元月二十三，马子会，这天养马的人家在院子里点火把。

二月二十九，观音会，这一天为观音圣诞日，念观音经。

六月初一到初六，南斗会，念经拜佛 6 天，祈加福加寿。

六月十九，观音会，这一天为观音成道日。

八月初三，灶君会，村民到寺中拜佛，或在家中祭祀灶君牌位。

九月初一至初九，北斗会，拜星宿，时间为九天。

九月十九，观音会，这一天为观音出家日。

十一月十九，太阳会，念《太阳经》感谢太阳为百姓、庄稼的付出。

腊月二十三，灶君会，据说这天灶君要到天上汇报哪些人干了好事，哪些人干了坏事，因此要用素菜、茶水、香炉供灶君。

（八）其他文化

婚事：大致和白族地区相同。

丧事：凡老人去世要举办三天三夜的法事，请洞经会和古乐队义务帮忙做法事，超度亡灵。同时举行悬白堂祭等仪式，但都以古乐队和洞经会为主。

服饰：石龙村女性传统服饰目前只有老年女性在穿，分为单衣（夏装）和双衣。头上一般戴包头，多为黑色。妇女的衣服主要由 5 个部分组成。其一，是汗衫。汗衫是衣服中穿在最里面的，冬天穿时要在汗衫上套毛衣。其二，是长衣。长衣套在汗衫或毛衣外。造型为斜襟长袖上衣，前短后长。颜色主要是淡蓝色和深蓝色。其三，是比甲。比甲在造型上类似坎肩，为侧襟无袖，前短后长。其四，是围腰，长 2.5 尺，宽 3 尺，多为黑色，分为单面和双面。其五，是腰带，分为单面和双面，腰带底端绣有简单图案。妇女穿的鞋多为绣花鞋。鞋面花样无讲究。小姑娘一般穿白色，中年妇女穿灰色，老年妇女穿黑色。石龙女性下身一般着裤。在首饰方面，主要佩戴银（或玉）手镯和银（或玉）耳环。男性服饰方面，村里某些 80 多岁的老人还穿传统服饰。

房屋：石龙村的房屋一般是依山顺势而建，房向多为坐西朝东或坐北朝南。房屋类型大多为土木结构的两层房，包括三间正房和两间漏角。三间正房包括一间中堂和两间寝室。中堂的功能主要是做楼梯间、老人房，敞开部分一般具备客厅的功能。在第二层，中堂上面的一间房摆放天地牌、灶君牌、祖宗牌，是家中日常宗教活动的场所。旁边两间，主要住人和摆放食物、杂物。圈房一般为土木结构，正面用粗糙的木料横着围成栅栏。一般在正房对面，为两层，上层放草料，下层关牲畜。现在村中还遗留有部分过去建筑的木垛房，村民用来堆放生产工具和其他杂物。

饮食：石龙饮食一日三餐，过去一稀二干，现在都变成三干。接待宾客以八大碗为主，在结婚头天晚上吃“施所杯”，即把猪骨头剁碎炒熟，拌上大米饭当菜吃。结婚搭彩晚上男家要请服务人员、亲朋好友吃饭，但以上述菜为主，故称“施所杯”，是石龙的独俗。

二、白族音乐专题研究

（一）白族音乐历史

虽然在我国古代的文献记载上，有关白族音乐的内容并不多见，但在民间流传的曲调与歌舞却十分丰富。从宏观上看，白族音乐的旋律一般较为粗犷，节奏趋于简约。这种特点在唐代南诏大理国时期已经定型，当时四乐句音乐旋律大量流传并延续至今。如：建川山歌《三尾鱼秋调》以及《唐代会要》中记录的白族《秋枝词》等，这些音乐多为四乐句结构。作为南诏国音乐高峰应数学习并吸收了异地音乐素材而创作的《南诏奉圣乐》（也叫《南诏奉圣乐舞》）。南诏乐自此便由西南边疆传入唐朝宫廷，并被列于十部乐，其演奏形式为宴会立奏宫中坐奏。

在古代，白族音乐相结舞蹈踏舞的踏歌，南诏有名的《狮子舞》在唐朝时期已传入中原；《南诏奉圣乐》在唐朝宫廷里被列为唐代音乐14部之一；《白族调》是流传甚广的“三七一五”（前三句七言，后一句五言）的格律诗。在15世纪中叶，有些文人应用这一民歌形式写下了有名的诗篇，如杨丰甫“词记山花碑”。白剧“吹吹腔”是在早期“大东本曲”的基础上发展起来的一种综合的艺术。民间传统的《创世纪》长诗，叙述了白族在原始社会“天下顶太平”“不分贫和富”“百姓肥胖胖”的没有阶级压迫的平等生活。在南诏白族诗人杨其鲲的《途中》，杨义宗的《题大慈寺芍药》《洞云歌》等诗被称为“高手”佳作。

白族传统音乐属于东亚乐系，是我国民族音乐艺术宝库中独具特色的艺术品种之一。在民间所蕴藏的各种音乐表演艺术，不但有着鲜明、独特的民族风格，而且形式多样、门类齐全，各艺术门类都有着非常丰富的艺术积累，在世世代代白族人民中间广为流传，长盛不衰。

（二）白族音乐特点

白族民歌的歌词结构，习称“山花体”。每首歌词皆8句（其中第1句为衬词）或7句为一段。8句歌词的字数是7775、7775；七句的字数是775、7775。有时句中字数有所增减，但都属于“山花体”的变体。与歌词结构配合，旋律也由两个乐段组成，第 2 乐段是第 1 乐段的变化重复。

（三）白族音乐的常见形式

白族的民间音乐主要是民间歌曲、歌舞、大本曲、吹吹腔、器乐等，形式很多种，乐器也极其丰富，无法一一列举。以下是几种具有代表意义的音乐形式。

1. 打歌调

“打歌”又称踏歌，它顿足踏地为节拍，边唱边舞合欢场。踏歌在白族洱源西山一带叫“打歌”，白语“打”有“踏跳”的意思。打歌是许多少数民族的生活习俗，在白族地区十分盛行。云南地区主要以彝族打歌调和白族的打歌调为主，前者流行于巍山、弥渡等彝族居住的地区，因地方的差异而形成了许多种类。后者主要流行于洱源县的西山白族居住地区。尽管同为打歌调，但在表演方式以及音乐风格方面有着很大的差异。白族打歌随着汉文化的影响扩大，接受了汉族民间传说和历史故事，出现了不少富有戏剧情节的篇章，如《读书歌》（梁祝故事）、《诸葛亮》《楚汉相争》《八仙过海》等。这些打歌不过是借汉族民间传说的历史故事来表现白族民族精神，所以具有鲜明的白族民族特色。

2. 白族对歌

白族对歌和其他民族的一样，白族青年男女常用对歌的方式相互表达真挚的感情，对歌多采用白族调，但有些白族地区流行汉族的对山歌，称为“汉调”，在实际生活中，多有将这种“汉调”与白族调交替演唱的现象。因为它们彼此不同的音乐风格互相配合，为音乐平添了许多魅力。当然在很多少数民族都有用对歌来表达内心的情感的习俗，只是音乐语言各不相同而已。

3. 大本曲

白族音乐中大本曲是白族传统曲艺的曲种，其唱腔按传统的说法有“三腔九板十八调”的特点。“三腔”指的是三个艺术流派：流行于大理城南的称为南腔；流行于大理城北的称为北腔；流行于洱海东岸的称为海东腔。“九板”指的是九个曲牌，是大本曲的基本唱腔，如正板、平板、高腔、脆板、大哭板、阴阳板等。“十八调”指的是十八首来自民间的民歌小调，它们是大本曲的辅助唱腔，如麻雀调、螃蟹调、放羊调以及花子调等，其音乐属于联曲体。唱腔有小生腔、小旦腔、英雄腔、丑腔、高腔、平腔、大哭腔等，主要以唢呐和打击乐伴奏。

4. 白族调

白族调，白语称“白儿祜”，意为白曲，类似山歌，是白族地区广泛流传的民间音乐，以三弦和唢呐伴奏。唱腔或委婉或高亢，非常动听。白族调是白族音乐中不可缺少的一个重要部分，它集中体现了白族音乐调式朴实、音乐语言丰富以及曲调优美等特点。因各地不同，故常冠以地名，如“大理白族调”“剑川白族调”“洱源西山白族调”以及昆明、元江、泸水等地的白族调等。

（1）大理白族调

流传于洱海周围地区，可对唱，亦可独唱，分男腔和女腔。男腔是五声徵调式，女腔是五声宫调式，用真假嗓结合的唱法。女腔第 1 句、第 5 句唱词，最后一字的行腔往往落在 la 的颤音上。除此特定颤音外，其他声音均较平直，乡土气息浓郁。

（2）剑川白族调

流传于剑川、洱源地区。曲调质朴、流畅，兼有叙事和抒情的特点，亦可作为说唱曲调使用。以真嗓演唱，用龙头三弦伴奏，自弹自唱。音乐是六声羽调式，旋律起伏较大，常有六度、八度的跳进。剑川白族调的结尾常先终止于骨架音 mi 上，随后，三弦弹奏尾声式的结束句，才终止于主音。

（3）洱源西山白族调

流行于洱源县西山地区及云龙县相邻的山区。音乐多为五声音阶羽调式，也是乐段的变化反复结构。男女声均以真声演唱。

5. 白剧

白剧是白族特有戏曲剧种，又名“吹吹腔”。流行于云南大理、怒江等白族聚居区。题材十分广泛，现存的代表剧目有《血汗衫》《石三告状》《赵龙双灯》等。这些剧目在群众中曾引起过很大的影响，经久不衰。在白剧中，同样包含着极其丰富的音乐元素，它们与其他形式的音乐共同构建了白族音乐文化的大厦。当然白剧在形成与发展过程中，与周边地区以及兄弟民族间有着十分频繁的交流，这就决定了其表演形式以及审美理想的共通性。这种文化交流重要而又必要的，它不但丰富了白剧的艺术含量，而且也扩展了白剧艺术时空，使其在悠久的历史与广袤的地域里因影响了无数人而变得不同凡响。

除此之外，还有以大理和巍山为代表的洞经音乐，可以在家里、街巷中演唱的白族小调，单一曲调演唱的叙事诗，欢快热烈的歌舞音乐“霸王鞭调”“耍龙舞”“耍狮舞”“绕三灵”等多种音乐形式。

（四）白族音乐的器乐

白族的乐器品种较多，古代汉文献把铜鼓归为了滇焚的“蛮夷乐器”。在晋宁石寨山汉墓中，出土了一个铜鼓形贮贝器上铸有两人抬一铜鼓，一人双手戴大圆环，手舞足蹈，另外二人正边打鼓边唱歌，这说明白族先民汉代就已把铜鼓作为乐器了。今天流传并常用的弦鸣乐器有三弦、胡琴等；膜鸣乐器有两端蒙皮，直径尺许的小鼓以及单面蒙皮的小八角鼓等；气鸣乐器有木叶、芦管、唢呐、笛子以及箫等；体鸣乐器有锣坡等。这些乐器多为汉族地区传入，但在长期演化过程中已形成了独特的、有体系的演奏形式，并深刻影响了白族音乐语言的发展。

（五）白族音乐的代表作和歌手

代表作:《月下情歌》《蝴蝶泉边》《泥鳅调》《割田埂调》《剑川海东调》《普米调》《青姑娘调》《海东调》《大帛曲》《麻雀调》《十二属调》《赶马调》《小郎调》《相思调》《龙上天》《要虎调》《过山箐》《哑子哭娘》《蜜蜂过江》《大摆队伍》《小开门》等。

代表歌手：著名白族女歌手杨洪英，她演唱的“大理白族调”悠扬婉转、热情奔放；她演唱的“麻雀调”活泼跳荡、妙趣横生；她演唱的“泥鳅调”深沉强烈、动人心弦。

第三部分　剑川县水古楼村旅游开发研究报告

一、规划总则

（一）规划背景与目的

1. 规划背景

（1）大丽高速公路的修建

大丽高速即大理至丽江的高速公路，是国家高速公路规划干线——杭瑞高速（G56）的联络线。大丽高速由一条全长 204 千米的主线和总长 68.1 千米的辅线构成。大丽高速主线按四车道标准建设，设计时速为每小时 100 千米，辅线每小时 80 千米。大丽高速公路于大理市凤仪接楚大高速公路，沿洱海东经华营、海东、挖色、双廊、邓川、下山口、洱源、剑川、白汉场、拉市海到达丽江。修通后，大理到丽江只需 2 小时，比原来缩短近一半的时间。大丽高速公路的建成将大大缩短两地间的距离，极大地促进滇西北旅游业的发展。水古楼村紧邻大丽高速剑川段出入口，大丽高速修建将带来每年 100 多万车次和每年 1000 多万人次的机会客源市场，使水古楼村旅游业发展面临全新的机遇。

（2）社会主义新农村建设

2005 年 10 月，中国共产党十六届五中全会通过《十一五规划纲要建议》，提出要按照“生产发展、生活宽裕、乡风文明、村容整洁、管理民主”的要求，扎实推进社会主义新农村建设。社会主义新农村建设是指在社会主义制度下，按照新时代的要求，对农村进行经济、政治、文化和社会等方面的建设，最终实现把农村建设成为经济繁荣、设施完善、环境优美、文明和谐的社会主义新农村的目标。进行新农村建设的一条有效渠道就是开展乡村旅游。为此，云南省编制了《云南省乡村旅游发展规划（2011~2020年）》，提出建设40个乡村旅游特色县、60个乡村旅游乡镇、200个乡村旅游特色村的目标，并制定了相关地方标准。该工程正在有序推进。水古楼村虽然未列入全省200个乡村旅游特色村的建设名单，但由于其具有独特的区位优势和资源优势，水古楼村可以借势发展。

（3）大理苍洱片区旅游综合改革试点

为有效发挥旅游经济的综合效应和服务业发展的领头作用，加快推进产业结构优化升级，切实转变经济发展方式，促进云南旅游“二次创业”发展，云南省委、省政府抓住建立综合改革试验区的新机遇，结合云南经济社会发展实际，提出建设“云南旅游产业改革发展综合试验区”，得到了国家发改委、国家旅游局的认可，确定了昆明世博新区、玉溪抚仙湖—星云湖、大理苍洱片区和保山腾冲作为旅游发展综合改革试点区。作为试点区之一，大理州政府同时编制了《大理州苍洱片区旅游产业发展和改革综合试点总体规划》和《大理白族自治州旅游产业发展战略与规划（2011~2025）》。水古楼村位于大理州北部的剑川县，也是大理旅游综合改革试点的组成部分，可以在旅游业改革与发展方面做出有益的尝试。

（4）剑川县旅游业将全面崛起

第一，剑川县为大理州的旅游资源富集县，列级旅游资源数量仅次于大理市位居大理州第二位；第二，剑川县旅游资源属于历史文化类、民族风情类、高原生态类，具有深厚的魅力和持久的吸引力；第三，剑川县地处“三江并流”自然世界遗产地的门户，大丽高速公路建成将全面焕发剑川的历史张力，彻底激发剑川的文化活力，剑川县旅游业将全面崛起，并成为滇西北地区又一个旅游新亮点。

2. 规划目的

（1）建设白族特色新农村

水古楼村目前主要以农业生产和木雕、石雕等传统工艺生产为主，通过乡村旅游的开发，优化水古楼村社会经济产业结构，提高第三产业比重，促进当地木雕和石雕等传统民间工艺的传承，达到旅游富民和建设新农村的目的。

（2）打造剑川旅游新亮点

随着大丽高速公路的修建，剑川县旅游业处在大发展的前夕，以剑川古城、石宝山、寺登街、千狮山等为代表并已拥有一定的规模和吸引力的旅游吸引物，迫切需要以水古楼、石龙村等为代表的特色村形成乡村旅游支撑点，共同完善剑川的旅游产业体系。

（3）培养乡村旅游示范点

水鼓楼村因靠近县城，临近高速公路优势，具有文化沉淀深，有木雕石雕工艺传统等特色，具有开发启动迅速、农家乐发展基础较好、能够较快形成接待能力等特点，通过对水古楼村的旅游开发，可以形成影响和示范作用，以带动剑川县乡村旅游发展。

（二）规划范围与期限

1. 规划范围

规划范围为水古楼自然村，东以挂榜山为界，南以黄家登村为界，西以狮子山为界，北以五台山为界，规划区总面积 1082 亩。

2. 规划时限

规划期时间为 8 年，即 2012~2020 年。

一期（2012~2014 年）：建设启动期，重点建设基础设施；

二期（2015~2017 年）：建设深化期，重点建设旅游设施；

三期（2018~2020 年）：建设完善期，重点建设辅助设施。

（三）规划原则与依据

1. 规划原则

（1）“保护第一，开发第二”原则

项目开发建设必须坚持“保护第一，开发第二”的原则，在保护的前提下进行开发，避免生态环境的破坏和恶化。在法律法规的指导下，科学规划与开发，协调好多方利益，实现经济效益、社会效益和生态效益三方面综合效益的最大化。

（2）“社区参与，富民惠民”原则

在旅游决策、规划、开发、建设、管理等旅游发展过程中，充分考虑社区居民的意见和诉求，提高社区居民参与旅游的主动性并充分吸收当地百姓就业，让旅游业开发切实造福当地百姓，使周边地区的居民分享旅游开发成果，促进周边乡镇群众脱贫致富。

（3）“立足旅游，产业带动”原则

旅游业关联带动作用大，表现出较强的综合带动效应。旅游业的发展直接涉及餐饮业、住宿业、交通运输业等诸多行业的发展，间接地带动农业和工商业的发展。水古楼村应立足旅游业，充分借助旅游带动木雕石雕业、农业、水产养殖业等产业的发展，加速乡村特色经济发展。

（4）“主题突出，区域协作”原则

充分挖掘水古楼村区别于周边村镇的文化和特色，以田园乡村景观为依托，以“剑湖之源”为主题，发展成为独具特色的乡村旅游地。将水鼓楼村融入剑川县、大理州、滇西北的旅游发展中，形成相互促进、相互推动的良性互动格局。

2. 规划依据

（1）法律法规

①《中华人民共和国森林法》（1998 年 4 月 29 日第九届全国人民代表大会常务委员会第二次会议修正）；

②《中华人民共和国环境保护法》（1989 年 12 月 26 日第七届全国人民代表大会常务委员会第十一次会议通过，1989 年 12 月 26 日公布实施）；

③《中华人民共和国城乡规划法》（中华人民共和国第十届全国人民代表大会常务委员会第三十次会议于 2007 年 10 月 28 日通过，自 2008 年 1 月 1 日起施行）；

④《中华人民共和国水土保持法》（1991 年 6 月 29 日第七届全国人民代表大会常务委员会第二十次会议通过，自公布之日起施行）；

⑤《中华人民共和国水污染防治法》（2008 年 2 月 28 日第十届全国人民代表大会常务委员会第三十二次会议进行第二次修订，自 2008 年 6 月 1 日起施行）；

⑥《中华人民共和国文物保护法》（2007 年 12 月 29 日第十届全国人民代表大会常务委员会第三十一次会议进行第二次修正，自 2007 年 12 月 29 日起施行）；

⑦《基本农田保护条例》（1998 年 12 月 24 日国务院第十二次常务会议通过，自 1999 年 1 月 1 日起施行）；

⑧《中华人民共和国民族区域自治法》（2001 年 2 月 28 日第九届全国人民代表大会常务委员会第二十次会议修正）；

⑨《云南省民族民间传统文化保护条例》（云南省第九届人民代表大会常务委员会第十六次会议于 2000 年 5 月 26 日审议通过，自 2000 年 9 月 1 日起施行）；

⑩《水土保持生态环境监测网络管理办法》（2000 年 2 月 19 日中华人民

共和国水利部颁布并实施）；

⑪《云南省环境保护条例》（云南省第七届人民代表大会常务委员会第二十七次会议通过，1992 年）；

⑫《云南省旅游条例》（云南省第十届人大常务委员会第十六次会议，2005 年）。

（2）技术标准

①《旅游规划通则》（2003 年 2 月 24 日中华人民共和国国家质量监督检验检疫总局发布，2003 年 5 月 1 日实施）；

②《旅游资源分类、调查与评价》（GB/T 18972—2003）（2003 年 2 月 24 日中华人民共和国国家质量监督检验检疫总局发布，2003 年 5 月 1 日实施）；

③《旅游区质量等级的划分与评定》（修订）（GB/T 17775—2003）；

④《风景名胜区规划规范》（GB 50298—1999）（1999 年 11 月 10 日国家质量技术监督局和建设部联合发布，2001 年 1 月 1 日实施）；

⑤《地面水环境质量标准》（GB 3838—2002）（2002 年 4 月 26 日国家环境保护总局批准，2002 年 6 月 1 日实施）；

⑥《环境空气质量标准》（GB 3095—1996）（1996 年 10 月 1 日国家环境保护总局批准，自批准之日起实施）；

⑦《旅游厕所等级的划分与评定》（GB/T 18973—2003）（2003 年 2 月 24 日中华人民共和国国家质量监督检验检疫总局发布，2003 年 5 月 1 日实施）；

⑧《饮用水水源保护区划分技术规范》（2007 年 2 月 1 日国家环保总局发布，自 2007 年 2 月 1 日起实施）。

（3）相关规划

①《滇西北香格里拉生态旅游区发展规划（纲要）》；

②《剑川县旅游业发展总体规划》；

③《剑川县城总体规划》；

④《剑湖风景名胜区总体规划》；

⑤《云南剑川旅游产业发展与提升总体策划（2010~2020 年）》；

⑥《剑川县金华镇“十二五”规划》。

（4）其他

①《保护文化内容和艺术表现形式多样化公约》（2005 年 10 月 20 日联合国教科文组织第三十三届大会通过）；

②水古楼村地形图 G035064 和 G036064。

（四）规划衔接与任务

1. 上位规划解读

《云南剑川旅游产业发展与提升总体策划（2010~2020 年）》中提出剑川县旅游产业“13255”的发展格局，即一核三镇、两带五区、五大产业集群。水古楼村地处剑川旅游产业发展的核心——金华镇和剑湖休闲度假旅游片区。本片区以剑湖为中心，包括甸南镇、金华镇等，以湿地观光、文化遗址、民族工艺等为开发方向，重点发展观光旅游和休闲度假旅游产品。

《剑川县金华镇“十二五”规划》中提出：突出“一个”主题，坚持走中国特色农业现代化道路，推进农业现代化，加快社会主义新农村建设；做好“两篇”文章，即做好城镇经济和农村经济协调发展这两篇文章；巩固建设“五大”基地，即建设烤烟、生猪、肉牛（羊）、脱毒马铃薯和泡核桃五个生产基地；实现“五大”目标，即固定资产投入增加、财政增长、农民增收、群众文明意识明显提高、城镇经营管理水平上一个新台阶；以 214 国道为依托，借大理、丽江和香格里拉旅游的强旺之势，辐射带动剑川金华一带的文化旅游产业发展。

2. 规划任务

（1）深入调查研究，开展三大分析

在对水古楼村开展实地调研基础上，进行环境分析、资源分析和市场分析。厘清水古楼村旅游资源的类型、分布、数量和品质，预测水古楼村旅游客源市场的规模、目标群体、地域分布和消费趋向，分析水古楼村的自然环境、社会环境和周边环境。

（2）确定旅游主题，明确空间布局

以资源为依托、以市场为导向，与周边旅游地相区分，对水古楼村的地脉和文脉进行挖掘、筛选和提炼，最终确定旅游主题，形成特色鲜明的旅游形象。根据水古楼村的地形地貌和村落格局，结合旅游发展构想，明确水古楼村旅游空间布局和功能分区。

（3）旅游创意策划，形成项目体系

根据水古楼村的旅游主题和空间布局，结合发展现状和未来发展潜力，创造性地策划吸引力强、赢利点多、可行性好的旅游项目，围绕“食、住、行、游、购、娱”六要素，使之形成完整的体系，满足旅游者的需求。

（4）相关设施配套，提出实施策略

根据市场需求预测，完善水鼓楼村的旅游相关配套设施，包括游客服务中心、餐饮、住宿等接待服务设施和水、电、交通等基础服务设施。进行初步投资估算和效益分析，明确主要项目的建设时序，提出规划实施的针对性策略，提高规划的科学性和可操作性。

二、区位环境分析

（一）区位条件

1. 地理区位

水古楼村为大理州剑川县金华镇文榜村的一个自然村，位于滇西北、大理州北部、剑川县东部。水古楼村东接挂榜山，西连龙凤东营村，北临五台山和文笔山，南接代家登村和白沙漕两个自然村。地理坐标为东经 99°57′31″、北纬 26°32′00″。该村距剑川县城 5.2 千米，距剑湖 4.5 千米，距大理市 106 千米，距丽江市 45 千米。该村为距离剑川县城较近的特色自然村。

2. 交通区位

老剑（川）—鹤（庆）公路从村中穿过，为双车道水泥路面；新剑（川）—鹤（庆）公路从村旁穿过，在建二级公路，为双车道柏油路面。该村紧邻即将建成的大丽高速公路，该村距离大丽高速剑川段互通式立交出口 2 千米。距剑川县汽车客运站 7.3 千米，半小时可到达；距丽江机场 60 千米，车程 1 小时可到达。该村为交通可达性较高的城郊村落。

3. 旅游区位

从旅游空间地域看，水古楼村地处剑川省级旅游文化名城边缘，剑湖旅游区范围内，是剑湖乡村旅游片区的组成部分；水古楼村紧邻大丽高速公路，剑鹤公路从村旁穿过。水古楼村既是城郊型旅游特色乡村，又是沿线型旅游特色村。同时水古楼村既是滇西北黄金旅游线路——大丽高速公路上的重要节点，也是剑川县东部的门户型旅游接待点。因而旅游区位优势明显。

（二）自然环境

1. 地形地貌

水古楼村的地形以平坝、山地为主，所在坝区名为金华坝子，主要山体为挂榜山、母猪山、五台山、文笔山等。村庄南面和西面为平坦坝子，村寨东面和北面为连绵山丘。村庄海拔高度为 2198 米。属于云南典型的高原山地坝区地貌。

2. 水文状况

水古楼村是剑川县著名湖泊——剑湖的主要水源地之一，有“剑湖之源”

的美誉。水古楼村地下水资源丰富。村中泉眼众多，主要集中在清水龙潭和望天龙潭两处，均为自然出露的冷泉。地表水主要为潭池、沟渠等，水网密布，水田较多，诸水最终汇入剑湖。

3. 森林植被

水古楼村森林覆盖率较低，山体多为荒山，高大林木主要集中在村落中。据历史记载，村东、北两面的连山原来森林密布，在20世纪五六十年代大炼钢铁时遭人为毁灭性砍伐，导致现今植被稀疏、土表裸露的情况。坝区土壤肥沃、水源充足，农作物长势良好，常年为一片郁郁葱葱的绿色景象。

4. 气候天象

水古楼村属高原型西南季风气候类型，气温偏低，昼夜温差大。年平均气温为12.3℃。每年的5~10月为雨季，7、8月雨量较为集中，年降水量为751毫米。夏天较为凉爽，适合避暑。

（三）社会环境

1. 历史文化

水古楼村的本主庙——阎间景帝庙建于明代，历经多次毁坏与重修，庙内供奉的神像有500多年的历史，是剑川县境内唯一保存完好的明代木刻本主雕像。该村为典型的白族村落，白族文化传统保存较好，白族建筑、白族服饰和白族民俗等都得到较好的传承。

2. 社会状况

水古楼村是剑川县城所在地——金华镇所属的文榜行政村所辖的一个自然村，现有农户123户、人口486人，主要民族为白族。主要产业为农业、木雕业、石雕业，其中从事木雕的有21户，石雕的有2户。

3. 经济状况

水古楼村的主要经济作物为水稻、蚕豆、油菜等农作物，现正在发展核桃种植。该村的主要经济副业为木雕、石雕。全村耕地面积1391亩，林地12909亩。2010年全村经济总收入803万元，农民人均纯收入2278元。

4. 发展条件

水古楼现有农家乐2家，分别是古楼水苑和秀水山庄，主要提供餐饮、休闲娱乐等接待服务。在建客栈一家，主要提供住宿服务。新老剑鹤公路均经过水古楼村，大丽高速公路剑川段的出入口也在村庄附近，外部交通可进入性较强。村庄主要游览点为清水龙潭、望天龙潭、阎间景帝庙、木雕作坊、石雕作坊、文笔塔，主要旅游购物品为木雕工艺品、石雕工艺品、腌鸭蛋等。

（四）乡村特色

1. 优势特色

水古楼村作为剑湖的水源地，是剑湖湿地的重要组成部分，水古楼村优美的田园湿地风光，可称为滇西北最美的乡村田园湿地景观。水古楼村的优势特色主要表现在龙潭水景资源、湿地田园资源、白族风俗资源、木石雕手工艺术资源四个方面。

（1）龙潭水景资源

将水古楼的水景资源与新华村作比较，新华村的龙潭数量比水鼓楼多，大小龙潭星罗棋布，如石寨子龙潭、星子龙潭、白龙潭、西龙潭等。而水古楼只有两处龙潭，其中清水龙潭较大，望天龙潭很小。水古楼村龙潭的特别之处在于它是云南第十三大高原淡水湖泊——剑湖的源头之一，有“剑湖之源”的美称。

（2）田园湿地资源

将水古楼的湿地资源与洱源西湖作比较，洱源西湖以湖中有岛、岛上有村、村旁有湿地，形成湖泊、岛屿、村庄的组合，以“湖村相映”为其特色；水古楼以农田围水（湿地）、水田临村、村寨依山，形成农田、湿地、村庄、山体的组合，以“水村相依”为其特色。剑湖流域湿地面积 5.7 平方千米，是云南第十三大湖泊湿地。

（3）白族风俗资源

大理州北部三个县是白族主要聚集区，白族民居、服装服饰、音乐歌舞、风情风俗等有诸多共同之处。水古楼村作为剑川县文榜行政村中的一个自然村，更为典型地体现了高原地区的白族风俗风情，尤其是以本主崇拜为代表。水古楼本主庙为大理州保持最为完好的明代本主庙，至今已有 500 余年历史。

（4）木石雕刻艺术

剑川为著名的木雕之乡，水古楼也拥有木雕的能工巧匠，全村有 21 户木雕专业户，每年创作大量的建筑品、工艺品和木制生活用品；此外村中还有石雕、石材传统加工专业户，是一个集田园风光、白族民俗和民族手工艺品为一体的典型白族村寨。

2. 区域环境

水古楼村所处的滇西北旅游线为云南省最热的旅游线。随着大丽高速公路的开通，该线将大理古城、洱源地热国、剑川石宝山、丽江古城、香格里拉、怒江大峡谷等连接起来，该线所拥有的旅游资源富集度远超过目前的大丽旅游经济干线，可以预计大丽高速公路将成为云南省最具吸引力的旅游线路。水古楼村乡村旅游将面临空前的发展机遇。

水古楼村所处的剑川县为大理州的旅游资源大县。剑川县历史悠久，风光旖旎，拥有国家级文物保护单位石宝山、国家级重点文物剑川古城明代建筑群、省级历史文化名城剑川古城、3A级旅游区千狮山、剑湖湿地生态保护区等高质量的旅游资源，县内景观“华顶朝阳”“东岭夕辉”“桑岭古木”“海面渔灯”等引人入胜，具有打造成为独立旅游目的地的巨大潜力。水古楼村可作剑川县乡村旅游的示范代表先行开发。

水古楼村所处的金华镇为剑川县的旅游集散中心。金华镇是剑川县的政治、经济、文化、交通中心，县城党政机关、企事业单位、城镇居民等需要有城郊休闲游憩带，水古楼村正处在距离县城5~10千米的黄金休闲游憩带上，可开发为金华镇的城郊旅游点；同时水古楼村紧临大丽高速公路，又可以开发成为吸引剑川过境游客的乡村旅游吸引点。因此，水古楼村面临本地游客与外地游客的双重市场。

三、旅游资源分析

（一）旅游资源类型

1. 旅游资源类型

根据实地调查，按照旅游资源调查分类表，将水古楼村的旅游资源类型划分为两大类（自然旅游资源、人文旅游资源）、七个基本类型（地文景观、水域风光、生物景观、遗址遗迹、建筑与设施、旅游商品、人文活动）见表3.3.1。

表3.3.1 旅游资源类型

大类	主类	代表性资源
自然旅游资源	地文景观	挂榜山、五台山、文笔山、狮子山、溶洞
	水域风光	清水龙潭、望天龙潭、田园湿地
	生物景观	庄稼、村树（面条树）、鱼类（虹鳟鱼）
人文旅游资源	遗址遗迹	石灰窑遗址、水古楼海门口遗址
	建筑与设施	古楼水苑、秀水山庄、抗日军官故居、本主庙（阎闾景帝庙）、木雕作坊、石雕作坊、刺绣作坊、文笔塔
	旅游商品	木雕、石雕、腌鸭蛋、中药材
	人文活动	祭祀本主庙会

2. 主体旅游资源

（1）田园湿地旅游资源

水古楼村的西面和南面是广阔而富饶的农田，土地平旷，阡陌交错，农作物生长茂盛。一年主要种两季作物，冬春为油菜，夏秋为水稻。春天的油菜花开和夏秋的稻田风光极为迷人，呈现一派优美的田园风光。田间水渠纵横，有望天龙潭湿地，是极具特色的田园湿地，这是“剑湖之源”良好生态系统的体现。

（2）本主文化旅游资源

水古楼村是一个典型的白族村落，村中的本主文化得到较好的保存，有一定的特色。村寨的本主庙名为阎闾景帝庙，庙中供奉的阎闾景帝神像用香木雕刻，为明代文物，有500多年的历史，是剑川县唯一保存完整的明代木刻本主神像。

（3）木雕石雕旅游资源

“剑川木雕”享誉全国。宋代时，剑川木雕就已达到十分高超的技艺水平。1996年，剑川县被文化部命名为“木雕之乡”。剑川的石雕工艺发展较早，海门口遗址出土的文物证明，4000多年前剑川人就已掌握和使用石雕加工技术。水古楼村的木雕石雕工艺是剑川木雕石雕的组成部分，可以借此品牌将水古楼打造成为剑川县重要的木雕石雕设计、制作、交易、仓储物流和营销基地。

（4）山地洞穴旅游资源

水古楼村的东、北两面均为连山。虽然山体景观效果一般，但经过绿化改造，也可以成为一片旅游活动场地。在清水龙潭的东南角，挂榜山西麓有一处溶洞。溶洞有两个露天洞口，其中一个已被封住，另一个尚存。洞穴旅游资源尚需勘探、开发，可弥补滇西北洞穴旅游资源匮乏的遗憾。

（二）旅游资源分布

根据实地调查，按照旅游资源的空间分布规律，可将水古楼村的旅游资源空间分布划分为三个区域见表3.3.2、图3.3.1。

表3.3.2　旅游资源空间分布

区域	主要资源
山林坡地区	狮子山、文笔山、五台山、挂榜山、溶洞
村庄民俗区	清水龙潭、白族民居、木雕石雕、本主庙、农家乐
田园湿地区	望天龙潭、农田、湿地沟渠

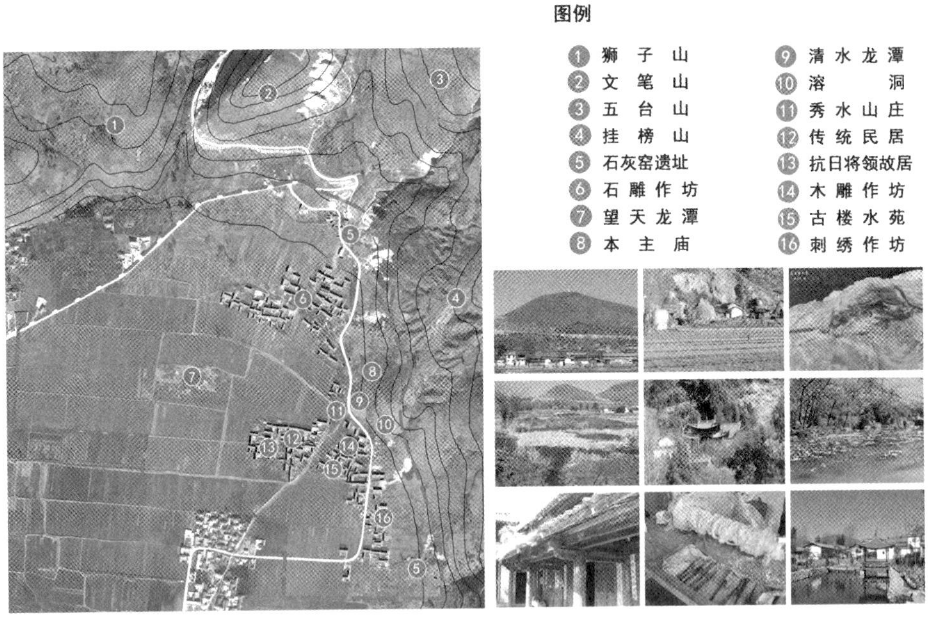

图 3.3.1 旅游资源分布图

（三）旅游资源评价

（1）旅游资源品位较高、组合较好

水古楼村有享誉全国的剑川木雕，有优美的田园风光，有历史悠久的本主庙，是剑川县的母亲湖——剑湖的水源地之一，这些旅游资源有较高的吸引力和旅游价值。水古楼村山体、洞穴、村庄、水体、田园等旅游资源有机组合，依次展开，自然色彩与文化气息浓郁。

（2）旅游资源特色明显、吸引力强

木雕石雕是剑川县极具特色和优势的民间工艺，是全国“木雕之乡”，市场欢迎度高，吸引力强。水古楼村除了突出的木雕石雕工艺外，还是“剑湖之源”，其丰富的水资源、优美的乡村风光，浓厚的白族文化，都具有较强的特色和吸引力。

（3）旅游资源具有生活气息，与村落发展完美融合

水古楼村的旅游开发立足于现有的旅游资源，如白族村落、田园风光、木雕石雕、水产养殖等。这些资源都与当地村民的日常生产生活息息相关，富有生活气息。该村的旅游业开发，将全面促进村落的社会经济发展，是旅游业与新农村建设完美结合的典范。

四、旅游市场分析

（一）客源市场分析

1. 周边客源规模

剑川县位于滇西北地区，水古楼的客源主要来源于滇西北地区。滇西北地区大理、丽江、迪庆、怒江四州市 2011 年接待游客 3659.13 万人次。按照乡村旅游的游客特点，主要以城镇居民为主体客源，剑川县城镇人口为 5.337 万人，按照 25% 的出游率计算，可形成 1.334 万人次游客。未来水古楼村游客市场主要定位于大理、丽江过境游客和大理州、剑川县及其周边县城的城镇居民。

（1）大理、丽江游客规模

2010 年大理、丽江接待游客总人次超过 2000 万人次，2011 年达到 2729 万人次，主要以休闲度假、观光游览为主，其中省外游客居多，旅游方式以团队旅游和自驾车旅游居多，在大理、丽江的游览时间平均为 5 天左右，平均个人消费在 1500 元左右。2011 年大理州接待游客 1545.03 万人次，丽江市接待游客 1184.05 万人次，剑川县接待 68.89 万人次。

（2）剑川县城镇人口规模

剑川县现辖金华、甸南、老君山、剑阳、马登、沙溪 6 个镇和羊岑、弥沙、象图 3 个乡，有 88 个村民委员会，五个社区，全县总人口有 17.79 万人，其中城镇人口约为 5.337 万人。按照我国乡村旅游一般为 25% 的出游率计算，将有 1.334 万人次出游。按照我国乡村旅游 50% 的重游率，剑川县每年大约会有 2 万人次城镇居民出游。

表 3.4.1　周边旅游地旅游统计表

单位：总人次（万人）；总收入（万元）

旅游地	2007 年		2008 年		2009 年		2010 年		2011 年		年均增长率（%）	
	总人次	总收入	总人次	总收入	总人次	总收入	总人次	总收入	总人次	总收入	总人次	总收入
丽江市	530.93	582400	625.49	695400	758.14	886600	909.97	1124600	1184.05	1357300	30.8	33.3
大理州	867.6	662300	953.31	731800	1141.22	862600	1296.98	1015000	1545.03	1384100	19.5	27.2
剑川县	39.5	3950	42.1	4214	50.03	17700	57.44	28700	68.89	41300	18.6	236.4

数据来源：丽江市、大理州、剑川县 2007~2011 年国民经济与社会发展统计公报。

2. 游客活动规律

通过对前往水古楼村的游客进行抽样调查，旅游者的旅游行为具有如下特征：

（1）按游客地域结构划分

赴水古楼村的游客中，省内客源占到90%左右，主要集中于滇西北，以大理、剑川县为主；省外客源占9%左右，以过境剑川县的省外随机游客为主；海外游客只有个别人类学者、艺术爱好者等。

（2）按游客出游方式划分

自驾车旅游占86%，旅行社组团旅游占4%，乘公共交通前往旅游占10%。

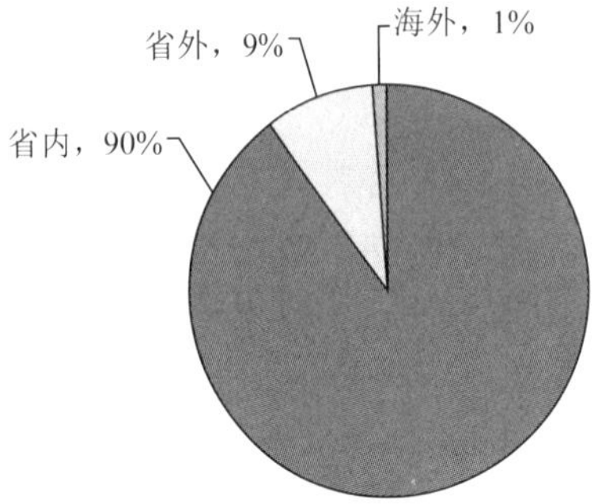

图 3.4.1 游客地域结构分布图

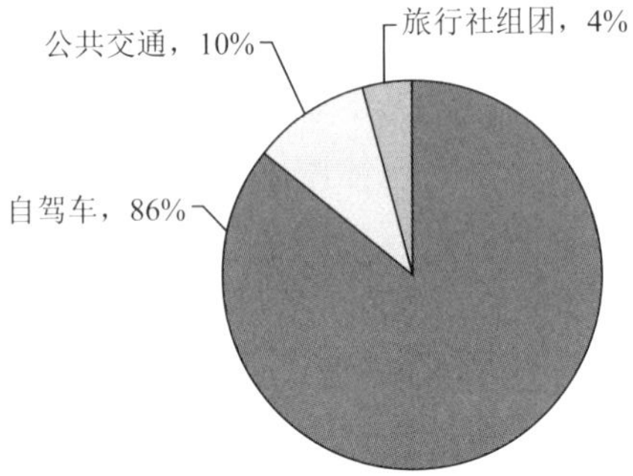

图 3.4.2 游客出游方式构成图

（3）按游客信息来源划分

水古楼村目前还没有进行旅游信息宣传，90%来源于人际传播，其他有7%是通过相关的新闻报道、政府公开信息网等信息来源。

（4）按游客出游动机划分

观光游览占22%，休闲度假占65%，摄影写生占12%，其他占1%。

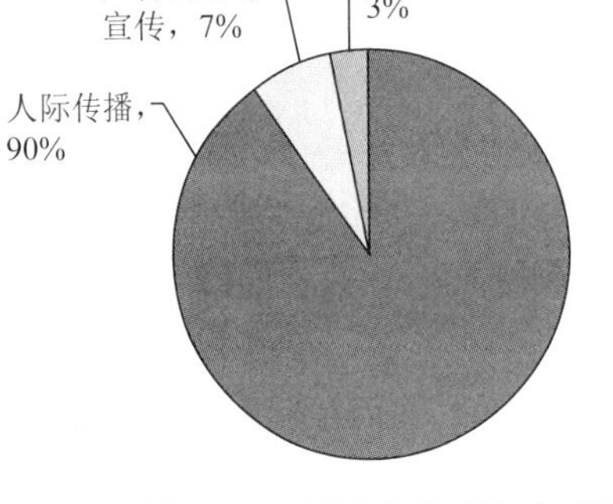

图 3.4.3 游客信息来源构成图

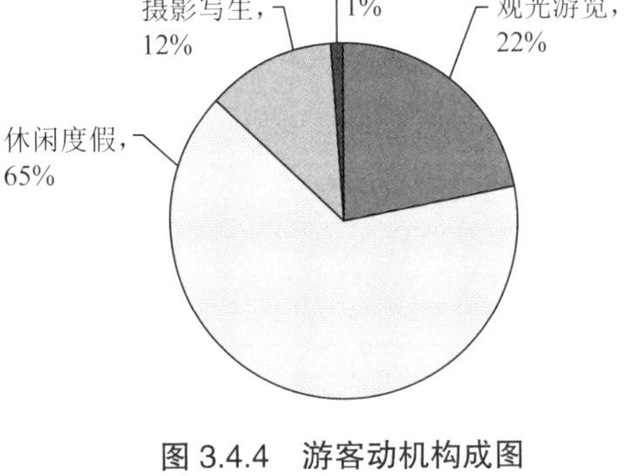

图 3.4.4 游客动机构成图

3. 游客消费构成

（1）按游览时间划分

旅游者在水古楼村旅游区的游览时间基本为半日游，平均停留时间为 5 小时，其中观光游览 3 小时，风味餐 1 小时，娱乐和其他 1 小时。

（2）按消费结构划分

每位游客在水古楼村旅游区消费总额为 90 元，其中餐饮 30 元，交通 25 元，游览 20 元，娱乐 10 元，其他 5 元。

（3）按消费内容划分

游客在水古楼村旅游区的旅游消费主要为餐饮、交通两项，游览、娱乐消费很低，住宿、购物等消费支出几乎为零。这表明旅游区的旅游供给存在严重缺失。

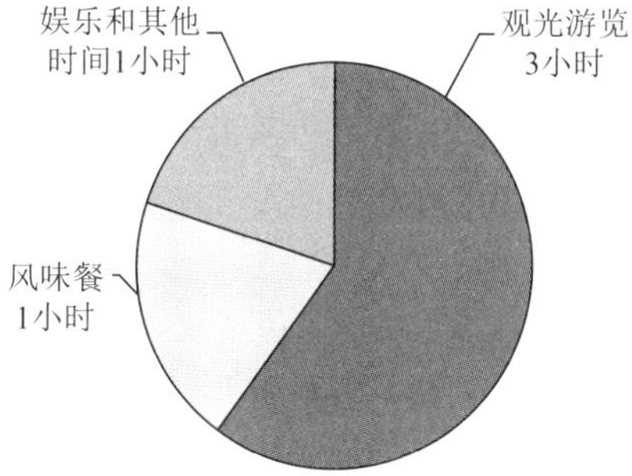

图 3.4.5　游客游览时间分配

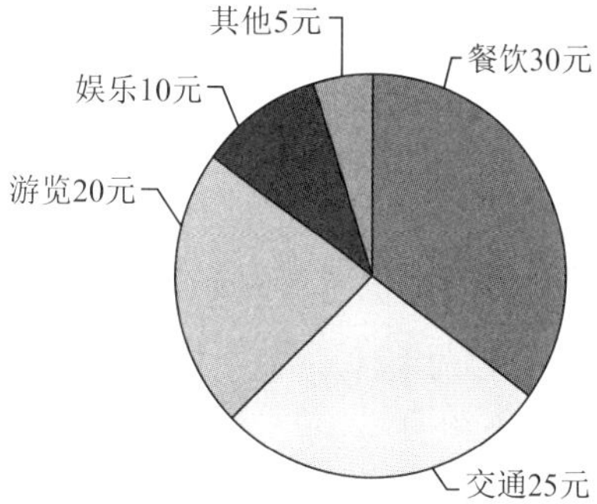

图 3.4.6　游客消费结构

（二）市场发展条件

1. 促进性因素

（1）大丽高速公路将成为云南省最为繁忙的旅游线路

昆明—大理—丽江旅游线路已经是云南省旅游市场比较成熟、具有较高经济效益的线路。大丽高速公路通车之后，大理到丽江只需两小时，比原来缩短近一半的时间，这将更加推进这条旅游线路热度的提高。水古楼村紧邻大丽高速剑川段的出入口，大丽高速的通车将使水古楼村旅游业面临全新的发展机遇，水古楼村可以成为这条旅游热线上的一个亮丽的旅游节点。

（2）滇西北四州市交界的区域联动辐射效应

滇西北旅游区包括大理、丽江、迪庆、怒江四州市，是云南省旅游资源最富集的地区，旅游资源禀赋高且极具个性，包括大理的苍洱风光、白族风情，丽江雪山古城、纳西文化，迪庆的雪山草原和博大精深的藏文化，怒江大峡谷多种生态和多元和谐民族文化等。剑川县地处四大旅游区的结合部，是滇西北旅游区的重要组成部分。随着滇西北旅游区的联动发展，将辐射拉动剑川县的旅游业发展，为剑川县的旅游业提供更高的发展平台。

（3）剑川旅游业现已进入大发展的条件齐备引爆阶段

近年来剑川县旅游业在平稳发展，已经初步形成以县城为中心，以石宝山旅游区为龙头的四大旅游功能片区：石宝山——沙溪寺登街区民族历史文化旅游区、剑川古城——满贤林地方特色文化旅游区、剑湖——金华山休闲度假旅游区、老君山生态探险旅游区。已经形成以木雕、石雕艺术作品为主体的旅游特色商品，全县的道路交通及各个旅游区的基础设施也不断完善更新，剑川县旅游业已经完成进入大发展阶段的一切准备工作，未来将迎来更好的发展平台。

2. 抑制性因素

一是基础设施薄弱。水古楼村旅游基础设施无法满足游客接待的需要，虽然目前进入水古楼村的公路比较方便，但是村内部的旅游交通还不完善，相关的供水供电等基础条件也还处于较初级水平。

二是旅游知名度不高。目前，水古楼村处于旅游发展的起步阶段，游客多是剑川县城镇居民，村内的旅游资源也多处于未开发状态，对游客的吸引力仅限于了解阶段，还无法和剑川县内的其他旅游资源项目相比，水古楼村的知名度还非常低，旅游的影响力和市场号召力还十分有限。

三是配套设施严重不足。目前水古楼村的相关餐饮、接待设施仅限于几户简单的农家乐，需要更多的接待设施、餐饮设施、住宿设施，游客一般只能到县城住宿，旅游区的餐饮住宿设施有待进一步提升和完善，与旅游区未来的发展相呼应，以吸引更多的旅游者。

（三）客源市场定位

1. 客源市场定位

由于水古楼村规模小、知名度低、影响力弱，从现实情况来看，还不能作为一个独立的旅游地。水古楼村的合理定位应为滇西北旅游区中大理和丽江两大著名旅游地的辐射性旅游点，未来可以发展成为大型综合旅游地附属扩展区域内的小型旅游地。水古楼村的目标市场较小，但机会市场较大。水古楼村的主要目标客源群体也应是滇西北过境游客、剑川县游客、水古楼村周边城镇居民还有少数人类学专业人员等。

根据目前大理州和剑川县的国内主要客源市场，结合《大理州旅游业发展规划修编》和《剑川县旅游业发展规划》中对国内客源市场的定位和水古楼村的发展定位与目标，对水古楼村客源市场进行定位，如表3.4.2。

表3.4.2　客源市场定位表

市场级别	比重（%）	类型
核心市场	60	剑川县游客[①]
重点市场	35	大丽高速过境游客
机会市场	5	周边县区游客

2. 客源市场层次

根据水古楼村的发展定位，对客源市场层次进行如下定位：按客源类型定位，以休闲度假旅游客源、生态旅游客源、农家乐旅游客源为主；按旅游方式定位，以自驾车旅游和散客旅游为主；按旅游者年龄定位，以中青年游客为主，青少年游客为辅；按旅游者职业定位，以政府机关人员、事业单位人员、在校学生为主，企业界和白领阶层为辅；按消费层次定位，以中低档消费为主体，以高档消费为补充；从旅游产品市场细分来看，水古楼村的旅游目标市场主要为特色农家乐旅游市场、乡村生态旅游市场和休闲度假旅游市场。

3. 客源市场预测

由于水古楼村还没有独立的旅游统计数据，前期旅游发展指标缺失。因此，根据水古楼村旅游吸引力、交通人流量以及人流量中游客的经验数值，并结合走访调查，水古楼村2011年旅游人次可按全县总旅游人次的3%进行统计，人均旅游消费额按全县平均消费额的一半45元/人次进行计算。据此，测算旅游区2011年的游客量为2.07万人次，旅游收入为93.15万元。结合《大理州旅游业发展战略与规划》总体发展目标与剑川县发展目标，综合考虑该旅游区未来的发展趋势，采用趋势预测法对整个规划区的游客规模及旅游收入进行如下预测。

2012~2015年，游客年均增长率为25%，旅游收入年均增长率为30%；到2015年，游客总量达到5.05万人次，旅游收入266.05万元（扣除通胀因素，下同）。

2016~2020年，游客年均增长率为16%，旅游收入年均增长率为31%；

① 包括剑川本地人招待宴请的因差旅考察、商务往来、探亲访友而到剑川的各类外地人。

到 2020 年，游客总量达到 10.61 万人次，旅游收入 1026.41 万元。

五、旅游发展思路

（一）发展 SWOT 分析

1. 旅游发展优势（S）

（1）区位优势

水古楼村地处中国旅游热点区——滇西北香格里拉生态旅游区，位于大理与丽江两大旅游目的地之间，紧邻新建的滇西北旅游干线——大丽高速公路剑川段的出入口，区位良好，交通便利，机会市场大，有发展旅游的外部优越条件。

（2）资源优势

水古楼村是远近闻名的木雕石雕工艺村，木雕工艺精湛而独特，同时还有由木雕工艺衍生出来的石雕工艺。水古楼村水资源丰富，地处“剑湖之源”，拥有龙潭、溪流、湿地组成的优美风光；水古楼村也是一个典型的白族村落，村中本主庙的木雕本主神像是剑川县最为久远的明代本主文物。

（3）产业优势

水古楼村的主要产业有木雕石雕业、农业和水产养殖业。木雕石雕是村民致富的主要渠道，村民凭借精湛的雕刻工艺生产出来的木雕石雕工艺品有良好的市场需求。农业主要包括水稻、油菜等经济农作物种植和核桃等林果种植，是村民安居乐业的基础保障。水产养殖业可结合当地的水资源优势，开展鸭、鹅等水禽养殖和虹鳟鱼、中华鲟等特种鱼养殖。

2. 旅游发展劣势（W）

（1）规模小，基础设施薄弱

水古楼村面积 5.08 平方千米，主要旅游资源有阎间景帝庙、石雕、木雕、抗日军官故居、清水龙潭、望天龙潭、田园湿地等，有农户 123 户，人口 486 人，村民收入主要以一、二产业为主。村内已经实现通电、路、电视、电话，但是尚未通自来水，且村庄的基础道路有待改造提升。

（2）起步晚，旅游知名度低

剑川县主要的旅游区有石宝山、寺登街、剑湖、剑川古城、满贤林等，相比于这些成熟的旅游区，水古楼村目前还处于旅游尚未开发状态，知名度还较低，旅游的影响力和市场号召力还十分有限。因此，水古楼乡村旅游开发还需要借助剑川古城发展，打造独具特色的乡村休闲旅游项目。

3. 旅游发展机会（O）

（1）大丽高速带动效应

大丽高速公路于大理市凤仪接楚大高速公路，沿洱海东经华营、海东、挖色、双廊、邓川、下山口、洱源、剑川、白汉场、拉市海到达丽江。大丽高速公路的建成，将使大理到丽江只需两小时，比以前缩短近一半的时间，大大缩短了两地间的距离，极大地促进滇西北旅游的开发，水古楼村的旅游发展也由此面临了新的机遇。

（2）旅游综合改革示范效应

大理州作为云南省著名的旅游目的地之一，近期又获得了大理苍洱片区旅游综合改革试点和云南省十大历史文化项目等重大旅游政策的支持。剑川县作为大理州旅游业的重要组成部分，将凭借其良好的区域优势和资源优势，旅游业发展面临空前的机遇。这为水古楼村乡村旅游发展提供了良好的契机。

（3）国家新农村建设的驱动

随着云南省新农村建设项目的实施推进，剑川县 2011 年完成了 6 个乡镇、11 个新农村重点村建设，受益人口 1660 户、6988 人。作为新农村建设的乡村之一，水古楼村的村容村貌、村庄道路等也在稳步改造提升之中，这为水古楼村的旅游发展创造了重要条件。

4. 旅游发展威胁（T）

（1）鹤庆新华村等周边旅游点的替代效应

鹤庆新华村位于鹤庆县西北部凤凰山脚下，是一个集田园风光、民居、民俗和民族手工艺品生产加工为一体的白族村寨，有“中国民间艺术之乡”之称。目前已经成功申请为国家 4A 级旅游区，在市场上已经有一定的知名度和影响力。而水古楼村与新华村旅游资源相似度极高，有可能形成区域的屏蔽效应。水古楼村周边还有白沙漠村的东山寺、龙凤村的阎王庙等在当地是有一定名气的旅游景点，会给水古楼村的旅游发展带来一定的影响。

（2）现代化、城镇化对乡村特色和民间艺术的同化效应

水古楼村的家庭式木雕、石雕技术是世代相传。但是随着我国现代化、城镇化的加速，一方面，手工艺品更多的是机械化生产代替了传统人工技术，形成民族工艺品的批量化生产，却失去了其原有的特色和魅力；另一方面，这些技艺世家的下一代面对城市的吸引，更多地选择外出务工，失去了对这些技艺的兴趣，导致这些技艺后继无人。面对现代化、城镇化带来的影响，如何保护这些传统工艺将面临严峻的挑战。

5. 发展综合分析

因素的正负两极，现对其分别赋值，设优势总和为 10 分，劣势总和为 –10 分，分别为正负两极的总权重。又根据每项评判内容的理论重要程度和现实状况，分别赋予权重和分值。规定根据正负相消原理，内部因素的总权重最终为 0，只剩下分值，如果是正分值，表明优势大于劣势，否则就是劣势大于优势。同理，如果外部因素的分析结果是正分，就表明优势大于劣势，否则相反（见表 3.5.1）。

表 3.5.1 旅游区 SWOT 分析表

因素	SWOT	评判内容	分值 / 权重	总分值 / 总权重	总分值
内部因素	优势	区位优势：滇西北生态旅游区	3/4	8/10	1
		资源优势：剑川木雕	3/3		
		产业优势：民间工艺、水产养殖	2/3		
	劣势	规模小，基础设施薄弱	–3/–5	–7/–10	
		起步晚，知名度低	–4/–5		
外部因素	机会	大丽高速带动效应	4/5	7/10	2
		大理苍耳旅游综合改革示范效应	1/2		
		国家新农村建设驱动效应	2/3		
	威胁	鹤庆新华村等周边旅游点的替代效应	–3/–5	–5/–10	
		现代化、城镇化对民族工艺的同化效应	–2/–5		

根据表3.5.1可以看出，水古楼旅游区发展优势大于劣势，机会大于威胁。因此，可以采用优势——机会（SO）战略。该战略是一种发展内部优势与利用外部机会的战略。水古楼村具有开展旅游的优势，例如良好的区位优势和市场前景，以及以木雕石雕、水产养殖、林果经济和药材种植为支撑的产业优势。

（二）旅游参考案例

1. 成都五朵金花

（1）概况

"五朵金花"位于四川省成都市东南锦江区三圣乡，距成都市区二环路约 5 千米，占地约 12 平方千米，80% 土地被花木覆盖，村民世世代代以种植花木为生。为挖掘三圣乡梅、菊、荷等花文化内蕴，将花乡资源开发与特色旅游区建设紧密结合起来，将三圣乡所辖的5个行政村，分别以“花香农居”“幸福梅林”“江家菜地”“东篱菊园”“荷塘月色”命名，统一命名为“五朵金花”。现在“五朵金花”已是观光休闲农业区，成为国内外享有盛名的休闲旅游娱乐度假区，被评定为国家4A级旅游区。“五朵金花”整合了成都市城郊区域之间的农村旅游资源，形成了以农家乐、乡村酒店、国家农业旅游示范区、旅游古镇等为主体的农村旅游发展业态，促进了观光休闲农业的可持续协调发展。2011年接待游客1000万人次，旅游收入2.5亿元。

（2）特色

①幸福梅林——园内遍种梅花，以“梅文化”为主题建起“岁寒三友”“梅花三弄”等精品梅园景观及别具特色的“梅花博物馆”。“幸福梅林”充分利用幸福村的传统梅花种植优势，将梅花种植与“梅文化”有机结合起来，是人们观赏梅花盆景、陶冶品格情操的乡村休闲之所在。

②江家菜地——乡村景色朴实优雅，农耕文化颇为深厚。在这里，游客可以自主选择田地进行认种，体验农耕乐趣，享受收获喜悦，体验农事劳作这种特别的、全新的休闲方式。

③东篱菊园——拥有绚丽菊花美景和丰富的菊文化。满目金菊的田野中，点缀着一幢幢红瓦粉墙、乡村别墅风格的农房。在这里，游客可以品尝到独特的、美味可口的菊蟹美食。

④荷塘月色——以生态荷塘景观为载体，以绘画、音乐等艺术形态为主题，将湿地生态、荷花文化与艺术形式和谐统一在一起，景色独特优美，艺术气息浓郁，是一个观光休闲、体验艺术魅力的理想之地。

⑤花香农居——这里四季百花争艳，鸟语花香，因此得名花乡农居。数十幢老成都民居特色的农舍，错落有致点缀其间，与万亩花卉相得益彰，一座座川西民居风格院落尽显古朴和清丽，构成一幅人与自然和谐相融的绚丽画卷。院内，“一户一景，一户一色”，各不相同。有原汁原味的农家风格，也有苗圃环抱的川西四合院。

（3）经验与启示

①景观打造，文化润色。将文化品位融入发展观光休闲农业之中，增加其文化和人文价值，是“五朵金花”创新发展模式的不竭动力。“五朵金花”特色各异，观赏性、娱乐性、参与性各异，营造出的文化氛围也各异，但以“花”为主题拓展市场，以“花文化”为魂发展农村经济。如：“花香农居”的休闲餐饮文化，“幸福梅林”的传统花卉文化，“荷塘月色”的音乐、绘画艺

术文化，“江家菜地”的农耕文化，“东篱菊园”的环境人文文化，无一不是锦江人精心挖掘打造的符合当地民俗风情的杰作珍品。

②多业嫁接，错位发展的业态模式。“五朵金花”发展的是花卉产业、生态农业，融合了休闲旅游产业，注入了绘画、摄影、雕塑、音乐创作等文化创意产业，带动餐饮、酒店、旅游商品销售等服务业，实现了多业嫁接，农业附加值成倍提高。特别是注入文化元素方面，不仅提升了品位，扩大了知名度，而且经济效益相当可观。

③土地资本化和规模化的经营模式。“五朵金花”的快速发展，主要得益于规模化经营，连片联户开发，解决了农民单家独户闯市场的风险。在土地流转模式上，通过村成立新型集体经济组织公司，把农民的土地先流转到村级新型集体经济组织，由村集体流转到农锦资产管理有限责任公司，再流转给项目业主。

④以旅带农、农旅互补。“五朵金花”走的是一条以旅游业为龙头，不断完善“公司＋农户”的独特的经营和赢利模式。他们首先营造环境，先把最基础的设施建设和环境保护工作做完，再进行文化和旅游项目要素的包装，使土地大幅升值，实现了旅游和农业的完美结合，使旅游和土地开发互为补充、相得益彰。这不仅改善了农村的人居环境，改变了农民的生活习惯，也改变了传统的单家独户的农业生产方式，引导农业生产经营规模化、产业化经营，土地产出效益大幅增加。

2. 鹤庆新华村

（1）概况

地处云南省西北地区大理州的新华村，坐落在鹤庆县城以北 4 千米的凤凰山下，距丽江机场 12 千米，是依原生态自然村落建成的国家 4A 级旅游区。新华村是大理州白族的一个较为古老的分支，全村有 3 个自然村，6 个村民小组，1084 户、5008 人，白族人口占总人口的 98.5%，是一个集田园风光、民居、民俗和民族手工艺品生产加工为一体的典型白族聚居村寨。2011 年接待游客 260 万人次，旅游收入 12 亿元。

（2）特色

①原生态自然环境与白族特色建筑的完美结合——新华村西靠逶迤的凤凰山，东接平坦的鹤庆坝子，大小龙潭在新华村内星罗棋布，如石寨子龙潭、星子龙潭、白龙潭、西龙潭等，造就了新华村山水交映的佳美之境。另外，在村内的建筑独具地方民族特色，排列有序的白族民居、古色古香的石桥、高低不平的石板路，更衬托出高原水乡的秀美。青瓦、白墙、蓝天、碧水、

青山及美丽勤劳的白族儿女，正是这高原水乡的形式与灵魂。

②家庭式作坊定制银器——正如新华村的旅游口号中提及的“小锤敲过一千年”，几乎每一户临街的人家都开设了银饰加工点或者“前店后厂”式的家庭作坊，一家一个品种，互不重复，制作工匠以家庭成员和亲戚朋友为主。无论男女老少，凭着打制工匠精湛的工艺敲打出一件件具有很高观赏价值和使用价值的民族用品。从制作上来讲，由于是纯手工非流水线生产，几乎每件作品都是独一无二的绝品。新华村小锤每年敲出来的产值超过亿元，是鹤庆县的一大支柱产业。

③大型旅游产品集散地——在新华村村口有针对团队游客的“石寨子”旅游商品交易市场。其气派的仿古建筑群包括银器玉器馆、书画工艺品馆、药材馆、土特产馆、中餐厅、快餐厅、藏式茶俗馆和白式茶俗馆等几个特色主题的卖场，正中的场馆是最能体现新华村特色的“银都玉府”，营业面积2600 平方米，是目前东南亚最大的银制品交易中心。也是整个新华村最为繁华、充满商业色彩的一块“飞地”。

④“民间工艺大师”之地——新华村灿烂繁荣的手工艺文化，造就了一个又一个“民间工艺大师”。最负盛名的是创作了荣获国家专利的精品九龙系列的银器的大师级人物寸发标。另外，每家每户的工匠们所制作出的精美银饰也远销印度、尼泊尔等地，是名副其实的“中国民间艺术大师之村”。

（3）经验与启示

①找准优势，发挥特色。新华村的发展过程中，充分找准并利用了历史上形成的民族特色手工艺品加工优势，积极调整产业结构，大力发展特色龙头产业，努力构建“一村一业、一户一品”的家庭作坊生产格局，把一件件小而精湛的金、银、铜手工民族特色工艺产品，推向了全国，推向了世界，将其培植成为带动广大村民脱贫致富的主导产业。

②利用交通优势，建立市场。新华村距大理古城 126 千米，距丽江古城39 千米，距丽江国际机场仅 12 千米，距大丽铁路 8 千米，充分利用了大理、丽江两座国家级历史文化名城旅游热线的便利交通优势，在村中新建了旅游市场，修建了村庄至大丽公路的宽敞连接道路和县城到村庄的直通公路，把海内外客源引入村庄，使每天的平均游客达到了 4000 多人次，广集了过路财源。

③依托优势，加快发展。近年，新华村仅在公共服务设施上，计划投入5 亿多元，进一步优化和改善公共服务设施。同时推动投资机制改革和创新，走“坚持政府引导，积极提供服务；调动社会投入，加快建设步伐”的发展

路子，依托引进社会投资的优势和利用村民积极投资建设的优势，共同促进村庄建设发展。一是靠政府投入，改善了对外交通条件；二是与新华公司签订了共同开发协议，把旅游资源开发权全面转让给企业，由企业负责投资，按照国家4A级旅游区建设标准全面实施建设并由企业自主管理经营；三是调动富裕起来的农民建设自己的家园，铺就生财致富的道路。

3. 贵州镇山村

（1）概况

镇山村位于贵阳市花溪区石板镇花溪水库中部一个三面环水的半岛上，距离贵阳市21千米，是一座具有400多年历史以布依族为主体的古老民族村寨。全村面积3.8平方千米，分上寨和下寨，共有布依族105户，苗族38户，汉族1户。镇山村集真山真水、民居建筑、历史遗存于一体，被贵州省人民政府批准为省级文物保护单位和民族文化村；2000年9月中挪签订奥斯陆协议，在挪威政府资助下建成布依族生态博物馆。此后，镇山村旅游开发步入兴旺期，形成了别具风采、包容开放的人类学旅游特色村。2011年该村接待游客15万人次。

（2）特色

①独特的石房民居村落——镇山村村寨像个古堡，城墙用大块规整的石头依山而建，城门用条石拱建而成，民居院落之间由石板路连接，房屋的墙壁和院坝均用小块石板垒砌，屋顶则用不规则的石板代替青瓦。石板路、石板房、石板院坝、石头城堡，形成了独具特色的石文化民俗村落。

②活态的人类学博物馆——2009年挪威政府与国家文物局、贵州省人民政府共同投资兴建“贵州镇山布依族生态博物馆”，将镇山村打造为一个露天活态的人类学博物馆，着力为游客提供“原汁原味”的民族生态文化体验，让游客在“真实”和“现场”的文化空间中体验布依文化。

③丰富的民俗体验项目——镇山村144户农户大部分加入了旅游接待服务，向游客提供丰富的民俗村寨旅游项目。布依族的民族文化、生活习俗、建筑形式等都进行了旅游开发和包装，涵盖民居参观、工艺展示、传统节庆、歌舞表演、特色餐饮等多个方面。

（3）经验与启示

①“家庭主导型”旅游开发模式。一直以来，镇山村努力探索“家庭主导型”民族村落旅游开发模式，使村民在旅游决策、旅游管理和旅游收益分配等方面占据了主导地位。村民既是所有者，又是经营者、生产者和受益者，最大限度地调动村民发展旅游的积极性，降低了运营成本。

②旅游区与生活区一体化发展。镇山村的旅游空间和居民社区叠合，整个村寨的生产生活区都可作为旅游区，使得旅游开发以村民的生活背景为依托，村民的日常生活成为旅游区主要的吸引力要素。旅游活动的开展充分依托于村寨原有的民俗文化和社区活动场所，实现了旅游开发与社区发展的良性互动。

③"活"的人类学旅游村建设。镇山村依托原生态的民族村寨，挖掘、治理、展示村寨的生产、生活、习俗、建筑、技艺等资源，以民族生态博物馆建设为载体，打造"活"的人类学旅游特色村。有效减少了旅游业对民族文化的负面影响，避免了"自杀式的旅游开发"，实现了民族村寨旅游的可持续发展。

4. 丽江玉水寨

（1）概况

丽江玉水寨位于丽江古城北 12 千米处，玉龙雪山山下，海拔 2500 米。玉水寨是丽江古城河水主要源头之一，在举目是景的丽江，玉水寨的地位尤为突出。除了秀丽的景色，更重要的是玉水寨还是丽江东巴文化的传承圣地和白沙细乐传承基地及勒巴舞的传承基地，丽江玉水寨有众多富有民族、地方特色的景观，如神龙三叠水瀑布群、三文鱼养殖生态观光、古树、玉龙雪山最大的神泉、东巴壁画廊、东巴始祖庙、白沙细乐展示、纳西族古建筑和传统生活展示、东巴祭祀活动、传统祭祀场、东巴舞展示、纳西族传统水车、水碓、水磨房、高山草甸风光等。丽江玉水寨在 2006 年就被评为国家 4A 级旅游景区。

（2）特色

①纳西文化集粹之地——丽江玉水寨是丽江纳西文化、东巴文化的传承基地，是纳西文化集粹之地，丽江玉水寨有 30 人的纳西传统歌舞展演队，以保留纳西族原汁原味的代表性传统歌舞为指导思想，搜集、整理、排练出三十多个歌舞节目，为游客演出。包含了纳西古乐《北石细哩》(《白沙细乐》)，原始歌舞《仁美蹉》《喂蒙达》《谷器》《呀哈里》等代表性歌舞节目。

②硬件上努力传承东巴文化——为了搞好东巴文化的传承，在硬件上建设了展示东巴生活的民居，建设了开展祭仪的东巴什罗殿、祭天、祭署（自然神）、祭风等场所。对广大游客而言，文化传承活动本身就是展演，就是"看点"。玉水寨旅游区还建成一个东巴文物展览厅，正在布置把多年搜集起来的东巴文物展览出来，供游客参观。景区有展示古老造纸法的东巴纸造纸坊，有展示古老酿酒法的东巴酒酿酒坊，有展示古老织布法的织布机；有大

量传统生产生活用品展示，有古代纳西族生产生活展示，有古老酿酒法的酿酒罐展示。

③未曾被现代文明污染的一块净地——在这里除了风声，听不到任何声音，万籁自然和谐，一切皆在图画中。让游客驻足依恋的还有那些稀有名贵的虹鳟鱼，到了这里，虹鳟鱼的稀有名贵亦不算什么了，这种贵族鱼，成群结队，麇集在潭边自由自在地游弋，游客伸手去捞，鱼到手上，立刻重重一摆就跃入水中，溅得人一身水花。人们还可以垂钓，钓上一条八九斤重的大鱼就在当地的餐馆里烹饪，尝过名贵美味就让人有下次还要来的心理了。

④山水相依——山有多高，水有多高，是人们对丽江玉水寨的形容。这股偌大的山泉从崖岭间奔腾而出，海拔近3000多米，令人十分惊奇。溯水寻源，就将人引到浓荫深处，只见水源从荫翳蔽日的两株大树底下冒出。树是枫树，都是千年古树，只见大树虬枝盘曲，枝叶婆娑，绿荫匝地。

（3）经验与启示

①自然景观和人文景观交相辉映——玉水寨以自然景观和人文景观交相辉映，融为一体，形成天人合一的生态文化旅游旅游区。“看遗产到古城，看风景到玉龙雪山，看纳西文化到玉水寨”，已成为丽江旅游对外宣传的指导思想。

②运用民族文化铸造旅游——玉水寨的东巴村展示了纳西族人几百年前居住的房子和东巴人传统的生活和学习方式，让东巴文化展现人前，同时让游客领略并享受这一神奇的古老文化。玉水寨成为纳西人以及游客游览的胜地。现在的玉水寨旅游区已成为一个体现东巴文化理念的自然生态园，游客能在这里充分感受到东巴文化的精髓。

③严格按标准化要求，建立特色旅游区——玉水寨旅游区自2010年10月被列为旅游标准化试点以来，旅游区把标准化创建工作作为年度重点工作计划，设立了标准化工作独立账户和专项资金，完善了工作机制、强化了监督检查机制。严格按照旅游标准化的规范要求、标准条款，构建标准体系，制定了符合自身实际和特点的企业标准。不仅极大地方便了广大海内外游客而且使得企业的经济和社会效益得到明显提高，进一步巩固并提升了玉水寨旅游区旅游品牌形象。

（三）总体发展思路

根据上述案例和水古楼村的实际情况，归纳出水古楼村乡村旅游发展模式为特色农家乐 + 特色产业 + 民族文化 + 乡村景观。

在整体发展思路上，以“水”为核心，围绕“水古楼”，重点做三方面文章：一是“水”文章，造水景，搞水产养殖，开发水产品，推出亲水娱乐项目；二是“古”文章，建设古村落，传承古民俗，发展古工艺；三是“楼”文章，合理布局亭台楼阁景观小品，统一规划和控制白族民居建筑风貌。在旅游业态上，以特色餐饮为核心，增加休闲娱乐项目，提供旅游住宿设施，附带旅游购物。

借鉴国内成功的乡村旅游案例，将水古楼村打造成为云南省最美丽乡村，其开发要点为四点。

（1）景观提升，文化挖掘

通过优化村庄布局，整治村庄街道，改造民居建筑，增加标志景观，植入文化内涵，提升文化品位，形成水古楼村的文化魅力。

（2）美化田园，保护湿地

通过田地环境整治，建设游览设施，开发景观小品，形成高原水乡田园湿地风光，全面提升水古楼村的旅游环境吸引力。

（3）绿化山体，增强功能

对村周边山体进行植物绿化，开发山地洞穴资源，增加运动娱乐项目，提升水古楼村的可游览性。

（4）形象塑造，建设大道

建设由高速公路立交出口至水古楼村的景观大道，提高水古楼村的旅游可进入性。

（四）旅游发展战略

（1）“一户一品”战略

遵循特色化和差异化原则，建设 8 家特色农家乐和 4 家特色客栈。农家乐可分为木雕农家乐、石雕农家乐、刺绣农家乐、药膳农家乐、鱼庄农家乐、荷塘农家乐、果蔬农家乐和鸭子农家乐；客栈可分为乡村博物馆客栈、乡村文化馆客栈、红色故居客栈、剑湖之源客栈。

（2）“亦商亦农”战略

以农为根基，保障村民衣食温饱；以商为契机，引领村民发家致富。

（3）“一片一景”战略

田园湿地片区造景观农田水景，村寨片区造白族风格村景；山体片区造林果经济山景。

（4）“一动一静”战略

旅游区与村民生活区相对分开。旅游区偏向“动态、喧闹”，生活区偏向“静态、安静”。

（五）旅游发展定位

1. 性质定位

将水古楼乡村旅游区打造成为剑川县集生态观光、乡村体验、养生休闲等诸多功能为一体的以“水”为特色、以农家乐为主要形式的高原水乡生态旅游区。

2. 主题定位

以“剑川木雕”和“剑湖之源”为主题，融合高原水乡、田园湿地、山乡村落、木雕工艺、白族文化等于一体的旅游特色村。

3. 形象定位

（1）主打旅游形象定位口号：剑湖之源、纯美乡村

（2）参考旅游形象定位口号：灵性乡村，心灵驿站；生态水古楼，白族艺术村

4. 产品定位

（1）乡村生态旅游产品：集田园风光、休闲度假、农事体验为一体的乡村度假生态旅游。

（2）乡村休闲旅游产品：以农家乐、露营烧烤、拓展训练、夏令营等为核心，集餐饮、住宿和娱乐为一体。

（3）乡村文化旅游产品：以本主崇拜、民居建筑、歌舞音乐为核心，集白族民俗、宗教信仰于一体。

（六）旅游发展目标

1. 总体目标

剑川县“剑湖之源”旅游区；

大理州白族文化生态保护村；

云南省知名乡村生态旅游村。

2. 分项目标

①品牌目标：剑川县乡村旅游第一村。

②旅游区目标：将水古楼村建设成为云南省乡村旅游示范村。

③经济目标：2020 年接待游客 10 万人次，实现旅游收入 1000 万元。①

④文化目标：村民具备独立从事旅游业的素质和能力；当地白族文化和传统工艺得到保护和传承。

⑤生态目标：保护水体，美化山体，整治村容村貌，使之成为剑川县生态环境最美的村庄；提高人们的生态环保意识。

⑥社会目标：通过旅游业解决“三农”问题，建设民族和谐新农村。

3. 分期目标

①近期目标（2012~2014 年）：为建设启动期，重点建设道路等旅游设施。建成 3 家农家乐、2 家客栈。到 2014 年旅游者人次达到 4 万，人均旅游消费 50 元，旅游收入达到 200 万元。

②中期目标（2015~2017 年）：为建设深化期，重点建设水产养殖场等产业设施。建成 5 家农家乐、3 家客栈。到 2017 年旅游者人次达到 7 万，人均旅游消费 80 元，旅游收入 560 万元。

③远期目标（2018~2020 年）：为建设完善期，重点建设乡村博物馆等文化设施。建成 8 家农家乐、4 家客栈。到 2020 年旅游者人次达到 10 万，人均旅游消费 100 元，旅游收入达到 1000 万元。

六、旅游空间布局

（一）旅游总体布局

根据水古楼村的村落布局、旅游资源分布、道路游览组织，将旅游区的总体布局确定为“一个中心、三条廊道、五个村舍、八大景观”（见图 3.6.1）。

一个中心：游客服务中心（亲水广场、清水龙潭、水古塔楼、观景亭、购物店、“剑湖之源”巨石等）

三条廊道：村景廊道（连接药材村、木雕村、石雕村、客栈村、刺绣村五个主题村舍）、田园廊道（连接荷塘月色、稻香农田、漂浮湿地、老树昏鸦、芦荡泛舟五大湿地田园景观）、清水廊道（连接清水龙潭、小桥流水、洗衣亭台、蜻蜓点水——水碓、水车石磨五大剑湖源流景观）

五个村舍：药材村（高原百草）、木雕村（木雕本主园）、石雕村（十八怪石雕园）、客栈村（田园客栈）、刺绣村（刺绣传习馆）。

① 注：以 2012 年购买力和物价指数计量，扣除通货膨胀因素。下同。

八大景观：村庄大门、望天龙潭、村口牌坊、清水龙潭、水古塔楼、本主神庙、小桥流水、洞穴山海。

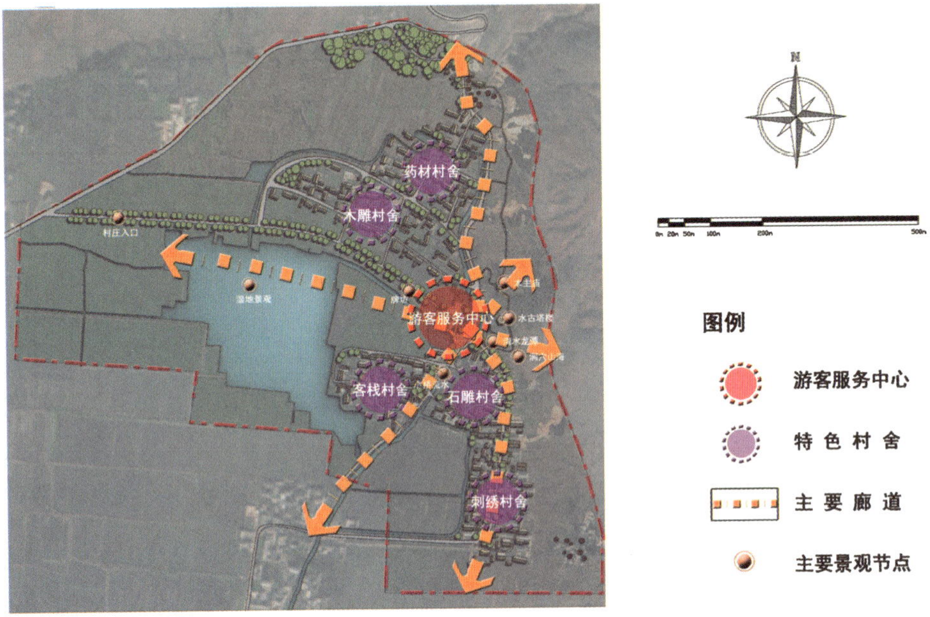

图 3.6.1 总体布局分析图

（二）旅游功能分区

根据旅游区的旅游资源分布，结合各个区域的特征，将整个旅游区划分为综合服务区、民俗体验区、山地运动区、田园观光区四大功能区（见表 3.6.1、图 3.6.2）。

表 3.6.1 旅游区功能分区表

功能分区	位置	主要功能	开发方向
旅游综合服务区	村寨中部	接待服务	游客接待 + 产品推销
村落民俗体验区	新、老村寨	食宿体验	餐饮住宿 + 民俗体验
山地运动拓展区	村落东部、北部	运动娱乐	运动探险 + 瓜果采摘
田园湿地观光区	村落西部	休闲观光	亲水娱乐 + 景观田园

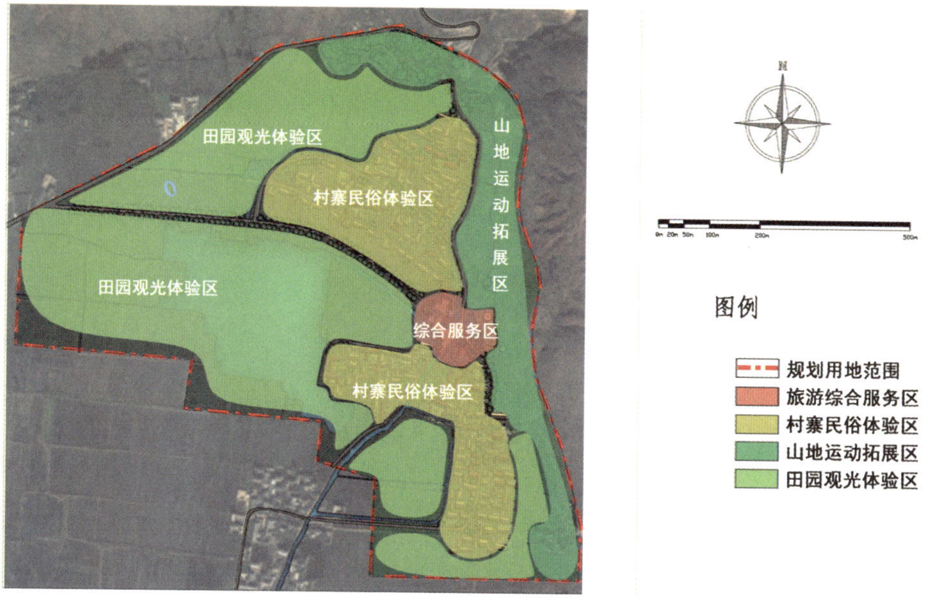

图 3.6.2　功能分区图

（三）旅游产品体系

根据水古楼乡村旅游区的资源特征与项目开发，可将其旅游产品划分为一大核心旅游产品、两大重点旅游产品、三大配套旅游产品（见表 3.6.2）。

表 3.6.2　旅游产品体系表

产品地位	核心产品	重点产品	配套产品
产品系列	农家乐旅游产品	民族旅游产品 乡村旅游产品	康体运动产品 休闲游乐产品 探险旅游产品
产品价值	核心竞争力；灵魂	丰富旅游内涵；支撑	突出个性特征；补充

1. 核心产品

农家乐旅游产品：以特色美食、休闲娱乐项目为主要卖点，兼顾当地和周边有特色的旅游商品，如木雕、石雕、剑湖之源腌鸭蛋、虹鳟鱼等。

2. 重点产品

（1）民族旅游产品

以白族文化为核心，突出当地的本主文化特色和民风民俗，建成一个保存完好、原生态气息浓厚的白族文化村落。

（2）乡村旅游产品

根据自身的乡村特色，利用村寨景观、水体景观和田园风光，打造成为滇西北著名的乡村旅游地。

3. 配套产品

（1）康体运动产品

利用山体、道路等，开发山地运动、CS 对抗等康体运动型旅游项目，将水古楼打造成为滇西北知名的康体运动基地。

（2）休闲游乐产品

根据水古楼的特点，开发一些亲水型项目、农果采摘项目、农家乐等休闲游乐项目，满足游客休闲游乐的需求。

（3）探险旅游产品

开发水古楼的洞穴资源，将其建设成为滇西北知名的洞穴探险旅游地。

（四）旅游景观体系

水古楼村的旅游景观体系为八大景观节点、三条景观廊道、三片景观基质。

1. 八大景观节点

水古楼乡村旅游区八大景观节点分别是村庄大门、望天龙潭、清水龙潭、水古塔楼、小桥流水、本主神庙、洞穴山海、南北石窑。

（1）村庄大门

位于村西主入口剑鹤公路旁，为村寨引导标志性建筑，是白族风格牌坊，醒目地写着“剑湖之源”。

（2）望天龙潭

为田园湿地，扩大湿地水域面积，可以行船养鱼，进行田园垂钓，种植荷花等，打造湿地景观。

（3）村口牌坊

作为进入村庄的标志，在停车场旁立村口牌坊，上书“水古楼”大字。

（4）清水龙潭

以清水龙潭为核心，打造水古楼村旅游亮点，保护和利用水体，进行水产养殖、周边植被绿化，建设亲水设施，使活水贯穿全村，增加水古楼村的灵性。

（5）水古塔楼

为村庄自来水水塔，在此基础上进行景观化处理，打造成为仿古的、可登临观景的标志性建筑，使“水古楼”名副其实。

（6）小桥流水

位于村寨内部，沿清水龙潭流往剑湖的水渠打造水景小品，包括水车、水碓、水磨、洗衣亭等设施，使之兼具实用价值。

（7）本主神庙

位于清水龙潭东北角，通过绿化、修缮等美化本主庙，使之更具观赏和游览价值。

（8）洞穴山海

位于清水龙潭东南角，通过对洞穴的开发，使之具备游览功能，作为避暑、避寒和探险猎奇的场所。

2. 三条景观廊道

（1）村庄道路景观廊道

重点建设、美化老剑鹤公路南北向穿越水古楼村的那一段，改造提升路面，道旁树以杨树（或柳树）为主，连接新剑川公路。

（2）山水田园景观廊道

由东西走向的村寨主入口大道和登山游路组成，是一条连接农田、水景、村寨、山体的观光游览线路，将水古楼村的主要游览点串联起来。道路两旁适度绿化，并建少量的亭台供游客休憩。

（3）剑湖溯源景观廊道

打造以清水龙潭为水源地，穿过水古楼村，向西南方向流往剑湖的水渠景观。“剑湖溯源”水渠水景打造分两段：村寨段以建筑设施为主，主要依水建水车、水碓、水磨、洗衣亭等景观和生活设施；出村寨段以植物绿化为主，主要种植柳树、杨树等乔木。

3. 三片景观斑块

（1）村落景观

对水古楼村的道路、建筑风格和布局进行合理规划，整治村寨卫生，完善公共设施，美化村容村貌。村中道路要保持干净卫生；建筑风格要以白族的“三坊一照壁”式灰瓦白墙为主；新老村分离，人畜住处分离，旅游接待点与居民生活区分离；电线、电话线、闭路电视线、水管等管线设施尽量入地；保护村寨树木，对古树名木要挂牌特别保护。

（2）田园景观

合理规划农田农作物的种植种类和布局，使之更具观赏性和游览性，打造田园农作物景观。夏秋季节以稻田景观为主，冬春季节以油菜花景观为主。

（3）山体景观

通过山地运动、农夫果园、义务植树等，绿化和美化山体，建成片的风水林，实现生态修复的生态效益与经济效益的结合。

（五）游览线路体系

1. 高原水乡民俗之旅

一村一品，游览药材村、木雕村、石雕村、客栈村、刺绣村五大主题村舍。

2. 田园湿地生态之旅

生态恢复，饱览望天龙潭、清水龙潭两大龙潭，游历荷塘月色、漂浮湿地、鸭戏水影、沉鱼落雁、菱花飘舞、微风芦荡六大湿地。

3. 农夫果园山林之旅

本主神庙、农夫果园、洞穴山海、药材基地。

（六）旅游项目体系

水古楼村旅游项目体系见表 3.6.3。

表 3.6.3　水古楼村旅游项目体系表

功能分区	建设项目
旅游综合服务区	湖源大道、村寨牌坊、《水古楼赋》照壁、亲水广场、游客服务中心（含文物展示、文化交流）、清水龙潭、水古塔楼、剑湖之源巨石
村寨民俗体验区	特色农家乐（木雕、石雕、刺绣、鱼庄、药膳、果蔬）、民居客栈（红色故居、田园酒店、剑湖之源）、小桥流水、本主庙
山地运动拓展区	风水林、自驾车营地、烧烤露营地、登山游道、农夫果园、溜索、石灰窑 CS、洞穴山海
田园观光体验区	景观农田、望天龙潭、望天荷塘、特种鱼养殖基地
活动策划	水上漂、田园垂钓、上榜留名、夏令营

七、旅游项目策划

（一）综合服务区

【区域概况】综合服务区位于村寨中部，以清水龙潭为中心，包括水古楼村的主要出入口——村西的水源大道，为人们接触旅游区的第一印象区，也是游客的集散和活动中心。该区现有高大的古村树和一些民房。清水龙潭水质清澈，潭中常年生长着海菜花，一年四季出水量较大（见图 3.7.1）。

【主题定位】剑湖源泉。

【功能定位】游客接待 + 产品推销。

【策划思路】作为整个村寨的旅游接待服务区，也是“剑湖之源”的核心区，建设湖源大道、村寨牌坊、《水古楼赋》照壁、剑湖之源广场、游客服务中心、清水龙潭、水古塔楼等项目。清水龙潭作为全村的“眼睛”，将清水龙潭定格为剑湖之源的“源泉”，让人们欣赏剑川“母亲湖”的源头活水。

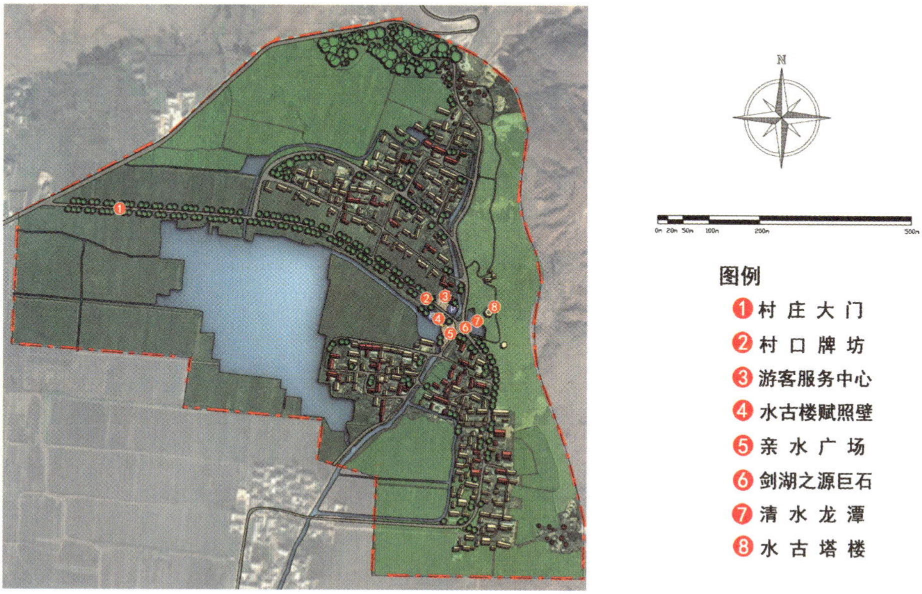

图 3.7.1　综合服务区项目布局图

【项目内容】

（1）湖源大道：新建一条出入村寨的主干道，位于村寨西侧，沿着现有田埂连接剑鹤公路和清水龙潭。大道宽 7 米，长 800 多米，为柏油路面，双向 2 车道。大道两旁为农田湿地景观，形成一条景观大道。

（2）村寨牌坊：在湖源大道上新建两个村寨牌坊。一个位于剑鹤公路旁，作为引导性的标识景观，牌坊上醒目地写着“剑湖之源”；一个位于靠近村寨的广场入口，作为指示性的标识景观，牌坊上醒目地写着“水古楼”。

（3）剑湖之源广场：在清水龙潭前方（西侧）修建剑湖之源广场，作为游客集散和举办村寨节庆活动的场所，还可以兼做停车场。广场西侧建《水古楼赋》照壁，请知名书法家将杨学文先生创作的《水古楼赋》题于照壁上，供人欣赏。

（4）游客服务中心：在广场旁新建游客服务中心，作为水古楼乡村旅游的服务“前台”。主要职能包括旅游宣传、旅游信息咨询与发布、旅游接待与内外协调、旅游安全救助等。服务中心包括村寨文物展示区、书籍报刊借阅区、旅游商品和日用品销售区等。同时，该中心也作为水古楼村旅游管理委员会的办公地点，统一负责管理该村的乡村旅游接待和发展事宜。

（5）清水龙潭：对龙潭的生态环境和水体进行保护和优化，潭中放养观赏鱼，任凭海菜花开花落，使之成为一处景观优美、休憩发呆的旅游点。在龙潭旁修建一座仿古的亭子和回廊，作为游客遮阳挡雨、休憩观赏的场所。

（6）“剑湖之源”巨石：在龙潭西侧放置一圆石，上刻“剑湖之源”四个大字，以龙潭清水为背景，作为游客拍照留念的摄影点。

（7）水古塔楼：在清水龙潭的右上角（东南方）的山坡上建一座景观型的水塔，风格仿古。让其作为全村自来水供应的蓄水池的同时，又具有游览和观赏功能。水塔的水用水泵从清水龙潭的泉眼中抽取，并在此基础上建立地下自来水管网系统，将自来水输送到家家户户。

（二）民俗体验区

【区域概况】民俗体验区位于旅游综合服务区的南北两侧，包括新、老村寨，是展示水古楼村民俗文化的核心区。现有100多户居民，其中有十几户木雕作坊，两户石雕作坊，家家户户几乎都保持“三坊一照壁”的布局，中间庭院种树养花。村寨东侧有一本主庙，村寨西南侧有成片闲置的老土坯房（见图3.7.2）。

【主题定位】湖源人家。

【功能定位】餐饮住宿＋民俗体验。

【策划思路】该区主要承担食宿和民俗文化体验的功能，以提供餐饮为主的特色农家乐和提供住宿为主的主题型客栈为主要形式。建设特色农家乐（木雕、石雕、刺绣、鱼庄、药膳、果蔬）、民居客栈（红色故居、田园酒店、剑湖之源）、小桥流水、本主庙等项目，以凸显特色、生态美食为主。

【项目内容】

1. 特色农家乐：目前仅有以水为主题的“古楼水苑”和“秀水山庄”两家农家乐，远远不能满足今后的客源市场需求。因此选取若干户家庭庭院建设成为分别以木雕、石雕、刺绣、鱼庄、药膳等为特色的农家乐，突破传统农家乐仅提供餐饮的局限，赋予农家乐文化属性，按照“一户一品”的思路，使每一户兼具展示、旅游、购物的多元功能。

（1）木雕农家乐：从剑川木雕的技艺、题材切入，每一户家庭作坊各有绝活，如可建设以工艺精品馆、木雕本主园、技艺馆等为特色的木雕农家乐。注重木雕元素的运用以营造氛围，让游客亲身体验剑川木雕文化。

①工艺精品馆：收集、典藏、展示木雕精品，成为当今白族民间木雕精

品佳作的汇聚之地。展示有豪华典雅、富有民族气息的客厅家具类；古朴高雅的嵌石餐厅家具类；栩栩如生的九龙壁画、花鸟壁画类；座屏、挂屏、屏风类；园林古建筑的格扇门、窗、挂帘等品种，再现优秀的民族木雕艺术。

②木雕本主园：本主信仰是白族地区广泛存在的一种土主信仰，认为本主能保佑人们平安吉祥、风调雨顺、五谷丰登、六畜兴旺。白族村寨几乎都建有本主庙，庙内供奉泥塑或木雕的本主神像，水古楼村的木雕本主神像是现保存完好的木雕精品。本主之家木雕专业户依托水古楼村的本主木雕工艺，集展示、加工、销售本主神像等于一体。木雕本主园既是本主木雕像和本主木雕工艺的博物馆，也是一处特色工艺作坊。

③技艺馆：剑川木雕的应用以建筑用最为普遍，是迄今能见到的历代木雕艺术的主要遗存形式。水古楼宅木雕专业户依托木匠的建筑木雕工艺，打造集展示、加工、销售为一体的木雕楼宅。精美的雕花格子门、精致的斗拱、宏伟的双层翘角、栩栩如生的动物浮雕窗等，处处体现出白族木雕工匠的技艺精华。

（2）石雕农家乐：扶持一户以石雕艺术品、怪石和石雕工具展示为特色的农家乐。古朴的院落和沉稳的石雕艺术相得益彰，从每一处精心的石雕艺术装饰中，散发出文化的魅力。

①石雕园：在庭院内散布着各种精美的石雕工艺品，如可在庭院两侧设置整齐、形态各异的中国传统“十二生肖”石雕，游客可以在自己的属相石雕前合影留念。

②怪石园：院内以奇石、怪石为特色，从石凳、石桌到屏风展现“怪石”风采，还可依托云南十八怪的故事，以石雕的形式展现。十八怪石阁以展示云南十八怪故事为主题，用石雕描述云南独特的奇怪现象或生活方式。以集制作、展示、销售于一体的“前店后作坊”形式，凭借十八怪的石雕吸引游客兴趣。

③工具园：制作石雕所需要的工具众多，如雕塑刀、石雕凿、石雕锤、弓把、点型仪等，而按照不同材质、大小、形状等又可划分为多种类型。在院内通过集中展示和让游客亲身体验各种石雕工具的形式，使游客更加直观地了解石雕工艺。

（3）刺绣农家乐：挖掘剑川的刺绣文化，在传统的白族院落内，以刺绣为亮点，建设分别突出绣画、服饰、技艺的“女红楼”“丝织坊”“刺绣传习馆”等，所展示的刺绣品均为限量版，具有唯一性，游客可根据自己喜好现场购买。

①女红楼：刺绣又名“女红”，建一白族建筑风格的二层楼阁作为集中展示刺绣精品的场所。一层展示中国“四大名绣”——苏绣、湘绣、粤绣、蜀绣的代表性作品。如苏绣的小猫、湘绣的狮虎、粤绣的凤凰和蜀绣的芙蓉鲤鱼等。二层则是展示白族刺绣精品。通过传统刺绣和白族刺绣的集中展示，以直观的方式让游客感受大理白族刺绣的地方民族特色，感受白族刺绣图案的生动和造型上的独特。

②丝织坊：在三坊一照壁的白族民居建筑中展示白族的传统服饰文化。以实物、壁画、场景、高分子仿真雕塑等多元形式展示白族人民纺织生活场面。而庭院里则为游客互动区。通过模特和游客身着白族服饰，互动的T台走秀方式，使游客体验白族服饰文化。

③刺绣传习馆：传习馆是弘扬、传承白族刺绣工艺的地方。在传习馆内刺绣民间艺人带着学徒学习白族刺绣传统工艺，设计制作刺绣精品，进一步提升白族刺绣的知名度和影响力。

（4）剑湖鱼庄：餐饮街内的高端餐厅。水古楼村为剑湖之源，临近剑湖，剑湖内又有许多土著鱼类。通过创新鱼的各种做法，开发“剑湖鱼宴”特色美食产品。目标市场针对中高端客户群，并以虹鳟鱼为招牌菜。

（5）药膳农家乐：凭借水古楼村临近药材山的优势，迎合当代人养生食疗的需求，建设一个以药膳滋补为特色的农家乐，积极开发具有食疗保健作用的药膳菜肴、点心、小吃等。

2. 民居客栈：在村内挑选保存尚好的古宅院，改造修复后建设成为具有接待功能的民居客栈。民居客栈主要表现白族民居的建筑特点，让游客身处古朴幽静客栈内，有远离城市的喧嚣、放松自我的作用。

（1）红色故居：对台儿庄战役的三位剑川籍团长的故居进行修缮和保护，将其改建成为水古楼的精品客栈，内部设施高档舒适。在故居内有对三位团长的生平介绍，反映云南军人在台儿庄抗日战场上的丰功伟绩。

（2）田园酒店：区别于传统高大现代酒店，建设迎合小众市场的特色田园度假酒店。田园客栈坐落于剑湖之畔的水古楼村，依山傍水，富有情趣，是以生态文化、白族文化、乡村文化为特色的度假客栈。客栈可推出四季房、丰收房、蜜月房等特色套房。

（3）水榭客栈：客栈以水为特色，在客栈中通过以池塘、景观水车、大型热带鱼缸等途径营造“水”的氛围，使游客体会到高原水乡、剑湖之源的韵味。

（4）石垒客栈：即用石头砌成的房子。客栈门外放一对石狮，客栈内全为石雕装饰，还可将客房内的床改造为北方冬天取暖的炕，让游客住在客栈内有新奇感、有新体验，使石垒客栈发挥冬暖夏凉的优势。

（5）土坯客栈：客栈的外观为土坯房，内部通过加固改造，保证了其安全性。随着城市化进程，土坯房大量拆除，钢筋水泥房充斥着整个城市，建设土坯客栈重新燃起了人们怀旧复古的情怀，住在客栈里的人们回忆着过去，谈笑着童年，实现精神上的放松。

3. 本主庙：本主为白族的一种特殊民族崇拜，纪念缅怀当地的历史名人或神话动物等。该本主庙名为阎间景帝庙，其最大特点是本主为木雕造像，是水古楼村的八大景观之一。强化厢房、大殿等建筑及其设施的木雕特色和工艺，通过本主庙表现当地居民的宗教信仰文化。

4. 小桥流水：在清水龙潭附近，通过水系的改造、拓展，在水渠上设计若干石桥，形成小桥流水景观，营造“水”的诗意氛围。

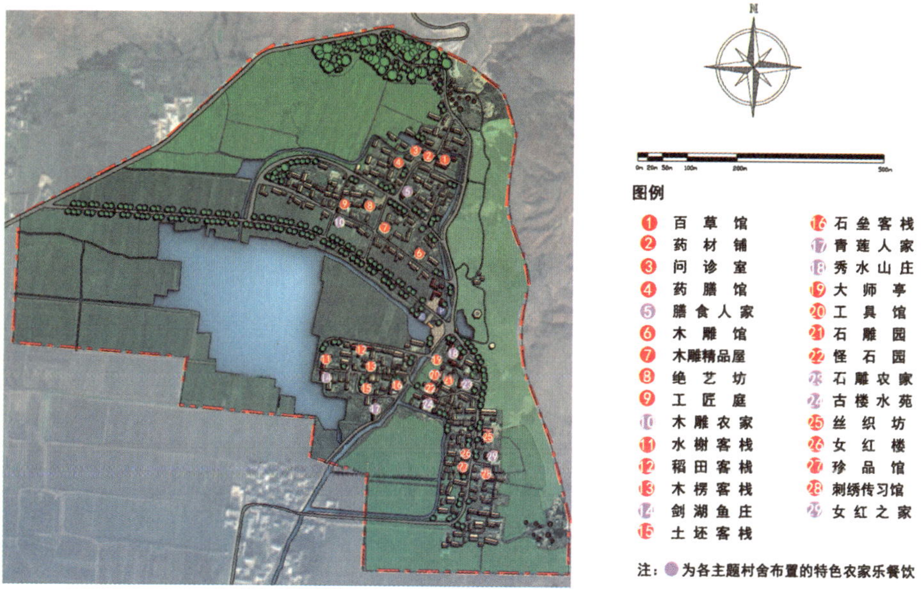

图 3.7.2　民俗体验区项目布局图

（三）山地运动区

【区域概况】山地运动区位于水古楼村东侧的挂榜山。挂榜山为东西走向，犹如一道屏风，冬天可以遮挡从玉龙雪山刮来的寒风。山体植被在 20 世纪五六十年代破坏严重，土表裸露，生态修复任务重。山脚有洞穴，山顶有中药材种植基地。目前，水古楼村民仍在开山采石（见图 3.7.3）。

【主题定位】绿色屏障。

【功能定位】运动探险 + 瓜果采摘。

【策划思路】根据挂榜山地形情况，在规划区内建风水林、自驾车营地、烧烤露营地、登山游道、农夫果园、溜索、石灰窑 CS、洞穴山海等项目，作为山地运动、洞穴探险、山体修复、农家乐体验以及娱乐休闲的基地。

【项目内容】

（1）风水林：在村寨北边、东边山体以及墓地区域建成片的风水林，主要种植红豆杉、云南松、华山松、冷杉、竹等，以美化环境，提升景观品质。鼓励各单位和学生群体在植树节等节日参加植树活动。

（2）自驾车营地：在临山附近建立自驾车营地，以满足自驾车市场迅速发展的需求。营地竖起标牌，设立若干小型自驾车位，提供相关的服务设施，配套沐浴、修车、加油、汽车美容等服务。

（3）烧烤露营地：在自驾车营地附近设置帐篷露营地，露营地开辟烧烤野餐区，设有若干野餐餐位和烧烤架，烧烤场向游客提供各种烧烤小吃。周边应设置防火隔离带，完善消防设施。设置石灰窑外形的特色帐篷，为游客提供特色居住体验。

（4）登山游道：开辟多条由村中通往山上的游览步道，登山步道迂回曲折，沿线设计若干小品、休息、观景设施，沿途布局若干果树林木，利用石阶、木栈道等形式铺就，将登山步道打造成为景观生态小道。

（5）农夫果园：利用现有山地，结合当地土壤和气候条件，种植有特色的核桃、雪桃、苹果、梨、桃等果树，形成一个果树品种繁多的果园，鼓励游客采摘，增强可游览性、可观赏性和可参与性。

（6）溜索：溜索又称“滑索”“速滑”“速降”“空中飞人”等。溜索可跨越草地、湖泊、河流、峡谷，借助高差从高处以较高的速度向下滑行。使游客在有惊无险的过程中感受刺激和满足。现在它已分化成崖降、楼降、桥降、溪降等类别。游客身穿保险衣与架子钢索的滑轮连接，借助景点（区）的自然落差，由钢索、滑轮保险绳索与人体连接，从高处发射台顺势而下，以较高速度完成滑翔。

（7）石灰窑 CS：对水古楼村东南的废弃石灰窑进行修整，利用石灰窑的掩护和周围的山地地形，开发真人石灰窑 CS 野战活动。采用集激光、微电子、计算机信息技术于一身的现代高科技产品，把军警实战对抗训练系统转化为民用体验型的仿真系统。具体游戏项目有山地攻坚、丛林遭遇、医护兵战役、大逃杀以及 VIP 保护战斗等。

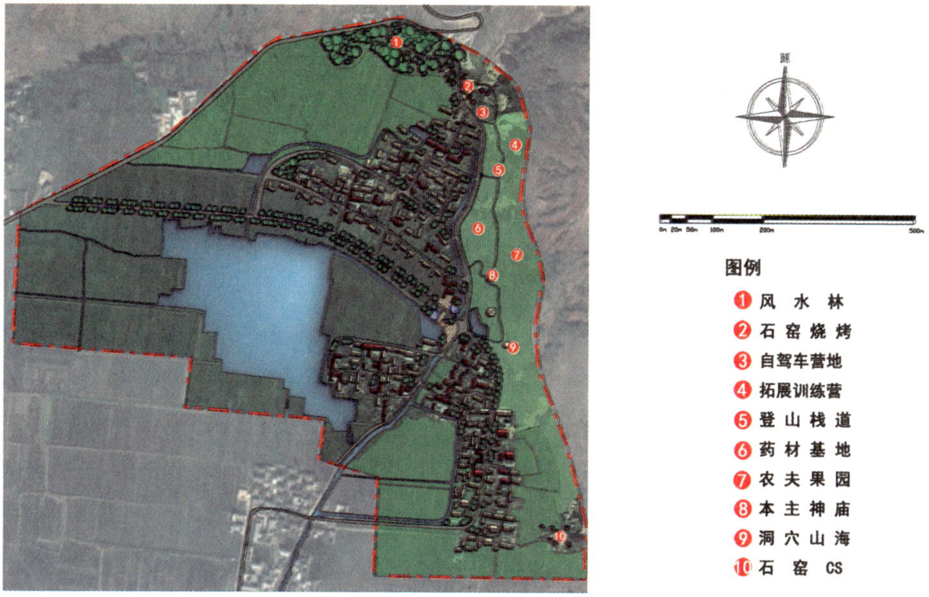

图 3.7.3　山地运动区项目布局图

（四）田园湿地区

【区域概况】田园湿地区位于水古楼村西部和南部，有大片水田和望天龙潭，沟渠纵横，土地平旷，景观优美（见图 3.7.4）。

【主题定位】高原湿地。

【功能定位】田园观光 + 亲水娱乐。

【策划思路】依托现有农田和龙潭湿地，疏浚河道，扩大水域面积，建设景观农田、望天龙潭、望天荷塘、特种鱼养殖基地等项目，将其打造成为景观优美的高原田园湿地游览区。

【项目内容】

1. 景观农田：改造水古楼村西边和南边的大片农田，配套建设田间道路、沟渠等，利用几何图形和农作物的规模效应和季节性色彩变化，打造极具视觉美感的景观田园。农田冬春季节种油菜，夏秋季节种水稻，提高了景观的空间异质化程度。田间阡陌交通，沟渠纵横，线条横平竖直，人们可以在田埂上散步、奔跑，或骑自行车飞驰。

2. 望天龙潭：望天龙潭是一片天然的沼泽地，分布着诸多泉眼，但水域面积过小。因此要扩大水面，深挖龙潭，优化水质，充分利用其水体进行水产养殖，使其变成一个天然的鱼塘。对望天龙潭周边环境进行改善，包括植被绿化、建设游览栈道等，为游客提供游览、休憩之所，方便游客龙潭泛舟、滨水垂钓。此外，可栽种芦苇、高笋之类的湿地植物，放养鸭、鹅等水禽，增强湿地生趣。

3. 望天荷塘：将水古楼村与望天龙潭之间的那片不便耕种的秧田改造为荷塘。荷塘既可以打造美丽景观，又能产生藕、莲子等农产品，还可以兼养鲤鱼、黄金鲫鱼等经济鱼类，为该村农家乐提供丰富食材。游客既可以赏荷、摄影以及品味荷香，也可以划着小船或竹排穿梭其中，亲手采摘莲蓬。

4. 特种鱼养殖基地：剑湖有多种土著鱼类，水古楼村有丰富且高品质冷泉水资源，也是养殖珍贵鱼种三文鱼（鲑鱼）、虹鳟鱼、金樽鱼、中华鲟等的理想之地。由此可建设特种鱼养殖基地，形成产业化、规模化水产养殖业。所养殖的鱼，销售面向海内外，也可对游客开放参观和购买。还可以形成集鱼苗孵化、养殖、物流于一体的水产产业链。

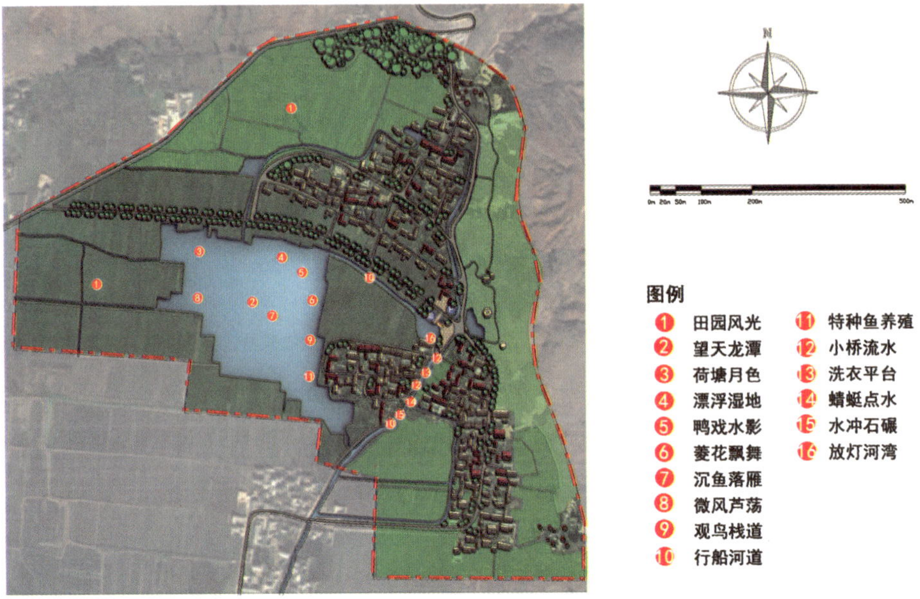

图 3.7.4 田园湿地区项目布局图

（五）活动策划

（1）水上漂：以望天龙潭为中心，向龙潭的西、北、南三个方向挖掘若干人工水系。形成一个以望天龙潭为中心的乡村水网。在龙潭的适当位置设置一个水上漂码头，放置若干竹筏或小船，体验亲水之乐。沿途可赏莲花绽放，可观鱼鸭嬉戏，别有情趣。

（2）田园垂钓：以水古楼良好的生态环境为基底，在保护良好的湿地生态环境的基础上开展田园垂钓、稻田养鱼、沟渠捕鱼等旅游项目。并且举办钓鱼、捕鱼大赛，吸引更多的游客参与到这个活动中来。在围绕龙潭设置的观光栈道的基础上，每隔约五米距离设置一个田园垂钓点，田园垂钓点可向潭中突出，背依栈道，三面环水。田园垂钓点的右边可建一个小池子，便于放置渔具、鱼饵等物品。同时，在连通龙潭的人工水网上也可适当布局垂钓点，但要保障不影响水上漂活动。

（3）上榜留名：村子东部有挂榜山，可引申步步高升，金榜题名，天天向上之意。沿山上的老路建登山步道。整个路程分为三个阶段，第一阶段为榜眼，第二阶段为探花，第三阶段为状元。登上山顶者可给予奖牌或小证书奖励。该活动的主要目标客源为县城的父母与孩子组合。

（4）夏令营：该活动是一个时令性较强的综合性活动，主要针对剑川县及附近的中、小学生，可组织学生进行拓展训练，农田劳作、吃农家菜、垂钓等，晚上住乡村客栈。时间可长可短，一般三天左右较为适宜。同时针对学校关于学生安全的顾虑，可引入第三方责任保险。

八、接待设施规划

（一）游客中心

新村寨的综合服务区作为整个旅游区的主入口，需要修建一个多功能、综合性的游客服务中心，为游客提供信息、咨询、游程安排、导游等服务。同时，也作为游客集散和文化、商业、管理活动场所。建设内容包括信息咨询中心、文物展示点、书报借阅室、商品展销点、行政办公区、医疗救助站、旅游厕所等设施，配置水古楼村导览图、宣传展示栏、信息板等设施设备。

（二）餐饮设施

水古楼作为农家乐型乡村旅游地，主要客源为剑川县城游客，其旅游业态是典型的节假日经济。根据我国节假日制度，我国的年均节假日为 115 天左右。根据预测，到 2020 年，水古楼的全年游客接待量为 10 万多人次，日均游客接待量为 277 人次，日最大游客接待量为 2000 人次。水古楼的旅游餐饮设施以 8 家特色农家乐餐饮为主，分别是古楼水苑、秀水山庄、剑湖鱼庄、木雕农家、石雕农家、女红之家、膳食人家、青莲人家，可同时容纳 600 人就餐。8 家农家乐零散地分布在村寨中，日平均上座率为 50%，平均毛利润率为 25%。此外，村北石灰窑的烧烤露营地可提供十多个烧烤摊，民居客栈也提供少量餐饮设施和服务（见表 3.8.1）。

表 3.8.1　旅游区餐饮设施规划表

农家乐名称	餐位数	总投资额（万元）	人均餐标（元）	回报周期（年）	建设分期
古楼水苑	100	60	40	4	已建
秀水山庄	50	40	35	5	已建
剑湖鱼庄	150	120	80	5	中期
木雕农家	50	50	30	4	近期
石雕农家	50	50	30	4	中期
女红之家	50	50	30	4	远期
膳食人家	100	80	60	5	远期
青莲人家	50	50	25	4	远期
合计	600	500	—	—	—

（三）住宿设施

根据旅游区客源市场现状、客源市场预测、旅游高峰期住宿游人比例和游客停留天数分析等规划建设住宿设施。住宿设施以主题型民居客栈为主，共建 4 家，分低、中、高三个档次，近期建档次较低的古楼人家和剑湖之源客栈，中期建档次较高的田园酒店，远期建中端型的红色故居客栈（抗日 1938）。总客房数为 65 间，其中，低、中、高档客房比为 4∶3∶6。4 家民居客栈相对集中地分布在老村寨中，客房日平均入住率为 40%，平均毛利润率为 30%。此外，村北石灰窑的烧烤露营地可提供近十个露营窑洞，个别农家乐也提供少量住宿设施和服务（见表 3.8.2）。

表 3.8.2　旅游区住宿设施规划表

民居客栈名称	客房数（间）	总投资额（万元）	平均房价（元）	回报周期（年）	建设分期
田园酒店	30	300	200	7	中期
抗日 1938	15	100	100	7	远期
剑湖之源	10	55	80	6	近期
古楼人家	10	45	60	6	近期
合计	65	500	——	——	——

（四）娱乐设施

首先，安全是游客外出旅游的第一要素，因而所有娱乐项目必须保障游客的身心安全，特别是山地运动区内的休闲运动项目，更要注重旅游者的安全；其次，为提高游客的旅游质量，加深游客的旅游体验，应开发一些能让游客亲身参与的娱乐活动，如水上运动、文化体验等；再次，根据游客年龄段不同，各个年龄段的游客都有各自年龄层次的游乐活动项目，因此，尽量布置适应各个年龄段、不同爱好的旅游者参加的娱乐项目，尽量使所有游客均能参与（见表 3.8.3、图 3.8.1）。

表 3.8.3　休闲娱乐设施分布表

功能分区	建设项目
综合服务区	游客服务中心、书报借阅室、清水龙潭亭廊、水古塔楼
民俗体验区	农家乐棋牌室、民族工艺学习、客栈网吧、茶吧
山地运动区	上榜留名、农夫果园采摘、溜索、石灰窑 CS、户外烧烤、洞穴探秘
田园观光区	湿地游览栈道、湿地泛舟（水上漂）、田园垂钓

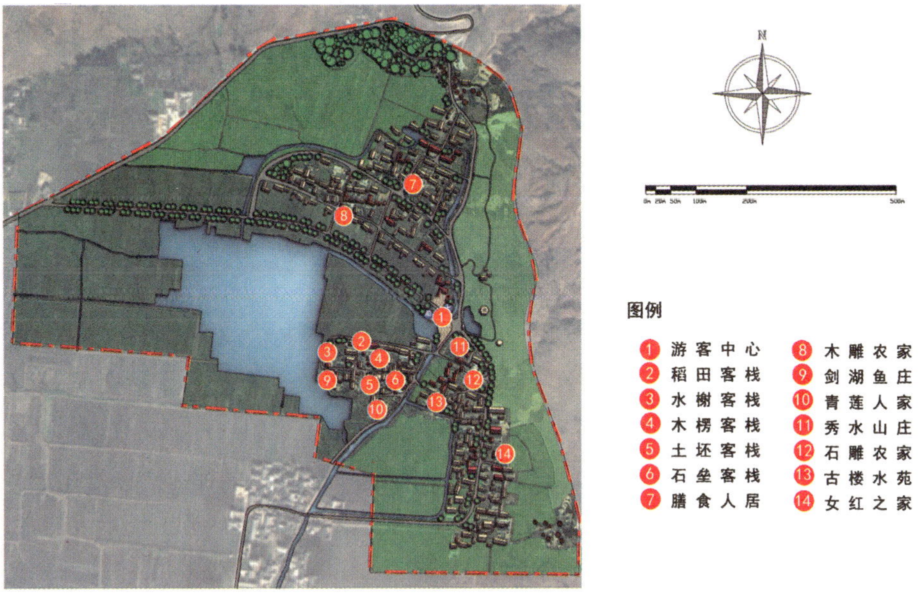

图 3.8.1　接待设施分布图

九、基础设施规划

（一）交通设施

1. 交通设施现状

外部交通方面，老剑鹤公路从村庄南侧穿过，新剑鹤公路从村庄北侧穿过，距在建的大丽高速公路2千米，距214国道4千米，距丽江机场60多千米，外部通达性和可进入性强。

内部交通方面，村内有宽3米左右的水泥路和部分土石路，南北向连接新老剑鹤公路。村内道路偏窄，大车难以进入，村内没有特定停车区域。东侧山体和西侧田园只有人行小道，且崎岖难行。

2. 交通规划原则

（1）满足需求原则

即道路的布设必须满足旅游、护村防火、环境保护以及村庄生产、生活等方面的需要。

（2）保护植被原则

应充分利用现有道路，做到技术可行、经济合理，尽量不破坏现有植被和景观。

（3）符合美观原则

道路的规划建设尽可能做到道路所经之处有景可观、路移景添。

（4）通达顺畅原则

道路的规划建设要做到路的转折、衔接通畅，符合游客的行为规律。

3. 旅游交通建设

（1）一条入村大道（湖源大道）

横向由东至西，长0.8千米，宽7米，沿路两侧为田园湿地景观，沿路设置入村牌坊、入村大门、入村停车场。

（2）三条村庄主路

药木路，长400米，宽5米，沿路两侧为药材铺、木雕坊；剑源路，长300米，宽5米，河堤景观道路，沿路两侧为客栈、田园；石刺路，长400米，宽3米，沿路两侧为石雕坊、刺绣坊。将原来穿过村中的老剑鹤公路全部铺成青石板路，一次性把高原水乡的味道做足、做到位。

（3）五条游览道路

青石板铺砌道路。药材村游路，由村庄主路延伸至百草馆、药膳馆、医术馆，形成循环回路；木雕村游路，由村庄主路延伸至木雕精品馆、木雕本主园、技艺馆，形成循环回路；客栈村游路，由村庄主路延伸至水榭客栈、稻田客栈、木楞客栈、石垒客栈、土坯客栈，形成循环回路；石雕村游路，由村庄主路延伸至石雕园、怪石园、工具园，形成循环回路；刺绣村游路，由村庄主路延伸至绣花弄、女红楼、丝织坊、刺绣传习馆，形成循环回路。

（4）一条登山游路

由村庄主路延伸至后山，使其连接本主庙、洞穴山海、农夫果园、药材基地（图 3.9.1）。

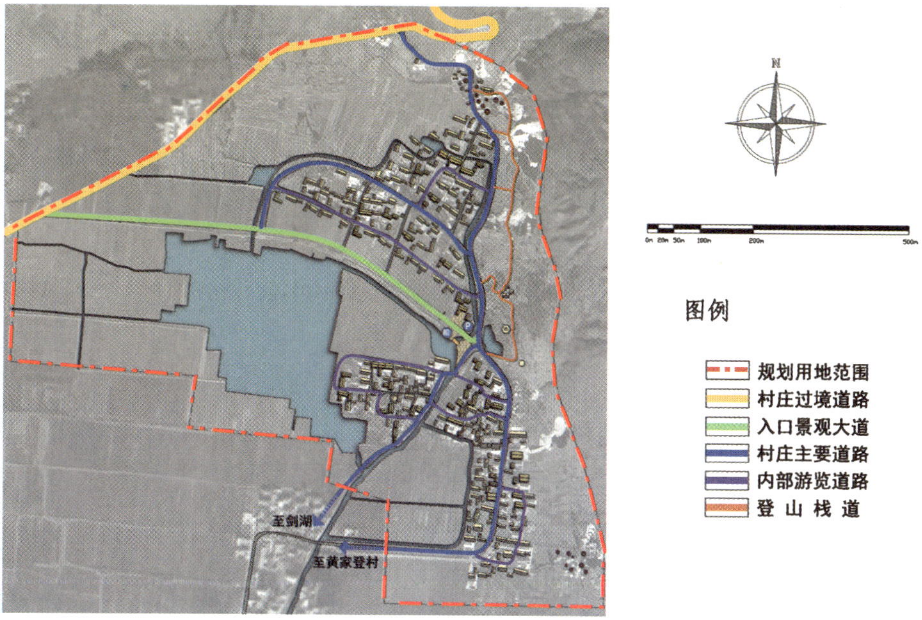

图 3.9.1　道路系统规划图

（二）给水排水

1. 给水排水设施现状

（1）给水设施现状

目前村子里的饮用水主要是靠地下水和龙潭水。生活用水在大量游客涌入后，显然是不够的。第一，没有蓄水设施，虽然龙潭水从来没有干涸过，但是蓄水设施是今后发展所需要的。第二，自来水系统不完善，需要按照村庄布局进行改造提升。

（2）排水设施现状

村子的生活用水是就地沟壑排放，有简单的沟渠，混合龙潭水排放到农田中。不具备任何专门的生活污水处理系统。

2. 给水排水设施目标

（1）给水设施目标

充分利用现有给水设施，统一规划供水系统，近期解决旅游区各景点通自来水的问题，并按照打造3A级旅游区的高起点、高标准发展要求，合理选取用水标准及水源，针对取水、输水、净水、配水等给水系统要素，实施改造完善供水系统，使整个系统安全、合理、经济。

（2）排水设施目标

在统筹安排、因地制宜、分期实施的原则下，根据旅游区规划和自然条件，合理确定排水体制；积极治理生活污水以及因开展旅游所带来的污水，最大限度地减少污水对受纳水体的污染；综合考虑污水系统总体布局，未来在旅游区内的合理位置修建污水处理厂，集中处理旅游区产生的污水问题。

3. 给水排水设施建设

（1）给水设施建设

将清水龙潭作为水古楼村生活饮用水水源地，在清水龙潭上方建自来水水塔，建立水古楼村自来水管网系统。

①供水水塔：在清水龙潭上方，建水古塔楼，既恢复历史上水古楼村的标志，又可使其作为水古楼村的供水水塔。

②水管铺设：沿水古塔楼向北、南、西三个方向铺设自来水管道，作为水古楼村新农村基础设施建设工程。

③水点布局：沿路铺设供水管道向每户供水。

（2）排水设施建设

将生活污水排放到农田和湿地。一方面将生活污水转化为肥料，另一方面起到过滤和净化水质的作用。

（三）电力通信

1. 电力电信设施现状

（1）电力设施现状

目前旅游区供电线路与周边村落连在一起，供电需求近期内可满足，未来随着旅游区的开发，各个旅游景点供电量都会增加，需要提高供电电压，升级各景点变压器。

（2）电信通信现状

剑川县的通信事业发展良好，通信网络已覆盖全县各乡镇，但部分山区存在信号网络不通达现象。目前，旅游区附近已经建立移动信号接收塔，移动通信总体良好，但是还存在不少信号盲点区域，网络可靠性有待进一步加强。

2. 电力电信设施目标

（1）电力工程建设目标

水鼓楼的电力工程建设以保证为旅游区提供充足的电力资源为目标，为旅游区各项事业的发展提供电力保障。在规划时应该注意以下原则：

一是电力工程设施应具有前瞻性，充分考虑到旅游区的发展需要，在供电能力设计时留有余地。

二是配套完善旅游区的供电系统，尤其是新建功能区的电网系统，加强旅游区电力系统的可靠性。

三是电力设施建设应注意与旅游区环境的协调，采取多种方式确保电力设施既安全可靠，又美观适用。

（2）电信通信目标

按照“统一规划、统一建设、邮电专用”的原则，坚持邮电通信在国民经济中的重要基础产业地位，从而不断提高通信能力和技术水平；综合协调邮电通信设施与其他设施建设，避免其他设施对通信网络的干扰，保证通信线路安全畅通。

3. 电力电信设施建设

（1）电力工程建设

①增加供电能力。随着水古楼乡村生态旅游区的旅游项目建设和旅游人数的增加，需要增加旅游区内的各景点的供电能力。规划统一建设 10kV 高压线路，在水古楼村附近设置变电站，新建供电线路 2 千米左右。

②路灯及旅游区亮化规划。旅游区内主要道路必须设置路灯照明，各类旅游项目建筑应搞好建筑艺术灯光设计，搞好庭院灯具设计，灯具选择应结合旅游区特点，并与环境相协调。照明线路均采用直埋方式敷设，埋在地面下 0.5 米左右。

③注意节能、安全。供配电线路、设备均应采用国际先进的低损耗设备，以便节约电能，变电站均采用电脑管理，线路采用地埋式电缆。在旅游区内不得有架空电线穿越，在保护景观的同时确保游人安全。

④大力推广生态能源，如安装风力发电和太阳能发电的环保能源路灯。目前村中已经有太阳能路灯 20 多盏，要在此基础上继续增加生态能源路灯数量。

（2）电信通信建设

①以高起点、高速度、高效能、智能通信网为基础，建成一个通信能力

强、业务类别多、运行效率高、安全可靠、质量优良的现代化通信网。

②在规划区内全方位开通国内、国际长途电话，其中酒店住宿点采用总机形式，游览区、管理处等采用直拨形式。

③各级服务站都须设立公用电话亭。

④清除旅游区内移动通信的盲区，增加其可靠性。

⑤在入口服务区设邮电所或代办处。

⑥宽带入户，带宽不低于4兆，可以自由上网。

（四）防灾安全

为了保护游客的生命财产安全，须采取必要的预防保护措施，具体包括两个方面。

1. 泥石流防治

通过植被绿化防止和治理水土流失，消除或削弱泥石流发生条件；保护植被，防止绿化裸地；道路塌方后应及时调整和疏导泥土流通途径和淤积场地，减少灾害破坏损失；加强村庄内现有砂石基地护坡绿化。

2. 游客安全保障

在游客服务中心设置有救援中心，湿地区、山地区、民俗区设置游客自助报警救助站。在湿地区域，设置游客自助救助站，站内有必备急求箱、救生衣、救生工具等，游客打碎玻璃后警铃响起，在救生队员赶到前，游客先行自救；在登山道沿途、溶洞山海内均设置救助站、急求箱。救助站内有电话可拨打救援中心电话。湿地区域的栈道设计要防止落水、跌倒、摔伤等；登山栈道设计要防止滑倒、跌落等。安全警示牌设置在醒目位置。

（五）环卫系统

1. 规划原则

按照“布局合理，美化环境，方便使用，整洁卫生和有利于环境卫生作业”的原则，结合村庄总体发展布局，充分考虑社会、环境及经济的综合效益，全面、科学地布局环境卫生设施、废弃物的收集和运输，逐步实现环境卫生现代化。并加强旅游厕所的设置与建设，创造一个整洁、优美的乡村旅游环境。

2. 环卫系统规划

（1）建设环卫基地一处，作为环卫管理、车辆停放和专用机械设备保修场地。基地内还包括垃圾处理场，负责对垃圾进行无害化处理，处理场周围设卫生防护区。购置 1 辆环卫车辆，将旅游区内的垃圾定期送至环卫基地填埋处理。

（2）沿主要游览道路每 50~100 米设置 1 个垃圾箱，次游览道每 100~150 米设置 1 个垃圾箱，要求环卫人员每日清理垃圾箱，保持村庄良好的环境卫生。垃圾箱外观要求与环境相协调。

（3）在每个功能区各设置 1 个垃圾转运站，将各个区的垃圾集中收集后再转运至环卫基地。

（4）建立健全道路清扫制度，实行专人负责制，村庄内干路和支路由环卫职工负责。

（5）旅游厕所可采用国家标准设计的水冲式公厕和应用新科技的免冲式公厕，在村庄各服务点及主要功能区附近设置旅游公厕，主要游线沿途每隔 2 千米设置一处公厕。

（六）旅游标识

1. 标识系统分类

（1）交通标识标

在村庄依托主干公路（大丽高速公路）两侧设置清晰的引导标识；在游客服务中心设置导游图，可以有平面图、鸟瞰图、简介文字等表现形式。

（2）游客服务中心

在游客服务中心放置各式各样的宣传手册、印刷品，介绍内容包括服务内容、功能分区、服务设施、活动项目、活动时间表等。

（3）接待设施标识

接待设施包括餐饮、娱乐、购物等场所，各类接待设施应根据行业标准采用统一规范的公共信息图形符号，以及附设施的使用方法、位置等配置说明。

2. 标识系统设计

（1）标识类型

通过在该点所要表达的必要信息来确定所布置的标识类型，每个标识应该具有独一无二的特点。

（2）标牌形状

标牌形状尤其是交通标牌形状要符合国家标准；在无标准规范的情形下，应注意符合易辨识、不雷同的原则，与周围环境协调。

（3）标识文字

标识所采用的文字应为中英文对照，文字的大小、颜色、字体、高度等都应根据游客的视觉、标牌的大小进行设计。

（4）图例

对于有方向性的图标应用箭头准确表达方位，设计可大胆创新，图例可作为标识底版或作为插图进入，大小适中，色彩鲜明。

（5）语言

标识要表达的语言应采用新鲜积极的语气，意思的表达要生动活泼，表达要人性化。

十、专项规划

（一）土地利用

1. 土地利用现状

目前水古楼乡村旅游尚处于局部开发阶段，旅游设施主要分散在坡地、村镇周边。规划区面积 1082 亩，其中约有 67% 的农业用地，18% 的村民居住用地，13% 的发展滞留用地，1% 的交通设施用地，1% 的水域和湿地以及非常少量的旅游设施用地（见表 3.10.1）。

表 3.10.1　土地利用现状指标

用地类别	用地面积（亩）	百分比（%）
旅游设施用地	0	0
村镇建设用地	184.7	17.60
交通设施用地	9.5	0.88
农业用地	725.7	67.02
水域（河流、池塘、湿地）	10.9	1.01
滞留用地	152.0	13.49
规划区总用地	1082.8	100

2. 土地利用依据

依据《风景名胜区规划规范》（GB 50298—1999）的用地分类标准，结合旅游区的开发建设实际需要来划分各类用地。旅游区用地分为六类。

（1）甲类：水域——湖泊、湿地、河流和其他水域用地等；

（2）乙类：游览设施用地——旅游点建设用地、游娱文体用地、购物商贸用地、其他游览设施用地；

（3）丙类：村庄居民用地——居民点建设用地、管理机构用地、科技教育用地等；

（4）丁类：交通与工程用地——对外交通通信用地、内部交通通信用地、供应工程用地、环境工程用地和其他工程用地等；

（5）已类：农业基本用地——农田、经济林木和农业设施等；

（6）发展滞留用地：未利用地和其他滞留用地等。

3. 土地利用指标

旅游区的土地利用重点在于适当扩大游览设施用地、风景游赏用地等用地面积的比例，保护水源地、林地、优良用耕地，通过景观绿化工程提高旅游区的环境水平和景观层次，增加旅游基础设施，强化旅游吸引力，以满足旅游功能的需要（见表 3.10.2 和表 3.10.3）。

表 3.10.2　土地利用控制指标

用地类别	用地面积（亩）	百分比（%）
旅游设施用地	32.5	3
村镇建设用地	216.6	20
交通设施用地	43.3	4
农业用地	606.4	56
水域（河流、池塘、湿地）	54.1	5
滞留用地	129.9	12
规划区总用地	1082.8	100

表 3.10.3　土地利用规划表

规划用地类型	规划用地（亩）
一、旅游设施用地	**98.9**
旅游点建设用地（游客服务中心）	20.2
游娱文体用地	51.7
购物商贸用地	27.0
二、村镇建设用地	**124.3**
村庄用地	86.3
配套设施用地	10.0
环境绿化	28.0

续表

规划用地类型	规划用地（亩）
三、交通设施用地	**19.3**
内外交通道路用地（停车场、游览道路、公路等）	16.5
环境工程用地（湿地游憩带、绿化用地）	2.8
四、农业用地	**656.3**
农田	638.0
农业设施	18.3
五、水域（河流、池塘、湿地）	**57.4**
河流	10.9
湿地	46.5
六、滞留用地	**126.6**
合计	1082.8

旅游区土地利用涉及的项目包括六个方面。

（1）旅游设施用地：游客服务中心、游娱设施、购物商贸设施等；

（2）村镇建设用地：村庄、农村配套设施、绿化等；

（3）交通设施用地：停车场、游览道路、公路、游憩带、道路绿化等；

（4）农业用地：农田、农业设施等；

（5）水域：水面、湿地；

（6）发展滞留用地。

（二）社区调控

1. 社区调控原则

（1）控制人口规模

旅游区内居民点人口发展过快会影响到自然环境，甚至会对良好的自然条件造成破坏，故应严格控制人口规模。

（2）合理布局居民点

布局应兼顾到环境保护和旅游发展需要，在现有居民点适当保留前提下，逐步减少旅游区常住人口数量。

（3）引导产业转型和劳动力合理转向

居民点的产业结构与旅游区发展紧密相关，通过旅游开发引导产业由生产型向服务型转型。

2. 社区调控类型

根据现有居民点分布和居住环境，社区规划调控分为以下三个方面。

（1）居民限制区

西部的田园湿地区和东部的山地拓展区均无农村居民点，按照生态保护的要求，应限制居民的围湖造田、污染湿地、乱砍滥伐等活动。

（2）居民控制区

把以清水龙潭为核心的周边区域划作居民控制区，控制居民人数以及民居的建筑风貌。考虑本区域的旅游中心位置，在允许少量的居民生活的前提下，对原居民建筑进行统一修整，保持视觉景观的整体化。

（3）居民生活区

按照旅游区和生活区分开的思路，在村庄聚落的外围区域，划为居民生活区，保留现状农村，鼓励和引导居民的聚居。

3. 重点调控区域

（1）旅游综合服务区

即对以清水龙潭为中心的旅游活动区，要建的亲水广场、游客服务中心等设施，需要拆迁部分居民点，要给予拆迁居民宅基地置换和补偿。

（2）村寨主出入口通道区域（剑湖之源大道）

主出入口通道要新修 7 米宽的硬化公路，涉及征用相关农田，需制定好农田征用补偿办法。

（3）老村寨闲置的老民宅片区

要将这些老民宅统一转卖给一家企业经营，建成田园酒店，形成一个农田景观客栈群，需要处理好双方的利益关系。

（4）村寨南北两侧的石灰窑片区

要处理好石灰窑功能转换的相关问题。

（5）农田水系片区

要处理好农田景观化和水系整治所带来的一系列利益调整问题。

4. 社区调控措施

（1）完善和优化旅游区城镇及乡村居民点体系

根据旅游乡村居民点现状以及未来经济发展趋势，建议将旅游区乡村居民点按照以集聚为主的原则，搬迁合并一部分规模太小的乡村居民点。

（2）严格控制人口数量

根据旅游区的状况划定无居民区、居民衰减区和居民控制区。无居民区内不准常住人口落户；居民衰减区分阶段逐步减少常住人口数量；居民控制区分阶段、分区域定出允许居民数量的控制指标。

（3）分区分类实施居民社会调控

旅游试验区内村庄建设应满足居民社区规划和相关村镇规划，将不同类型的村庄民居景观风貌建设按照保护、控制、改造、搬迁四种方法进行建设，并提出建设对策。

（4）革新与健全社会组织

建议在旅游试验区内建立和完善乡村社区，作为旅游试验区内的基本社会组织单位，从事保护、治理、开发等有关方面的社会服务活动。各级行政组织应通过有效的基层社会组织进行广泛宣传，不断提高广大居民的环保意识和法制观念，有计划、有组织地开展各项社会事业活动。

（三）环境保护

1. 环境保护原则

（1）法制性保护原则

严格执行《环境保护法》《水法》《森林法》《野生动物保护法》《土地管理法》等法律法规和《工业“三废”排放标准》《生活饮用水标准》《地面水环境质量标准》《环境空气质量标准》等有关环境标准，运用法律手段切实有效地保护水古楼村及其周边的山林、水体、生态环境、大气环境及旅游环境。

（2）微观植被改造原则

在宏观上，保持水古楼村现有林地环境，微观上增加群落的多样性和植被的季节变化，为游客提供不同植被群落多姿多彩的观赏内容。

（3）区域优先绿化原则

应对水古楼村内荒山荒地、抛荒耕地进行优先绿化，对现有的湿地资源，在保护的基础上应进一步人工栽种植水生植物，改善生态环境。在主游道视线范围内优先绿化美化。

（4）综合保护、防治结合原则

水古楼村旅游环境保护必须把预防环境污染与治理现有环境结合起来，以建设优质的乡村自然生态景观为目标，进行综合性保护，防患于未然。同时要树立“预防是最好的治理”的环保思想，防治结合，避免重蹈“先污染，后治理”的老路。

2. 生态修复工程

（1）山体生态修复

水古楼村周围的山体，原来也是茂密的森林，由于人为破坏，造成如今的秃山状况。因此对水古楼村周边的荒山荒地，应进行山体景观绿化工程，促进山体、林地的生态恢复。

①控制山体水土流失：主要采用工程措施和生物措施相结合的方法，在控制水土流失的基础上，进行植被恢复。

②选择植被恢复类型：采用藤本和速生草本植物为先锋种进行地被绿化，如白花三叶草、红花酢浆草、石蒜、葱兰、麦冬等，也可以通过藤本植物如常青藤、络石、薯蓣、凌霄、何首乌等进行地被复绿。

③局部补充土壤：荒山表面一般具有土层较薄且营养缺乏的问题，补充部分豆科植物改善土壤结构，在部分退化严重的区域实施补土策略。

④植物群落构建：针对规划区域土壤及生态系统现状，短期内选择速生常绿小乔木或灌木进行植物群落构建，如大叶黄杨、侧柏、红花檵木、十大功劳、桂花和锦绣杜鹃等；还可以结合当地的特色果树或园林园艺植物进行适度搭配，在植物群落构建中应将常绿和落叶交错搭配，从而既保证景观的持续效应，又遵循生态系统中的更新循环原则。

（2）田园湿地恢复

受居民生产和生活影响，水古楼村湿地水体污染情况严重。根据现场调查，田园湿地内开展大规模农业生产，使湿地功能大大削弱，两岸只有一些常见动植物分布，缺乏生物和景观多样性。为了恢复湿地生态系统，提高田园湿地景观环境，应该从两方面规划田园湿地的生态恢复。

①扩大两大龙潭：清水龙潭作为剑湖之源，其水源地的特质要求其水质等级比较高。应当清除淤泥，深挖龙潭，解决泥沙淤积、内源污染等环境问题。建设围栏，将清水龙潭作为重点水源保护地。望天龙潭作为景观泉源，应扩大水域面积，栽种湿地植物，构建一个水质净化、生物多样和景观和谐的湿地生态系统。

②恢复六大湿地：在考虑生物多样，景观协调和经济、社会效益良好的前提下，根据现有条件，按照湿地的分布和特征，因地制宜地恢复湿地的生物系统，对六块湿地进行生态恢复和主题景观打造。其中包括：荷花湿地——荷塘月色、浮草湿地——漂浮小岛、浅草湿地——鸭戏水影、鱼潭湿地——沉鱼落雁、菱角湿地——菱花飘舞、芦苇湿地——微风芦荡。

3. 水网河道疏浚

由于暴雨、洪水和建设开发活动造成的水土流失及大量的生产、生活垃圾弃置河道，水古楼村河道淤积日趋严重。加上侵占河滩、缩窄河道、设置河障的现象，致使河道调蓄容量日趋减少，行洪排涝不畅，抗旱能力下降，农村航运萎缩，水环境恶化，严重影响社会经济的可持续发展和人民的生产生活。

（1）底泥疏浚

对村庄内河道进行底泥疏浚，解决泥沙淤积、内源污染等环境问题。首先，对污染底泥的沉积特征、分布规律调查清楚；其次，安排疏挖深度及规模、疏浚作业区的划分及工程量、疏挖方式及机械配置等；最后，明确底泥处置工艺，提出综合利用方案。

（2）打通水系

村庄原有水系被人为分隔侵占，河道逐年淤积，水污染日益加剧，生态环境退化。同时，清水龙潭、望天龙潭等水域散落于村庄田间，由于未能构建水道景观游线，旅游吸引力低。规划挖深、拓宽和清理现有河道，通过拆坝建桥、新开挖河道，将旅游区内水网与河道贯通，形成活水网络。

（3）河道景观化

对河道内所有影响景观的荒岛、土丘、杂草、垃圾等进行疏浚、清理。通过种植绿色植物，点缀自然石块、亲水台、木栈道等元素美化沿河景观、提高品位、改善环境，使沿河两岸绿带成荫，达到全面提升生态效益和环境效益的效果。

（4）水体净化

旅游区内各服务基地及居民点生活污水应经过处理后排放，严禁直接排放；区内应逐步采用先进污水处理工艺设备，提高污水的再生循环利用率，减少污水排放量；区内的农田、果园及其他林地，仍然以使用农家肥为主，严格控制化肥、农药的使用。

4. 生态环境保护

依据水古楼村自然地理特征以及资源的分布现状，规划建立三级保护体系。

（1）一级环境保护区

水古楼村中的清水龙潭、望天龙潭以及农田中的各水渠是旅游区景观的重要组成部分。水源对一个旅游区来说，是最具灵性的部分，并且也承担了为乡村提供居民生活用水、农业发展提供灌溉用水等功能。因此，应把清水龙潭和望天龙潭划定为一级环境保护区。严格保护区内的原生资源，坚决取缔和整改存在的污染源，对保护区定时检测控制。

（2）二级环境保护区

水古楼村及其周边的山林资源拥有大量的森林树木，这些森林树木有些都是经过20多年的成长才积聚成林，所以这些森林树木所在区域需要进行有效的保护，并且山林资源也是旅游区中开展山地运动区的依托，规划建设二级环境保护区。

（3）三级环境保护区

主要是水古楼村的四大旅游景点区域，即新村寨的综合服务区、老村寨的民俗体验区、村东部和北部的山地运动区、村西部和南的田园观光区。这四个旅游区的旅游设施建设必须与周围环境相协调，旅游活动的开展也需要确保不破坏周边环境。大气质量、水体质量及噪声标准参照一级保护区标准执行。

5. 适宜树种选择

（1）针叶树种：云南松、华山松、红豆杉、雪松、干香柏、柏树、三尖杉、圆柏等。

（2）阔叶树种：香樟、山桂花、滇润楠、银木荷、桦木红棒、五角枫、水冬瓜、野樱桃等。

（3）其他树种：云南山楂、核桃树、菩提树、板栗树、杏树、梨树、花椒、杨梅、漆树、滇山茶等。

（四）水系景观

1. 水系现状分析

水古楼村现在水系主要由两大水潭（望天龙潭、清水龙潭）和农田中的若干水渠构成。水潭水质较好，但缺乏总体规划，没有充分利用，各水渠也呈分散布局，未形成整体水体景观系统。

2. 水景规划思路

水古楼村水景系统，以打造“水环村庄、山水相依”的景观格局为目标，形成“江作青罗带，山如碧玉簪”的景观效果。水景系统总体构思为“一心、二环、六渠”（见图3.10.1）。

一心：打造以望天龙潭为水体资源的观光休闲区；

二环：利用清水龙潭水源，形成由清水龙潭出发的两条环村庄水渠；

六渠：引进清水龙潭中的水在农田间形成“田”字形的水渠网络，既有利于农田灌溉，又有助于形成整体“水田相融”的特色乡村景观。

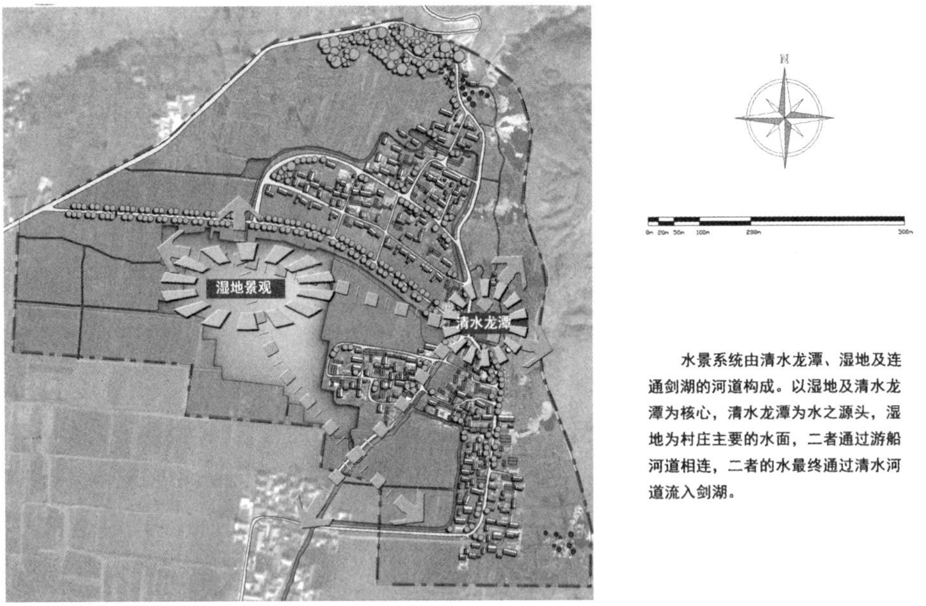

图 3.10.1　水景系统分析图

3. 水景系统重点

（1）水网规划

根据规划区水景系统总体布局中“二环、六渠”的河流分布情况，利用地形高差和人为疏导，形成流动的水网体系。其具体规划思路见表 3.10.4。

表 3.10.4　“二环、六渠”水网规划一览表

结构	名称	概况	规划思路
二环	清水龙潭水环	为旅游区水系统的外观轮廓，主要水源为清水龙潭	拓宽支流宽度，使整体河宽在 5~10 米；利用堵疏和分流的综合方法，使水位长期平稳；由清水龙潭为起点，分流出两条水渠，环绕村庄。能行小型观光船
六渠	“田”字水渠	六条水渠引进清水龙潭的水源，三条为东西向，三条为南北向	建设宽度为 3 米，六条水渠交错排列于农田之中，从远处观看形成“田”字形。打造成为“水田相融”的特色乡村景观。

（2）望天龙潭

作为水古楼村的水体景观观光区，对龙潭周边绿化美化，遮掩暴露在外的泥土，建设必要的观景小道、亭榭楼阁，在龙潭水池中除了已有的海菜花外，还可再配合栽种芦苇等植物，改善其生态环境，突出望天龙潭的清澈见底。

（五）市场营销

1. 市场营销策略

市场营销策略的运用能帮助旅游目的地应对旅游市场的竞争，提高旅游地的竞争力，最终实现旅游目标，主要策略包括三方面。

（1）客源地聚焦策略：水古楼乡村应在剑川县城、滇西北旅游线上建立自己的销售窗口，及时投入广告宣传，在短时间内取得营销效果。

（2）客源地轰炸策略：水古楼乡村应针对主要客源地进行密集式营销，在客源地制造氛围，达到最大的营销效果。

（3）媒体推广策略：通过电视、报纸和网络，借助媒体的宣传提高旅游区的知名度。

2. 市场促销方式

通过旅游促销活动，使旅游者了解旅游产品与服务的有关信息，加深旅游者对相关产品的认识，唤起旅游者消费需求，通过劝说和提示旅游者购买有关旅游产品，达到扩大销售的目的。打造“剑湖之源，纯美乡村”的旅游品牌，树立良好的旅游形象。常用的促销方式主要有：

（1）旅游广告

由水古楼村委会或招商企业投放广告，在报纸、杂志、广播、电视、网络等媒体投放广告，在大丽高速和剑鹤公路投放水古楼乡村宣传海报，以扩大影响和提高知名度。

（2）旅游营业推广

在某一特定时期和空间范围内，为配合广告宣传和人员推销，开展的一些刺激中间商和消费者尽量购买或者大量购买旅游产品的活动。采取的方式包括旅游区免费赠送旅游者介绍光盘，向经销商提供折价让利，利用节庆事件进行营业推广，开展各种展销活动等。

（3）旅游人员推销

派出推销人员，对旅游产品进行推销。推销人员携带旅游区及旅游产品说明书、宣传材料对客户进行走访推销，也可以利用各种会议宣传旅游产品。

3. 市场营销渠道

旅游销售渠道较为繁杂，总的原则应是既有重点又广开渠道。

（1）在交通路口和枢纽，如码头、车站、城区主要街道路口等设立醒目的导游交通图、指示牌等。

（2）建立和健全游客预订系统，尤其是在交通、客房和浏览项目方面逐步建立为游客服务的预订网络。

（3）争取旅行社成为旅游区的销售窗口，推荐灵活多样的游览方式、活动项目和服务内容，给予高质量、多样化的服务。

（六）人力资源

1. 管理机构设计

为规范水古楼村旅游业经营管理，促进旅游业健康发展，成立水古楼乡村旅游管理委员会，统一管理旅游业。成立农家乐服务中心，行使协调指导、规范管理和宣传促销等职能，实行“统一登记、统一接待、统一价格、统一标准”的四统一管理，促进水古楼村旅游业有序、健康发展。

2. 人力资源培养

（1）积极推动与旅游智业机构的合作

积极听取智业机构专业人士的建议与意见，广泛吸纳各方面的发展信息，为水古楼村建立起外脑机制，形成畅通的信息渠道。

（2）超前培养具有专业旅游知识人才

水古楼乡村要发展旅游业，需要注重旅游管理和服务人员的引进、培训和储备工作，确保旅游业发展的人力资源保障和专业人士的指导。

（3）开展村民旅游接待服务技能培训

为了提高村民的专业知识和技能，需要形式多样的培训。既包括客栈经营、餐饮服务、烹饪技能方面的内容，也包括导游讲解、安全救护、环卫保洁等方面的内容。

十一、投资分析

（一）投资估算

1. 估算依据

本估算包括对水古楼乡村旅游规划的旅游项目工程、基础设施工程、服务设施工程、生态环境保护工程和其他经费的估算。

估算的主要依据有：

（1）建筑安装工程投资

参照《云南省建筑工程、建筑装饰工程消耗量定额》《林业建设工程投资估算编制办法》概（预）算定额，并结合剑川县已建成的类似项目的投资标准和项目的实际情况进行估算。

（2）道路建设工程投资

参照交通部2007年颁布的公路工程预算定额，并结合当地近年来建设同等级公路的造价指标加上物价上涨系数来确定。

（3）供电、通信、给排水等工程投资

参照国家相关行业的投资估算编制办法，并结合当地实际造价指标加上物价上涨系数进行估算。

（4）其他工程费用

主要包括水古楼乡村旅游区宣传促销费用、旅游区服务人员培训教育费用、山林建设管理费用、办公家具购置费等。

2. 投资估算

据初步估算，水古楼乡村旅游区的总投资额为2500万元。按照投资类别进行测算，基础设施项目投资为500万元，占20.0%；村民自建项目投资为800万元，占32.0%；招商引资项目投资为1000万元，占40.0%；其他投资费用为200万元，占8.0%见表3.11.1~表3.11.4。

表3.11.1 旅游投资估算表

序号	项目内容	投资估算（万元）	比例（%）
1	基础设施项目投资	500	20.0
2	村民自建项目投资	800	32.0
3	招商引资项目投资	1000	40.0
4	其他投资费用	200	8.0
合计	–	2500	100

表3.11.2 基础服务设施投资估算表

序号	项目名称	数量	单位	投资总额（万元）
1	主入口湖源大道	850	平方米	80
2	村寨牌坊	2	个	20
3	亲水广场（含照壁）	1000	平方米	40
4	游客服务中心	300	平方米	50
5	清水龙潭亭、廊	100	平方米	10
6	水古塔楼	1	座	30
7	自来水管网	5000	平方米	70
8	河道疏浚	100	亩	50

续表

序号	项目名称	数量	单位	投资总额（万元）
9	村容整治	200	亩	50
10	山体修复	1000	亩	100
合计	–	–	–	500

表 3.11.3　村民自建项目投资估算表

序号	项目名称	数量	单位	投资总额（万元）
1	特色农家乐	8	家	500
2	民居客栈	3	家	200
3	农夫果园	200	亩	100
合计	–	–	–	800

表 3.11.4　招商引资项目投资估算表

序号	项目名称	数量	单位	投资总额（万元）
1	特种鱼养殖基地	10	亩	500
2	田园酒店（客栈群）	5	亩	300
3	拓展训练基地（含自驾车营地、烧烤露营地、石灰窑 CS、溜索）	50	亩	200
合计	–	–	–	1000

3. 资金筹措

水古楼村乡村旅游建设期为8年，应借助西部大开发政策、云南旅游“二次创业”的契机，遵循分期建设、滚动发展、逐步完善的原则，积极争取多方支持，多渠道筹措资金。根据实际情况，项目建设资金拟从四个方面筹集解决。

（1）项目招商引资

1000 万元，占 40.0%，分为三个项目，面向剑川县内外真诚招商，优化投资环境，坚持把招商引资作为发展旅游业的主要措施。

（2）政策性银行贷款

500 万元，占 20.0%，利用政策性银行贷款利率较低、期限较长的政策优势，鼓励和扶持村民开建农家乐和民居客栈。

（3）申请各级政府发展扶持资金

500 万元，占 20.0%，申请国家级、省级、州级、县级等不同级别的乡村旅游发展专项资金，如村村通公路、户户通自来水工程。

（4）村民集体和自有资金

500万元，占20.0%，村民集资建公共项目和自建农家乐、客栈等。

（二）效益分析

1. 经济效益

到2020年，新增投资2500万元，年实现旅游收入1000万元，全村生产总值（GDP）超过3000万元，农民人均纯收入超过8000元。旅游业带动全村相关的水产养殖、木雕石雕、林果经济、药材种植、农业生产等产业的发展，居民收入显著增加，民众生活水平明显改善。

2. 社会效益

项目预计可以提供300个直接和间接工作岗位，繁荣当地的白族文化和木雕石雕工艺，促进传统文化的保护和传承。

3. 生态效益

项目注重水体、山体等自然环境的保护与修复，以建设“美丽乡村”为目标，有利于水古楼村生态环境的改善。

十二、实施建议

（一）运营模式

运营模式包括指导思想、管理体制、经营策略和利益分配机制等方面。

指导思想：政府引导，村民主体，企业参与，集体协商。

管理体制：由村委会统一管理，各户派一名代表组成议事机构，民主管理。

经营策略：开放式旅游区，不收门票。旅游区的看点为“剑湖之源”、乡村风光、白族文化，卖点为吃、住、购，赢利点为特色农家乐等旅游消费。

利益分配：采用总利润分红制度。村委会分红30%，用于村寨公共建设和管理；旅游经营户分红50%，用于奖励其辛苦劳动；非旅游经营户分红20%，用于补偿其外部效应和防止无序竞争。

（二）项目建设

项目建设包括两大要点：一是明确建设项目类型；二是明确项目建设时序。

1. 建设项目类型

水古楼乡村旅游开发的项目类型分为三种，分别是基础设施项目、村民自建项目和招商引资项目见表 3.12.1。

表 3.12.1　建设项目类型表

项目性质	项目类型	项目名称
公益型项目	基础设施项目	湖源大道、村寨牌坊、亲水广场、游客服务中心、清水龙潭、水古塔楼、风水林等
个体经营项目	村民自建项目	特色农家乐、民居客栈、农夫果园等
企业经营项目	招商引资项目	特种鱼养殖基地、田园酒店、自驾车营地、烧烤露营地、石灰窑 CS、溜索

2. 项目建设时序

根据规划，将水古楼乡村旅游建设项目分为近、中、远三个建设阶段，每个阶段各功能区主要建设项目见表 3.12.2。

表 3.12.2　项目建设时序表

阶段分期	综合服务区	村寨民俗区	山地运动区	田园湿地区
近期（2012~2014）	村大道、村寨牌坊、《水古楼赋》照壁、亲水广场、清水龙潭、水古塔楼	新建 1 农家乐、1 家客栈、修缮本主庙	风水林、登山游道、农夫果园	景观农田、望天龙潭、望天荷塘
中期（2015~2017）	游客服务中心	新建 2 农家乐、1 家客栈、小桥流水	自驾车营地、烧烤露营地、拓展训练基地、溜索、石灰窑 CS	特种鱼养殖基地
远期（2018~2020）	—	新建 3 农家乐、1 家客栈	洞穴山海	—

（三）工作要点

以“水”为核心，以农家乐为主要形式，以乡村和生态为卖点，做“水、古、楼”三个文章，突出旅游配套、产业支撑、景观营造、特色凸显和村民培育与参与。旅游区要体现以“吃”为主，配套休闲娱乐设施，提供住宿，顺带购物的规划理念。将旅游业作为该村与木雕石雕、水产养殖、林果经济、药材种植并行的富民产业之一，并根据发展情况适度提高旅游业在该村经济结构中的比重。重点营造水景、田景、村景、山景，突出“纯美”的乡村景观，挖掘乡村文化，深化景观内涵。鼓励和资助村民外出考察成都“五朵金花”和丽江等地，学习他们的农家乐和客栈经营经验，给村民发展旅游业提供银行贷款优惠、帮扶。